O (MEU) MELHOR DE PORTUGAL

Sérgio A. S. Almeida

O (MEU) MELHOR DE PORTUGAL

HISTÓRIA, MEMÓRIAS, SABORES...

Copyright © 2019 de Sérgio A. S. Almeida
Todos os direitos desta edição reservados à Editora Labrador.

Coordenação editorial
Erika Nakahata

Revisão
Guilherme Salgado Rocha
Maurício Katayama

Projeto gráfico, diagramação e capa
Felipe Rosa

Mapas
Cristiano Roberto de Souza

Dados Internacionais de Catalogação na Publicação (CIP)
Angélica Ilacqua – CRB-8/7057

Almeida, Sérgio A. S.
  O (meu) melhor de Portugal : história, memórias, sabores... / Sérgio A. S. Almeida. – São Paulo : Labrador, 2019.
  400 p.

  ISBN 978-65-5044-030-5

  1. Portugal – Descrições e viagens 2. Portugal – História 3. Almeida, Sérgio A. S. – Descrições e viagens – Portugal I. Título

  19-2554   CDD 914.69

Índice para catálogo sistemático:
1. Portugal – Descrições e viagens

1ª reimpressão, 2020

Editora Labrador
Diretor editorial: Daniel Pinsky
Rua Dr. José Elias, 520 – Alto da Lapa
05083-030 – São Paulo – SP
+55 (11) 3641-7446
contato@editoralabrador.com.br
www.editoralabrador.com.br
facebook.com/editoralabrador
instagram.com/editoralabrador

A reprodução de qualquer parte desta obra é ilegal e configura uma apropriação indevida dos direitos intelectuais e patrimoniais do autor.

A editora não é responsável pelo conteúdo deste livro. O autor conhece os fatos narrados, pelos quais é responsável, assim como se responsabiliza pelos juízos emitidos.

*Para a minha mulher, Ivy, que me acompanhou em muitas
jornadas deste livro e em todas da vida;
para os meus queridos filhos, Renata, Silvia, André e Ana Helena;
para os meus queridos enteados, Alan e Isabela;
para os meus queridos netos, Olívia, Guilherme, Filippo e Eva;
para os meus queridos amigos, que, com a minha família,
formam a minha maior riqueza.*

Sumário

Prefácio de Sua Excelência o presidente da República Portuguesa, Marcelo Rebelo de Sousa 11
Introdução...13

O PAÍS **14**
   Antecedentes 15
   Portugal hoje 24

LISBOA **29**
   Antecedentes..30
   Lisboa hoje 32
   Hotéis 36
      Outros hotéis 5 estrelas recomendados..................................37
   Gastronomia 42
      Restaurantes 42
      Para comer gastando até 10 euros 58
      Quiosques 59
      Bares 60
      Cafés e pastelarias 65
      Sorveterias 69
   Cultura 70
      Casas de fado 70
      Casas de jazz 72
      Teatros e salas de espetáculos 72
      Museus e fundações.......................75
      Panoramas com e sem aditivos... ...78
      Igrejas e sinagogas..........................81
      Aqueduto das Águas Livres 84

   Galerias de arte e antiquários..........85
   Livrarias e alfarrabistas 86
   Compras... diferentes... 88
   Shopping centers e outlet 92
   Programas para crianças...................92
   Bombeiros voluntários 95
   Mobilidade urbana.............................96
   Lugares para correr (ou caminhar)....................................97

CASCAIS, ESTORIL E SINTRA **100**
   Cascais 101
      Antecedentes.................................101
      Hotéis 104
      Gastronomia 108
         Restaurantes 108
         Bares 111
         Cafés, sorvetes e chocolates 111
      Mobilidade urbana.............................112
      Compras..112
      Cultura 112
         Eventos 112
         Museus 115
      Lugares para correr (ou caminhar)....................................116
      Outros esportes.................................117
   Estoril..117
      Antecedentes.................................117
      Hotéis 119
      Gastronomia.................................120

Sintra 121
   Antecedentes 121
   Gastronomia, compras e hotéis 126

OEIRAS 129
   Antecedentes 130
   Conheça Oeiras 131

PENÍNSULA DE SETÚBAL 132
Setúbal 133
   Antecedentes 133
   Praias 135
   Pontos turísticos 135
Palmela 141
   Antecedentes 141
   Pontos turísticos 142
Sesimbra 142
   Antecedentes 142
   Praias 143
Enogastronomia na
Península de Setúbal 144
   Enologia 144
   Gastronomia 145
      Restaurantes 146
   Hotéis 148

COMPORTA 149
   Roteiro rústico 152

TOMAR, FÁTIMA, BATALHA, ALCOBAÇA E ÓBIDOS 153
   Roteiro histórico/religioso 154
Tomar 155
   Antecedentes 155
   Tomar hoje 160
   Gastronomia 161
      Restaurantes 161
Fátima 162
   Antecedentes 162
   Hotéis e restaurantes 165
   Cultura 166
Batalha 166
   Antecedentes 166
   Hotéis 168
   Gastronomia 168

Alcobaça 169
   Antecedentes 169
   Hotéis 172
   Gastronomia 173
Óbidos 173
   Antecedentes 173
   Cultura 174
      Eventos e atrações 176
   Hotéis 178
   Gastronomia 179
      Restaurantes e pastelarias 179

COIMBRA 182
   Antecedentes 183
   Por dentro da Biblioteca Joanina 186
   Cultura 189
      Outros pontos de visitação 190
   Hotéis 200
   Gastronomia 202
      Restaurantes 202
      Pastelarias e café 202
   Cultura 203

AVEIRO 204
   Antecedentes 205
   Aveiro hoje 208
   Cultura 208
   Hotéis 210
   Gastronomia 211
      Restaurantes 213
   Praias 214
   Fábrica da Vista Alegre 214

PORTO E ARREDORES 216
   Antecedentes 217
   O Porto hoje 223
   Cultura 224
      Patrimônio histórico e
      pontos turísticos 224
      Museus 229
      Teatros e salas de espetáculos 232
   Hotéis 234
   Gastronomia 238
      Restaurantes 239
      Bares 245

Cafés e pastelarias 247
Eventos e compras 250
Lugares para correr
(ou caminhar) 251

VALE DO DOURO 253
Antecedentes 254
Vinho do Porto 255
Vinhos do Douro 262
Gastronomia 263
    Restaurantes 263
Hotéis 264
Vinícolas – Visitas guiadas e
provas de vinho 266
"Brincar às vindimas" ou
trabalhar para beber 267
Comboio Presidencial
(The Presidential) 269

GUIMARÃES 271
Antecedentes 272
Eventos e atrações 275
Hotéis 275
Gastronomia 276
    Restaurantes 276

BRAGA 278
Antecedentes 279
Patrimônios históricos 282
Cultura 289
    Museus 289
Hotéis 290
Gastronomia 291
    Restaurantes 291
    Opções mais informais 292

PONTE DE LIMA 294
Antecedentes 295
Conheça Ponte de Lima 296

VIANA DO CASTELO 297
Antecedentes 298
Patrimônios históricos 299
Hotéis 303
Gastronomia 304

Restaurantes 304
Cafés e pastelarias 305
Cultura 306
Eventos 306

BELMONTE 307
Antecedentes 308
Hotéis 314
Gastronomia 315
    Restaurantes 315

ÉVORA 316
Antecedentes 317
Hotéis 318
Gastronomia 319
    Restaurantes 319
Visitas às vinícolas do Alentejo 320

ALGARVE 322
Antecedentes 323
Praias 325
Principais cidades litorâneas 328
Principais cidades interiores 332
Hotéis 335
Gastronomia 337
    Restaurantes 337

FUNCHAL,
ILHA DA MADEIRA 339
Antecedentes 340
Pontos de interesse 341
Hotéis 344
Gastronomia 344
    Vinhos 344
    Restaurantes 345

ARQUIPÉLAGO
DOS AÇORES 346
Antecedentes 347
Pontos de interesse 348
Ilha de São Miguel 350
Hotéis 352
Gastronomia 353
    Restaurantes 353
Ilha Terceira 353

GLOSSÁRIO DE TERMOS E DE EXPRESSÕES 356

ANEXOS 362

ANEXO 1: restaurantes com estrelas Michelin em Portugal (edição 2019) 363
    Duas estrelas.................................364
    Uma estrela...................................364

ANEXO 2: pousadas de Portugal 366
    Região Norte.................................367
    Região Central 368
    Região Sul 368
    Ilhas 368

ANEXO 3: restaurantes/lojas instalados no Mercado da Ribeira/Time Out Market..................369
    Restaurantes, bares e cafés 370
    Lojas/espaços específicos 371

ANEXO 4: lojas históricas de Lisboa...372

ANEXO 5: queijos portugueses..375

ANEXO 6: regiões vinícolas de Portugal – Relação das principais castas de uvas portuguesas................377
    Castas tintas...................................378
    Castas brancas...............................381

ANEXO 7: vinhos do Porto Vintage de 1756 a 2011 384

REFERÊNCIAS BIBLIOGRÁFICAS 394

Prefácio de Sua Excelência o presidente da República Portuguesa, Marcelo Rebelo de Sousa

1. Nada como ter família, há um ror de anos, a viver em São Paulo para criar amizade e, depois, prolongá-la em solo lusitano...

Assim aconteceu comigo, desde os anos 70 do século passado.

Primeiro, meus pais, no Rio, por breves tempos, e em São Paulo, umas boas décadas. A seguir, meu irmão mais novo e sua descendência. E, com curto intervalo, meu filho e meus netos, em ciclos variados, que duram já vinte anos.

O Brasil passou a ser, não só o destino já escolhido por meu avô paterno, no final do século XIX, como uma quase segunda casa para toda a família.

E S. Paulo, cuja evolução fui seguindo, par e passo, durante quase meio século, o ponto de cruzamento entre essa família e tantos amigos brasileiros, muitos deles luso-brasileiros.

2. Conhecer Sergio Almeida foi, um pouco, antecipar esta sua obra acerca de Portugal.

Foi conhecer um brasileiro que é, por igual, português, e vibra com tudo o que, de bom, existe nas suas duas Pátrias.

Foi conhecer alguém que teima em não envelhecer e, para isso, em não desperdiçar um segundo de vida para saber mais, para visitar mais, para fruir mais, sobretudo daquilo que mais aprecia — paisagem, História, monumentalidade, aqui e ali museologia e música e literatura, e, intensamente, gastronomia, em particular vitivinicultura.

Põe-se a palmilhar Portugal e a descobrir recantos, pormenores, segredos habitualmente longínquos para quem até nós chega e até para quem cá vive sem nunca os desvendar.

3. Este guia que não é guia, a não ser no seu espírito, representa um percurso duplo: o de quem quer partilhar com muitos, muitos outros, em especial os irmãos brasileiros, a sua visão de Portugal; mais do que isso, o de quem

partiu em busca de raízes em Portugal e acabou por deparar com não um, mas dois Portugais – o dos seus antepassados e o de hoje, que atrai centenas de milhares vindos do outro lado do Atlântico, tantos dos quais escolhem aqui viver, sempre ou uma boa parte de cada ano.

4. Considero-me um privilegiado.
Porque ouvi algumas das páginas deste livro, contadas em primeira pessoa, antes de escritas.
Em longas cavaqueiras de Janeiro, chovia lá fora e o futuro autor desfiava-as, num tom dolente mas perscrutante.
Ou, então, em noites quentes de verão, em torno de um magnífico vinho e de um clássico queijo, um e outro portugueses.
Isto é, li o livro mesmo antes de ele ter sido passado a obra impressa.
Li-o no brilho dos olhos, na curiosidade ilimitada, no fulgor da descrição, na paixão pela segunda Pátria vivida como se fosse, também, quase como que uma primeira.
Agora, é a vez de outros poderem lê-la.
Concordando ou discordando de visões, enfoques, escolhas, preferências. Enfim, tudo o que faz o encanto de qualquer percurso pessoal e rigorosamente intransmissível. Mas que serve de inspiração e acicate para diversas sendas e diferentes trilhos.
Que importa que, num passo, nos reconheçamos nos gostos e, noutro, deles nos afastemos por inteiro?
Cada um de nós é irrepetível, e nunca quis saber deste incansável viandante quem era, de onde vinha e para onde ia. O mesmo se passando dele relativamente a este seu leitor.
O que importa é o gesto de encontro e de partilha.
Por ele, um abraço caloroso de um interlocutor atento e deleitado e de um Presidente que agradece a um seu compatriota este contributo por Portugal.

Lisboa, 29 de Julho de 2019

Introdução

Devido às frequentes viagens a Portugal, os amigos sempre pedem sugestões e dicas, especialmente de restaurantes, pois ao contrário das leis da física, no tocante à boa mesa, os idênticos se atraem.

Com a repetição das solicitações, comecei a me organizar e fiz um arquivo no meu computador, para responder aos amigos, e amigos dos amigos, com apenas o toque de uma tecla. O arquivo foi aumentando em tamanho, abrangência e cobertura a cada viagem, cobrindo várias regiões, mas nos concentrando no distrito de Lisboa (que inclui Cascais, Estoril, Sintra e outras cidades). Hotéis, museus favoritos, passeios e informações úteis foram reunidos.

Tornávamo-nos cada vez mais interessados em sua história, muito rica e frequentemente entrelaçada com a brasileira. A parte da história portuguesa não relacionada ao Brasil não faz parte do currículo das escolas brasileiras e, consequentemente, pouquíssimos a conhecem. Mas garanto que é interessante e, frequentemente, surpreendente. Por isso, adicionei ao texto partes da história portuguesa que julguei importantes para o entendimento do país e principais cidades e regiões.

Cabe ressaltar que o objetivo deste livro não é apresentar roteiros turísticos – para isso existem inúmeros guias, em todas as línguas, para todos os gostos e orçamentos. Deseja-se, na realidade, compartilhar um pouco de história, curiosidades e, principalmente, boas experiências que Ivy e eu tivemos nesse país maravilhoso e hospitaleiro, em especial a partir de 2013 (apesar de viajarmos a Lisboa "desde sempre"), pois quase todas as sugestões de restaurantes e hotéis foram efetivamente experimentadas por nós ou por mim. Quanto às dicas de outras categorias, diversas foram vividas, mas algumas não.

Todas as sugestões têm a nossa crítica positiva; os poucos restaurantes dos quais não gostei simplesmente não foram incluídos no livro. Mas garanto que foram bem poucos.

O país

Há, nos confins da Ibéria, um povo que nem se governa nem se deixa governar

Júlio César, imperador romano, sobre as tribos que habitavam o território que hoje corresponde a Portugal

 ANTECEDENTES

País mais ocidental do continente europeu, com área territorial de 90.250 km², compreendendo parte continental e duas regiões autônomas insulares – os arquipélagos dos Açores e da Madeira.

Em Portugal há estrutura administrativa complexa, fruto de quase um milênio de diversas divisões territoriais. Desde cedo, quando a expansão portuguesa progredia com a reconquista de novos territórios, a monarquia exigia uma estruturação administrativa que permitia o permanente domínio e organização do espaço. Cedo houve tendência para demarcar os terrenos nos quais existiam *villas* ou outras propriedades, conforme consta em documentos medievais.

A primeira divisão da qual se tem notícia baseava-se exclusivamente na localização dos principais conventos, resultantes da ocupação romana. Desde então, ocorreram inúmeras alterações na estrutura administrativa. Atualmente, a divisão territorial é composta de:

Distritos, em número de 18.
Regiões Autônomas Insulares, em número de duas, Açores e Madeira.
Municípios ou **Concelhos**, em número de 308.
Freguesias – subdivisões dos Concelhos, representam 4.257 unidades.

São João da Pesqueira (1055), Coimbra (1085) e Santarém (1095) são os municípios mais antigos do país, os três precedendo à independência.

O Estado português é república constitucional unitária semipresidencial, com quatro Órgãos de Soberania: presidente da República, Assembleia da República (Parlamento unicameral), governo e tribunais. Desde 25 de abril de 1974 vigora a Terceira República Portuguesa.

O presidente da República é eleito pelo voto popular, para mandato de cinco anos, passível de reeleição. Ele exerce a função de fiscalização sobre as atividades do governo, nomeia e pode exonerar o primeiro-ministro, nomeia e pode demitir os demais membros do governo e dissolver a Assembleia da República. Ainda fazem parte dos seus poderes promulgar ou vetar leis aprovadas na Assembleia da República ou decretos-lei aprovados pelo Conselho de Ministros, e pedir a apreciação da sua constitucionalidade.

A Assembleia da República é constituída por 230 deputados. Sua função é apoiar o governo, tendo de aprovar o seu programa e orçamento de Estado, podendo derrubá-lo por meio de moção de censura. É igualmente a Assembleia o órgão legislador, palco da discussão dos projetos de lei.

O governo é chefiado pelo primeiro-ministro, por regra o líder do partido mais votado em cada eleição legislativa. É convidado pelo presidente da República a formar o governo. O primeiro-ministro escolhe os ministros e, em conjunto com eles, os secretários de Estado. O governo pode apresentar projetos de lei à Assembleia ou legislar autonomamente, aprovando decretos-lei no Conselho de Ministros.

Os tribunais administram a Justiça em nome do povo, defendendo direitos e interesses dos cidadãos. São assim divididos: Tribunal Constitucional, Supremo Tribunal de Justiça, Supremo Tribunal Administrativo e Tribunal de Contas.

A administração dos 308 municípios é feita pelas respectivas Assembleias e Câmaras Municipais.

A Assembleia Municipal atua como órgão deliberativo e fiscalizador, composta por membros eleitos por sufrágio direto e universal. O presidente é escolhido pelo voto secreto dos pares. Cada Assembleia Municipal promove, em média, cinco sessões por ano, abertas ao público.

Já a Câmara Municipal exerce as funções de órgão executivo, responsável pela administração municipal. Os membros são igualmente eleitos pelo povo a partir de listas montadas pelos partidos. O presidente da Câmara é o primeiro candidato da lista mais votada. No Brasil, as atribuições dos presidentes das Câmaras são semelhantes àquelas dos prefeitos, apesar de serem eleitos de modo diferente.

O território que hoje forma a República Portuguesa foi continuamente ocupado desde os tempos pré-históricos, por diversas civilizações. Os mais notórios foram os celtas, que iniciaram a ocupação, os romanos, e os mouros a partir do século VIII, que mantiveram o domínio até o século XII.

No século XII, Portugal passou pela Reconquista cristã, primeiramente como condado – Condado Portucalense, pertencente ao reino de León (Espanha) –, até o estabelecimento do Reino de Portugal, independente, em 1143.

Em 1372, Dom Fernando de Portugal e os representantes de Henrique III da Inglaterra assinaram o Tratado de Talgide, cidade perto de Guimarães, ratificado no ano seguinte em Londres, e que serviu de base ao Tratado de Windsor, de 1386, que selou a "amizade perpétua" entre os dois países. O acordo é o mais antigo entre dois países soberanos, em vigor até hoje, ampliado em diversas ratificações, incluindo cláusulas de interesse comum nas áreas de comércio, política e militar. O Tratado foi acionado várias vezes por ambas as partes, como quando, em 1808, Portugal pediu proteção naval ao rei Dom João VI para que ele e sua corte viajassem para o Brasil, e quando, em 1916, Portugal declarou guerra à Alemanha e combateu na França, ao lado dos soldados ingleses.

Na Era dos Descobrimentos, séculos XV e XVI, criou um império expansionista, com colônias na África, Ásia, Oceania e América do Sul, tornando-se a mais importante potência econômica, política e militar do mundo.

Tornou-se o primeiro império global e o mais duradouro dos impérios coloniais europeus, com quase 600 anos de domínio, desde a conquista de Ceuta em 1415 até a devolução de Macau à China, em 1999. O declínio do império colonial iniciou-se no século XIX, especialmente com a independência do Brasil.

Em relação ao tema, recomendo a leitura do livro *The First Global Village – How Portugal Changed the World*, de Martin Page. O livro foi traduzido e publicado pela editora portuguesa Casa das Letras, em 2008, com o título *A primeira aldeia global – como Portugal mudou o mundo*, facilmente encontrado nas livrarias em Portugal, Amazon e demais sites de venda de livros.

Transportando-nos para o século XX, a Revolução de 1910 encerrou o ciclo da Monarquia e instalou a Primeira República, que durou até o golpe de maio de 1926, dando origem à chamada Ditadura Militar, seguida da Ditadura Nacional e do Estado Novo, até o surgimento da Revolução dos Cravos, a 25 de abril de 1974, que levou à redemocratização.

A Primeira República foi uma época de alta instabilidade. Houve, no período, sete Parlamentos, oito presidentes da República, 39 governos (um presidente do governo provisório e 38 primeiros-ministros), dois primeiros-ministros que não chegaram a tomar posse, dois primeiros-ministros interinos, uma Junta Constitucional, uma Junta Revolucionária e um Ministério investido na totalidade do Poder Executivo. E tudo isso em um período de apenas 16 anos!

Com tamanha volatilidade, os militares começaram a se impacientar, e em dezembro de 1917 o governo vigente foi exonerado, transferindo-se o poder para uma Junta Revolucionária, presidida pelo militar Sidónio Pais. Ele assumiu o poder, destituiu o presidente da República e o enviou para o exílio, rasgando a Constituição que ajudara a redigir em 1911.

O governo foi designado pelos seus apoiadores como República Nova: o Chefe de Estado concentrava poderes nunca antes reunidos na história portuguesa, sendo-lhe dada a alcunha de Presidente-Rei.

Em março de 1918, Sidónio Pais convocou eleições para presidente da República, mais um ato não previsto na Constituição de 1911. O regime era parlamentarista, e foi eleito por sufrágio direto dos cidadãos eleitores, sem necessidade de confirmação pelo Congresso. Note-se que na época as mulheres não tinham direito ao voto em Portugal.

Seis meses depois, em dezembro de 1918, Sidónio Pais foi assassinado a tiro por um militante republicano, criando-se em seguida as condições para a mais profunda instabilidade, que terminou apenas com a Revolução Nacional de 28 de maio de 1926, que pôs fim ao regime.

O novo regime, militar, nomeou em 1928 como ministro das Finanças o professor da Universidade de Coimbra Antônio de Oliveira Salazar, que logo depois, em 1932, foi nomeado primeiro-ministro (denominava-se presidente do Conselho de Ministros).

Ao mesmo tempo que restaurou as finanças, instituiu o Estado Novo, regime autoritário de corporativismo de Estado (partido único e sindicatos estatais), com afinidades bem marcadas com o fascismo, pelo menos até 1945. Afastado por doença em 1968, sucedeu-lhe o jurista Marcelo Caetano.

Em 1961 iniciou-se a guerra colonial devido à recusa de Salazar em descolonizar as províncias ultramarinas africanas – Angola (1961), Guiné--Bissau (1963) e Moçambique (1964). O serviço militar português obrigava os jovens a permanecer vários anos na África, em condições extremamente difíceis. Muitos morriam e houve um êxodo dos jovens para outros países na segunda metade da década de 1960, especialmente o Brasil, a fim de fugir de uma guerra que não julgavam ser sua. A maior parte dos imigrantes se estabeleceu definitivamente nesses países.

Apesar da crítica de setores militares de alta patente, o governo decidiu manter a política. Na crítica, destacou-se o general António de Spínola, autor do livro *Portugal e o futuro*, em que defendia a insustentabilidade de uma solução militar nas guerras da África. Spínola foi destituído, agravando o crescente mal-estar entre os jovens oficiais do Exército, os quais desencadearam um golpe de Estado, conhecido como a Revolução dos Cravos, em 25 de abril de 1974.

Sucedeu-se um período de confronto político que beirou a guerra civil, ao mesmo tempo que Portugal concedia a independência a todas as antigas colônias na África.

Em novembro de 1975, a esquerda radical tentou um golpe, malsucedido, sem nenhuma liderança clara. António Ramalho Eanes liderou o contragolpe e salvou-se a democracia. No ano seguinte, Ramalho Eanes foi eleito presidente da República, aprovou-se uma Constituição democrática e estabeleceram-se os poderes políticos locais (autarquias) e governos autônomos regionais em Açores e Madeira.

ALGUNS FATOS IMPORTANTES OCORRIDOS EM PORTUGAL NO DECORRER DO SÉCULO XX

1914/1918 – Participação de tropas portuguesas na Primeira Guerra Mundial, aliando-se à Inglaterra e França, contra a Alemanha. Soldados portugueses lutaram na França e na África, especialmente nas colônias alemãs naquele continente.

1917 – A 13 de maio, Nossa Senhora de Fátima teria aparecido a três meninos pastores na aldeia de Cova de Iria, perto da vila de Fátima. Nesse local foi erigido um dos maiores santuários do mundo, com duas igrejas e uma capela. Vários papas já visitaram o Santuário, sendo a última delas pelo papa Francisco, no dia 13 de maio de 2017, para comemorar o centenário da aparição.

1922 – Primeira travessia do Atlântico Sul, no hidroavião monomotor Fairey F III-D "Lusitânia", pilotado pelo comandante da Marinha Sacadura Cabral, tendo como navegador Gago Coutinho. Réplica do avião histórico encontra-se entre o Monumento aos Descobrimentos (Padrão dos Descobrimentos) e a Torre de Belém, nas margens do Tejo.

1924 – Artur Virgílio Alves Reis, comerciante português falido, trama sozinho o maior golpe financeiro de todos os tempos. Em dois anos se tornaria o homem mais rico e poderoso de Portugal. O que parecia um plano com pouca eficácia de um homem com muita imaginação acabou causando problemas macroeconômicos, afetando o PIB português. Desde o grande terremoto de 1755, Portugal não sofria abalo econômico tão profundo.

Trama, consequências e desfecho estão muito bem narrados no livro de Murray Teigh Bloom *O homem que roubou Portugal*.

No livro, Bloom narra, com ares de romance policial, desde o momento da elaboração do golpe até o julgamento dos réus, em 1930. Nas audiências finais, Alves Reis teve ainda uma presença ilustre entre os ouvintes da plateia: o poeta Fernando Pessoa, curioso em assistir à sua defesa. A respeito do golpe, o jornalista e escritor brasileiro Guilherme Fiuza comentou: "A história de Alves Reis é uma pérola kafkiana fincada na realidade... Seria uma trama risível, se não tivesse dado tudo certo".

1939 a 1945 – Segunda Guerra Mundial. Portugal se manteve neutro, ao lado da Espanha, Irlanda do Norte, Suécia e Suíça. Há relatos de historiadores que Salazar chegou a flertar com a ideia de se aliar a Hitler no início da guerra, porém a versão mais aceita é que teria trabalhado intensamente com o Generalíssimo Franco, ditador da Espanha, para não se aliar à Alemanha e à Itália, pois provavelmente ocupariam o pequeno Portugal, como forma de controlar o Atlântico e fechar o Mediterrâneo, desviando o teatro da guerra para a Península Ibérica.

Para não provocar hostilidade aos beligerantes, Salazar não tolerou desvios dos diplomatas que se arriscassem a afastar-se da sua política externa.

Em flagrante desobediência às estritas ordens de Lisboa, o cônsul de Bordeaux, Aristides de Sousa Mendes, em apenas quatro dias concedeu vistos a mais de 30 mil judeus em fuga da morte certa.

Em 1940, foi chamado a Lisboa e afastado das suas funções pelo período de um ano, com metade dos vencimentos. No fim desse ano, Salazar forçou a sua aposentadoria, sem remuneração.

Sousa Mendes, sem recursos, teve que vender todos os bens para sustentar a si e à família. Quando acabaram, recebeu ajuda da comunidade judaica portuguesa. Faleceu em 1954, aos 69 anos, deixando esposa e sete filhos em situação de extrema penúria.

Entretanto, apesar de todo o sofrimento, até o final dos dias repetiu, incansavelmente, que jamais se arrependeu de sua atitude.

Durante a ditadura de Salazar o nome de Aristides de Sousa Mendes e da família foi banido da história oficial. A reabilitação ocorreu apenas alguns anos depois da Revolução dos Cravos de 1974. A história veio a público em 1976, com a publicação do jornalista António Colaço, no *Diário Popular*, seguido de outro artigo, de António Carvalho, publicado no jornal *A Capital*.

Em maio de 1987 foi dado o primeiro passo para a sua redenção, na Embaixada de Portugal em Washington, quando o presidente Mário Soares concedeu ao então cônsul, postumamente, a *Ordem da Liberdade*. Um ano depois, o Parlamento o reabilitou oficialmente, por unanimidade e aclamação, e sua família recebeu uma indenização por perdas e danos.

O Talmud, conjunto de livros sagrados dos judeus, ressalta que "quem salva uma vida é como se salvasse o mundo inteiro". O que dizer, então, de quem salva mais de 30 mil pessoas da morte certa, à custa da segurança de sua família e da sua própria?

Reconhecendo a sua bravura, Sousa Mendes foi homenageado em 1966 pelo *Yad Vashem* – Autoridade Israelense para Recordação dos Mártires e Heróis do Holocausto, com o título de *Justo entre as Nações*. Foi agraciado com a medalha na qual há a citação do Talmud mencionada, além do plantio de uma árvore em sua memória.

O silêncio que durante décadas reinou em Portugal em relação a Sousa Mendes hoje faz parte do passado. Atualmente, oito ruas e uma escola de Lisboa levam o seu nome. Em 2004, a cidade de Bordeaux homenageou o ex-cônsul com a inauguração de um busto na Esplanada Charles de Gaulle e uma placa no hall da Estação Ferroviária Louis XVIII, onde se situava o Consulado de Portugal durante a Segunda Guerra Mundial. Em 1994, foi a vez de a Igreja Católica, da qual era fervoroso seguidor, pedir perdão.

Como Portugal era um dos poucos países neutros da Europa e com acesso direto ao Atlântico, tornou-se importante centro de espionagem, e nele conviviam principalmente agentes ingleses e nazistas. Em Cascais, na localidade de Monte Estoril, os nazistas frequentavam o antigo Hotel Atlântico, e utilizavam sua privilegiada posição geográfica perto do mar para controlar o tráfego naval. O domínio alemão sobre o hotel era tal que seu proprietário, por vezes, hasteou a bandeira nazista em sua fachada, até o dia em que Salazar, que por lá passou, enviou sua polícia política ao hotel e proibiu a prática.

Justamente em frente a esse hotel, em posição mais elevada, um agente inglês fundou o English Bar como disfarce para a reunião de agentes britânicos, que também controlavam o tráfego naval, além de controlar os próprios nazistas. O hotel dos agentes britânicos era o Hotel Palácio, a menos de 1 km do Hotel Atlântico. Parece que conviviam em perfeita harmonia ou, pelo menos, em grande estilo, pois eram os melhores hotéis da região àquela altura.

Livro de memórias do agente inglês Dusko Popov, que serviu no Estoril na época, *Spy/Counterspy* descreve como era a vida em Portugal durante a Segunda Guerra Mundial: "Lisboa e arredores estavam repletos de refugiados, homens de negócios, funcionários oficiais de vários países, agentes secretos e espiões de todas as espécies, incluindo alguns *freelancers*. Se você não era um espião, pelo menos suspeitavam que você fosse".

O antigo Hotel Atlântico foi demolido há cerca de cinco anos e no local foi construído um prédio. Metade é um condomínio de luxo e a outra metade um hotel, também de luxo, o InterContinental Estoril.

Finda a guerra, o espião inglês e suposto proprietário do English Bar voltou à sua terra, vendeu o bar para um dos funcionários, que continua aberto ao público, agora operando com o nome de Restaurante Cimas,

→

já na segunda geração. É um dos melhores e mais tradicionais restaurantes da região.

Quanto ao Hotel Palácio, do Estoril, continua em operação, um tradicionalíssimo hotel 5 estrelas. Pertence a um investidor iraquiano, mantém um spa de primeira grandeza e restaurantes e bares com serviço impecável.

1949 – Portugal é membro-fundador da Organização do Tratado do Atlântico Norte (Otan), com sede em Bruxelas.

1949 – Outorgado o Prêmio Nobel de Fisiologia e Medicina a Egas Moniz, neurologista e político, fundador da moderna psicocirurgia.

1956 – Estabelecida a Fundação Calouste Gulbenkian, destinada à arte, beneficência, ciência e educação, por disposição testamentária de Calouste Sarkis Gulbenkian, magnata de origem armênia, nascido na Turquia. É uma das mais importantes fundações da Europa, com diversas atividades em Portugal e no estrangeiro, em projetos próprios ou em parceria com outras congêneres. Tem representações em Paris e Londres, cidades nas quais Gulbenkian viveu em sua idade adulta.

1959 – Inaugurada a primeira linha do Metropolitano de Lisboa, cuja construção iniciou-se em 1956, com três trechos, totalizando 6,6 km e 11 estações.

1960 – Portugal é membro-fundador da Associação Europeia de Livre Comércio (EFTA), com sede em Estocolmo, entidade à qual deixou de pertencer ao aderir à União Europeia, em 1986.

1961 – Membro-fundador da Organização de Cooperação e de Desenvolvimento Econômico (OCDE), com sede em Paris.

1968 – A 3 de agosto, Salazar sofre um traumatismo craniano ao cair de uma cadeira que se desmonta, causando graves complicações neurológicas, deixando-o incapacitado até sua morte. Operado por dois neurologistas em 6 de setembro de 1968, Salazar recupera-se, anda pelo quarto e parece voltar ao seu ritmo normal. Entretanto, no dia 16 de setembro sofre um AVC no lado direito do cérebro, que o deixa em coma e desesperançado pelos médicos. Mais uma vez se recupera parcialmente, porém sem condições de exercer a chefia do governo. Por quase dois anos, uma farsa é montada: na residência oficial, recebia os ministros e dava ordens, que fingiam ser cumpridas.

A 17 de setembro, o presidente Américo Tomás convoca o Conselho de Estado, que indica para primeiro-ministro o professor Marcello Caetano, cuja posse foi a 27 de setembro de 1968.

Marcello Caetano, prestigiado jurisconsulto, político e professor catedrático da Faculdade de Direito de Lisboa, manteve basicamente a estrutura ditatorial herdada de Salazar, cujo pilar principal era a manutenção das colônias ultramarinas.

1970 – Morre Salazar, no dia 27 de julho, encerrando-se o longo ciclo da história de Portugal. Para melhor entender a supressão de liberdades básicas reinantes no período salazarista, recomendo a leitura do excelente romance *Afirma Pereira*, do escritor ítalo-português Antônio Tabucchi. Ele foi professor de Literatura Portuguesa na Universidade de Siena, tradutor e uma das maiores autoridades sobre a obra de Fernando Pessoa. E tradutor de Carlos Drummond de Andrade. Depois de se casar com uma portuguesa, passou a viver metade do ano em Lisboa e a outra metade na Toscana.

1974 – Revolução dos Cravos, acontecida a 25 de abril. Assim denominou-se porque uma funcionária de restaurante habitualmente comprava cravos para distribuir às clientes do seu estabelecimento. Por casualidade, comprou-os na manhã de 25 de abril e, ao chegar ao trabalho, o patrão informou que, devido à grande confusão reinante com a Revolução, o restaurante permaneceria de portas fechadas. Sem saber o que fazer com as flores, o patrão mandou que as levasse para casa.

No caminho, um soldado lhe pediu um cigarro, ela respondeu que não fumava, mas o presenteou com um cravo. O soldado o colocou no cano do fuzil. Outros soldados viram o ocorrido e fizeram o mesmo. Uma foto foi tirada por um jornalista, que a distribuiu pela imprensa mundial. A Revolução estava batizada!

Após a Revolução de 25 de abril de 1974, Marcello Caetano foi destituído de todos os seus cargos, tendo sido determinado quando da sua rendição no Quartel do Carmo em Lisboa a sua condução imediata para o Aeroporto de Lisboa, exilando-se no Brasil. A seguir ao golpe de Estado, vaticinou:

"Sem o Ultramar estamos reduzidos à indigência, ou seja, à caridade das nações ricas, pelo que é ridículo continuar a falar de independência nacional. Para uma nação que estava em vésperas de se transformar numa pequena Suíça, a Revolução foi o princípio do fim. Restam-nos o Sol, o Turismo, a pobreza crónica, a emigração em massa e as divisas da emigração, mas só enquanto durarem. As matérias-primas vamos agora adquiri-las às potências que delas se apossaram, ao preço que os lautos vendedores houverem por bem fixar. Tal é o preço por que os portugueses terão de pagar as suas ilusões de liberdade."

O exílio retirou-lhe o direito à aposentadoria no fim da sua carreira universitária. No Brasil prosseguiu a sua atividade acadêmica como diretor do Instituto de Direito Comparado da extinta Universidade Gama Filho, no Rio de Janeiro.

Marcello Caetano morreu aos 74 anos, a 26 de outubro de 1980, vítima de ataque cardíaco, sem nunca ter sido autorizado a regressar do exílio no Brasil. Morava no bairro carioca de Copacabana.

Durante o exílio no Rio, tive a oportunidade de estar com ele diversas vezes, em seu escritório em Ipanema, que dividia com os grandes juristas Aliomar Baleeiro e Antônio Bilac Pinto, quando conversávamos generalidades sobre Portugal, sem jamais demonstrar qualquer tipo de mágoa ou ressentimento.

1976 – Com a eleição de Ramalho Eanes para presidente da República, e a promulgação da Constituição, consolida-se a democracia portuguesa.

1986 – O país é admitido na Comunidade Econômica Europeia (CEE), atual Comunidade Europeia (CE), com inquestionáveis benefícios para o país nos campos político, econômico, social e cultural, culminando com a adoção da moeda Euro, em 2001.

1998 – EXPO'98, Exposição Mundial de 1998, ou, oficialmente, Exposição Internacional de Lisboa de 1998, com o tema *Os Oceanos: um Patrimônio para o Futuro*, ocorreu em Lisboa de 22 de maio a 30 de setembro de 1998. Teve o propósito de comemorar os 500 anos dos Descobrimentos Portugueses. Deixou como legado alguns prédios da exposição, em especial o Oceanário, além da recuperação de uma zona industrial altamente degradada, hoje conhecida como Parque das Nações. Nela há modernos edifícios residenciais e comerciais, hotéis de luxo, centro de convenções e uma estação de trem localizada numa magnífica estrutura metálica projetada pelo famoso arquiteto espanhol Santiago Calatrava.

PORTUGAL HOJE

Atualmente, o país experimenta um ciclo virtuoso em quase todas as frentes, com destaque ao turismo. Por dois anos consecutivos (2017 e 2018), ganhou o título de Melhor Destino Turístico do Mundo, concedido pelo **World Travel Awards**, cuja votação é feita pelo público e mais de 200 mil profissionais de turismo e viagens, oriundos de 160 países. Na premiação de 2018, anunciada no dia 2 de novembro, Portugal superou 16 concorrentes na categoria Melhor Destino do Mundo, além de arrebatar 16 prêmios, depois de sete troféus em 2017 e quatro em 2016. Na mesma premiação, a Lisboa foi concedido o título de Melhor Cidade-Destino Europeu, ao porto de Lisboa o Melhor Destino de Cruzeiros, e a agência oficial de turismo portuguesa, a Turismo de Portugal, voltou a ser considerada, pela segunda vez consecutiva, o Melhor Organismo de Turismo do Mundo.

Em 2017, a região do Algarve foi considerada a melhor do mundo para a residência permanente de aposentados, em termos de qualidade de vida e financeiramente. Em junho de 2019, a publicação norte-americana *International Living* relacionou destinos para aposentados na América Latina, Caribe, Europa e Sudeste Asiático que oferecem boa qualidade de vida em lugares paradisíacos, seguros e tranquilos e de baixo custo, gastando entre US$ 1.500 e US$ 2.500 por mês. Na Europa foram relacionadas apenas três cidades, duas em Portugal – Lagos, no Algarve, e Mafra, a 43 km de Lisboa. A terceira é Volterra, na Toscana, Itália. E o terceiro país mais seguro do mundo, somente superado por Islândia e Nova Zelândia (2017, *Global Peace Index*, do Instituto de Economia e Paz).

A ilha da Madeira foi considerada o Melhor Destino Insular da Europa por cinco vezes – de 2013 a 2018, com exceção de 2015, ano em que Portugal recebeu 36 Óscares de Turismo, 21 deles em âmbito europeu. A menos de uma hora de voo de Lisboa, tem clima temperado o ano inteiro. A sua alta estação é no inverno europeu, quando as temperaturas durante o dia podem atingir até 25 graus centígrados. Na Madeira ocorre uma das festas de reveillón mais tradicionais e populares da Europa, com grande queima de fogos de artifício, promovida pela administração da ilha.

O turismo enogastronômico ocupa lugar importante e crescente em todas as partes do globo. Portugal talvez seja a melhor opção, na relação custo/benefício, entre os principais destinos do mundo. A culinária portuguesa sempre foi apreciada internacionalmente, especialmente pelos brasileiros. De início, a culinária local remetia aos pratos tradicionais, preparados à maneira da nossa avó. Hoje, a cozinha portuguesa sofisticou-se, ousando além dos ingredientes tradicionais, resultando em um pequeno país no qual existem 26 restaurantes com estrelas Michelin; seis com 2 estrelas e 20 com 1 estrela, não se restringindo à capital e à cidade do Porto, mas espalhados por todo o território, incluindo dois na ilha da Madeira.

Para o turista, Portugal oferece restaurantes de alta gastronomia e de autor por preços justos, ao mesmo tempo que, para o turista menos interessado na parte gastronômica, há restaurantes triviais, honestos, de qualidade, a preços muito convidativos, certamente os menores da Europa ocidental. Para quem gosta de compartilhar experiências gastronômicas com amigos pelas redes sociais, que se prepare para postar diversas fotos por dia.

Recentemente, um programa do canal de televisão norte-americano **CNN** citou 20 razões por que em Portugal há uma das melhores culinárias da Europa. Algumas delas são a qualidade do pescado, que, segundo o famoso chef espanhol Ferran Adriá, é o melhor do mundo, fazendo com que o consumo individual de peixe no país seja o segundo maior da Europa, perdendo apenas para a Islândia; a qualidade do azeite; a criatividade dos novos chefs gourmet de Portugal; a qualidade do bacalhau, dos queijos e do presunto; os arrozes tipicamente portugueses; influências orientais na cozinha, advindas dos Descobrimentos; as maravilhosas frutas; as tradicionais sardinhas, assadas em qualquer sítio, até mesmo nas ruas; os pastéis de nata e diversas outras razões.

Quanto ao vinho, do qual falaremos mais detalhadamente à frente, é produzido em todas as regiões, sendo a mais antiga e conhecida a do vale do Douro. Vinho com qualidade e variedade cada vez melhor, tem a maior quantidade de castas autóctones do mundo, perdendo apenas para a Itália em quantidade de castas totais (autóctones e não autóctones). Em minha opinião, por larga margem, representa o melhor custo/benefício do setor em todo o mundo.

No campo econômico, a crise mundial de 2008 afetou bastante o país, que embarcou em um programa de austeridade que começou a apresentar resultados econômicos favoráveis a partir de 2013, com o aumento significativo da atividade econômica e consequente redução do desemprego, atingindo nos últimos anos índices econômicos entre os melhores da Europa. Sem dúvida, o turismo e a procura de Portugal para compra de segunda residência muito contribuíram para o sucesso do programa.

O crescimento econômico em 2018 foi de 2,1%, resultado bastante favorável em termos europeus, apesar de ter sido 0,2% menor que o previsto pelo governo e 0,7% menor que o valor alcançado em 2017.

Estável em termos políticos, o país convive harmônica e respeitosamente entre um governo com um primeiro-ministro socialista e um Estado com um presidente da República ao centro. Eleito em primeiro turno, Marcelo Rebelo de Sousa atinge aprovação pública de mais de 80%, mudando radicalmente o conceito e a opinião que os portugueses tinham do seu presidente.

Desde a sua adesão à Comunidade Europeia em 1986, e consequente acesso a maior abundância de recursos, modernizou e investiu maciçamente em transportes, então provavelmente o maior entrave ao seu desenvolvimento, apesar da pequena dimensão do país. Ênfase foi dada à construção de estradas de rodagem. Portugal possui uma das mais completas malhas rodoviárias da Europa, segura e com excelente manutenção.

Mas nem sempre foi assim. Em seu livro *Portugal – A Bargain Adventure*, o autor norte-americano Frank Dunbaugh descreve uma viagem feita em 1968, entre Lisboa e Porto – cerca de 300 km –, como verdadeira aventura que duraria um dia inteiro.

Minha primeira viagem de Lisboa ao Porto aconteceu em 1974, e a experiência foi exatamente a mesma. Hoje, a distância é coberta em três horas, incluindo rápida parada para um cafezinho, podendo-se escolher entre duas excelentes autoestradas, A1 (que gosto mais) ou A8 (parte pelo litoral), a um custo de cerca de 22 euros em pedágios.

Descobri e comprei o livro de Dunbaugh (exemplar nº 278) em fevereiro de 2017, em livraria de exemplares raros em Hong Kong. Publicado pela Wake-Brooks House, Fort Lauderdale, FL, muito conhecida pelas belas capas e encadernações feitas à mão. Nesse caso, a capa foi revestida com tapeçaria também feita à mão.

Estendendo-me um pouco mais sobre o livro. Logo no início o autor informa ao leitor por que deve passar férias em Portugal: "oferece diversão, alegria, boa comida, serviço cortês e a oportunidade de absorver a cultura local... Tudo isso a um custo surpreendente". Mais algumas coisas permanecem nos dias de hoje. Quanto ao baixo custo, ainda continua, se comparado à maior parte dos demais países da Europa. Nos últimos cinco anos (2013-2018), entretanto, certos custos, especialmente de hospedagem, cresceram bastante.

Por fim, uma das muitas curiosidades descritas no livro. Até 1969, a Coca-Cola era proibida em Portugal, provavelmente porque autoridades portuguesas imaginavam que a bebida incluísse em sua fórmula cocaína ou outro tipo de droga. Dunbaugh descreve uma conversa que teve com uma jovem que lhe disse que quando viajou para fora de Portugal pela primeira vez, a Madrid, a primeira coisa que fez foi tomar uma Coca-Cola. Esperava, em retorno, uma "viagem" que, naturalmente, nunca ocorreu.

O país é atravessado pelo rio Tejo, criando uma divisão natural Norte-Sul, ligados por duas imponentes pontes, 25 de Abril e Vasco da Gama. Ao norte estão Lisboa, na margem norte do rio Tejo; subindo, Fátima, Leiria, Aveiro, Espinho, Porto, vale do Douro, Guimarães, Braga, Viana do Castelo e diversas outras importantes cidades e regiões. Ao sul, a Península de Setúbal, Alentejo e Algarve.

O melhor modo de se orientar em Portugal é usar um aplicativo, como Waze ou Google Maps, mas você vai precisar estar conectado à internet. Caso o seu plano de celular não ofereça internet ilimitada no exterior, uma alternativa é comprar um cartão SIM (*chip*) em uma operadora portuguesa, com dados ilimitados. Nos aeroportos de Lisboa e do Porto há quiosques da operadora Vodafone. Você poderá adquirir o cartão e colocá-lo em seu celular. No aeroporto de Lisboa há um quiosque na chegada, sempre com muitas filas, mas há outro a poucos metros, na partida (andar superior). Nele nunca há filas.

Outra importante comodidade para viajar com carro alugado é solicitar na locadora um aparelho para pagamento eletrônico de pedágios, conhecido como *Via Verde* (equivalente ao brasileiro *Sem Parar*). Reveste-se de especial importância porque em muitas estradas não há cabines de pedágio, sendo cobrado por um sensor instalado num pórtico. Quando o motorista não tem Via Verde, é obrigado a ir a uma agência de correios (CTT), ou a uma loja

PayShop, ou ainda em um caixa automático Multibanco, no prazo de cinco dias úteis, para pagar as taxas de pedágio das estradas por onde passou.

Se esquecer ou não o fizer, as multas são grandes e virão debitadas no cartão de crédito que usou para efetuar a locação. Para se ter uma ideia, um pedágio de 0,20 euro pode virar uma multa de até 100 euros. Outra observação importante: o dispositivo disponibilizado pelas locadoras funciona exclusivamente nas estradas, não sendo permitido seu uso em estacionamentos urbanos.

Lisboa

A Cidade da Luz

 ANTECEDENTES

Capital e maior cidade de Portugal, com cerca de 500 mil habitantes nos limites administrativos e 2,8 milhões na Região Metropolitana (inclui, entre outros municípios, Cascais e Sintra). A origem do seu nome remonta à época dos fenícios, e se deriva da palavra Olisipo. Em fenício significava Porto Seguro. A teoria não é unânime, havendo outras versões menos cotadas.

Não há consenso desde quando a região de Lisboa foi habitada nem a civilização que a fundou. Há vestígios de ocupação nos períodos neolítico, eneolítico e neoneolítico. Estudos arqueológicos indicam que os fenícios já praticavam o comércio na região no século XII a.C. Vestígios fenícios do século VIII a.C. foram encontrados sob a Catedral da Sé de Lisboa.

O período romano começa em 139 a.C., com a conquista de Olisipo por Décimo Júnio Bruto Galaico. A povoação foi, então, anexada ao Império Romano, com status de cidadania romana. Havia enormes vantagens, incluindo grande autonomia administrativa e o não pagamento de impostos a Roma, ao contrário da maior parte das povoações conquistadas. A atividade econômica da cidade era representada pelo fabrico e comercialização e exportação para Roma de garum ou garo, alimento de luxo feito com pasta de peixe e mariscos, comercialização do vinho e sal e exploração das minas de ouro e prata. No final do Império Romano, Olisipo foi uma das primeiras povoações a acolher o cristianismo. Com a queda do império, a cidade foi vítima de invasões bárbaras, dos alanos, dos vândalos e dos suevos.

Após franca decadência e perda de importância comercial, a então Lisboa do ano 714 é tomada por mouros do norte da África, iniciando o domínio muçulmano que perdurou por mais de quatro séculos, deixando grande influência na cultura e língua portuguesas.

A primeira tentativa, fracassada, de retomada de Lisboa pelos cristãos ocorreu em 1137; a segunda, também fracassada, em 1140. Finalmente, em 1147, o primeiro rei de Portugal, Dom Afonso Henriques, comanda a Reconquista cristã da cidade. Em 1179, seis anos antes de morrer, Dom Afonso Henriques concede a Carta de Foral a Lisboa. A Carta de Foral é o documento no qual o rei estabelecia um concelho e regulava sua administração, deveres e privilégios. De certo modo, equivalia à fundação formal de um município.

Em 1255, a capital se transfere de Coimbra para Lisboa, onde permanece até hoje, com exceção de dois períodos em que foi substituída pelo Rio de Janeiro e Angra do Heroísmo (Açores), ambos os casos no século XIX.

Nos séculos finais da Idade Média houve grande expansão da cidade, tornando-se importante porto comercial. Havia intenso intercâmbio com o norte da Europa e cidades mediterrâneas.

Ao final do século XV se inicia a era das navegações. Os descobrimentos marítimos eram a grande prioridade estratégica do rei Dom João II. A política trouxe grande prosperidade a Portugal e em especial a Lisboa, de onde partiam as expedições. No final do século XVIII, a prosperidade entrou em declínio quando Portugal perdeu o monopólio do ouro do Brasil, agravado com o início da industrialização na Europa.

No Dia de Todos os Santos de 1755, Lisboa sofreu um terremoto de grandes proporções, seguido de um tsunami e um incêndio, destruindo-a quase completamente. O evento é muito bem descrito no livro *A ira de Deus*, de Edward Paice (Ed. Record).

Lisboa, quarta maior cidade da Europa naquela altura, foi reconstruída segundo os planos do Marquês de Pombal, criando-se o que se convencionou chamar de Baixa Pombalina, de acordo com rigoroso plano urbanístico, obedecendo a um modelo reticular de ruas e quadras baseado no Iluminismo.

Daí para diante, a história de Lisboa se confunde com a própria história de Portugal, sintetizada anteriormente.

Em Lisboa há abundância de espaços verdes, mais de uma centena de parques e jardins, destacando-se o Parque Eduardo VII, o Parque Florestal de Monsanto, considerado o pulmão da cidade, Jardim Botânico da Ajuda, o primeiro do gênero em Portugal, Jardim Botânico de Lisboa e outros.

Talvez por isso os lisboetas sejam popularmente conhecidos como "alfacinhas". A primeira referência ao termo surgiu no livro *Viagens na Minha*

Terra, de Almeida Garrett, publicado em 1846 – "pois ficareis alfacinhas para sempre, cuidando que todas as praças deste mundo são como o Terreiro do Paço". Na versão de Fernanda Reis, de 1943, a alcunha deriva do fato de que "os da capital são muito amigos de alfaces e as comem exageradamente". Há pelo menos mais três ou quatro versões para o termo.

O clima é temperado – temperatura média no inverno de 12 graus e 23 graus no verão. Pela proximidade do mar e regime de ventos, raramente apresenta temperaturas extremas. No verão de 2018 ocorreram dois ou três dias de intenso e excepcional calor, tendo chegado à máxima de 47 graus, rapidamente voltando às temperaturas normais para a época do ano. Setembro é talvez o melhor mês para visitar Lisboa, no tocante à temperatura. O verão sempre se prolonga até, pelo menos, o fim do mês, e as temperaturas nunca são excessivamente altas e as noites absolutamente perfeitas. Mas deixo claro que não dou garantia, pois em matéria de clima tudo pode acontecer...

 LISBOA HOJE

Até cerca de 20 anos atrás, Lisboa era uma cidade com prédios antigos e/ou históricos bastante degradados, principalmente devido a uma lei do inquilinato oriunda da época da ditadura. Os inquilinos pagavam aluguéis irrisórios aos proprietários, que ficavam sem condições financeiras de fazer os melhoramentos necessários. A lei ainda persiste em muitos casos, mas tende a desaparecer, assim que os imóveis forem desocupados.

Para ilustrar, um amigo, proprietário de um pequeno edifício com quatro apartamentos em Lisboa, todos com contratos de aluguel regidos pela lei antiga, me disse que há muitos anos não reajusta os valores dos aluguéis porque o selo do correio para mandar a notificação aos inquilinos é maior do que o aumento propriamente dito...

Hoje, Lisboa apresenta uma "cara" totalmente diferente, com prédios históricos ou *vintage* muito bem restaurados, ressaltando as magníficas fachadas. Empresários do ramo imobiliário executam obras de *retrofit* desses prédios, com a venda de apartamentos de luxo, de pequenos *studios* de 30 m² até apartamentos de grandes dimensões, dotados de todas as comodidades de infraestrutura dos prédios modernos.

Os imóveis, muitas vezes antigos palácios, conventos ou mosteiros, normalmente se localizam em pontos estratégicos da cidade, valorizando-os sobremaneira.

Os *retrofits* não se limitam a prédios residenciais; acontecem também em áreas comerciais, como o Palácio do Chiado; hotéis, como o Palácio das Especiarias, ou escritórios.

Por outro lado, a cidade conserva muitas características que a tornaram única – belas calçadas com pedras portuguesas, ruas com pavimentação em paralelepípedos de granito, bondes e elevadores conectando partes baixas e altas da cidade.

Outro exemplo é a manutenção dos antigos nomes das ruas. O escritor Ruy Castro, "carioca de Caratinga, MG", apaixonado por Lisboa, foi correspondente do *Jornal do Brasil* na década de 1970. Em seu recente livro *A arte de querer bem,* reproduz crônicas publicadas em jornais brasileiros, algumas se referenciando à época em que lá viveu. Em uma crônica, *Ruas da delicadeza*, lista ruas de Lisboa que atravessaram séculos, mas mantiveram o nome original. Outros exemplos homenageiam profissões, como a Rua dos Arameiros, dos Douradores, dos Actores, dos Bacalhoeiros. Ou a Rua da Esperança, das Farinhas, das Flores, a do Ouro e da Prata. Ou inusitadas, como a Rua do Sol ao Rato (na realidade informa que é uma rua que se chama do Sol, junto ao Largo do Rato), Poço dos Negros e das Janelas Verdes.

Na crônica, Ruy Castro menciona uma rua de Lisboa que não se qualifica como rua, avenida, praça ou travessa. Chama-se tão somente **Triste Feia**. Fica no bairro de Alcântara, por trás da Estação Alcântara-Terra, já foi cantada por um poeta e se refere a uma mulher que, nos idos de 1770, era assim chamada por motivos óbvios. Conclui Ruy Castro: "A delicadeza de Lisboa deu à Triste Feia algo que suas belas e alegres contemporâneas não tiveram – uma rua pela eternidade".

Curioso em conhecer a "não rua", coloquei seu nome no Waze e dirigi até lá. Ela realmente existe, não tem mais de 200 metros e duas placas com o nome do logradouro, exatamente como Ruy Castro descreveu – apenas "Triste-Feia".

O autor vai me desculpar, mas a rua é mesmo triste e feia...

Por outro lado, os lisboetas consideram o logradouro com o nome mais estranho da cidade a **Rua Azedo Gneco**. Ao pesquisar um pouco mais, descobri por que a administração da cidade não o homenageou por completo, pois o prenome é ainda mais estranho – Eudóxio César. Em grego eudóxio significa "o de boa fama", ou "o pensador". Imaginem só: Rua Eudóxio César Azedo Gneco... Você gostaria de morar lá? Brincadeiras à parte, Azedo Gneco foi um personagem marcante do seu tempo – segunda metade do século XIX, fundador do Movimento Operário e do Partido Socialista Português. Durante cerca de uma década trocou correspondência com Karl Marx e Friedrich Engels.

Do outro lado do oceano, o Rio de Janeiro seria ainda mais bacana se os governantes tivessem mantido o nome dos logradouros da época do

Império, no centro da cidade. Que me lembre, hoje persistem o Beco dos Barbeiros e a Rua da Ajuda. Após ter seu nome trocado para Melvin Jones (fundador do Lions Club) por alguns anos, voltou no final do século passado a adotar o nome original. Entre os muitos nomes que desapareceram estão a Rua Mata-Cavalos (atual Rua do Riachuelo), a Rua dos Ourives (atual Rua Rodrigo Silva) e a Rua do Sabão (atual Gen. Câmara).

Como a maior parte das cidades europeias, Lisboa também tem área moderna, chamada Parque das Nações. No passado, até 1990 foi área industrial, especialmente ligada ao petróleo, passando em seguida por um período de degradação. Depois de excelente trabalho de recuperação ambiental, sediou a Exposição Mundial de 1998 – Expo'98. Finda a exposição, que durou perto de um ano, alguns edifícios e equipamentos urbanos foram retirados e projetos imobiliários e hoteleiros surgiram, transformando a região em um dos melhores e mais tranquilos bairros da cidade, para morar ou lazer.

A arquitetura das edificações é arrojada, destacando-se a **Gare do Oriente**, projeto do arquiteto e engenheiro espanhol Santiago Calatrava, **Pavilhão de Portugal**, do arquiteto português Álvaro Siza Vieira, que sedia eventos, **Pavilhão do Conhecimento**, projeto do arquiteto Carrilho da Graça (museu de ciência e tecnologia que muito agrada adultos e crianças), **Pavilhão Atlântico**, do arquiteto Regino Cruz, **Torre Vasco da Gama** e **Igreja de Nossa Senhora dos Navegantes**, concluída em 2014.

Entretanto, a principal atração do Parque das Nações é, sem dúvida, o **Oceanário de Lisboa**, projetado pelo norte-americano Peter Chermayeff para a Expo'98. Felizmente foi mantido. O oceanário está inserido em área de 20 mil m², e os 30 aquários contêm volume de mais de 7 milhões de litros de água. O maior deles, com 5 milhões de litros, representa o oceano global. É possível observar de grandes tubarões até pequenos peixes tropicais. Outros quatro aquários representam os habitats marinhos do Atlântico Norte (Açores), oceano Ártico, oceano Pacífico temperado e oceano Índico tropical, totalizando mais de 8 mil espécies, entre animais e plantas.

Há ainda um bairro em Lisboa que gostaria de lhes apresentar – a **Marvila**. Trata-se de um bairro antigo em plena fase de recuperação urbana, transformando-se em um dos bairros mais "descolados" e alternativos da capital. A única região da cidade em acelerada renovação sem depender do turismo. Depois de décadas de abandono, houve uma profusão de propostas de projetos com alta dose de talento e criatividade, muitos deles suportados por pequenos investimentos. Transformou-se em área de referência na arte contemporânea, exibida nas incríveis galerias e nas ruas, em zona na qual a gastronomia está a crescer e a cervejaria artesanal encontrou o seu eldorado, incluindo um *beer district*; uma vida noturna brilhante e com poucas restrições de barulho; espaços de *coworking*, incubando projetos que retroalimentam a Marvila e fomentam outras áreas de Lisboa.

Por fim, para quem gosta de boa arte urbana, recomendo uma visita ao **Bairro Padre Cruz**, no qual se concentram dezenas de intervenções artísticas, formando um dos maiores museus a céu aberto da Europa. Um dos links que podem ser utilizados para informações sobre esse projeto é https://getlisbon.com/descobrindo/arte-urbana-bairro-padre-cruz/. Uma dica: se estiver em Lisboa com carro ou utilizando Uber, coloque no aplicativo Farmácia Padre Cruz. Vai dar bem na área com grande concentração de intervenções.

Voltando à Lisboa tradicional, os melhores bairros para o turista se hospedar ou explorar são a Baixa Pombalina, Bairro Alto, Chiado e Príncipe Real. Campo de Ourique é nova opção, em um bairro antigo. **Arroios** é um dos melhores para passear, dormir, comer e beber, com uma grande diversidade de restaurantes, nos quais encontrará comida de todos os cantos do mundo. Em setembro de 2019, Arroios foi considerado o bairro mais *cool* do mundo, eleito pelos editores internacionais da **Time Out**, revista cosmopolita que está presente nas principais metrópoles mundiais, com uma edição dedicada a cada uma das cidades em que está presente. O objetivo da revista é dar a conhecer aos leitores o que de melhor podem fazer na cidade, tendo para tal em todas as edições um tema de capa com assuntos que podem ir de gastronomia, compras, parques a divertimentos. E olha que esse time conhece do assunto...

Um passeio ao longo da Avenida da Liberdade, da Praça do Marquês de Pombal à Praça dos Restauradores, é imperdível. Avenida larga, projetada no século XIX à semelhança dos bulevares de Paris. Ali estão simpáticos quiosques em seu canteiro central, hotéis de luxo e econômicos, restaurantes de alta gastronomia, além das lojas de grife mais importantes da capital e os mais incríveis projetos de *retrofit* habitacionais da cidade.

No início fica o Parque Eduardo VII, o maior de Lisboa, com seus belos jardins em forma de labirinto, monumentos, um mirante e um interessantíssimo parque de food trucks. A **Baixa** ainda é a maior zona comercial e turística de Lisboa, enquanto a **Alfama**, com vielas estreitas, é a zona boêmia. Há grande número de casas de fado, com apresentações ao vivo. O **Castelo de São Jorge**, do século VIII, de onde há a vista mais famosa de Lisboa, pode ser acessado pela Alfama. Se o visitante estiver em razoável forma física, seria um belo passeio atravessar Alfama a pé, até chegar ao Castelo de São Jorge. Se não estiver, a alternativa seria ir de *tuk-tuk*, pois as ruas são muito estreitas para carros e táxis.

Descortina-se a vista mais famosa de Lisboa e do rio Tejo, mas não necessariamente a mais bela. Para mim, é a vista do **Mirante de São Pedro de**

Alcântara, no Bairro Alto, ou do **Mirante da Graça**, pois deles também se descortina toda a cidade, incluindo o Castelo de São Jorge, magnificamente iluminado à noite.

Na zona ribeirinha do Tejo, a oeste, encontra-se a Freguesia (Bairro) de Belém, existente na época dos Descobrimentos. Lá estão o **Mosteiro dos Jerônimos**, construído pelo rei Dom Manuel I, em 1501, em estilo manuelino e influência gótica e renascentista, **Torre de Belém**, de 1519, **Monumento ou Padrão dos Descobrimentos**, de 1960, **Palácio de Belém**, construído em 1559, residência oficial do presidente da República, **Museu Nacional dos Coches**, projeto do arquiteto brasileiro Paulo Mendes da Rocha, inaugurado em 2015, substituindo o antigo prédio do Museu, inaugurado em 1905, o **Centro Cultural de Belém**, de 1993, e outros pontos de interesse.

Em Belém fica outro importante ponto turístico com grandes filas, que é a **Fábrica dos Pastéis de Belém**, parada obrigatória para todos os turistas, da qual falaremos mais adiante.

 **HOTÉIS**

Com a oferta nos últimos anos de novos hotéis, de todas as categorias, somada à oferta existente, é difícil eleger o melhor. No entanto, arrisco-me a opinar que o melhor, considerando todos os aspectos, é o mais antigo 5 estrelas da cidade, o **Ritz Four Seasons**. A origem mais plausível do hotel foi a solicitação feita, em 1959, pelo então todo-poderoso primeiro-ministro Antônio de Oliveira Salazar a um grupo de empresários portugueses para construir um hotel de luxo em âmbito internacional.

A tarefa foi aceita. Os empresários negociaram o nome com a cadeia de Charles Ritz, e a operação foi entregue à companhia Les Grands Hôtels Européens. Desde a sua inauguração, há mais de 60 anos, foi operado por diversas empresas hoteleiras, sendo a atual a Four Seasons.

O projeto do edifício é de autoria do arquiteto Porfírio Pardal Monteiro, e as áreas nobres foram decoradas pelo francês Henri Samuel, em estilo clássico, associando a art déco ao estilo Luís XVI.

O acervo de artes plásticas do hotel é invejável, com obras de Vieira da Silva, Julio Pomar, Almada Negreiros, Sara Afonso e Carlos Botelho. O café da manhã é uma experiência notável, o restaurante é de primeira qualidade e ainda é possível desfrutar de comida japonesa no simpático bar. Desnecessário dizer que o serviço continua impecável. Spa completo, piscina externa e estacionamento.

OUTROS HOTÉIS 5 ESTRELAS RECOMENDADOS

Lisboa Sheraton Hotel – para mim é um hotel especial, cheio de memórias pessoais. Tem quase 50 anos, mas já passou por diversas reformas e modernizações integrais, mantendo-se sempre no nível de um 5 estrelas. Tem excelente custo/benefício e boa localização, perto da Praça Marquês de Pombal. O spa é completo, piscina externa e estacionamento.

Dele, tenho duas histórias.

A primeira ocorreu em 1974, quando da Revolução dos Cravos, que derrubou a ditadura vigente à época. À redemocratização do país sucederam-se as independências das colônias na África. Como normalmente acontece em um processo como esse, nas ex-colônias instalou-se um caos produzido pelas lutas entre as diversas correntes políticas do novo país, entre si e contra ex-colonizadores. Com isso, houve o movimento de retorno dos portugueses a Portugal, os chamados "retornados", geralmente deixando para trás todos os bens.

Da noite para o dia, a metrópole recebeu um contingente de portugueses para os quais era impossível encontrar trabalho e acomodações. Foram alojados em praticamente todos os hotéis e pensões de Lisboa, mesmo os 5 estrelas. Nessa altura, salvo erro ou engano, apenas o Hotel Ritz e o Sheraton Hotel ostentavam essa categoria. Pois bem, talvez por pertencer a um grupo americano, o Sheraton foi o único poupado da ocupação, funcionando ininterruptamente durante o processo. Em seu fim, a maior parte dos hotéis encontrava-se em condições deploráveis, e o Sheraton, incólume.

A segunda aconteceu comigo, em meados da década de 1980. Antes de contar o fato, para benefício dos mais novos, informo que não existiam os cofres eletrônicos que hoje há em todos os quartos de hotel. Na recepção dos hotéis, ou num pequeno cômodo ao lado, havia dezenas de pequenos cofres, com duas chaves. Ao hóspede que utilizava um deles, o recepcionista dava uma chave, específica do cofre, e mantinha a segunda, a chave-mestra, que servia para todos os demais. Assim, para abrir ou fechá-los, eram necessárias duas chaves, a do recepcionista e a do cliente.

Pois bem, em uma das minhas estadas, por volta da hora do almoço, deixei meus pertences no cofre da recepção e o funcionário me deu a chave dele, a mestra, no lugar da minha, que serviria apenas ao meu cofre. Com isso, ele impediu que outros clientes tivessem acesso aos cofres durante todo o tempo que estive fora, cerca de oito horas, tendo o hotel que emprestar dinheiro aos clientes que foram se abastecer no próprio cofre. Naquela época, poucos tinham acesso a cartões de crédito internacionais, valendo-se de dinheiro em espécie ou de traveller-checks para as despesas. Quando voltei ao quarto, na porta havia um enorme cartaz pedindo que fosse imediatamente à recepção. Sorte do hotel e dos clientes, pois antes do jantar passei pelo hotel para trocar de roupa...

Nas inúmeras vezes que voltei ao hotel, sempre me lembrava da história e comentava com os funcionários, a maioria deles com perfeita lembrança do ocorrido, até mesmo 20 anos depois.

Olissipo Lapa Palace – mais conhecido como Hotel da Lapa, foi inaugurado em 1992, depois de mais de cinco anos de projeto e construção para adaptar o palácio histórico ao uso como hotel de luxo. O Palácio foi construído em 1877 para servir de residência ao Conde de Valenças, advogado de Coimbra e vereador da Câmara de Lisboa. A construção e a decoração tiveram a contribuição de diversos e importantes artistas da época, como o ceramista Rafael Bordalo Pinheiro, que criou para o palácio azulejos e alguns móveis; seu irmão Columbano pintou as paredes e os tetos do palácio com o tema *Dançando pelo Tempo*. O palácio foi utilizado como residência da família do conde até 1988, quando foi vendido pelos herdeiros para a construção do hotel. Os arquitetos, restauradores e artistas que trabalharam no projeto mantiveram os traços originais da construção, preservando a memória da sociedade portuguesa do século XIX.

O hotel divide-se em três alas, a ala do Palácio (a mais nobre), a ala do Jardim e a Villa Lapa, última a ser construída, em 2002 (no total, 109 quartos). Os 21 quartos e a suíte do conde foram redecorados em 2003 com reproduções dos móveis originais no estilo Dom João VI, Dona Maria e Dom José. O seu Restaurante Lapa tem cozinha mediterrânea e serve brunch aos domingos. O Restaurante-Bar Le Pavillion é o restaurante da piscina e o Bar Rio Tejo tem música de piano ao vivo, de terça-feira a sábado. A gastronomia do hotel é muito boa e o serviço excelente. Há um spa completo, piscina externa e estacionamento.

Hotel Pestana Palace – um dos hotéis mais bonitos de Lisboa, e deixou excelentes recordações nas diversas vezes em que lá me hospedei. Fica no Bairro de Santo Amaro, em um palácio construído no início do século XX pelo Marquês de Valle Flor, para servir de sua residência. Em 1992, após abandonado por 50 anos, foi adquirido pelo Grupo Pestana para a construção do seu mais belo hotel, na minha opinião. O palácio foi declarado Monumento Nacional pelo governo português. Da mesma forma que no Hotel da Lapa, o Palácio abriga as principais e magníficas suítes e as áreas comuns do hotel, enquanto duas alas modernas abrigam os demais quartos. As suítes do palácio (são quatro) têm decoração neo-rococó, com talha dourada e espelhos, tudo perfeitamente restaurado. O café da manhã é servido no restaurante do palácio ou nos jardins, o que é muito agradável no verão. O restaurante do hotel é o Valle Flor e o bar é o Allegro. Spa completo, piscina externa e estacionamento.

Hotel Tivoli Liberdade – considero o hotel mais tradicional de Lisboa, depois do Ritz. A localização é privilegiada, na avenida mais emblemática da cidade, na qual estão as melhores lojas de grife e excelentes restaurantes. No hotel, muito bem mantido, as áreas sociais são agradáveis e movimentadas. No térreo fica a Cervejaria Liberdade, com ótimo marisco, e o Lobby Bar; na cobertura, o restaurante Seen e o Sky Bar, ambos excelentes.

Hotel Altis Avenida – hotel 5 estrelas, inaugurado em 2010, ocupa um edifício histórico projetado pelo arquiteto Cristino da Silva, precursor da arquitetura modernista em Portugal, com localização ímpar na Praça dos Restauradores. O projeto de recuperação do edifício foi do arquiteto João Vasconcelos Marques e os interiores são de autoria de Cristina Santos Silva e Ana Meneses Cardoso, que lograram êxito em aliar todos os itens de conforto de um hotel moderno às características originais do edifício. Na cobertura há o Rossio Gastrobar, com bela vista de Lisboa, e no térreo o Lobby Bar.

A rede Altis tem dois outros hotéis 5 estrelas em Lisboa: Altis Belém Hotel & Spa, na Doca do Bom Sucesso, junto ao rio Tejo, abrigando o Restaurante Feitoria, agraciado com uma estrela Michelin, e Altis Grand Hotel, localizado na Rua Castilho, além de vários outros 4 estrelas.

Pousada de Lisboa – hotel 5 estrelas mais recente da cadeia Pestana, localizado em um prédio histórico com mais de dois séculos, totalmente restaurado, na Praça do Comércio e rio Tejo. No passado, o edifício abrigou a família real; em seguida, ministérios e a alfândega de Lisboa. Possui um restaurante especializado em carnes, spa, piscina interna e solário. Se escolher esse hotel para a sua hospedagem, peça que lhe mostrem a sala do gabinete do ex-primeiro-ministro Salazar, hoje totalmente restaurada e que serve como salão de eventos. Aproveite a oportunidade para ver a magnífica escadaria que leva ao piso do salão.

Memmo Príncipe Real – hotel novo, localizado num dos bairros mais turísticos e interessantes de Lisboa, é um pequeno 5 estrelas, com apenas 41 quartos, e acesso tão discreto que provavelmente terá que perguntar como chegar. Sua piscina e bar ficam em um terraço com uma das melhores vistas de Lisboa, o restaurante é bom e o serviço muito eficiente. De lá você estará a poucos metros da Praça do Príncipe Real, na qual, às sextas-feiras, às 19h, há excelente (e barata) apresentação de fado em uma cisterna subterrânea, da Embaixada, que não é uma representação diplomática, mas o nome de um centro de compras e restaurantes, e onde também há fado aos domingos, além de um sem-número de bares, lojas descoladíssimas e restaurantes para todos os sabores.

Bairro Alto Hotel – na altura da edição deste texto, o hotel encontrava-se em fase final de reforma e ampliação, a reabertura sem data para ocorrer, depois de ter sido adiada um par de vezes. Entretanto, pela importância no conjunto de hotéis 5 estrelas de Lisboa, não podia deixar de mencioná-lo, mesmo sem ter tido a possibilidade de ver o resultado final da reforma. Certamente, será muito bom, pois o projeto foi desenvolvido por um dos maiores arquitetos de Portugal, Eduardo Souto Moura. A localização é invejável, e antes da reforma havia um pequeno *rooftop bar*, com uma das melhores vistas do Tejo.

Palácio Belmonte – superexclusivo hotel, com apenas 10 suítes, localizado aos pés do Castelo de São Jorge, no palácio mais antigo de Lisboa, construído em 1449, sobre ruínas das muralhas romanas e mouras. No século XVIII, os mestres da azulejaria portuguesa Manuel Santos e Valentim de Almeida criaram 59 painéis com mais de 30 mil azulejos, que ainda hoje podem ser apreciados em diversas áreas do hotel, convivendo em perfeita harmonia com móveis de época e arrojadas obras de arte contemporâneas. O palácio foi declarado Monumento Nacional em 1910. Uma das suítes, a Bartolomeu de Gusmão, tem 110 m^2, vista espetacular, e já foi considerada uma das mais bonitas do mundo.

The One Palácio da Anunciata – novíssimo e pequeno hotel 5 estrelas, pertencente à rede espanhola H10 Hoteles, localizado em uma das melhores áreas de Lisboa, na Rua das Portas de Santo Antão, próximo à Avenida da Liberdade e à Praça dos Restauradores, perto de dois ícones da gastronomia de Lisboa – o Gambrinus e o Solar dos Presuntos. O hotel situa-se em um palácio do século XVI, perfeitamente restaurado, no qual se destacam a beleza original do edifício, a riqueza dos tetos originais, os elegantes interiores e 2.500 m^2 de jardins. Quanto à gastronomia, oferece o restaurante gourmet Condes de Ericeira, o Boêmio Cocktail Lounge e o Jardim Wine Bar. As áreas externas do hotel são um dos seus pontos fortes, em especial a área da piscina, muito agradável. No verão há serviço de bar e aperitivos. Os quartos são claros, naturalmente iluminados, modernos e muito confortáveis. O hotel tem ainda spa, centro de convenções com quatro salas e estacionamento.

The Lumiares Luxury Hotel & Spa – moderno, luxuoso e muito confortável, construído em um edifício antigo totalmente reformado, com localização excelente, no Bairro Alto, perto do Mirante de São Pedro de Alcântara. A tipologia dos quartos inclui lofts e unidades com um ou dois quartos, além de coberturas com vista espetacular. A configuração dos quartos é ideal para famílias, pois há cozinha totalmente equipada, incluindo máquinas de café e de lavar louça. Na cobertura estão os restaurantes panorâmicos.

OUTROS PEQUENOS, LUXUOSOS E EXCLUSIVOS HOTÉIS

Outras opções em Lisboa são a **Casa Balthazar** (11 quartos, todos diferentes), **Lisboa Carmo Hotel** (45 quartos em 4 categorias), **The Beautique Hotel Figueira** (50 quartos em 4 categorias) e **WC Beautique Hotel** – sim, escrevi certo, o tema dos quartos do hotel são... os banheiros – (41 quartos em 4 categorias), os dois últimos com a assinatura da famosa arquiteta madeirense Nini Andrade Silva, **Heritage Liberdade** (40 quartos com 3 categorias), **Hotel Britânia** (32 quartos e uma suíte), **Palacete Chafariz d'el Rei** (6 suítes, todas diferentes) e **Palácio Ramalhete** (12 quartos e suítes). Alguns ostentam 5 estrelas, outros 4, mas em todos você terá uma estadia personalizada e muito agradável.

HOTÉIS ECONÔMICOS

No tocante a hotéis mais econômicos, de 4 e 3 estrelas, em Lisboa há grande oferta, permitindo escolher o que mais convier. As maiores redes portuguesas são o **Grupo Pestana** (4 e 5 estrelas), **Hotéis Fênix** (3 e 4 estrelas), **Sana Hotels** (3 a 5 estrelas), **Vila Galé Hotéis** (4 estrelas) e as internacionais **Accor** (2 a 5 estrelas), **Marriott** (3 a 5 estrelas), **NH Hoteles** (4 estrelas) e **Starwood** (4 a 5 estrelas).

Há também excelentes hotéis, menos convencionais e mais baratos, além de enorme quantidade de apartamentos tipo Airbnb e hostels. Na categoria Hostel, recomendo o **The Independente Hostel & Suites**, localizado no Bairro Alto, Rua São Pedro de Alcântara, 83. O hostel abriga ainda o restaurante **The Decadente** e o bar/restaurante **The Insolito**, ambos bastante interessantes, além do **Palácio das Especiarias**, espetacular empreendimento localizado em um prédio histórico com mais de 400 anos, recentemente restaurado, na Rua da Horta Seca, 11, a dois passos da Praça Luís de Camões, no coração do Bairro Alto. A categoria é de Alojamento Local, mais ou menos equivalente a uma pousada. Possui suítes para duas, três, quatro ou cinco pessoas, unifamiliares, ou seja, não se hospedam no mesmo quarto pessoas desconhecidas. Vale visitar seu site: www.palaciodasespeciarias.com.

> **OUTROS HOSTELS RECOMENDADOS, TODOS COM EXCELENTE LOCALIZAÇÃO**
>
> **Lost Inn Lisbon Hostel** – no Cais do Sodré.
> **Yes! Lisbon Hostel** – na Baixa.
> **Sunset Destination Hostel** – no Cais do Sodré.
> **Hans Brinker Hostel Lisbon** – em São Sebastião.
> **We Love F Tourists** – na Baixa.
> **Hub New Lisbon Hostel** – no Bairro Alto.
> **Good Morning Lisbon Hostel** – em Santa Maria Maior.
> **Home Lisbon Hostel** – na Baixa.

Na Avenida da Liberdade me hospedei na minha primeira visita a Lisboa, em 1974. Fiquei na então Pensão D. Sancho I, hoje **Hotel D. Sancho I**, depois de algumas obras de renovação que proporcionaram um *upgrading* em sua categoria. São quartos de pequenas dimensões, 10 a 14 m², com todas as facilidades. Seguramente, opção bem melhor do que os tradicionais hotéis econômicos pertencentes a redes internacionais, cobrando cerca de 50 euros por noite, café da manhã incluído.

Em Lisboa e Cascais há duas novidades interessantes: **Martinhal Family Hotel Lisboa** e **Martinhal Family Hotel Cascais**. Ambos especializados e preparados para receber famílias com crianças, muita atividade para os pequenos e monitores/baby sitters que tomam conta deles enquanto os pais vão jantar fora sozinhos ou outra atividade noturna qualquer. Hóspedes da unidade de Lisboa podem usar a estrutura da unidade de Cascais, quando em visita à cidade, e vice-versa. Amigos se hospedaram nesses hotéis e ficaram muito bem impressionados.

GASTRONOMIA

> **RESTAURANTES**

Costumo dizer que em Portugal não se morre de fome, de sede ou doente. Porta sim, porta não, encontramos um restaurante, um bar, um café... ou uma farmácia. Assim, é impossível alguém cobrir todos os bons restaurantes de Lisboa (ou do Porto, ou do Algarve...). Muitos sempre ficarão de fora, por desconhecimento ou falta de oportunidade de lá ir comer. Afinal, almoçamos e jantamos uma vez por dia...

RESTAURANTES ESTRELADOS MICHELIN

Belcanto, 2 estrelas Michelin, menu-degustação, ótimo. Restaurante principal do chef José Avillez, o mais conhecido de Portugal, proprietário de diversos restaurantes em Lisboa e no Porto. Apesar de existir desde 1958, apenas em 2012 foi adquirido por Avilez, que revolucionou a cozinha, e no mesmo ano ganhou a primeira estrela Michelin. A evolução do restaurante e a originalidade da sua cozinha mereceram a segunda estrela Michelin dois anos depois, em 2014. Faz parte ainda da conceituada *World's 50 Best Restaurant List*. Em 2019, José Avillez foi eleito o melhor cozinheiro do mundo, ao receber o *Grand Prix de l'Art de la Cuisine*, mesma honraria recebida anteriormente por grandes chefes da cozinha internacional, como Alain Ducasse, em 1993 e 2007, Ferran Adriá, em 1994, Massimo Bottura, em 2010, Joan Roca, em 2011, e Alex Atala, em 2015, entre outros. Necessita reserva com muitos dias de antecedência.

Eleven, 2 estrelas Michelin, caro. Muito bem localizado, no alto de uma colina, com deslumbrante vista para o Tejo e os belíssimos jardins do Parque Eduardo VII. É um dos restaurantes mais luxuosos e sofisticados de Portugal, com gastronomia de alta qualidade e serviço impecável. O chef é o alemão Joachim Koerper. Recomendo reserva com alguns dias de antecedência.

Alma, casa do chef Henrique Sá Pessoa, com duas estrelas Michelin merecidamente conquistadas pela sua excepcional comida moderna portuguesa – um dos três melhores restaurantes de Portugal, na minha opinião. O restaurante passa despercebido, pois não há placa à porta e fica numa ruazinha muito simpática e pequena – Rua Anchieta, 15, no Chiado. Provavelmente é o restaurante com mesas mais disputadas de Lisboa – faça a sua reserva com pelo menos dois meses de antecedência. Mas vai valer cada dia de espera...

Feitoria, 1 estrela, menu-degustação, também muito bom. O responsável pela cozinha é o competente chef João Rodrigues. Fica no Altis Belém Hotel & Spa, na Doca do Bom Sucesso, bem juntinho à margem do rio Tejo.

Loco, com 1 estrela Michelin, diferencia-se dos demais estrelados portugueses por diversos motivos: serve apenas jantar, não serve à la carte, o seu menu-degustação tem 18 pratos, que o chefe intitula de "momentos", alterados semanalmente em função da disponibilidade dos produtos no mercado, o processo criativo da cozinha valoriza os produtos e as tradições locais, sem dúvida ousando muito mais do que os seus colegas estrelados, com combinações impensáveis, muitas de sucesso, outras nem tanto. O chef Alexandre Silva foi responsável pela cozinha de diversos e prestigiados restaurantes de Lisboa, com algumas experiências próprias de curta duração, até abrir o Loco, em dezembro de 2015. Em sua cozinha aberta para o salão, Silva recebe no máximo 20 clientes por noite, que têm a oportunidade de acompanhar todo o desenrolar das atividades na cozinha, em especial o ritmo imposto por Silva aos colegas de trabalho. Há um excelente *sommelier* e um igualmente excelente chef pasteleiro, que produz ótimos pães e sobremesas. No momento que escrevi esta resenha, a espera para obter uma mesa era de três meses! Fica na Rua dos Navegantes, 53.

RESTAURANTES NÃO ESTRELADOS, MAS IGUALMENTE BONS (ÀS VEZES ATÉ MELHORES)

Fifty Seconds – é o mais novo restaurante do premiadíssimo chef basco Martín Berasategui, de San Sebastian, Espanha. Pequeno, apenas 35 lugares, com vista espetacular para o rio Tejo, fica a 120 metros de altura, na cobertura da Torre Vasco da Gama, no Parque das Nações, área mais moderna de Lisboa, recuperada para a Exposição Mundial, em 1998. O chef é o único espanhol com 10 estrelas Michelin (novembro/2018), contabilizadas pela soma das estrelas conquistadas por alguns dos seus restaurantes, em várias cidades. O restaurante serve almoço e jantar, de terça a sábado, oferecendo dois menus-degustação ou à la carte, neste caso com o mínimo de dois pratos. O chef residente é o competentíssimo Filipe Carvalho.

Quanto aos menus-degustação, sazonais, há um de 130 euros e outro de 170 euros por pessoa. Nossa mesa escolheu o primeiro, com harmonização de vinhos cobrada à parte. A experiência foi impecavelmente deliciosa, toda ela. Sabores e texturas incríveis, com destaque para pães, sobremesas e *petit fours* preparados pela chef pasteleira Maria João Gonçalves. A sua *Torrija* caramelizada com sorvete de café é, provavelmente, a melhor sobremesa que já comi. Como o restaurante serve um mínimo de dois pratos, brinquei com a Maria João que na minha próxima visita comerei duas *Torrijas*, e nada mais! O serviço é impecável, discreto e eficiente. Fomos recebidos no restaurante pela amável Carla. Não antes de um dedo de prosa, nos conduziu à nossa mesa, sendo acompanhados durante toda a refeição pelo André, com passagens em restaurantes incríveis em várias partes do mundo. Durante a refeição, o *sommelier* Marc Pinto nos fez viajar por algumas regiões vinícolas de Portugal, incluindo um delicioso branco da ilha do Pico, nos Açores, região que tem melhorado bastante a sua produção, e que começa a ser descoberta. Saímos com a certeza de que o Fifty Seconds será o responsável pela 11ª estrela do chef Berasategui ou, quem sabe, a 12ª! Em resumo, para mim, é o melhor restaurante gourmet de Lisboa no momento.

Pela sua pequena dimensão física e por ser uma das sensações gastronômicas de Lisboa, é preciso reservar com grande antecedência (+55.211.525.380). No ato da reserva, é solicitado o depósito de 60 euros por comensal, deduzidos da conta final. O cancelamento, sem nenhuma penalidade para o cliente, pode ser feito até 24 horas antes.

Por que o nome Fifty Seconds? Porque 50 segundos é o tempo que leva o elevador para chegar do andar térreo ao andar do restaurante. Acredite, a experiência já começa no elevador. Um bom nome para um restaurante? Não sei, mas é muito original e criativo...

JNcQuoi – restaurante inaugurado em maio de 2017, com um bar enorme e lindíssimo, nada igual em Lisboa, pouquíssimos rivais na Europa. Apesar de ser na realidade um complexo com restaurante, bar, deli, doceira e livraria, mantém um serviço muito eficiente e atencioso desde a sua inauguração, mesmo quando lotado, quando abriga mais de 200 pessoas. Se tiver tempo, se programe para chegar mais cedo e aproveitar para tomar um drinque no bar, antes de ir para o restaurante, que necessita de reserva com alguma antecedência. No bar, o cliente é atendido por ordem de chegada, não há reservas. Fica na Avenida da Liberdade, na qual antigamente era o hall do Teatro Tivoli (ainda existe e apresenta ótimas peças de teatro).

Tudo é bom, mas se quiser comer uma massa inesquecível peça o *tagliolini* trufado, que pode ser servido no bar ou no restaurante.

Se for de carro, não haverá problema algum para estacionar, pois bem ao lado há o estacionamento subterrâneo do centro comercial Forum Tivoli, com entrada pela Rua Manuel de Jesus Coelho.

JNcQUOI Asia – irmão mais novo do JNcQUOI, inaugurado em julho de 2019. Oferece uma seleção de aperitivos e pratos da China, Japão, Tailândia e Índia. O projeto, exuberante, é do arquiteto Lázaro Rosa Violán, o mesmo do JNcQUOI, com decoração que integra elementos orientais influenciados pela presença portuguesa no Oriente. O bar é muito agradável, com barra e mesas, uma bela vista para a Avenida da Liberdade e um DJ com boa música até 2h da manhã. No restaurante, o enorme esqueleto do dinossauro do JNcQUOI é substituído pelo esqueleto de um dragão dourado. Em uma terceira zona há o sushi bar, com capacidade para 45 pessoas. Por fim, o ajardinado terraço, agradável para os dias mais quentes. Abre todos os dias e fica à Avenida da Liberdade, 144. A dica do estacionamento é a mesma do JNcQUOI acima.

Sea Me – fusão de peixaria portuguesa com comida japonesa. Imperdível. Reserve com pelo menos um dia de antecedência. Muito bom. Muito informal. Para melhor aproveitar o restaurante, a dica é pedir vários pratos e compartilhar. Outra dica: peça também um prego no pão, para dividir por dois. Vem no bolo de caco, pão salgado típico da ilha da Madeira, imperdível. Para quem não sabe, prego no pão é um sanduíche de filé bem fininho, o sanduíche mais representativo de Lisboa. Mas não peça para colocar uma fatia de queijo, pois provavelmente eles não a terão, e, se tiverem, não colocarão! O restaurante é frequentado por turistas e lisboetas igualmente. A maior parte dos artistas internacionais que vêm a Lisboa vai jantar lá, pelo menos uma vez. Há três anos, jantando com os nossos amigos Israel e Carmem, sentei ao lado do cantor Sting. Quando digo ao lado, é mesmo ao lado. A distância entre uma mesa e outra é de 1 cm! Quem sabe você vai jantar lá e se senta ao lado da Madonna, ou do Bono, ou da Diana Krall...?!

Meat Me – é o restaurante mais novo do grupo Sea Me, aberto ao público em maio de 2019. Como o trocadilho do nome sugere, é um restaurante especializado em carnes. Ao contrário do seu "irmão" mais velho, bastante informal, o Meat Me tem decoração bastante elaborada – logo à chegada vai se deparar com uma belíssima escultura suspensa do artista Silvio Vicenzo Florêncio. No mezzanino há um Ladies & Gentlemen's Bar no estilo inglês, um dos mais bonitos de Lisboa, com uma conveniente lareira para os dias mais frios. No restaurante, para os indecisos, há a possibilidade de aconselhamento por um *sommelier* de carnes, que fará a recomendação do corte, da origem e do tipo de processamento (normal ou maturada) mais adequada ao paladar. A qualidade das carnes é de primeira – algumas vêm do El Capricho, de Leon, Espanha, considerada pela revista **Time** a melhor carne do mundo, o *wagyu* vem do Chile, o porco vem de Montaraz, Alentejo, criado ao ar livre. Há dois modos de confeccionar a carne: no Josper (forno a carvão) ou o tradicional na brasa. Para quem não come carne há a opção de peixe, polvo ou carabineiros (lagostins). O serviço é primoroso, um dos melhores da cidade. Fica na região mais badalada de Lisboa, o Chiado.

Horta dos Brunos – em julho de 2018, um casal amigo de Lisboa nos levou até esse restaurante, do qual nunca tínhamos ouvido falar. No ramo, talvez tenha sido a surpresa mais surpreendente em Portugal até hoje. Tudo é ótimo – ambiente simples, correto e agradável, comida, adega e serviço. Apesar de ser um restaurante de custo normal, a adega vai de Petrus (uns 5 mil euros) até os vinhos mais modestos, de 10 euros. Fica nos Arroios, à Rua Ilha do Pico, 27. O local é de difícil estacionamento, mas, quando fizer a reserva, diga que vai de carro, pois eles mandam estacionar em área próxima, do próprio restaurante. Restaurante sem turistas, é uma joia normalmente usufruída apenas pelos locais. Pessoalmente, gosto mais para o almoço.

Vela Latina – tradicional restaurante às margens do Tejo, sempre foi o ponto de encontro para o almoço dos políticos, empresários e formadores de opinião de Lisboa. Entrou em certo declínio e recentemente foi completamente repaginado, passando de um único restaurante a um complexo gastronômico. A sala principal foi dividida em duas partes – uma abriga o Vela Latina propriamente dito, com agradabilíssima varanda virada para uma marina (Doca do Bom Sucesso), e a outra, o restaurante nipo-peruano **Nikkei**. No complexo ainda há o **Vella Café**, para uma bebida e *snacks*, e a **Manteigaria Silva**, operada por um parceiro do restaurante.

A qualidade da comida e do serviço sempre foi ponto alto do Vela Latina. Asseguro que, na nova fase, a qualidade continua tão boa como antes ou até melhor.

Além da excelente comida, outra coisa que gosto no Vela Latina é a profusão de mesas redondas, muito mais simpáticas para grandes e pequenos grupos. Lá há mesas redondas para grupos de quatro até treze pessoas. Ao lado, no Nikkei, também há mesas redondas, mas limitadas a grupos de sete pessoas.

Outra grande vantagem do restaurante é o estacionamento próprio, fato raríssimo em Lisboa.

Casa da Comida – restaurante tradicionalíssimo de Lisboa, com cerca de 43 anos na mesma família, ambiente requintado e comida fantástica, cozinha tradicional portuguesa, com roupagem e apresentação bem modernas quando comparadas à maior parte dos restaurantes portugueses. A cozinha está sob a responsabilidade do chef João Pereira. Tem um valor especial para mim, pois era o restaurante favorito dos meus pais. Preços acima da média, mas vale muito a pena.

Gambrinus – por anos considerado um dos melhores e mais elegantes restaurantes da capital, ainda continua altamente cotado como local onde se come bem, com fidalguia, ponto de encontro das famílias portuguesas, que lá vão há gerações, e turistas à procura de um lugar tranquilo e acolhedor. O restaurante foi inaugurado em 1936 e sofreu grande reforma em 1964, que se mantém até agora. O Gambrinus tem dois diferenciais importantes – o primeiro é o seu simpaticíssimo bar, no qual se pode fazer uma refeição mais ligeira sem comprometer a qualidade do serviço; o segundo, o seu serviço de "fora d'horas", que consiste em servir salgadinhos, queijos e presuntos, saladas e sanduíches – incluindo o famoso prego no pão – nos convenientes horários das 16h às 18h e das 23h à 1h30, perfeito para quem sai dos teatros à sua volta ou quer terminar a noite num elegante espaço. Além da barra do bar, o restaurante possui dois salões, com capacidade para 80 e 30 pessoas.

Abre todos os dias e tem serviço de *valet* à porta. Fica na Rua das Portas de Santo Antão, perto do Rossio e da Avenida da Liberdade.

Praia no Parque – um dos mais novos restaurantes de luxo de Lisboa, inaugurado em novembro de 2018, no Parque Eduardo VII, um dos mais bonitos de Lisboa. A arquitetura e a ambientação do restaurante são espetaculares, mas o serviço decepciona. Há inegável arrogância no ar, pedidos trocados, comida fria e, acreditem, ainda acham que têm razão. É um restaurante que teria tudo para ser uma referência em Lisboa, se tivesse o mínimo de gerenciamento. Torço que até a publicação deste livro as falhas estejam sanadas, pois é um local ao qual gostaria de voltar mais vezes.

Bairro do Avillez – deve-se reservar com alguns dias de antecedência, pois é um dos restaurantes da moda no momento em Lisboa, sempre com muitos turistas. Pertence ao chef português José Avillez, dono de vários restaurantes, inclusive o Belcanto (2 estrelas Michelin), quase todos no Bairro Alto, e alguns no Porto. Nesse restaurante, Avillez encontrou a fórmula do sucesso: ambiente descontraído, comida gostosa e preço justo. Tem na frente uma mercearia e uma taverna, que não aceita reserva – senta-se por ordem de chegada. Ao fundo fica o restaurante propriamente dito (Pátio), devendo haver reserva antecipada. Serve almoço e jantar, mas é mais legal no jantar. Clientela mesclada de muitos turistas e portugueses.

O Asiático – maravilhosa comida pan-asiática, criada com muita originalidade e qualidade pelo chef Kiko Martins. Verdadeira viagem gastronômica por diversos países exóticos. O ambiente é lindo e o serviço muito eficiente. O bar e a espera ficam no segundo andar – vale a pena chegar mais cedo para provar os coquetéis de autor. Bairro do Príncipe Real, deve-se fazer reserva com vários dias de antecedência.

Cantinho do Avillez – restaurante de comida "descomplicada" do chef Avillez, que deu tão certo e tem tanta procura que logo abriu casas com o mesmo nome e propostas no Porto e no Parque das Nações, em Lisboa e, recentemente, em Cascais. Há uma boa carta de vinhos, com preços convidativos. Muito bom também para compartilhar os pratos com família ou amigos, resolvendo assim o eterno problema de decidir por um prato quando a oferta é maior do que a fome... Fica à Rua dos Duques de Bragança, 7, no Chiado.

Restaurante 100 – aberto em março de 2019. O chef e proprietário é o sérvio Ljubonir Stanisic (Ljubo), que frequentemente participa de reality shows de culinária. O restaurante começou em Cascais, com o nome de Restaurante

100 Maneiras, fechou, e logo reabriu em Lisboa, com o mesmo nome. Seu objetivo maior é servir um bom menu-degustação por preço acessível. Conseguiu: o restaurante estava sempre cheio e as críticas foram positivas. Entretanto, em março de 2019 fechou o restaurante e abriu o 100, na mesma Rua do Teixeira, agora no número 39, no Bairro Alto. Em diversas entrevistas, Ljubo deixou claro que o novo 100 não tem nada a ver com o antigo 100 Maneiras. O chef quer que o seu novo restaurante seja um pouco o espelho da sua vida, refletindo a infância e a vida pela Europa, os lugares nos quais viveu e gosta de comer, conforme disse ao jornal **Público**, em outubro de 2018. O restaurante oferece apenas a opção menu-degustação, ao custo de 110 euros por pessoa, sem incluir as bebidas.

Bistrô 100 Maneiras – outra casa do chef Ljubo, também no Bairro Alto, serve menu à la carte, a preços acessíveis, com grande criatividade, inclusive no nome dos pratos. É dos meus lugares favoritos para comer a boa comida portuguesa com certo sotaque internacional. Se a reserva for com muita antecedência e para três ou quatro pessoas, peça a mesa da janela, do andar de cima. É a melhor da casa.

Sala de Corte – até recentemente havia poucos restaurantes especializados em carnes grelhadas (*steak houses*) em Portugal, talvez porque a alta qualidade do peixe e mariscos os ofuscasse, talvez porque a qualidade da carne não era tão boa como hoje. Mas o importante é que a situação mudou muito e hoje há excelentes restaurantes em Lisboa, como a Sala de Corte. Para mim, é um dos melhores restaurantes do gênero de todo Portugal. A casa serve oito tipos de cortes de carne, preparados num Josper – combinação de grelha a carvão 100% vegetal com as altas temperaturas de um forno. A ambientação do restaurante é muito elegante, luminosidade e conforto. O serviço é bastante atencioso – aproveito para agradecer a simpatia e a eficiência da Carina Banha. Fica no Cais do Sodré, na Praça Dom Luís I, 7, na lateral do Mercado da Ribeira. Na praça há um estacionamento subterrâneo.

Seen – restaurante coirmão do Seen de São Paulo, foi inaugurado em novembro de 2018. Tem leve inspiração brasileira no menu principal, além de um balcão servindo comida japonesa. Localiza-se no último andar do Hotel Tivoli Liberdade, em conjunção com o Skybar Lisboa, do mesmo hotel. Ambos com vista magnífica da cidade, mas não ficam só por aí. O restaurante é lindíssimo, a comida é muito boa, o serviço é ótimo e os preços muito justos. O menu apresenta alguns pratos brasileiros, adaptados ao gosto português, como as empadas de camarão. Apesar de diferentes das brasileiras, são deliciosas também. Abre todos os dias para jantar, de segunda a sábado, sendo indispensável fazer reserva. O Skybar só abre no verão. Ambos fazem parte do grupo de restaurantes do chef Olivier.

A Travessa – outro clássico de Lisboa desde 1978. Vou pegar emprestada a descrição do restaurante feita por Alfredo Hervias y Mendizábal, na **Revista de Vinhos** – "Um antigo Convento, na Madragoa, alberga um dos mais interessantes restaurantes da Capital. Espaço fascinante, serviço eficaz, cozinha despretensiosa mas com toques de criatividade e feita com rigor e profissionalismo, eis o que a Taverna tem para nos oferecer". Nada a acrescentar...

Sála – restaurante do chef João Sá (daí o acento agudo no nome do restaurante), intimista, inaugurado em setembro de 2018, à Rua dos Bacalhoeiros, 103, com capacidade para apenas 34 pessoas. No cardápio não há a tradicional divisão de entradas e pratos principais. As sugestões vão dos pratos com sabores mais leves para os pratos com sabores mais intensos. A indicação da casa é que cada pessoa peça três pratos, pois as porções são pequenas. A experiência foi muito boa, serviço muito atencioso e a conta final uma boa surpresa – preços bastante razoáveis. Como Lisboa é uma cidade com grande dificuldade para se estacionar, o Sála tem a vantagem adicional de um grande e moderno estacionamento subterrâneo, o Parque do Campo das Cebolas, bem juntinho ao restaurante. A área da Rua dos Bacalhoeiros foi recentemente restaurada, depois de alguns anos de obras que causaram grande transtorno no trânsito, mas que resultaram muito bem. A poucos metros do Sála ficam ainda a excelente pastelaria francesa **L'Éclair** (Rua dos Bacalhoeiros, 113) e a **Taverna do Avilez** (Rua dos Arameiros 15, esquina da Rua dos Bacalhoeiros).

Aqui Há Peixe – comida simples, feita com muito carinho e qualidade pelo chef Miguel Reino, utilizando a melhor matéria-prima disponível do mar. Apesar de ser, evidentemente, um restaurante especializado em comida do mar, há uma picanha brasileira ou um tradicional bife à portuguesa, ambos muito bem preparados. Excelente localização no Bairro Alto, na escondida Rua Trindade, 18.

Tágide – restaurante clássico de Lisboa, mais luxuoso e sofisticado que a média, com vistas deslumbrantes para a cidade e, em especial, para o Castelo de São Jorge. Cozinha portuguesa tradicional, saborosa, excelente apresentação. O serviço é outro ponto alto da casa. Mais uma casa que está sempre completa – faça a sua reserva com antecedência. Em tempo: Tágide é o nome da Ninfa do Tejo.

Pap'Açorda – restaurante tradicional lisboeta, localizado no Bairro Alto até março de 2016. Após 35 anos, mudou-se para o primeiro andar do complexo do Mercado da Ribeira (Time Out Market). Como diz o nome, sua especialidade são as açordas, prato típico alentejano, surgido no século VII, quando das invasões árabes, derivado do *tharid* – os ingredientes são apenas pão, azeite, alho, coentros e um ovo, além de "um algo mais", que pode ser, por exemplo, camarão (o mais popular), lagosta, bacalhau, peixe, mariscos, farinheira, cação, coelho ou tomates. Entendo que pela descrição você não está com muita vontade de provar esse prato, mas garanto que se provar vai gostar.

Para quem não gostar da descrição da açorda ou quiser um prato mais leve (sim, a açorda engorda!), sugiro o excelente filé de pescada com arroz de tomate, preparado com muita categoria pelo Pap'Açorda. E, para arrematar a belíssima refeição, a sobremesa best-seller da casa é a mousse de chocolate, servida direto de uma grande bacia, *all you can eat*!

Montemar Lisboa – uma das melhores comidas tradicionais de Portugal – naturalmente à base do peixe e do marisco. Entretanto, para quem quiser carne, recomendo a ótima Posta à Mirandesa, acompanhada das melhores batatas fritas que já comi. Fica no Cais do Sodré e tem um terraço ao longo do rio Tejo, o melhor lugar do restaurante se tiver bom tempo. Ótimo para almoço ou jantar, pela qualidade da comida e pela vista.

Cervejaria Ramiro – serve comida portuguesa, em seu estado mais puro, há 60 anos. É considerada uma das melhores marisqueiras do país, não há hipótese de você não gostar! Apesar disso, tem um "prego no pão" imperdível, um dos best-sellers da casa. Mesmo que seja um apaixonado pela comida do mar, não deixe de prová-lo, nem que seja dividindo-o. Esteja preparado para uma espera, pois o restaurante não faz reservas. A dica é almoçar bem tarde, depois das 15h, quando não há mais quase fila. Se forem à hora do almoço, a dica é dar um passeio pelo Largo do Intendente, antiga zona degradada, recém-recuperada, com um número de bares e restaurantes bem interessante, pertinho do restaurante. A cervejaria abre de terça-feira a domingo, até 1h da manhã, e fica na Avenida Almirante Reis, 1, em Arroios. Os preços são convidativos – sem grandes exageros, dá para comer bem por 20 euros.

Yakuza – excelente restaurante japonês do chef Olivier, dono de vários outros restaurantes (não japoneses) em Lisboa. Para uma cidade em que até recentemente a cozinha não era bem representada, é impressionante o número de novos restaurantes japoneses, muitos do mais alto nível, como o

Yakuza, certamente um dos três melhores da cidade. Além do restaurante, tem sushi bar e terraço dando para o jardim, excelente escolha para os dias mais quentes. Um dos poucos que tem robata no cardápio. Fica localizado na Rua da Escola Politécnica, junto ao Largo do Rato. Bem ao lado há um estacionamento 24 horas, muito conveniente para que está com carro em Lisboa. Recentemente abriu uma filial, com o mesmo nome, no Algarve. Preços acima da média dos restaurantes lisboetas.

Hikidashi – considerado um dos melhores restaurantes japoneses de Lisboa, fica na Rua Coelho da Rocha, 20, no Campo de Ourique. Sócios comuns com o excelente Ikeda, do Porto. Restaurante basicamente de serviço no balcão, poucas mesas. A qualidade do peixe e a criatividade e fidelidade aos conceitos da cozinha japonesa são os pontos altos. Os proprietários e os sushimen são brasileiros. Lugar de difícil estacionamento; se não conseguir à volta do restaurante, a opção é parar no parque subterrâneo no Mercado do Campo de Ourique e caminhar cerca de 10 minutos. Reserva imprescindível.

Okah – restaurante pan-asiático, com vista privilegiada para o Tejo e Ponte 25 de Abril, inaugurado em 2018. Espaço inusitado e moderno, formado por sete contâineres. O chefe da cozinha é bastante criativo, colocando um toque português em alguns dos pratos asiáticos de sua criação. Fica situado no topo do Edifício LACS – Lisbon Art Center & Studios, no Cais Rocha Conde de Óbidos, à margem do rio Tejo, em Santos. Abre todos os dias, para almoço e jantar. Durante a semana, no almoço, tem menu executivo por menos de 15 euros.

O Polícia – restaurante com 120 anos de tradição, excelente pedida para quem quer ir à Fundação Gulbenkian mas antes (ou depois) comer a verdadeira comida tradicional portuguesa, pois fica bem em frente a um dos seus acessos. Hoje, a casa pertence à quarta geração do seu fundador, o policial Teotônio Miranda, que então trocou a farda pelo avental. A casa tem um apelo especial para mim, pois era o restaurante no qual meu pai mais gostava de almoçar. Eu também gosto mais de ir no almoço do que no jantar. Parabéns, Dona Cristina, a casa que o seu bisavô fundou continua a ter a mesma qualidade e atenção no serviço!

Ofício – esse belíssimo restaurante e bar no Bairro Alto está instalado no antigo Convento da Trindade, mandado construir em 1325 pelo rei Dom Diniz e pela rainha Santa Isabel. Uma das especialidades da casa são os pratos de carne. Fica na Rua Nova da Trindade, 11.

Taberna da Rua das Flores – restaurante simples, mas de qualidade, bem perto da Praça Luís de Camões, no número 103 da Rua das Flores, no Bairro Alto. Adega com boa variedade e preços razoáveis.

IBO – fusão das cozinhas moçambicana e portuguesa, com excelentes e originais resultados. Está agradavelmente instalado em um antigo armazém de sal do século XIX, no Cais do Sodré. O nome deriva-se da ilha de Ibo, pertencente ao arquipélago das Quirimbas, no oceano Índico. No passado, representava localização estratégica para os portugueses dominarem o comércio da região. Tem um simpático café e uma sorveteria em anexo.

As Salgadeiras – bom restaurante de comida tradicional portuguesa, bem perto do Largo Luís de Camões, no Bairro Alto, região bastante turística e agradável de passear. Inusitadamente, tem em seu cardápio um fondue de chocolate.

Big Fish Poké – o *poké*, prato havaiano, entrou no cardápio dos portugueses com velocidade provavelmente nunca vista em nenhum outro ramo da cozinha internacional, o que pode se comprovar pelo número crescente de restaurantes que o oferecem. O *poké* já foi definido como um "sushi desconstruído", o que me parece correto, conseguindo associar a *fast-food* à alimentação saudável, o que não é nada fácil. O tal sushi desconstruído é servido morno em uma tigela, com o arroz de sushi e cubos de peixe cru, geralmente atum e/ou salmão. A essa base, sempre presente, pode-se adicionar uma infinidade de ingredientes, como cebola crocante, edamame, milho, alga nori, creme de abacate, ovas de peixe...

No Big Fish há nove versões de *poké*, com diversos tipos de peixe, além de dois vegetarianos, oito tipos de saquês, cervejas nacionais e estrangeiras, chás frios e quentes e incríveis e exóticos coquetéis. Provavelmente o restaurante de *poké* mais sofisticado da cidade, com um impressionante balcão de madeira para 20 pessoas. Tem inspiração e parceria com o Poké OG, de Miami.

Peixola – o restaurante não tem mesas, mas um grande balcão, servindo basicamente peixes e mariscos. Local moderno e preços bons. Ótimo para uma refeição rápida. Fica na Rua do Alecrim, 35.

Cantina Peruana – restaurante peruano do chefe José Avillez. Funcionava no andar superior do restaurante Bairro do Avillez, mudando em setembro de 2018 para a Rua de São Paulo, 32, no Cais do Sodré. Quando fui ao restaurante, estava no novo endereço havia poucos dias, mas a qualidade e criatividade da comida não estavam à altura do renomado chefe. Apesar de só apresentar experiências positivas, fiz questão de relatar essa experiência, pois tenho certeza que, quando o livro for publicado, as deficiências do restaurante já estarão corrigidas. Fica no Cais do Sodré, em região boêmia conhecida como Pink Street.

Boa-Bao – restaurante asiático do momento em Lisboa, com muita gente jovem. Ambiente descontraído e agradável, área externa na calçada bastante interessante no verão, preços bons. O restaurante não aceita reservas e atende por ordem de chegada. Se chegar depois das 20h, prepare-se para esperar entre uma e duas horas, mesmo na segunda-feira. Os coquetéis são muito criativos e as entradas bem melhores do que os pratos principais. Fica no Bairro Alto.

Boteco da Dri – a proposta é servir comida de boteco, inspirado no Rio de Janeiro. Fomos testar e não saímos decepcionados, apesar de não ser memorável. Entretanto, alguns fatos curiosos cercam o pequeno restaurante localizado nas margens do Tejo: o boteco não é da Dri porque ela simplesmente não existe. E tampouco é carioca, pois o dono é suíço e, no dia que lá jantamos, o cozinheiro era do Nepal...

Sumaya – a oferta de restaurantes de comida árabe em Lisboa é reduzida, e o Sumaya supre razoavelmente a demanda. Localizado na Rua da Escola Politécnica, 40, no Príncipe Real.

Clube Lisboeta – outro restaurante localizado na Rua da Escola Politécnica, número 90. A novidade é que apresenta cardápio temático (apenas ao jantar), dividindo cozinhas de quatro países, que mudam com certa frequência. Em março de 2019 passaram a ser Portugal, Peru, Japão e Marrocos. Aposta na alimentação saudável e orgânica, sob a orientação de uma nutricionista. Outra particularidade é que serve café da manhã e brunch todos os dias, das 9h às 17h.

RESTAURANTES ITALIANOS
(O QUE UM RESTAURANTE ITALIANO ESTÁ FAZENDO AQUI?!)

A cozinha italiana praticamente virou a cozinha internacional, encontrada em todos os países do mundo, de Bangkok a Dubai, de La Paz a Xangai. Quem nunca teve, de repente, aquela vontade de comer uma boa massa *al dente*, um risoto ou um tiramissu? Por muito tempo Portugal falhou nesse quesito, mesmo nas grandes cidades. Agora, especialmente em Lisboa e no Porto, encontramos excelentes restaurantes italianos, como os abaixo:

Casanostra – um dos bons restaurantes italianos de Lisboa, inaugurado em 1986, mantém a tradição de qualidade. Serve a verdadeira comida italiana, com diversos ingredientes vindos diretamente da Itália, como a *Burrata di Andria*. O ambiente é bastante simpático e o serviço é muito eficiente. Durante vários anos, foi ponto de encontro dos artistas e políticos lisboetas. Fica no Bairro Alto, na Travessa do Poço da Cidade, 60.

Il Matriciano – fui visitar o restaurante por indicação de um amigo, também dono de restaurante italiano em Lisboa, que me confessou ser o seu preferido no gênero. Depois de enfrentar uma verdadeira refeição italiana, com *antipasti, primo piato, secondo piato* e *dolci*, o único arrependimento que tive foi de não ter ido lá antes. Os ingredientes de qualidade, alguns trazidos da Itália e massa fresca preparada no local, contribuem para o resultado final ser muito bom. Fica na Rua de São Bento, 107, perto da Assembleia Nacional.

Il Covo – restaurante informal, de excelente qualidade, desde os antepastos até as massas e pratos de carne ou peixe. Como na maior parte dos restaurantes italianos, as sobremesas merecem atenção especial em sua preparação. Um verdadeiro concurso para ver qual restaurante faz o melhor tiramissu... A pasta fresca é feita no local pelo chef Luca Salvadori, entre 16h e 19h. O restaurante não é muito fácil de encontrar – Rua do Cura, 1, na Madragoa, bairro popular cuja primeira ocupação data da época dos romanos.

Sangiovese – ótimo restaurante italiano, pertencente ao simpático casal João e Mafalda. A especialidade da casa são os pratos do sul da Itália, preparados por chefe italiano. O pão, de forno a lenha, vem de Nápoles.

Bella Ciao – restaurante no estilo de cantina; os pratos são caseiros e as doses geralmente maiores. O proprietário e chefe de cozinha é italiano. Fica na Rua de São Julião, 74, na Baixa.

Mano-a-Mano – restaurante econômico e moderno, descoladíssimo, situado na Rua do Alecrim, 22, a meio caminho entre o Chiado e o Cais do Sodré. As pizzas – napolitanas ou romanas –, já são consideradas das melhores de Lisboa, apesar de o restaurante ter sido aberto recentemente, em 2018. Mas não se limita às pizzas – ainda há a opção de escolher massas ou risotos, todos muito bem preparados.

Affettato Salumeria – se estiver sem vontade de ir a um restaurante tradicional e procura uma refeição ligeira ou um lanche a qualquer hora, a recomendação é essa mistura de loja, restaurante e café, localizado na Avenida 5 de Outubro, 51, no Saldanha. O ponto forte da casa são as tábuas de queijos e enchidos, que podem ser acompanhados pela boa seleção de vinhos ou cervejas. Mas, para os que estão preocupados com a silhueta, também serve excelentes saladas. Como em todo estabelecimento italiano de Lisboa, não deixe de provar o tiramissu, que lá vem num potinho e é feito na hora. A decoração do espaço é bastante elegante, mas com muitos "toques de alegria e descontração", como a pipa de vinho e a famosa *motoreta* amarela da Piaggio, marca registrada da casa, servindo de vitrina expositora de algumas das delícias. Por fim, a casa serve um brunch das 11h30 às 16h30 durante a semana, e das 16h30 às 18h aos sábados.

Apesar de não ser um restaurante italiano, o JNcQuoi serve um *tagliolini* trufado que dificilmente você encontrará outro igual, mesmo em restaurante italiano.

ESPAÇOS COM MÚLTIPLOS RESTAURANTES E BARES

Junto ao rio Tejo fica um complexo de lojas, bares e restaurantes chamado **LX Factory**, um espaço *hipster* localizado em grande terreno que outrora era um complexo industrial, criado em 1846. Fica aberto o dia todo, todos os dias, mas é um lugar melhor para ser aproveitado no final da tarde e à noite. As lojas e restaurantes apelam bastante para o lado alternativo, sem perder o bom gosto. Na cobertura de uma das edificações há o bar Rio Maravilha, com vista deslumbrante para Lisboa e para a margem sul do rio Tejo. Às segundas e terças-feiras abre às 18h30; nos demais dias, às 12h30.

Palácio do Chiado – em abril de 2016 foi concluída a restauração desse Palácio, à Rua do Alecrim, 70, transformando-o num dos mais belos espaços gastronômicos da cidade, aberto todos os dias, de domingo a quinta das 12h às 24h, e sextas e sábados das 12h às 2h. A visita é recomendada não apenas pela diversidade da sua gastronomia, mas principalmente pelo fantástico trabalho de restauração. Para ter uma ideia do trabalho e do espaço, sugiro ver o vídeo mostrado no site palaciochiado.pt. Há grande oferta de estacionamento bem ao lado, no parque subterrâneo da Praça Luis de Camões.

Mercado da Ribeira ou **Time Out Market**, no Cais do Sodré. Há dezenas de restaurantes e lojas em clima muito alegre. Um dos pontos imperdíveis para o visitante de Lisboa.

O Mercado da Ribeira foi inaugurado em 1882, em área de 10 mil m², com o objetivo de ser o principal centro de abastecimento, atacado e varejo da cidade, mantendo-se assim até 2000, quando cessaram as atividades do comércio por atacado. Os primeiros espaços dedicados a atividades culturais, sociais e de lazer foram timidamente criados a partir de 2001.

Em 2010, por meio de concorrência pública, o Município de Lisboa outorgou ao Grupo Time Out a concessão do espaço. Aberto ao público em 2014, com dezenas de restaurantes e lojas, espalhados em área de 3 mil m², capacidade de acomodar 750 pessoas, interna e externamente, em grandes mesas comunitárias. As mesas ocupam a área central do local e os terraços (esplanadas), enquanto os restaurantes e lojas, de tamanho padronizado, ocupam a periferia do espaço. Mas não pensem que o conceito é a reprodução das praças de alimentação comumente encontradas em grandes shoppings, quase sempre associadas a *fast-food*. O Mercado da Ribeira é o local certo para o visitante ou o lisboeta encontrar refeições de alta qualidade a preços bem acessíveis, possíveis graças à sensível redução no serviço oferecido, ao mesmo tempo que é partícipe em um enorme centro de convivência. A maior parte dos restaurantes oferece a cozinha portuguesa sem, no entanto, faltar comida japonesa e asiática, hambúrgueres artesanais e pizzas gourmet. Ao lado de nomes menos conhecidos, estão presentes os restaurantes dos chefes mais famosos de Lisboa, como José Avillez, Henrique Sá Pessoa e Miguel Castro e Silva, além de filiais de restaurantes consagrados como o Montemar e o SeaMe.

Sem esquecer as origens, o Mercado da Ribeira apresenta, ainda, ala com bancas dedicadas à venda de produtos frescos – legumes, frutas, queijos, flores e muito mais.

Complementando as atividades enogastronômicas, o Mercado da Ribeira promove atividades culturais, cursos de culinária e mantém sala de espetáculos e eventos.

O Time Out Market de Lisboa é um grande sucesso de público, o que levou o grupo a planejar a inauguração, em 2019 e 2020, de espaços similares em Boston, Chicago, Miami, Nova Iorque e Montreal.

No Anexo 3 estão listados os restaurantes, bares e lojas do Mercado da Ribeira, de acordo com a configuração de julho de 2019.

Em ponto bem menor, há também o **Mercado de Campo de Ourique**, com restaurantes e bares, além das tradicionais bancas de frutas, verduras, flores etc. Bem perto fica o restaurante **O Magano**, com excelente comida típica alentejana. Logo na entrada principal está a banca de frutas da Dona Aurora, a comerciante mais antiga do Mercado, instalada desde 1957. Nos fins de semana, programação de música ao vivo, incluindo *jam sessions*.

Em Lisboa há mais oito mercados municipais, o que é excepcional para uma cidade do seu tamanho. Em todos eles, além de bancas de frutas, legumes, peixe e outros, há restaurantes que vale a pena experimentar. Esses mercados são:

Mercado de Arroios, na Rua Ângela Pinto.
Mercado de São Bento, na Rua Nova da Piedade.
Mercado de Alvalade Norte, na Avenida Rio de Janeiro.
Mercado 31 de Janeiro, na Rua Engenheiro Vieira da Silva.
Mercado de Benfica, na Rua João Frederico Ludovice.
Mercado da Ajuda, no Largo da Boa Hora.
Mercado de Alcântara, na Rua Leão de Oliveira.
Mercado do Lumiar, na Alameda da Linha das Torres. É o primeiro mercado municipal de produção biológica de Lisboa.

Até o fim de 2020, Lisboa contará com mais seis mercados municipais, que se encontram atualmente (2019) em fase de reforma.

Durante cerca de duas semanas, no final de maio e começo de junho, ocorre a **Rota de Tapas Estrella Damn**, em Lisboa (32 restaurantes em 2019), no Porto (23 restaurantes em 2019) e em outras cidades importantes. O evento já está em sua 13ª edição (2019), com a participação de mais de duas centenas de restaurantes. No evento, por 3 euros, a pessoa escolhe uma tapa acompanhada de uma cerveja Estrella Damn, em qualquer restaurante, em qualquer uma das cidades. Barganha!

PARA COMER GASTANDO ATÉ 10 EUROS

Lisboa é uma das melhores cidades da Europa para comer bem gastando pouco. É só procurar. Ou ir a um desses abaixo.

Sacolinha – rede originária de Cascais, com 11 lojas em Lisboa e nos arredores. A loja do Chiado fica na Rua Paiva de Andrade, 4. Misto de café, pastelaria e restaurante de refeições ligeiras. As omeletes e as saladas são muito boas. Há ainda o prato e a sopa do dia, além de uma gama de sanduíches. Atendimento muito bom, por um preço ótimo.

Zé dos Cornos – restaurante para comer e socializar, pois as mesas são coletivas e as cadeiras substituídas por bancos corridos. Comem-se grelhados, peixes e carnes de boi e de porco, alheiras e o famoso cozido à portuguesa. Fica no Beco dos Surradores, 3, na Mouraria. Ah, os cornos vêm da decoração, feita com uma coleção deles...

Provinciana – familiar, fundado em 1930, decorado com dezenas de relógios e pipas de vinho, feitas pelo pai do proprietário, cuja profissão era fabricá-las. Tem bacalhau, salmão, peixes diversos, sardinhas assadas, carne de porco e alheiras. Fica na Travessa do Forno, 23, em Alcântara.

O Maravilhas – outro restaurante familiar, com a mesma cozinheira desde 1985. Cada dia da semana tem um prato do dia, de carne ou de peixe. Aceita reservas. Um dos seus mais famosos é o ensopado de cação (terças-feiras). Ainda nos peixes recomendo a açorda de camarão e nas carnes a feijoada transmontana. Fica na Rua Vieira da Silva, 16, em Alcântara.

O Trevo – a especialidade da casa são as bifanas. E o que são as bifanas? São bifinhos de carne de porco, temperados com sal, alho, louro, vinho branco, pimenta branca e óleo, fritos no fogo bem forte. Podem ser servidos no prato ou no pão. Além desse prato/sanduíche muito típico de Portugal, há salgadinhos, sopas e pratos do dia. Fica na Praça Luis de Camões, 48, no ponto mais movimentado do Bairro Alto.

Mr. Lu – restaurante chinês do chefe Alfredo Lacerda, é considerado um dos melhores restaurantes do gênero em Lisboa. O serviço poderia melhorar. Fica na Rua Antônio Pedro, 95, em Arroios.

QUIOSQUES

Em Lisboa há grande tradição de quiosques, especialmente nas praças e jardins, nos quais se pode tomar boa cerveja, comer um petisco ou fazer refeição ligeira, ao ar livre, sempre por preço muito bom. Recomendações:

Hamburgueria da Parada – no Jardim Teófilo de Braga (ou Jardim da Parada), Campo de Ourique. Serve excelente hambúrguer gourmet, com ingredientes bastante criativos.

Quiosque DeFacto – fica em Benfica, no Auditório Carlos Paredes. Música ao vivo nas noites de sexta-feira. Aberto até mais tarde quando há espetáculo no Auditório.

Corner Quiosque – Parque Eduardo VII, na Avenida da Liberdade, um dos mais novos e bonitos da cidade, com muito conforto e sombra em sua esplanada. Oferece excelentes refeições ligeiras, sempre por menos de 10 euros.

Quiosque do Cais – no Cais do Sodré, Jardim da Praça Dom Luís I, pertinho do Mercado da Ribeira. Bastante utilizado pelos jovens como "esquenta" para os programas noturnos.

Quiosque da Estrela – Jardim da Burra, na Estrela, oferece petiscos, sanduíches e hambúrgueres. Pertence ao grupo Quiosque Lisboa e tem programa de fidelidade com descontos de 20% a 30% – adesões em cliente. quiosquelisboa.pt. O grupo possui nove quiosques em Lisboa.

Quiosque DejaVu Park – bem próximo a um parque infantil, no Jardim do Campo Grande. Para a conveniência dos pais, que podem observar as crianças da esplanada. Há saladas, *wraps*, sanduíches, refeições para compartir, crepes feitos na hora e sorvetes.

Quiosque Descasca – Parque Urbano Vale da Montanha, no Areeiro. O nome vem da proposta que o cliente se "descasque" de preocupações e lá passe um tempo a relaxar e a comer saudavelmente. Oferece saladas, sanduíches e *wraps*. Estacionamento gratuito.

Quiosque Cais do Sodré – fica no Cais do Sodré. Oferece petiscos, pizzas, empanadas, tábuas de frios, sopas e saladas.

Quiosque Príncipe Real – um dos mais conhecidos da cidade, sempre cheio de lisboetas e turistas. Tem menu variado e cerveja bem gelada. Fica na Praça do Príncipe Real.

Quiosque do Refresco – no Largo de Camões, com grande oferta de refrescos, chás e cafés, além dos sanduíches de bacalhau, sardinha, azeitona e outras. Para os que desejam um doce, há os pastéis de nata, travesseiros de Sintra e as balas (rebuçados) de ovo de Portalegre. Ainda a tradicional cerveja, licores e vinho do Porto.

BARES

A noite lisboeta é agitada o ano inteiro, não apenas pelos restaurantes, mas, principalmente, pela grande quantidade de bares, todos eles com boa música, muitas vezes ao vivo.

O que mais me agrada é a **Pensão Amor**, sempre cheia de gente desde as primeiras horas da noite. Lugar de história muito curiosa – situa-se no Cais do Sodré, à Rua do Alecrim, 19, onde antigamente situava-se a zona do baixo meretrício de Lisboa.

Na altura, o fadista Rodrigo cantava a música "Cais do Sodré":

O Cais do Sodré não é só bares de prostitutas,
Também é gente a alombar caixa de peixe e de fruta.
Também é cais onde embarca quem busca no mar o pão.

A então Pensão Amor era uma precursora dos atuais motéis – alugava quartos por hora para os clientes das prostitutas da rua. Com a recuperação da zona (literalmente...), as prostitutas foram expulsas, e a Pensão Amor, convertida em um delicioso bar temático cuja inspiração é... um puteiro.

A casa tem dois bares e várias salas, uma delas com barra vertical para as clientes mais animadas praticarem a pole dance, se assim desejarem. Nas vezes que lá estive, nunca coincidiu com a presença de nenhuma cliente mais animada... Lá só se bebe; duas cartas de coquetéis, uma tradicional, outra autoral, com as características da casa. Os títulos e subtítulos dos drinques são muito divertidos, e vêm com legenda indicando o grau afrodisíaco de cada um. Por exemplo:

Rita, a engatadeira – Oportunidade em cada esquina
Rum temperado, purê de pimentos grelhados, limão, xarope de baunilha e clara de ovo

Carmen, a exibicionista – Uma dama sem-vergonha
Gin, xarope de jasmim, licor de violeta, maracujá, lima

Armando, o amante burguês – À grande e à francesa (meu favorito)
Cachaça, rum, chartreuse, citrinos, xarope de açúcar, espuma de chá lapsang e lima

Bem ao lado da Pensão do Amor, está o bar **O Bom, o Mau e o Vilão**, na Rua do Alecrim, 21. Bar muito grande, confortável, com poltronas e mesas, abrindo somente depois das 22h30, com música todos os dias, obedecendo a um calendário que muda mensalmente, mas mantendo a regra abaixo:
Segunda-feira – *jam sessions* de jazz – ao vivo
Terça-feira – exibição de curtas-metragens
Quarta e quinta-feiras – música variada, inclusive brasileira – ao vivo
Sexta-feira e sábado – música de DJ
Domingo – chamam de "tudo ou nada", ou seja, tudo pode acontecer.

Na altura da conclusão deste livro, este bar estava fechado, devido a um incêndio ocorrido em agosto de 2019. A informação da gerência é que será reaberto, em data ainda indefinida.

O **Duplex** é um bar no andar de baixo e excelente restaurante no andar de cima, com cozinha de autor. Os mesmos proprietários têm ao lado o **La Puttana**, que, na realidade, é pizzaria.

Os três bares ficam no Cais do Sodré, em área conhecida como **Pink Street**, mini-Vila Madalena de São Paulo. Evidentemente, há diversos outros bares na região, mas só consegui autorização da Ivy para visitar os três, e os que recomendo abaixo. Por isso, pode ser que a pesquisa tenha ficado incompleta – nesse caso a culpa é dela...

Fox Trot – um dos mais antigos de Lisboa, aberto em 1978, é ainda um dos mais elegantes, com quatro salas decoradas no estilo *art deco*, incluindo um jardim ao ar livre para o verão e uma lareira para as noite de inverno. Abre todos os dias, serve refeições ligeiras até 3h nos fins de semana, 2h nos demais dias. Fica na Travessa Santa Teresa, 28, em São Bento. Uma preciosidade em Lisboa: um *valet* para estacionar o carro.

Ladies & Gentlemen's Bar – denominação do bar inglês inaugurado em maio de 2019, no mezanino do Restaurante Meat Me, no Chiado. O bar tem decoração bastante elegante, com uma providencial lareira para os dias mais frios. Tem tudo para ser um sucesso, pois soma a agradável e aconchegante ambientação a um serviço primoroso.

Toca da Raposa – da premiadíssima bartender Constança Cordeiro, o diferencial é utilizar apenas produtos portugueses nos coquetéis, sempre batizados com nomes de animais.
    Os ingredientes vêm de quintas localizadas em várias regiões, depois destilados e transformados em bebidas alcoólicas ou infusões, e utilizados nas poções mágicas. Fica no Chiado, à Rua da Condessa, 45.

Red Frog – inaugurado em 2015, bar no estilo clássico, inspirado nos bares de Nova Iorque dos anos 1920. Em 2017 figurou como único representante de Portugal na lista dos *The World's Fifty Best Bars*, porém em 92º lugar (*51-100 list*), o que só os incentiva a melhorar a marca. Muda-se a carta de coquetéis a cada seis meses (a conferir), mantendo, porém, os mais icônicos ou solicitados. Fica na Rua do Salitre, 5, quase esquina da Avenida da Liberdade.

Monkey Mash – na data da inserção deste bar no livro (maio de 2019), era o bar mais novo de Lisboa. Dos mesmos proprietários do Red Frog, privilegia a descontração e a simplicidade, a preços convidativos. A especialidade são os coquetéis com cana, agave e *exotic spirits*, em forte identidade com o verão. Fica à Praça da Alegria, 66, não muito longe do irmão mais velho.

Alfaiataria – seu nome se deve ao negócio que ocupava o espaço antes de se transformar no simpático bar, cujo novo dono manteve as características do antigo ocupante. A sua especialidade são os coquetéis. Fica em Santos, à Rua São José da Mata, 67.

MonteCristo Caffé Lounge Lisboa – casa bastante sofisticada, inaugurada no início de 2019, com boa adega e seleção de coquetéis de autor. Música latina de boa qualidade. Fica na Avenida da República, 74.

Tapas-Bar 52 – Rua D. Pedro V, 52, no Príncipe Real, talvez o bar mais lotado (dentro e na calçada) que vi em Lisboa; sua filial, o **Tapas-Bar 47**, fica na Rua do Alecrim, 47.

Gin Lovers – na Praça Príncipe Real, 26, dentro do complexo de lojas e restaurantes chamado **Embaixada**.

Double9 – Hotel Mercy in Chiado, Rua da Misericórdia, 76.

Na categoria de *rooftop bars* há uma vasta lista, todos com vistas fenomenais, descritos a partir da página 78, logo à frente, os quais chamo de panoramas com aditivos, no caso, à base de álcool...

BARES DE VINHO *(WINE BARS)*

Na categoria de *Wine Bars* recomendo a **Enoteca Chafariz do Vinho**, à Rua da Mãe D'Água, instalada em antigo reservatório que supria de água potável essa parte de Lisboa. Belíssima estrutura toda em cantaria de pedra. Os chafarizes que dão nome ao local serviam para dar água aos cavalos. Foi o primeiro *wine bar* de Lisboa e tem um cardápio de comidinhas muito boas para dividir.

By the Wine – Rua das Flores, 41, é um bar com decoração temática usando garrafas de vinho, arquitetonicamente muito agradável, mas que apenas serve vinhos produzidos pela casa José Maria da Fonseca, da Península de Setúbal.

Garrafeira Alfaia – Rua do Diário de Notícias, Bairro Alto, muito simples, com qualidade de vinhos e serviços. Foi muito frequentada pelos brasileiros residentes em Lisboa, especialmente publicitários, mas perdeu bastante do seu encanto com a saída do sócio Pedrão, corpo e alma do negócio. Para nossa alegria, Pedrão não nos abandonou nem abandonou o ramo, e se estabeleceu em Cascais, com o **Restaurante Terroso** (ver mais detalhes na seção sobre Cascais).

Bacchanal – pequeno bar para apenas 15 pessoas, instalado em antiga loja de ferragens muito bem preservada, incluindo o balcão com tampo de mármore e o piso de mosaicos, mesclados com peças de decoração vintage. Lá é exposto e servido vinho de todas as regiões do país e escuta-se bom jazz e blues. Para os que não quiserem beber vinho, há coquetéis e cervejas artesanais. Fica na Rua do Corpo Santo, 28, no Cais do Sodré.

Donna Taça – tem disponíveis mais de mil rótulos de vinhos portugueses, franceses, argentinos, chilenos, sul-africanos, australianos, húngaros, alemães, austríacos... geralmente de pequenos produtores, com alguma história a contar. Cerca de 50 desses rótulos são servidos a copo. Fica na Rua do Telhal, 4B, junto à Avenida da Liberdade.

Lisbon Winery – interessante bar de vinhos, instalado em uma cisterna municipal do século XVI, patrimônio arqueológico da cidade. Serve mais de 100 rótulos a copo, a maioria proveniente de pequenos produtores portugueses. Para acompanhar há excelentes queijos, presunto pata negra e embutidos de porco preto. Fica na Rua da Barroca, 13, no Bairro Alto.

PUBS E CERVEJARIAS

British Bar – Rua Bernardino Costa, 52. Provavelmente o pub mais antigo do mundo, fora da Comunidade Britânica, completando 100 anos em 2019. Foi fundado em 1919 para atender à clientela formada por marinheiros e agentes de carga, época em que na região as línguas eram português e inglês. Simples, mas jeitoso para tomar um chope a qualquer hora do dia. Na primeira metade do século XX, foi considerado uma segunda casa para artistas e escritores, como o pintor Carlos Botelho ou o escritor José Cardoso Pires, que o mencionou em um dos seus livros.

Canil – cervejaria aberta no início de 2019, com 32 torneiras de cervejas artesanais disponíveis, sendo seis da marca própria Canil, produzidas em fábricas localizadas em Queluz e em Setúbal. Os petiscos também são muito bons e representativos da culinária portuguesa, podendo ser harmonizados com as cervejas oferecidas. O endereço é Rua dos Douradores, 133.

Quiosques – em diversas praças e logradouros de Lisboa existem quiosques servindo cervejas (além de café e outras bebidas). Em todos eles não há serviço de mesas, você compra o que deseja no balcão e consome nas mesas. Há quiosques, por exemplo, na Praça Luis de Camões, no Bairro Alto, na Praça do Príncipe Real, no Miradouro de São Pedro de Alcântara, na Avenida da Liberdade, entre outros. No verão é uma opção muito agradável e barata.

Museu da Cerveja – lugar superturístico, pelo qual sempre tive (infundado) preconceito, mas fazem uns bolinhos de bacalhau recheados de queijo da serra que são espetaculares... O acompanhamento típico é uma boa cerveja gelada. Fica na Praça do Comércio. Não se impressione, pois não vai ver portugueses lá, apenas turistas.

O'Gilins Irish Pub – funciona desde 1995, tem música ao vivo e faz parte da categoria dos pubs desportivos, com exibição de jogos ao vivo, cuja programação pode ser obtida no site. Fica na Rua dos Remolares, 8, no Cais do Sodré.

Pub Lisboeta – fica no Príncipe Real, é um pequeno recinto, com poucas mesas e balcões junto às paredes. E, como é natural no local onde se instalou, quando o tempo está bom, os clientes extravasam para a calçada. As cervejas – Guinness de pressão ou artesanais portuguesas – são acompanhadas por tapas e tábuas de queijos e de embutidos. Fica à Rua Dom Pedro V, 63.

Quimera Brew Pub – interessante espaço, localizado no interior de um túnel do século XVIII que servia de passagem para a Cavalaria Real ao Palácio das Necessidades, então Palácio Real, atualmente Ministério dos Negócios Estrangeiros; além de ter servido de rota de escape para o último Rei de Portugal, ao ser instalada a República. Boa cerveja, serve refeições, com destaque para os sanduíches *New York style*, feitos com carne cozinhada em cerveja e hot dogs preparados com salsichas artesanais. Muita música ao vivo. Realmente, um lugar diferente... A cerveja pode ser a da produção própria – Quimera –, feita no local, ou uma gama de cervejas artesanais portuguesas, engarrafadas ou de pressão. Fica à Rua Prior do Crato, 6, em Alcântara.

CAFÉS E PASTELARIAS

Aqui cabe uma explicação. Em Portugal, os cafés são um tanto diferentes dos cafés do Brasil. Lá, geralmente também servem refeições ligeiras, às vezes até completas, sanduíches, saladas, doces e sobremesas, e no Brasil o cardápio de comida é bem mais reduzido.

No entanto, nada o impede de chegar a um café em Portugal e pedir apenas um café e ficar sentado à mesa, ou no balcão, por horas, lendo seu jornal, um livro, ou até mesmo trabalhando no laptop ou smartphone. Fique tranquilo, ninguém vai pedir para você desocupar a mesa nem vai ficar olhando enviesado.

Em Portugal, as casas que praticamente só servem café e derivados são chamadas de *coffee houses* (nos grandes centros).

Lisboa, como qualquer outra cidade portuguesa, independentemente do tamanho ou importância, apresenta uma profusão de cafés e pastelarias. Os lisboetas tomam calmamente o seu café diário, leem o jornal, consultam a internet, fazem curtas reuniões ou simplesmente encontram os amigos, com frequência acompanhando um pastel de nata, o doce mais representativo da culinária portuguesa. É hábito arraigado na cultura nacional.

Os pastéis de Belém são fabricados exclusivamente pela **Fábrica dos Pastéis de Belém**. Ali, também poderá saboreá-los, normalmente depois de uma longa fila, mas que anda rapidamente. Encontram-se similares, de excelente qualidade, em praticamente todas as pastelarias, cafés e bares, porém com o nome de Pastéis de Nata. A receita original e o nome Pastel de Belém são patenteados e não podem ser usados por outro fabricante. Na fábrica original, em Belém, a especialidade é comida ainda quente, polvilhada com açúcar e canela. Já no Porto não é habitual polvilhar canela.

Os pastéis de Belém originaram-se na primeira metade do século XIX, quando os clérigos do Mosteiro dos Jerônimos (situado bem ao lado da atual fábrica) puseram à venda os seus pastéis de nata, para ajudar a sua subsistência.

Quando do fechamento do Mosteiro, em 1834, o pasteleiro do Convento decidiu vender a receita ao empresário português vindo do Brasil, Domingos Rafael Alves. A fábrica até hoje está com seus descendentes. O Pastel de Belém foi eleito em 2011 uma das sete maravilhas da gastronomia portuguesa, e o jornal inglês *The Guardian* considera-o uma das 50 mais saborosas iguarias do mundo. Um pastel de Belém tem 297 calorias, mas não nos preocupemos com isso – vamos ser felizes e desfrutá-los, com um bom café!

A Fábrica dos Pastéis de Belém fica na Rua de Belém, 84, bem juntinho ao Mosteiro dos Jerônimos. Lá, além dos pastéis de nata, há também excelentes salgadinhos.

Além da Fábrica dos Pastéis de Belém, há tantos cafés e pastelarias-cafés em Lisboa que é impossível citar os melhores sem cometer alguma injustiça; entretanto, escolhi alguns que podem perfeitamente representar a categoria.

A Brasileira – talvez o mais famoso e mais frequentado de Lisboa, no Chiado. Na calçada há uma estátua em tamanho natural, em bronze, de Fernando Pessoa sentado à mesa, sempre acompanhado por uma série de turistas querendo tirar uma foto a seu lado. A Brasileira foi fundada em 1905, não como café, mas mercearia, vendendo café em pó ou grão oriundo do Brasil, além de outros produtos importados. Como na altura o café do Brasil não era muito apreciado em Lisboa, ao contrário do africano, o proprietário Adriano Soares Teles do Vale oferecia um cafezinho para os clientes, para os convencer a comprá-lo, bem como um manual de instruções de como preparar um bom cafezinho em casa. O êxito foi tão grande que virou um ponto de encontro da elite e intelectualidade local. Em 1923, para conforto dos seus clientes, abriu um imponente salão.

N'A Brasileira cunhou-se o termo "tomar uma bica", como sinônimo de tomar um café. Há duas versões para a origem do termo. Uma, talvez a mais provável, deve-se ao fato de o café ser coado na mesa, em um saco, diretamente sobre a xícara. A outra versão era a existência de um cartaz que orientava os clientes "**B**eba **I**sto **C**om **A**çúcar". Fico com a primeira versão. Na primeira metade do século XX, o grande rival d'A Brasileira não ficava em Lisboa, mas sim no Porto – o Majestic, mas sobre ele vamos falar no capítulo do Porto...

Nicola – o segundo café literário de Lisboa, cujo frequentador mais ilustre (e irreverente) foi o poeta Manuel Maria du Bocage ou, simplesmente, Bocage (1765-1805).

O Nicola foi fundado por italianos em 1798, em outro endereço. Em 1929 foi transferido para o atual, à Praça Dom Pedro IV, 24, no Rocio, destacando-se a fachada, criada pelo arquiteto Norte Júnior, e a instalação de uma escultura de Bocage, de autoria de Marcelino de Almeida. Em 1935 ganhou nova decoração, que persiste até hoje, dando-lhe um estilo moderno, *déco* e geométrico. Nesta altura, as telas interiores foram substituídas por outras do mesmo autor, com as mesmas cenas. Da decoração antiga, permaneceram apenas a fachada e a estátua de Bocage. É o único café histórico do Largo do Rossio a ter sobrevivido.

Marcando a irreverência de Bocage, descrevo um fato ocorrido logo após a sua saída do Café Nicola. Retornando à sua casa, deparou-se com uma patrulha que, apontando-lhe as suas armas, perguntou-lhe quem era, donde vinha e para onde ia. Imperturbável, Bocage de imediato respondeu em verso:

Eu sou o Bocage,
Venho do Nicola,

Vou pra outro mundo,
Se dispara a pistola.

A historinha tem um sabor especial para mim, pois nos tempos passados escutei-a muitas vezes do meu pai e, recentemente, também algumas vezes do meu amigo Eros Grau, que a encena com muita graça e a quem não canso de pedir que a repita.

Confeitaria Nacional – fundada em 1829 por Baltazar Castanheiro, em plena Guerra Civil Portuguesa, na Praça da Figueira, onde se encontra até hoje.

Estabelecimento de grande luxo e produtos de qualidade, logo se tornou outro ponto de encontro da elite e de intelectuais lisboetas.

Em 1871, lá foram instalados os primeiros telefones de Lisboa, ligando a Confeitaria à sua fábrica.

Em 1873 conquistou o estatuto de fornecedor da Casa Real Portuguesa, conferido pelo rei Dom Luis I, ao mesmo tempo que ganhava uma sucessão de prêmios nacionais e internacionais, como em Viena, Filadélfia e Paris.

Em 1875, Baltazar Filho trouxe de Paris a receita do Bolo Rei (*Gateau des Rois*), que se tornou o bolo-símbolo de Portugal, cuja receita permanece em segredo até hoje, sendo do conhecimento apenas do atual proprietário e do seu pasteleiro mais antigo. Confesso que tenho problemas com esse bolo. Quando o compro, algo acontece que não sossego enquanto não consigo terminá-lo... e prometer que nunca mais vou cair na tentação de comprá-lo de novo!

Em 2014, a **CNN** distinguiu a Confeitaria Nacional como uma das mais importantes do mundo, pela sua longevidade, qualidade dos produtos e beleza das instalações.

Endosso completamente a **CNN**, mas alerto que, se você não quiser engordar, melhor não lá ir, pois é impossível se comportar nesse delicioso ambiente.

Mais recentemente, quatro filiais foram abertas, no Amoreiras Shopping Center, junto à Torre de Belém e no Aeroporto de Lisboa. A quarta consiste em um cruzeiro pelo rio Tejo, em uma embarcação da própria Confeitaria Nacional, para "ver e saborear Lisboa". Programa literalmente delicioso, para deleite dos olhos e da boca!

Pastelaria Alcôa – fundada em Alcobaça, em 1957, por mestres da doçaria conventual, é outro ícone dos cafés locais. É objeto de maior detalhamento quando apresento Alcobaça, mais à frente, no roteiro Tomar-Fátima-Batalha-Alcobaça-Óbidos. A casa-matriz e fábrica ficam em Alcobaça, mas há filiais muito bem montadas em Lisboa, localizadas no Chiado e no Espaço Gourmet do El Corte Inglés (7º andar).

Por fim, com relação aos magníficos **doces franceses**, há grande representação em Lisboa, que pouco fica a dever aos irmãos mais experientes.

Ladurée – famosíssima doceria de Paris, que fabrica os *macarons* mais famosos do mundo. A filial portuguesa fica na Avenida da Liberdade, 180, onde, além de experimentar os incríveis doces, se pode fazer uma refeição leve ou desfrutar o famoso chá da tarde.

No restaurante JNcQuoi, anteriormente mencionado, há um *corner* do Ladurée. Ali se compram alguns dos doces e produtos para levar para casa. Quanto aos produtos, recomendo a geleia de limão, deliciosa. Nesse restaurante, o menu de sobremesas mescla as tipicamente portuguesas com as do Ladurée.

Dacquoise – o nome da pastelaria vem de um doce francês que não é muito conhecido pelos brasileiros nem pelos portugueses. Consiste em um bolo com camadas de merengue de avelã e de creme chantilly, sobre um biscoito amanteigado. Além dessa especialidade, a pastelaria oferece toda a tradicional gama de doces e bolos franceses, pães doces e salgados, sanduíches ao estilo francês e saladas. Outro ponto forte da casa é a seleção de 16 chás e infusões, que também podem ser levados para casa. Aos fins de semana e feriados, há a opção de brunch. Os proprietários são o casal Rita e Ivo, ele acumulando o posto de pasteleiro, após passagens por cozinhas importantes em Lisboa e na Côte D'Azur. Rua Tomás da Anunciação, 109, Campo de Ourique.

L'Eclair – em francês a palavra significa relâmpago, mas, para mim, deveria significar "irresistível tentação". A sofisticada pastelaria, criada em 2014 por dois franco-portugueses, Matthieu, com o curso de gestor hoteleiro e de restaurantes, e João, pasteleiro formado pela École Grégoire-Ferrandi, de Paris, logo se transformou em sucesso ao oferecer, além dos éclairs, doces e salgados sob inspiração francesa e refeições ligeiras. A loja principal situa-se à Avenida Duque de Ávila, 44, no Saldanha. Em 2016, abriram uma nova loja dentro do Mercado da Ribeira. E, recentemente, outra no Campo das Cebolas.

SORVETERIAS

Por todo Portugal há sorveterias de alta qualidade, comparáveis às melhores do mundo. Não é tarefa muito fácil recomendá-las sem fazer injustiça a uma eventualmente não recomendada. Assim, vou falar das que conheço.

Santini – fundada em 1949, é a mais conhecida e provavelmente a mais antiga de todas. Sorvete de qualidade excepcional. Os sabores que mais gosto são marabunta (o nosso flocos) e coco. Iniciou sua atividades em Cascais, onde tem duas lojas, além de São João do Estoril. As lojas de Lisboa ficam no Chiado, no Mercado da Ribeira, em Belém, em Telheiras e nos Shoppings Amoreiras e Oeiras Park.

Quinta dos Açores – uma das mais novas de Lisboa, mas com muita experiência em suas primeiras lojas nas ilhas açoreanas de São Miguel e Terceira. O leite e a nata para a confecção dos sorvetes vêm dos Açores, além de diversos outros ingredientes, como o queijo que dá origem ao surpreendente sorvete de chocolate com queijo de São Jorge, a banana açoriana e as queijadas de Vila Franca do Campo. Quanto aos ingredientes de outras origens, utilizam, por exemplo, a baunilha de Madagascar, o chocolate do Equador e o doce de leite da Argentina. A filial de Lisboa situa-se à Rua de São Paulo, no Cais do Sodré, bem junto ao Elevador da Bica.

Artisani – outra excelente sorveteria, com várias filiais em Lisboa e Cascais. Entre as filiais de Lisboa, a do Chiado – Rua Garrett – é provavelmente a mais movimentada, por estar nessa área de intenso turismo. O nosso sabor preferido é o sorvete de limão com manjericão, especialmente depois de uma refeição um pouco mais pesada...

Outras boas sorveterias em Lisboa são a **Geladaria Davvero**, com várias lojas espalhadas pela cidade, e a **Nannarella**, na Rua Nova da Piedade, 64.

CULTURA

CASAS DE FADO

O fado é a música tradicional portuguesa, em especial de Lisboa e de Coimbra, agraciada pela Unesco como Patrimônio Cultural e Imaterial da Humanidade. Geralmente é cantado por uma única pessoa, acompanhada de guitarra clássica, ou viola, e guitarra portuguesa.

O fadista canta o sofrimento, a saudade de tempos passados, a saudade de um amor perdido, a tragédia, a desgraça, a sina e o destino, a dor, amor e ciúme, a noite, as sombras, os amores, a cidade, as misérias da vida, critica a sociedade... Em contraste com o conteúdo melancólico, o compasso do fado transmite um humor animador e possivelmente o contraste contribui à fascinação do fado.

A maior expoente do fado de todos os tempos foi a cantora, compositora e atriz Amália Rodrigues (1920-1999). Sua vida, seus sucessos e os seus sofrimentos são muito bem retratados na biografia *Amália*, de Sónia Louro (Ed. Bertrand). Amália gravou cerca de 170 álbuns, editados em 30 países, com vendas superiores a 30 milhões de cópias. Em 1952 ficou 14 semanas em cartaz em Nova Iorque, com o espetáculo *La Vie en Rose*.

Era considerada por Édith Piaf uma das maiores intérpretes do mundo, à qual se curvava em admiração.

Foi uma das personalidades portuguesas mais condecoradas fora de Portugal, com a *Ordre des Arts et des Lettres*, da França, a *Ordem Nacional dos Cedros do Líbano*, do Líbano, a *Grã-Cruz da Isabel a Católica*, da Espanha, e a *Legion d'Honneur*, da França.

No capítulo sobre museus há a apresentação da Casa-Museu Amália Rodrigues.

Em Lisboa há casas de fado para todos os gostos e preços, mas recomendo a **Mesa dos Frades**, com excelente fado e boa comida. Há necessidade de se fazer reservas com alguns dias de antecedência. O jantar começa às 20h30, de segunda a quinta, e às 21h, às sextas e sábados. O fado começa, respectivamente, às 22h30 e 23h. Não há hipótese de ir de carro, pois não há nem estacionamento nem acesso (só para táxis). Para quem vem de fora de Lisboa e de carro, a recomendação é deixar o carro no estacionamento do Terminal de Cruzeiros, junto à Estação de Trem de Santa Apolônia. Outras boas opções para se escutar um fado são o **Clube do Fado** e a **Casa de Linhares**, ambos em Alfama. Na região do Príncipe Real também há fado, em dias específicos, em lugares inusitados, sempre iniciando às 19h. Às terças-feiras há o fado tradicional no **Pavilhão Chinês**, na Rua Dom Pedro V. É um concerto intimista, com lugares limitados, que vai agradar aos puristas do gênero. Às sextas-feiras, o fado vai até o **Reservatório de Água da Patriarcal**, em pleno funcionamento sob a Praça do Príncipe Real, num enorme espaço com acústica e arquitetura incríveis. Lá é o momento do fado pelo mundo, com influências de outros gêneros e outras terras. Aos domingos, as apresentações são no bar **Gin Lovers**, na Embaixada Shopping Gallery, na Praça do Príncipe Real, 26, onde as apresentações fusionam o passado e o futuro do fado.

CASAS DE JAZZ

Hot Club – é o clube de jazz mais antigo de Portugal e um dos mais antigos da Europa, funcionando desde 1948, primeiramente na Praça da Alegria, 39, destruído por um incêndio, e desde 2009 no número 48 da mesma praça. É considerado pela revista **DownBeat** como um dos 100 melhores clubes de jazz do mundo. O Hot Club mantém ainda uma escola de jazz, criada em 1979, oferecendo cursos completos, teóricos ou práticos, além de um curso livre. Por essa escola passaram grandes nomes do jazz de Portugal. A entrada para assistir às apresentações custa 10 euros por pessoa e as bebidas têm preços muito favoráveis. Nos dias em que se apresentam os alunos da escola de jazz, o acesso é grátis. Para quem gosta de boa música, é um programa imperdível. Está aberto de terça a sábado, a partir das 22h.

Páginas Tantas – jazz-bar aberto há mais de 20 anos, situa-se no Bairro Alto, à Rua do Diário de Notícias, 85. Importantes nomes do jazz português e internacional se apresentam frequentemente em seu minipalco – a programação pode ser vista em sua página do Facebook. Funciona de terça a domingo, a partir das 21h.

Em termos de festivais de jazz em Lisboa, o mais importante é o **Jazz em Agosto**, promovido pela Fundação Gulbenkian. Em agosto de 2019 o evento teve a sua 36ª edição, que durou oito dias, com a presença de grandes nomes deste gênero musical.

TEATROS E SALAS DE ESPETÁCULOS

Os principais teatros de Lisboa são:

Teatro Nacional de São Carlos – principal casa de ópera da cidade, inaugurada em 1793 pelo Príncipe Regente Dom João, substituindo o Teatro de Ópera do Tejo, destruído pelo terremoto de 1755. Situa-se no Chiado, no Largo de São Carlos, onde nasceu Fernando Pessoa. O projeto do teatro foi do arquiteto José da Costa e Silva, com elementos neoclássicos e rococó. A linguagem arquitetônica e o acesso seguem a do La Scala de Milão, enquanto a sala de espetáculos utiliza a forma elítica, seguindo os preceitos do francês Pierre Patte. A construção do teatro, efetuada em apenas seis meses, foi financiada por um empréstimo de 40 grandes empresários portugueses. Até a queda da monarquia portuguesa, em 1910, a casa era conhecida por **Teatro Italiano**, pois lá cantavam apenas as companhias italianas, na língua italiana. Autores portugueses, franceses e alemães, incluindo Wagner, tinham que ser traduzidos para o italiano para as peças serem apresentadas no São Carlos. Até 1850 a sua iluminação interior era feita a azeite, substituída em 1850 por um sistema a gás. A iluminação elétrica foi instalada em 1887. O Teatro São Carlos foi declarado Monumento Nacional.

Teatro Nacional Dona Maria II – inaugurado em 1846, como parte dos festejos de 27º aniversário de Dona Maria II. Dez anos antes, o ministro Passos Manuel encarregou o político e escritor Almeida Garrett de pensar o teatro português, incluindo planejar e implantar um teatro nacional em Lisboa. O arquiteto escolhido foi o italiano Fortunato Lodi, e o local, os escombros do Palácio Estaus, antiga sede da Inquisição, destruído por um incêndio em 1836. Em 1928 seu nome foi mudado para **Teatro Almeida Garrett**, retornando ao nome original em 1939. Em 1964 o teatro foi vítima de um violento incêndio que deixou apenas as paredes exteriores, sendo reconstruído em obediência ao estilo original neoclássico e reinaugurado em 1978. Foi declarado Monumento Nacional em 2012.

O teatro abriga uma livraria que publica a **Coleção dos Textos de Teatro do Dona Maria II**, em parceria com editora privada, além de obras relacionadas ao papel do teatro na sociedade, com a promoção da dramaturgia portuguesa, pesquisa e divulgação do patrimônio teatral português e documentação e reflexão sobre as práticas artísticas contemporâneas.

Teatro Tivoli – inaugurado em 1924 como sala de cinema mudo, o maior (1.114 lugares) e mais luxuoso de Lisboa, passando logo a apresentar peças de teatro e balé. Entre outros, por lá passaram os internacionais Igor Stravinsky, Arthur Rubinstein e Yehudi Menuhin. Hoje é um palco que abriga uma série de eventos, mas sobretudo o teatro. O edifício é no estilo neoclássico, com interessante cúpula revestida de telhas pretas. Desde 2017, em seu antigo foyer se encontra um bar e restaurante de luxo, com entrada independente. Fica no coração da cidade, na Avenida da Liberdade. Em 2015 foi declarado Monumento Nacional.

Teatro da Trindade – foi inaugurado em 1867, no Bairro Alto, um dos mais antigos teatros em atividade na cidade. Dois anos antes, o escritor e dramaturgo Francisco de Lacerda decidiu construir o seu próprio teatro, em associação com amigos influentes. O projeto de arquitetura foi de Miguel Evaristo da Lima Pinto, com características dos estilos pombalino e neoclássico italiano. Na altura, as cadeiras da plateia eram removíveis e o seu piso tinha o seu nível elevado até o palco, por meio de um dispositivo acionado por dois homens, de modo a criar um grande salão para bailes. A decoração interior era feita em ouro, branco e carmim; no teto da sala, uma pintura com ornamentos vegetais, em *tromp l'oeil*, representando personalidades das letras e do teatro. Obras de renovação e redecoração foram feitas em 1962, 1967, 1991 e 2009.

Teatro Luis de Camões – o mais moderno teatro de ópera e balé de Portugal. Construído para a Exposição Mundial de 1998, no Parque das Nações, e batizado com o nome de Júlio Verne. Com o fim da exposição, no mesmo ano, o projeto dos arquitetos Manuel Salgado e Marino Fei transformou-se no Teatro Luis de Camões, com 900 lugares, equipamentos da melhor qualidade e impressionante fachada de vidro, voltada para o rio Tejo. Fica no Passeio Netuno, Parque das Nações.

Culturgest – fundação de direito privado, instituída e mantida pela Caixa Geral de Depósitos (CGD), maior banco português, de propriedade do Estado. Além da dotação anual, a CGD disponibiliza as instalações – um auditório de 616 lugares e outro com 147, seis salas de reuniões e duas galerias para exposições – na própria sede da CGD, à Rua do Arco Cego, 50. Estabelecida desde 1993, a Culturgest desempenha papel significativo no desenvolvimento artístico da cidade e do país. Produz novas criações, apresentando-as a um público diversificado, encomenda obras a artistas visuais, organiza exposições individuais e coletivas, promove concertos de música de todos os gêneros e acolhe os maiores festivais de cinema da cidade. Há, ainda, conferências e debates, oficinas, visitas guiadas, encontros e espetáculos para escolas e famílias. Paralelamente às atividades principais, suas instalações são utilizadas para congressos nacionais e internacionais.

Outro encargo da Culturgest é a gestão, desde 2006, da **Coleção da Caixa Geral de Depósitos**, consistindo de mais de 1.700 peças de artistas portugueses, brasileiros e africanos de expressão portuguesa. A coleção, iniciada em 1983, reúne obras de importantes autores da história da arte portuguesa, a partir dos anos 1960. A colaboração entre a Culturgest e a CGD se iniciou em 2000, quando primeiramente ficou encarregada de fazer propostas para a aquisição de obras de arte para a coleção.

Desde 2002, a Culturgest se expandiu para a cidade do Porto, onde a CGD colocou à disposição um espaço em sua antiga sede, à Avenida dos Aliados. Nesse espaço são apresentados concertos de música e exposições de arte contemporânea.

Teatro Villaret – fundado em 1964 pelo comediante Raul Solnado, que o batizou em homenagem ao ator João Villaret. A sala é grande e confortável, com ótima acústica, bem servida de transportes públicos. Fica no Saldanha.

Teatro Aberto – situado na Praça de Espanha, foi inaugurado pelo chamado Grupo 4 em 1976. Em 1982 o Novo Grupo tornou-se a sua companhia residente, e em 2002 o Teatro Aberto mudou-se para outro local na mesma praça. O Grupo 4 foi um grupo teatral formado nos anos 1960, em desafio à política repressiva do período salazarista.

Teatro Armando Cortez – inaugurado em 2003, funciona no espaço da Casa do Artista. Além de espetáculos, o teatro abriga debates abertos ao público.

Casino Lisboa – a sala faz parte do complexo do Casino Lisboa, que ocupa o espaço destinado ao Pavilhão do Futuro da Exposição Mundial de 1998, no Parque das Nações.

MUSEUS E FUNDAÇÕES

Lisboa tem grande número de museus e fundações. O mais importante, famoso e impressionante é a **Fundação/Museu Gulbenkian**, visita obrigatória em Lisboa. Calouste Sarkis Gulbenkian, nome icônico em Portugal, foi o patrono da Fundação, que patrocina artes e ciências, e fornece bolsas de estudos em diversos campos. Gulbenkian, de origem armênia, mas nascido em Istambul, foi o homem mais rico do mundo entre as duas guerras mundiais, tendo se asilado em Portugal durante a Segunda Guerra, fugindo da perseguição nazista. Morreu em 1955, em Lisboa, deixando herança para a sua Fundação. De família abastada, estudou engenharia de petróleo na Inglaterra, e foi o descobridor de vastos campos de petróleo em diversos países árabes, principalmente no Iraque, tendo-os negociado com as principais empresas mundiais de petróleo em troca de participação acionária nessas companhias.

Para quem se interessar, recomendo a leitura da sua biografia (mirabolante, incrível, fantástica, dramática e ao mesmo tempo divertida) romanceada, em dois tomos: *O Homem de Constantinopla* e *Um Milionário em Lisboa*, de autoria de José Rodrigues dos Santos. Leitura especialmente interessante a altamente recomendável! Onde comprá-los? É claro que na **Livraria Bertrand**, a livraria mais antiga do mundo no mesmo endereço. Fica no Chiado, na Rua Garrett, 73. A visita à livraria já é um programa... São vendidos na Amazon, em qualquer livraria de Portugal ou mesmo na seção de livros de supermercado de grande porte, especialmente nos Hipermercados Continente.

Em 2019, a Editora Objectiva publicou a biografia *O homem mais rico do mundo*, de autoria do inglês Jonathan Conlin, que pode ser encontrada em qualquer livraria portuguesa e cuja leitura também recomendo. Especialmente nessa biografia são apresentados seu fascínio pela arte e a importância dela em sua vida, além de detalhes de como ganhou muito dinheiro e formou uma das mais impressionantes coleções de arte do mundo, que se tem a oportunidade de ver no museu de jardins lindíssimos.

Em uma parede à entrada do museu está inscrito um pequeno texto que sintetiza a sua decisão de criar a Fundação em Portugal, em 1953, com o objetivo maior de preservar as suas obras de arte. Diz esse texto:

"Tenho plena consciência de que é tempo de tomar uma decisão sobre o futuro das minhas obras de arte. Posso dizer sem receio de exagero que as considero como 'filhas', e que o seu bem-estar é uma das preocupações que me dominam. Representam cinquenta ou sessenta anos da minha vida, ao longo dos quais as reuni, por vezes com inúmeras dificuldades, mas sempre e exclusivamente guiado pelo meu gosto pessoal. É certo que, como todos os coleccionadores, procurei aconselhar-me. Mas sinto que elas são minhas de alma e de coração."

O **Museu Gulbenkian** foi construído de 1961 a 1969, no estilo brutalista, projetado pelos arquitetos Alberto Pessoa, Pedro Cid e Ruy de Athouguia. O seu acervo possui cerca de 6 mil peças, pouco mais de mil expostas ao público. Divide-se em dois circuitos: arte oriental e clássica, com peças de arte egípcia, arte greco-romana, arte islâmica e arte da China e do Japão; e o circuito de arte europeia, dos séculos XI ao XX, incluindo arte em livros, artes decorativas, esculturas e pinturas.

Com relação aos demais inúmeros museus da cidade, por ser diferente, um dos que mais gosto é o **Museu Nacional dos Azulejos**, com peças datadas desde o século XV, expostas em um antigo convento dos primeiros anos do século XVI. O novo **Museu dos Coches** tem a arquitetura espetacular de Paulo Mendes da Rocha, ganhador do Prêmio Pritzker de Arquitetura, e o **MAAT – Museu de Arquitetura, Arte e Tecnologia** foi inaugurado em 2017, com projeto da arquiteta iraquiana-britânica Zaha Hadid, que faleceu apenas um ano antes da sua inauguração. Fui lá, logo depois da inauguração, mas ainda estava em fase de acabamento, e as salas de exposição não estavam concluídas, ou seja, sem acervo. O prédio, à beira do Tejo, é muito bonito e arrojado, e pode ser que agora já tenha acervo.

Recomendo, ainda:

Centro Cultural de Belém (CCB) – exposição permanente da **Coleção Berardo**, de arte moderna e contemporânea. É o museu mais visitado de Lisboa, abre todos os dias e é gratuito aos sábados, em qualquer horário. Seu patrono é o comendador Joe Berardo, natural da ilha da Madeira, um dos homens mais ricos (e polêmicos...) de Portugal. Sua fortuna originou-se da exploração de ouro a partir de areias auríferas, na África do Sul. Entre outros negócios, é dono da Bacalhoa Vinhos de Portugal, S.A., que produz o famoso vinho com o nome Quinta da Bacalhoa, na península de Setúbal, margem sul do rio Tejo, a 36 km de Lisboa. No capítulo sobre Setúbal, vou me alongar um pouco mais sobre a importante vinícola.

Museu de São Roque – instalado no espaço inicialmente ocupado pelo seminário dos padres jesuítas, que chegaram a Portugal em 1540, a convite do rei Dom João III. Em 1759, os jesuítas e todas as ordens religiosas foram expulsos de Portugal. O edifício e a Igreja de São Roque, anexa, foram doados pelo rei Dom José I à Santa Casa de Misericórdia de Lisboa.

Em 1905, o edifício do antigo seminário passou a abrigar o **Museu do Tesouro da Capela da Igreja de São Roque**. Nos anos 30 do século XX, o acervo do museu foi expandido, passando a se chamar **Museu de Arte Sacra de São Roque**. A partir de então, a sua coleção só fez crescer, incluindo uma seção em arte sacra oriental, adquirida pela Santa Casa de Misericórdia de Lisboa e por meio de doações.

A **Cordoaria Nacional** é um edifício histórico, na qual eram fabricadas as cordas das embarcações portuguesas. Hoje, importante área para exposições de arte. Lá, em maio de cada ano, ocorre a versão portuguesa da **ARCO**, a maior exposição de arte de Madrid. O espaço tem um calendário de exposições abrangendo o ano inteiro, a ser consultado no site https://www.viralagenda.com/pt/p/228707987193016.

Casa-Museu Amália Rodrigues – instalado na casa na qual a maior fadista portuguesa viveu até a sua morte, em 1999. O Museu abriga cerca de 30 mil objetos pessoais da artista, como peças de arte, condecorações, troféus, vestidos e joias. Há visitas guiadas, com duração de meia hora, e o visitante pode fazer uma refeição ligeira na esplanada (terraço).

Fundação Champalimaud – tem por principal objetivo desenvolver a pesquisa científica no campo da medicina, especialmente no combate ao câncer e área de neurociências. Foi criada em 2004, a partir de doação de 500 milhões de euros, deixada em testamento por António Champalimaud. Em 2010 inaugurou, às margens do Tejo, junto à Torre de Belém, o impressionante **Centro de Investigação para o Desconhecido**, projeto do arquiteto goês Charles Correa, implantado em terreno de 65 mil m². O complexo está dividido em dois blocos – no primeiro, o centro de pesquisas e o centro de tratamento de pacientes com câncer, e no segundo o auditório. Possui ainda um anfiteatro ao ar livre. Em 2020, deverá ocorrer a inauguração do **Botton-Champalimaud Pancreatic Centre**, primeiro centro em âmbito mundial a se dedicar, simultaneamente, à pesquisa e ao tratamento do câncer pancreático, ao custo de 50 milhões de euros, doados pelo filantropo francês Maurício Botton Carasso, neto do fundador da empresa Danone.

Em 2012, a revista norte-americana *The Scientist* publicou o resultado de uma pesquisa com 1.500 cientistas internacionais, que colocaram a Fundação no topo da lista dos melhores lugares para trabalhar no mundo, fora dos Estados Unidos. Vários que receberam o Prêmio Nobel, em diversas categorias, trabalham ou trabalharam na Fundação.

PANORAMAS COM E SEM ADITIVOS...

Os panoramas de Lisboa sem aditivos são vistos de mirantes, enquanto os panoramas com aditivos, alcoólicos, é claro, são aqueles dos bares "com vista". Vamos aos primeiros:

Para quem quer ver panoramas de arrebatar o fôlego ou registrá-los em fotos, Lisboa oferece uma série de mirantes (ou miradouros, para os portugueses) de onde as vistas dos casarios da cidade, seus monumentos, pontos notáveis, o estuário do rio Tejo e a sua margem sul formam um conjunto inesquecível em nossa memória... ou na memória do nosso smartphone. Os mirantes mais conhecidos são:

Experiência Pilar 7 – Ponte 25 de Abril, funcionando todos os dias, das 10h às 20h, de maio a setembro, e das 10h às 18h, de outubro a abril. Nesse pilar da Ponte 25 de Abril, que liga as margens norte e sul do rio Tejo, instalou-se uma varanda com vista deslumbrante para a cidade de Lisboa, em altura de 72 metros, equivalente a 24 andares, em posição geográfica ímpar. O acesso é por um elevador panorâmico. No piso térreo, antes da subida, há o **Centro Interpretativo**, com experiências virtuais e sensoriais.

O Pilar 7 é o mais importante da imponente obra de engenharia, pois une o viaduto de acesso, em concreto armado, ao tabuleiro da ponte, inteiramente metálico, além de ser o ponto de amarração dos cabos de sustentação do tabuleiro da ponte. O interior do pilar 7 é oco, formando imponentes salas.

Miradouro de São Pedro de Alcântara – fica a meio caminho entre o Bairro Alto e o Príncipe Real, na Rua São Pedro de Alcântara, margeando um belo e tranquilo jardim, construído em 1864. Se você estiver em um desses dois bairros, não levará mais que alguns minutos a pé para chegar até ele. Se estiver na Baixa, pode subir um "ladeirão" ou pegar o **Ascensor da Glória**, na realidade um bondinho do tipo "plano inclinado", cujo ponto final é no mirante. A subida não leva mais de um minuto.

Miradouro da Graça – fica pertinho do Castelo de São Jorge, não mais de dez minutos a pé. Tem um bar no quiosque, apesar de muitas pessoas levarem as próprias bebidas para ver o pôr do sol.

Miradouro de Nossa Senhora do Monte – fica em frente à Igreja de mesmo nome, do ano de 1147. Muita gente procura o mirante pelo seu belíssimo pôr do sol e vistas do Mar de Palha, do Castelo de São Jorge, da Baixa de Lisboa e do estuário do Tejo a sul e do Bairro Alto até o Parque Florestal de Monsanto, a oeste.

Antes que você se pergunte o que é o Mar de Palha que se vê desse mirante, eu explico – é a grande bacia do estuário do Tejo, próxima da sua foz, onde o seu ponto mais largo atinge 23 km de largura. O Mar de Palha se inicia junto à povoação de Alverca do Ribatejo e termina quando o rio volta a se estreitar, no Terreiro do Paço, na Baixa de Lisboa.

A origem do seu nome vem dos resíduos vegetais arrastados pelo rio Tejo das lezírias, ou terras planas, às margens de um rio, e que se alagam por ocasião das cheias. Esses resíduos são empurrados pelas correntes e ventos, circulando por toda a extensão do Mar de Palha.

As suas margens são pantanosas e suportam os ninhos de várias espécies de aves, algumas migratórias. Na margem sul do Mar de Palha há uma reserva natural.

Miradouro de Santa Luzia – fica no caminho entre a Sé e o Castelo de São Jorge, com vistas para a Alfama e o rio Tejo. Lá vai encontrar um belíssimo mural de azulejos mostrando a Praça do Comércio antes do terremoto de 1755, e a batalha da conquista de Lisboa pelos cristãos. Na realidade se situa nas duas categorias de mirantes, sem aditivos ou aditivados, pois lá há o **Bar Terraço de Santa Luzia**, com espaço para 65 pessoas e Alfama aos seus pés.

Miradouro de Santa Catarina – junto ao Largo de Luís de Camões, no Chiado. Muito frequentado por jovens, tem vistas sobre o rio Tejo, a Ponte 25 de Abril e os telhados dos bairros tradicionais.

Quanto aos panoramas com aditivos, há grande quantidade de bares em Lisboa de onde se descortinam vistas maravilhosas. Alguns deles, recomendados, são:

Skybar Lisboa – situado no último andar do Hotel Tivoli, à Av. da Liberdade, 185. Lugar elegante, aberto todos os dias, com DJ a animar o happy hour e as noites de verão. Se a noite não estiver quente, ou pelo menos amena, não vá, pois é um terraço totalmente aberto.

Silk Club – no último andar do prédio, à Rua da Misericórdia, 14, no Chiado. Tem um restaurante asiático anexo. A entrada é controlada pelo porteiro na recepção, e o melhor é ir ao site do Club e deixar o seu nome na *guest list*. Funciona pedir ao *concièrge* ou recepcionista do seu hotel para ligar e fazer a reserva. Aberto de terça a sábado.

Park Rooftop Bar – no último andar de um edifício-garagem, na Calçada do Combro, 58, aberto de segunda a sábado, das 13h às 2h, com vista de 360 graus. As suas mesas são muito disputadas ao pôr do sol, sempre com muitos turistas. Normalmente tem música provida por DJs.

Memmo Príncipe Real – o *pool bar* do hotel butique 5 estrelas tem vista magnífica e um ambiente relaxante, com providencial vidro protegendo do vento. O hotel fica na Rua Dom Pedro V, 56, mas não é muito fácil de encontrar, pois há que atravessar um arco que sai dessa rua e não há placa indicativa até se chegar ao hotel. Mas vale a pena.

Garden Rooftop Bar – no sétimo andar do prédio à Rua do Instituto Industrial, 7, no Bairro de Santos, com vista de 360 graus. Ali opera a **Poke House** (comida havaiana). Aberto todos os dias, das 12h às 2h.

Rio Maravilha – no complexo LX Factory, aberto segunda e terça a partir das 18h30, e nos demais dias a partir das 12h30. Nos finais de semana, ao fim da tarde e noite, tem música, festas e muita gente.

The Insolito – bar e restaurante na cobertura do The Independente Hostel & Suites, com vista magnífica para o Castelo de São Jorge e arredores. Fica na Rua São Pedro de Alcântara, 83, bem em frente ao Miradouro de São Pedro de Alcântara, no Bairro Alto. Abre todas as noites, das 18h à 1h.

Le Chat – Jardim 9 de Abril, no Bairro das Janelas Verdes, bem ao lado do **Museu Nacional de Arte Antiga**. O ambiente é moderno, todo envidraçado, o que é ótima proteção contra o vento de Lisboa. Vista garantida para o Tejo, com excelentes coquetéis e petiscos, serviço bem eficiente.

Sud Lisboa Terrazza – situado em Belém, na Avenida Brasília, ao lado do Museu de Arte, Arquitetura e Tecnologia. Funciona todos os dias das 12h às 2h, para almoço e jantar, happy hour, petiscos e coquetéis. Projeto arquitetônico de grande destaque, há espaço para eventos privados e um *pool bar* à noite.

IGREJAS E SINAGOGAS

Depois de tantos pecados da gula, só mesmo indo a uma igreja ou sinagoga para a penitência. O blog português *ncultura* fez uma pesquisa das dez igrejas mais bonitas de Lisboa, com comentários que aqui reproduzo, além dos meus próprios. O tema também foi publicado pelo site www.embarquenaviagem.com.

Há ainda o programa **Open Conventos**, com itinerários e visitas guiadas e livres aos Conventos de Lisboa. Tudo isso sem custo algum, mediante inscrição em culturasantacasa@scml.pt ou telefones 213.240.869/867/887. O conjunto do patrimônio religioso de Lisboa pode também ser apreciado visitando-se o site www.quovadislisboa.com.

Igreja de São Roque – conhecida por ter a capela que muitos dizem ser "a mais valiosa do mundo", a igreja tem fachadas simples, mas um dos mais magníficos interiores de Lisboa, formado por oito capelas laterais. A capela mais valiosa do mundo é a de São João Batista, encomendada pelo rei Dom João V, em 1742, aos arquitetos Luigi Vanvitelli e Nicola Salvi. Foi executada em Roma entre 1742 e 1747 por artistas italianos, trazida peça por peça, em três barcos, para Lisboa. Os painéis central "Batismo de Cristo" e laterais "Anunciação" e "Pentecostes" são composições do pintor Agostino Masucci, transpostas para o micromosaico por Mattia Moretti. Tesouro considerado verdadeira obra de arte, pela riqueza dos materiais (marfim, ágata, lápis-lazúli e ouro) e boa condução artística dos trabalhos. As demais capelas são ricas em talha dourada, mármore, azulejos e telas.

Igreja dos Anjos – pequena igreja muito pouco conhecida, mas preserva um dos mais valiosos interiores em talha dourada. O interior é do século XVII, mas o edifício tem apenas um século, pois foi reconstruída de uma igreja que teve de ser demolida para a abertura da Avenida Almirante Reis. A talha dourada foi cuidadosamente recolocada, preenchendo grande parte do espaço.

Igreja da Encarnação – das igrejas do Chiado, todas construídas ou reconstruídas depois do terremoto de 1755, é a mais bela. A reconstrução da primeira, inaugurada em 1708, ficou concluída apenas em 1873. O interior, revestido de mármores, apresenta elementos decorativos *rocaille*, escultura de Nossa Senhora da Encarnação, do escultor Machado de Castro. Os belos tetos, de telas pregadas sobre madeira, foram pintados entre 1784 e 1824.

Igreja do Menino de Deus – teve as portas abertas no dia em que completou três séculos, em julho de 2011, mas encontra-se sempre fechada. No entanto, basta tocar a campainha da porta ao lado e terá acesso ao belo interior. Mandada construir por Dom João V em 1711, fica quase escondida perto do Castelo de São Jorge. Destaca-se pelo uso de mármore e de outros materiais nobres, e serviu de modelo para diversas outras construções barrocas pelo país.

Igreja de São Miguel – em Alfama, por onde passam muitos turistas, abre apenas uma vez por semana, para a missa. Um dos mais belos e ricos interiores em talha dourada, que cobre as paredes e o altar, e emoldura pinturas atribuídas a Bento Coelho da Silveira, pintor régio de Dom Pedro II, de Portugal, e um dos mais conceituados artistas portugueses do século XVII.

Igreja do Convento dos Cardaes – um dos mais notáveis exemplos do barroco português, misturando a talha dourada e a azulejaria. Sobrevivente do terremoto de 1755, a igreja apresenta um conjunto de 11 painéis figurativos de azulejos a azul e branco, da autoria do holandês Jan van Oort, datados de 1692. A talha dourada emoldura oito telas de vários artistas da época.

Basílica da Estrela – dos mais belos monumentos de Lisboa, por dentro e por fora. Foi uma das últimas grandes igrejas barrocas com um interior coberto de mármore. É conhecida pelo seu enorme presépio do escultor Machado de Castro, e pelo túmulo de Dona Maria I.

Igreja de Santa Catarina – curiosamente, é pouco conhecida e pouco visitada, apesar de se encontrar às portas do Bairro Alto e ser uma das mais monumentais da cidade. O interior suntuoso é das obras artísticas mais impressionantes de Lisboa, desde o estuque rococó no teto à talha dourada completada em 1727. Dois dos pintores mais importantes do século XVIII em Portugal, Vieira Lusitano e André Gonçalves, foram os autores das pinturas emolduradas pela talha.

Igreja do Convento da Madre de Deus – hoje o Museu Nacional do Azulejo. A igreja é um dos monumentos mais extraordinários do país, misturando o azulejo barroco, a talha dourada e a pintura em tela. Os azulejos são de autoria de artistas holandeses e portugueses, e as 20 telas no teto, que ilustram a vida da Virgem, são do pintor Marcos da Cruz, criadas entre 1660 e 1670.

Igreja de Santa Maria de Belém – o abobadamento da Igreja do Mosteiro dos Jerónimos é considerado uma das mais impressionantes obras de arquitetura de tecnologia gótica em toda a Europa. Classificado como Patrimônio Mundial, todo o monumento é o mais notável feito da arquitetura manuelina, com ornamentação que conjuga símbolos religiosos e régios, e elementos naturalistas. Nessa igreja se encontram os túmulos de Camões e de Vasco da Gama.

Santa Casa de Misericórdia de Lisboa – mencionada na citação da Igreja de São Roque, merece uma descrição pela importância que a instituição de referência na sociedade portuguesa tem para a cidade e seus cidadãos, especialmente os mais desfavorecidos. Primeira Santa Casa de Misericórdia do país, fundada a 15 de agosto de 1498, pela rainha Leonor de Lencastre, com o objetivo de aliviar os sérios problemas sociais e de saúde em Portugal. Inicialmente, a sede da Santa Casa foi instalada no claustro da Catedral de Lisboa, sendo transferida em 1534 para a Igreja da Conceição Velha, onde permaneceu até o terremoto de 1755. Com a expulsão dos jesuítas em 1759, o rei Dom José I doou o edifício do seminário da ordem religiosa para a Santa Casa lá se instalar, onde permaneceu de 1768 até o início do século XX.

A Santa Casa de Lisboa é hoje uma instituição bem diferente da fundada pela rainha Leonor, pois, além da assistência social e de saúde, desenvolve importantes programas nas áreas da educação, ensino e pesquisa, cultura, empreendedorismo e economia social.

No princípio, os recursos para o desenvolvimento dos programas originavam-se unicamente de doações, com fluxo irregular, causando frequentes dificuldades financeiras. Sentindo a fragilidade da situação, a rainha Dona Maria I, em 1783, outorgou à Santa Casa a concessão para o direito de instituir e explorar uma loteria, que se iniciou em 1785 e imediatamente passou a ser uma das principais fontes de renda.

Na segunda metade do século XX, novos jogos sociais foram instituídos, primeiramente o Totobola (loteria esportiva), em 1961, e, posteriormente, o Joker, a loteria instantânea (raspadinha), a loteria popular e o Euromilhões.

As receitas das loterias permitiram à Santa Casa criar o **Centro de Medicina de Reabilitação de Alcoitão** (freguesia junto a Cascais), inaugurado em 1966, o primeiro em Portugal inteiramente dedicado à reabilitação, além da **Escola Superior de Saúde de Alcoitão**.

Paralelamente, no século XXI, a Santa Casa de Lisboa promoveu a reabilitação do vasto patrimônio imobiliário, obtido por meio de doações, de modo a rentabilizá-lo e representar outra importante fonte de receitas, ao mesmo tempo que se lançou em campanhas e ações direcionadas à promoção do envelhecimento ativo da população, dando resposta a um grande número de idosos usuários da instituição, envolvendo os jovens no programa.

Quanto às sinagogas, as duas principais de Lisboa são:

Sinagoga de Lisboa Shaaré Tikvá (Porta da Esperança) – completará 120 anos da sua fundação em 2024, a primeira construída de raiz no país, desde as conversões forçadas do final do século XV. Segue o ritual sefardita e fica na Rua Alexandre Herculano, 59.

Sinagoga Ohel Jacob (Tenda de Jacob) – fundada em 1934 por um pequeno grupo judeu de origem *askenazi*, vindo da Europa Central, especialmente da Polônia, a única de Lisboa que segue o ritual *askenazi*. Sinagoga singular, caracterizada pela abertura ao exterior, tolerância e compreensão com judeus de todas as origens, com destaque para a integração dos descendentes de marranos – ou *b'nei anussim*, filhos dos convertidos forçados, em busca das raízes e identidade judaicas. As visitas devem ser agendadas pelo site https://hehaver-oheljacob.org/livro-de-visitas/

AQUEDUTO DAS ÁGUAS LIVRES

De quase todos os pontos da cidade se pode ver o imponente Aqueduto das Águas Livres, das mais emblemáticas e monumentais obras da época do Marquês de Pombal.

Em termos históricos, a região de Lisboa sempre teve seríssimos problemas de abastecimento de água, apesar de, ironicamente, estar às margens do imponente rio Tejo. Essas águas são impróprias para o consumo, em razão da alta salinidade, causada pela proximidade com o mar.

Desde o reinado de Dom Sebastião (1554 a 1578), diversas tentativas e planos foram feitos para resolver o problema crônico, mas apenas em 1728, no reinado de Dom João V, com taxação especial sobre a carne, o vinho e o azeite, os estudos começaram a ser desenvolvidos. O projeto consistia na captação de 60 nascentes na região de Belas, transportando a água até Lisboa por meio de um aqueduto. Entretanto, devido a diversos atritos entre os responsáveis pelas obras, elas começaram apenas por volta de 1736, mesmo assim muito lentamente. O projeto consistia basicamente de um aqueduto com 14 km de comprimento suportado por arcos monumentais, especialmente na travessia do vale de Alcântara, onde tem maior visibilidade, terminando em uma estrutura de reservação na cidade, de onde sairiam as condutas para distribuição aos 30 chafarizes espalhados pelo município. À estrutura final, localizada perto do Largo do Rato, chamou-se Mãe D'Água. A obra terminou em 1748, quadruplicando a oferta de água à cidade. O Aqueduto das Águas Livres foi uma das pouquíssimas estruturas que resistiram incólumes ao terremoto de 1755.

Por causa da implantação de outros sistemas de abastecimento de água, o aqueduto foi gradativamente perdendo sua importância, até ser desativado em 1968, pela Empresa de Águas Livres de Lisboa, a EPAL.

Atualmente é possível fazer um passeio guiado pelo aqueduto, no trecho do vale de Alcântara e os reservatórios da Mãe D'Água e Patriarcal.

No ano 2000, tive a oportunidade de ser convidado pela diretoria da EPAL para um almoço privado no interior da Mãe D'Água, uma experiência inesquecível, especialmente por ter trabalhado com sistemas municipais de abastecimento de água por mais de 43 anos.

Por fim, uma curiosidade. O caminho por cima do aqueduto era acessível ao público até 1853, quando foi definitivamente fechado em razão de uma série de crimes praticados por Diogo Alves (vulgo "Pancadas"). Após roubar as vítimas, as jogava do alto dos arcos, simulando suicídios. Foi o último condenado à morte em Portugal.

GALERIAS DE ARTE E ANTIQUÁRIOS

Lisboa tem grande profusão de galerias de arte e antiquários. Das galerias que conheço, as que mais gosto são a **Galeria São Mamede**, na Rua da Escola Politécnica, 167; **Trema Arte Contemporânea**, à Rua do Mirante, 12; e a **Galeria 111**, à Rua Campo Grande, 113. Em dezembro de 2018 a Galeria São Mamede abriu um segundo espaço a cerca de 50 metros do espaço original, à Rua Maestro Pedro Freitas Branco, 11, que realmente vale a pena visitar, pelo seu acervo e ambientação.

Desde 2016 acontece anualmente, em maio, a **ARCOlisboa**, versão portuguesa da importante ARCOmadrid, no espaço da Cordoaria Nacional.

Quanto aos antiquários, são encontrados principalmente na Rua de São Bento, no Príncipe Real, na Baixa e no Chiado. Traço comum entre muitos deles é o fato de passarem de geração a geração, o treino sendo feito de pais para filhos, desde a infância. Ou a geração seguinte se apaixona pela arte/negócio desde cedo, ou logo parte para outro ramo. Mas isso não significa que o setor permanece estático: tem se transformado, e hoje há diversos antiquários especializados no mobiliário e acessórios do século XX, ou mesclam em grande contraste essas peças com outras bem mais antigas. Entre os principais antiquários de Lisboa cito a **São Roque Antiguidades**, à Rua São Bento, 199; **AR-PAB**, de Pedro Aguiar Branco e Álvaro Roquette, desde 2007 no Príncipe Real, Avenida Dom Pedro V, 69, especializado em mobiliário e objetos da época das Descobertas; **J. Baptista**, especializado em joias e objetos, localizado na Baixa, à Rua Áurea, 166. Ou ainda **Objectivismo**, especializado em peças de cerâmica portuguesa de autor, como Querubim Lapa ou Bela Silca, ou industriais, com destaque para o período de 1950 a 1980.

LIVRARIAS E ALFARRABISTAS

Lisboa tem uma grande quantidade de livrarias e alfarrabistas, nome que os portugueses dão, em parte, para os nossos "sebos", pois a maior parte dos alfarrabistas não vende apenas livros antigos, raros ou não, mas gravuras antigas, portuguesas e estrangeiras, especialmente mapas, manuscritos, documentos históricos, fotografias e postais antigos, pinturas e objetos antigos de pequeno porte. Quase todos aceitam encomendas visando identificar um livro ou documento raro que um cliente tem interesse em adquirir. Por outro lado, compram pequenas e grandes bibliotecas, acervos, edições raras, mapas e qualquer objeto antigo que tenha conexão com os livros. Uma visita a um bom alfarrabista é gratificante viagem ao passado, com a duração que você determinar. Ao passar pela porta se voltam 100, 200, 300 anos ou mais. Mas, ao deixar o espaço, estamos instantaneamente no século XXI.

Segundo o *Guinness Book of Records*, a **Livraria Bertrand** é a mais antiga do mundo em operação, inaugurada em 1732 na Rua do Loreto, Bairro Alto, quando o comércio de livros em Portugal era dominado pelos livreiros franceses. Desde 1773 está instalada no mesmo lugar que ocupa hoje, na Rua Garrett, no Chiado, a uns 200 metros do local original. A icônica loja é a mais importante da maior rede de livrarias do país, com mais de 50 lojas. Sempre que vou ao Chiado, encontro um tempo para visitar a loja da Bertrand e descobrir novidades ou promoções.

Outras importantes livrarias de Lisboa:

Distopia – vende livros nacionais e estrangeiros, livros de arte e de arquitetura, e de música. Tem uma seleção muito boa, além de promover encontros literários com entrada livre. Fica na Rua de São Bento, 394.

Tigre de Papel – especializada em livros infantis, mas tem ainda as novidades das editoras e livros usados. Mantém permanentemente seção de livros interessantes, a preços promocionais. Fica na Rua de Arroios, 25.

Ler Devagar – livraria instalada em antiga gráfica, no LX Factory, em dois pisos. É possível garimpar publicações extremamente interessantes, algumas a preços bem convidativos.

Palavra de Viajante – é a livraria mais especializada no tema de viagens de Lisboa, onde se pode encontrar tudo, ou quase, sobre a sua próxima viagem. Fica na Rua de São Bento, 34.

Baobá Livraria – outra especializada em livros infantis, com várias salas. Promove workshops e oficinas. Fica em Campo de Ourique, à Rua Tomás da Anunciação, 268.

Os alfarrabistas situam-se por toda Lisboa, especialmente no Chiado e Bairro Alto, desde a Rua do Alecrim até o Príncipe Real.

Uma que gosto muito de visitar é a **Livraria Olisipo**, Largo Trindade Coelho, 7-8. Seu fundador foi o senhor José Ferreira Vicente, que trabalhou ali 32 anos, depois de trabalhar outros 23 anos como funcionário de uma diferente livraria. Hoje, o negócio é mantido pela viúva, Sra. Madalena, e o filho.

A **Livraria Campos Trindade** é dos alfarrabistas mais completos e variados; as instalações são magníficas. Fica na Rua do Alecrim, 44.

Livraria Bizantina – alfarrabista completo e com importante acervo, que oferece ao seu cliente dois endereços: a loja principal, à Rua da Misericórdia, 147, no Bairro Alto, e uma loja mais recente, à Rua das Portas de Santo Antão, na Baixa.

Aos sábados, desde que não chova, ocorre a **Feira de Alfarrabistas do Chiado**, sempre na Rua Anchieta, ao ar livre. Ótima oportunidade para se garimpar aquela edição esgotada ou até mesmo rara que procura há muito tempo. Naturalmente, a feira também contempla livros editados no Brasil.

O alfarrabista mais antigo de Portugal é o Sr. João Rodrigues Pires, que tem 100 anos de idade, completados em abril de 2019. Ainda pode ser encontrado diariamente no seu **O Mundo do Livro**, três andares de livros antigos e raros, que abriu as portas em 1941, logo após o término da Guerra Civil Espanhola. Em uma das paredes encontra-se um mural pintado pelo artista surrealista Antônio Domingues, em 1962, de onde sobressaem os versos de Castro Alves:

Oh! Bendito o que semeia
Livros... livros à mão cheia
E manda o povo pensar!
O livro caindo n'alma
É gérmen que faz a palma
É chuva que faz o mar.

Em quase 80 anos de alfarrabista, imagine-se a quantidade de personalidades e anônimos que passaram pela loja, histórias que tem a contar, livros raros que já manuseou...

Ao completar seu centenário, foi condecorado pelo presidente da República, Marcelo Rebelo de Sousa, em visita que este fez à sua livraria.

COMPRAS... DIFERENTES...

O comércio sempre teve papel muito importante na vida e história de Portugal e, em especial, em Lisboa. Com o objetivo de preservar os estabelecimentos comerciais e o patrimônio material, histórico e cultural, e dinamizar e modernizar a atividade comercial da cidade, a Câmara Municipal de Lisboa embarcou em uma série de iniciativas pioneiras no país, das quais destaco o programa **Lojas com História**.

O programa incluiu 76 estabelecimentos, de vários ramos de comércio, quase todos centenários, e quatro deles bicentenários. Achei a apresentação no site do programa www.lojascomhistoria.pt tão interessante e bem-feita que me vi transportado para a Lisboa de 200 anos atrás, me permitindo copiá-la no parágrafo seguinte:

As biografias levam-nos ao século XVIII, a uma diferente Lisboa. Todas elas surgiram numa cidade a tentar pôr-se de pé após o terremoto de 1755. Para chegar até nós, viram fechar centenas de lojas em seu redor. Suportaram guerras, revoluções, caiu a monarquia, atravessaram uma ditadura, viram clientes partir para a guerra colonial e não mais voltar. Em seus primórdios, no início das histórias, coloriam uma cidade bem menor, mas agitada, animada, irrequieta, suja, cheia de contrastes. De portas abertas para ruelas nas quais uma carruagem disputava o caminho com os vendedores ambulantes, que por sua vez disputavam a atenção dos clientes com coloridos pregões. Uma classe trabalhadora bastante pobre e sob condições de vida bem duras, e rasgos de luxo suntuoso, normalmente em imitação de modelos estrangeiros, ciclicamente em voga. Nessa Lisboa que ainda trazem inscritas as mais antigas Lojas com História.

Não conheço as 76 Lojas com História, mas conheço boa parte delas. Mas, certamente, vou conhecê-las todas... Por outro lado, é importante frisar que nem todos os estabelecimentos centenários de Lisboa integram o programa. Há, sim, diversos estabelecimentos com história que, por algum motivo, não estão no Lojas com História. As lojas do programa são identificadas com uma placa em sua fachada, mas o Anexo 4 também as lista, com os respectivos endereços e ramo de atividade.

DA TRADIÇÃO PARA A CONTEMPORANEIDADE

Passando das lojas tradicionais para as mais modernas, tenho igualmente sugestões interessantes.
- Se tiver interesse em objetos e arte em vidro, o lugar certo para comprar, a preços convenientes, é o **Depósito da Marinha Grande**. Em Lisboa fica à Rua de São Bento, 418, e no Porto à Rua do Bonjardim, 129. Dentre outros, são fornecedores da Vista Alegre (ver capítulo sobre Aveiro).
- Para as compras triviais, que muitas vezes queremos ou temos que fazer durante uma viagem, o melhor lugar e o mais concentrado é o **El Corte Inglés**, pois lá vai encontrar desde um livro ou um lápis até uma joia de mais de 1 milhão de euros, passando pelos serviços de lavanderia, cafés, restaurantes... Os turistas podem pedir um cartão que dá 10% de desconto nas compras, além do Tax Free. O cartão deve ser obtido antes de fazer a sua primeira compra e vale por sete dias, renováveis quantas vezes quiser. Para obtê-lo, vá ao Balcão do Turista, no andar térreo, munido da cópia do seu passaporte, carteira de identidade ou carteira de habilitação. Lá o funcionário lhe explicará como funciona o processo. O Tax Free tem que ser feito no mesmo dia da compra, em balcão próprio no quarto subsolo. No sétimo andar há o **Club del Gourmet** – vale comprar especialmente vinhos e queijos e levar para o Brasil. Fazem ótimas embalagens para viagem, sem cobrar →

mais por isso. Se esqueceu de trazer charutos do Brasil, nesse andar é o melhor lugar de Lisboa para comprá-los, pois a variedade é enorme e são conservados em condições perfeitas. Se estiver no Chiado, o melhor lugar para comprá-los é na **Casa Havaneza**, fundada há mais de 150 anos no mesmo endereço.

- Uma loja que não pode deixar de visitar é **A Vida Portuguesa**. Tem uma infinidade de artigos, todos os que usamos no nosso dia a dia. O estoque inclui (mas não é limitada): sabonetes, produtos de toucador, lavandas, artigos e produtos de cozinha, incluindo azeites, conservas e condimentos, vinhos, cerâmicas, belíssimas latas de bolachas, artesanatos, material de papelaria, algumas roupas... uma verdadeira viagem ao passado, em muitos casos.

    A Vida Portuguesa tem quatro lojas em Lisboa e uma no Porto. Em Lisboa, duas são no Chiado, à Rua Anchieta, 11, e Rua Ivens, 2, uma no Largo do Intendente, 23, e na loja 45 do Mercado da Ribeira. No Porto fica à Rua Galeria de Paris, 20, 1º andar.

    Se seguir uma das minhas recomendações e for à Cervejaria Ramiro, a loja do Largo do Intendente fica bem pertinho.

- A **Fábrica Sant'Anna**, fundada em 1741, vende e fabrica azulejos e artigos cerâmicos tipicamente portugueses. Na loja, Rua do Alecrim, 95, há grande estoque de produtos, além de aceitar encomendas. A rede de lojas A Vida Portuguesa vende produtos dessa fábrica.
- Para roupa de cama, mesa e banho há uma loja sensacional em Lisboa, no Chiado, chamada **Paris em Lisboa**. Eu e a Ivy somos fãs incondicionais da loja. A qualidade e a variedade são indescritíveis. Como quase sempre é o caso, os preços são altos... mas valem a pena. Outra boa loja do setor é a **Teresa Alecrim**, também na região do Chiado.
- Gostamos de visitar a **Lisbon Duck Store**, com enorme e divertida variedade de patinhos de borracha temáticos, derivados daqueles patinhos amarelos que todos conhecemos e que fazem a alegria dos adultos e crianças. Há patinhos para várias profissões, etnias, personagens de cinema e de histórias em quadrinhos; enfim, é impossível entrar na loja e não sair com pelo menos meia dúzia deles. Ivy e eu já temos duas dúzias, e a coleção não para de aumentar! Os patinhos são fabricados na Alemanha, mas em cada país em que há uma Duck Store sempre há patinhos com identidade local. A loja fica na Rua da Madalena, 54, na Baixa.
- A tradição das bordadeiras de Portugal é bastante conhecida, mas nossa amiga Roberta Stabile me deu uma dica inédita: a **Casa Príncipe Real**, 60 anos de existência, aceita encomendas para bordar toalhas de mesa com o mesmo motivo do aparelho de jantar, ou qualquer outro motivo. Fica na Rua da Escola Politécnica, 12, e são fornecedores de

→

Casas Reais, embaixadas, governos, bancos, arquitetos e decoradores. Além das toalhas bordadas, fornecem enxovais completos para a casa e para bebês. O proprietário é o senhor Castro, muito amável e apaixonado pelo Brasil, aonde vem todos os anos.
- Na Rua Dom Pedro V, 74, no Príncipe Real, fica a *concept store* **Bernardo Atelier Lisboa**, vendendo roupas, sapatos, brinquedos, decoração e objetos para adultos e crianças, homens e mulheres. A loja tem marca própria – Alexandra Bernardo – e de designers estrangeiros, produzidos em Portugal. O conceito ao qual me referi é o da "compra sem pressa" ou, até mesmo, apenas deambular pela loja, à procura do que não se sabe bem o quê. Às vezes resulta...
- No Bairro Alto encontra-se a fábrica e a loja mais antigas de velas de Lisboa, a **Caza das Vellas Loreto**, à Rua do Loreto, 53. Lá há velas de todos os tamanhos e cores, feitas com carnaúba do Brasil, o que lhes dá bem mais durabilidade. A loja e fábrica estão no mesmo endereço desde sua fundação, em 1789. Um mundo de cores.
- A chapelaria mais antiga de Lisboa é a **Azevedo Rua**, fundada em 1886, à Rua Dom Pedro V, 69, Príncipe Real. Lá estão os mais elegantes modelos, em vários materiais e cores, para homens e mulheres. Mesmo que não curta chapéus, vale dar uma entrada na loja e explorar o seu mostruário, experimentá-los, deliciar-se com a profusão de cores.
- A sua maior concorrente é a **Fábrica dos Chapéus**, não muito distante, no Bairro Alto, à Rua da Rosa, 118. Bastante mais nova, iniciou as atividades em 2008. A loja tem fábrica própria, com 3 mil modelos diferentes. Impossível não se apaixonar por um deles. As demais chapelarias de Lisboa são a **D'Aquino**, mais direcionada a modelos masculinos, na Rua do Comércio, 16, na Baixa, e **Os Chapeleiros**, com grande e variada oferta para ambos os sexos, na Rua da Rosa, 181.
- A **Feira da Ladra** é a feira urbana mais tradicional de Lisboa, existindo desde o século XIII (ano 1272), vendendo antiguidades (ou velharias, como lá se fala), roupas, livros, objetos, e um mundo de artigos muito interessantes. Vale a pena passear pela feira – quem sabe não encontra aquela peça que está procurando há tanto tempo, para a sua casa ou escritório, por um precinho bem camarada? Funciona de terça a sábado, das 6h às 17h, e fica no Campo de Santa Clara, junto ao Panteão Nacional.
- Para comprar vinho e trazer para o Brasil, além do **Club del Gourmet**, do El Corte Inglés, recomendo:

  - **Garrafeira Nacional**, Rua de Santa Justa, na Baixa (loja principal) e no Mercado da Ribeira.

  - **Garrafeira Imperial**, Rua do Alecrim, 47, no Bairro Alto.

  Ambas entregam vinhos no Brasil, em domicílio, mediante uma taxa.

🛍️ SHOPPING CENTERS E OUTLET

Os principais shopping centers de Lisboa são o **Colombo** e o **Vasco da Gama**, além do **Amoreiras**, o primeiro, mas que hoje perde em variedade para os demais. Em relação às lojas de rua, o melhor local é, sem dúvida, a Avenida da Liberdade. Ali estão as lojas das principais grifes do mundo. Em menor escala, há excelentes lojas no Chiado.

O melhor outlet da região de Lisboa é o **Freeport**, localizado em Alcochete, à Av. Euro 2004 (atenção: quando usar GPS, 2004 faz parte do nome da avenida, não é o número da porta!).

Considerado um dos maiores da Europa, abriga as seguintes marcas, entre outras: Armani, Polo Ralph Lauren, Guess, Lacoste, Benetton, Adidas, Asics, Converse, Nike, Puma, Calvin Klein, Underwear, Samsonite, Desigual, Diesel, Pepe Jeans, Quiksilver, Chicco, Furla, Coach...

O horário de funcionamento é de domingo a quinta-feira, das 10h às 22h, sextas, sábados e vésperas de feriado, das 10h às 23h.

Alcochete fica a cerca de 30 minutos de Lisboa, mas por 10 euros, ida e volta, pode pegar um ônibus especial e ainda ganhar um desconto adicional de 10%. Os ônibus partem dos seguintes locais e horários:
- Praça Marquês de Pombal – saída às 10h, retorno às 16h30; saída às 13h, retorno às 19h;
- Hotel Mundial, em Martim Moniz – saída às 10h15, retorno às 16h30.

A lista completa e atualizada das lojas e informações adicionais estão em www.freeport.pt.

👶 PROGRAMAS PARA CRIANÇAS

Não podia esquecer no livro as crianças (ou miúdos, em Portugal). Como toda regra tem exceção, as recomendações não foram todas elas visitadas e aprovadas. Fiz uma pesquisa no TimeOut e listei as que achei mais interessantes. A lista completa está no site:

https://www.timeout.pt/lisboa/pt/miudos/101-coisas-para-fazer-em-lisboa-com-criancas

A lista abaixo engloba atrações em Lisboa, mas ainda em Sintra e Cascais.

Museu dos Coches, em Belém. Já visitamos e é incrível. Descrito anteriormente.

Pavilhão do Conhecimento, no Parque das Nações (área da Expo 98). Centro de ciência viva, com exposição permanente, várias exposições temporárias simultâneas e diversas atividades para as crianças.

Zoológico de Lisboa – inaugurado em 1884, foi transferido dez anos depois para onde hoje situa-se a Fundação Gulbenkian; ali ficou até 1905, quando foi para a sua atual localização, na Quinta da Laranjeira. Possui 2 mil animais e 300 espécies.

Borboletário – no Jardim Botânico do Príncipe Real, possui em seu acervo as maiores espécies europeias.

Quinta Pedagógica dos Olivais – as crianças podem ver os famosos cavalos lusitanos e grande variedade de animais. Promove oficinas sobre cerâmica e fabrico de pão em forno à lenha, entre outras diversões.

Oceanário – Parque das Nações. Descrito na página 98.

Planetário Calouste Gulbenkian – ao lado do Mosteiro dos Jerônimos, em Belém, integrado ao Museu da Marinha. Foi inaugurado em 1965.

NewsMuseum – localizado em Sintra. Possui um estúdio de rádio e TV, no qual a criança apresenta um telejornal, com auxílio de um *teleprompter*, e leva a gravação para casa.

Hippotrip – bem legal, as crianças vão adorar. Consiste em um divertido veículo anfíbio, que roda sobre pneus nos pontos turísticos mais importantes da capital. A certa altura, ao som da trilha de *2001 – Uma odisseia no espaço*, entra nas águas do Tejo e percorre pontos turísticos no rio, como a Torre de Belém e o Mosteiro dos Jerônimos, vistos de perspectiva completamente diferente.

Play Princess – para as meninas, em Cascais.

Vertigo Climbing Center – "rocódromo" – para os adultos uma alternativa de esporte, e para as crianças verdadeiro parque temático. É possível escalar livremente, em ambiente de total segurança.

Adventure Park – parque de arborismo; há a passagem sequencial de obstáculos entre plataformas posicionadas nas copas das árvores: pontes suspensas, cordas, redes, túneis de árvore para árvore, terminando sempre num slide. Excelente atividade ao ar livre para as crianças, com total segurança.

Museu das Comunicações – está exposta a Casa do Futuro, com todas as facilidades projetadas para tornar a vida dos moradores mais acessível e confortável.

Descobrir o Castelo/Descobrir os Descobrimentos – diversão promovida pela www.timetravellers.pt; o preço inclui o ingresso para o Castelo e um lanchinho. No início da aventura, as monitoras dão a cada grupo um mapa do Castelo de São Jorge, com os pontos obrigados a se passar. Nesses pontos há atividades, perguntas e respostas, concursos... Não ficará nem um cantinho do Castelo sem ser explorado pelos pequenos. A Time Travellers organiza o mesmo tipo de atividade no Padrão dos Descobrimentos. Os preços são 15 euros para a atividade no Castelo e 8 euros para a atividade no Padrão dos Descobrimentos.

Peddy Paper no Jardim – antes de mais nada, uma explicação do que é **peddy paper** para os que não sabem (como era o meu caso): prova pedestre de orientação para equipes, consistindo em um percurso ao qual estão associadas perguntas ou tarefas correspondentes aos diferentes pontos intermediários e que podem determinar a passagem à parte seguinte do percurso. Em outras palavras, uma espécie de gincana! Nesse caso, para as crianças, seria uma espécie de jogo de computador, sem carros nem tiros, mas com níveis a ultrapassar. O jogo é acompanhado por monitores experientes e um adulto ligado a uma criança, por grupo. Os jogos decorrem em determinado bairro ou jardim, com o objetivo de fazer a descoberta da zona da cidade. Há charadas, jogos, dança e fotografia.

Autocarro Amarelo – ônibus de turismo amarelo, de dois andares, descapotado no segundo andar. Sai com frequência de 20 minutos e percorre vários percursos por toda a cidade. O turista pode sair e voltar em outro ônibus, quantas vezes quiser. Promovido pela www.yellowbustours.com.

Lisboa Histórica – qual criança não gosta de um passeio de barco? E será especial, pois aprenderão história, verão belíssimos monumentos e paisagens, aproveitarão o vento fresco num dia quente de verão. Os passeios pelo rio Tejo são feitos em barcos semirrígidos, em duas versões – 30 minutos e 60 minutos. Promovidos pela www.lisbonbyboat.com.

Charretes – na zona de Belém, você e as crianças podem voltar no tempo e fazer um passeio numa charrete, com toda a pompa e circunstância. Os passeios ocorrem durante o dia, todos os dias, desde que não esteja a chover. Duração de 20 minutos, estarão esperando por você e sua família na Praça do Império (Belém).

Lisbon Helicopters – imagine só, falando para as crianças que farão um passeio de helicóptero pela cidade! São várias rotas turísticas a escolher, com diversas durações, a partir de 10 minutos, por 195 euros, para até três pessoas. Aos passageiros são fornecidos headfones para se comunicarem entre si e com o piloto. A idade mínima é de dois anos. Reservas podem ser feitas em www.lisbonhelicopters.com.

Além dessas atrações, Lisboa possui grande quantidade de lojas de brinquedos educativos, nas ruas e shoppings. A minha preferida, onde compro para os meus netos, é a loja **Quer**, na Rua da Escola Politécnica, 82, no Príncipe Real. A **Imaginarium** também é bastante boa, presente em vários shoppings e no Aeroporto de Lisboa.

BOMBEIROS VOLUNTÁRIOS

No capítulo de curiosidades, há uma que achei bem interessante em compartilhar: em Portugal, uma grande parte dos bombeiros é voluntária, e Lisboa não é exceção. Além do combate ao fogo e ajuda às vítimas de desastres, naturais ou não, os Bombeiros Voluntários (BVs) conduzem doentes para o hospital e retorno à casa, e perfazem um sem-número de atividades, sempre não remuneradas.

Nas minhas andanças por Lisboa passei por uma instalação dos BVs no Bairro Alto; entrei e conversei um bocadinho com um dos voluntários.

A Associação dos Bombeiros Voluntários de Lisboa foi criada há 150 anos (1868), sendo a sua primeira (e atual) sede exatamente no local onde estive. Seu criador foi o músico Guilherme Cossoul, primeiro presidente da Associação e o bombeiro nº 1 de Lisboa.

Em sua profissão de músico teve grande sucesso, como instrumentista na Real Câmara e Orquestra de São Carlos (teatro de ópera de Lisboa), além compor 37 obras musicais, óperas cômicas, um *Te-Deum* dedicado a Dom Pedro V (neto do nosso Dom Pedro I), professor de violoncelo no Conservatório de Lisboa e diretor da Escola de Música de Lisboa.

Já os bombeiros profissionais, que recebem salário, são chamados de sapadores e só se justificam nas grandes cidades. O termo vem do francês *Sapeurs-Pompiers*.

🚲 MOBILIDADE URBANA

O transporte na cidade é fácil e de baixo custo, comparado com outras capitais europeias. Há disponibilidade de ônibus (autocarros), metrô e bondes (os portugueses os chamam de elétricos). Entretanto, recomendo o uso de táxis, ou **Uber**, pois são muito baratos. A maior parte das corridas urbanas fica entre 5 e 10 euros, no máximo. Recentemente houve proliferação de TukTuks. Na minha opinião, não combinam em nada com a cidade. Além disso, cobram cerca de três vezes o que cobra um táxi ou Uber, bem mais seguros e confortáveis. Meu conselho: usem TukTuk em último caso ou para ir ao Castelo de São Jorge. A partir de setembro de 2018 há mais uma plataforma de transporte em carros de passeio, como Uber, denominada **Kapten** (ex-Chauffeur Privé), de origem francesa. A grande vantagem dessa plataforma em relação ao Uber é não operar com tarifa dinâmica, ou seja, o preço será sempre fixo, independentemente da demanda do momento. Logo que o serviço começou a operar, baixei o aplicativo e comecei a utilizá-lo imediatamente, como boa alternativa.

Se utilizar carro, minha sugestão é parar num estacionamento (geralmente subterrâneo) de sua conveniência e fazer os percursos dentro da cidade de táxi. Isso vale também para Cascais, onde é muito difícil encontrar estacionamento na rua, mas há bastante oferta de estacionamentos pagos.

Com relação aos bondes, existe uma interessante rota turística denominada **Eléctrico 28**, que nada mais é que o número do bonde. Um bonde igual aos demais, com a mesma cor amarela, mas o percurso é único, atravessando alguns bairros mais turísticos da cidade. É considerado um *ex-libris* da cidade, estando reproduzido em *t-shirts*, agendas, ímãs de geladeira, bonés e muitos outros objetos. Bom programa para quando está a chover, especialmente com crianças! O bilhete do bonde inclui um guia **Lisboa Autêntica**, que explica a história do 28 e das paradas mais emblemáticas. A partida do bonde é no **Martim Moniz** e passa, por exemplo, pela Cervejaria Ramiro, Largo do Intendente, Miradouro da Graça, Alfama, Castelo de São Jorge, Catedral da Sé, Chiado, Praça Luis de Camões, Rua do Loreto, Rua de São Bento, Basílica da Estrela e Campo de Ourique. Passa ainda perto da Rua dos Poços dos Negros, onde encontrará três atrações bem interessantes: a **Companhia Portugueza de Chás**, a **Mercearia Poço dos Negros** e o **A Avó Veio Trabalhar** (lindo projeto social que o coloca em contato com vovós cheias de energia, que recebem o seu apoio nas tarefas do dia a dia; em troca, lhe dão as suas histórias e muita inspiração para o futuro). Para entender melhor o projeto, vá lá!

Desde fevereiro de 2019, a cidade tem 750 bicicletas elétricas da **Jump**, pertencente ao grupo da Uber. As bicicletas são eletroassistidas, ou seja, o motor elétrico "dá uma forcinha" quando você pedala, especialmente nas subidas, o que é importantíssimo em Lisboa, com as sete colinas. Mas lembre-se: parou de pedalar, o motor também para. Lisboa foi a primeira cidade europeia a receber as bicicletas da Jump. Coleta e devolução das bicicletas ocorrem em um estacionamento de bicicletas qualquer ou áreas autorizadas para tal, a serem conferidas no aplicativo. No momento existem 3 mil locais designados como estacionamentos de bicicletas, e até o final de 2019 serão 7 mil. As bicicletas da Jump atingem a velocidade de 25 km/h e possuem um cestinho para os objetos.

Somam-se às bicicletas **Gira**, existentes em Lisboa há algum tempo, e que igualmente funcionam com aplicativo, nas versões convencional e eletroassistidas. A desvantagem da Gira é que a coleta e a devolução das bicicletas devem ser feitas nas estações espalhadas pela cidade.

Em Lisboa há ainda a possibilidade de se alugar patinetes (em Portugal chamam-se trotinetas), seguindo um sistema de aplicativo similar ao das bicicletas. Os principais aplicativos são **Tier**, **Flash** e **Lime-S**.

Se você é saudosista do Fusca, há uma companhia em Lisboa que oferece passeios por Lisboa, Sintra/Cascais e praias da serra da Arrábida em Fuscas conversíveis, de excelente aspecto. O programa chama-se **Lisbon by Beetle**, e as informações e reservas podem ser feitas em reservations@boostportugal.com.

LUGARES PARA CORRER (OU CAMINHAR)

Durante vários anos fui aficcionado por correr, e aproveitava as estadas em diversas cidades para os treinos e ao mesmo tempo descobrir detalhes que se descobre somente a pé. Na maioria das cidades, sempre encontrava percursos adequados, pesquisados nos mapas ou obtidos em indicações dos hotéis. Lisboa é uma cidade bastante propícia para treinos, pois oferece distintos graus de dificuldade, ou seja, se o treino for puxado, nada melhor do que correr pelo "miolo" da cidade, cheio de subidas e descidas. Mas, se o treino for privilegiar a distância, é possível correr à margem do rio Tejo e do seu estuário, depois à beira-mar, por cerca de 30 km, em terreno plano. Mais ou menos a distância da Praça do Comércio, na Baixa, até o centro de Cascais, pela orla. E é uma das corridas mais bonitas que já fiz, ao pôr do sol, no fim do verão. Missão cumprida, pegar um táxi, Uber ou comboio (trem) e voltar para Lisboa. É claro que vale no sentido contrário, mas o pôr do sol estará em suas costas...

Para corridas (ou caminhadas) mais curtas, ainda à beira do Tejo, corre-se por 7 km do Cais do Sodré até Belém, trecho lindíssimo e cheio de história.

Outros trajetos interessantes:

Parque de Monsanto – por ser um parque cheio de trilhas em seus 900 hectares de área, a maior dificuldade é memorizar o percurso feito, para voltar ao ponto de partida sem mais problemas. A grande vantagem é a ausência de poluição atmosférica, nesse grande pulmão verde da cidade. Se tiver a oportunidade de correr com alguém que conheça bem a geografia do parque, é mais seguro.

Parque Eduardo VII – bom trajeto para quem quiser aliar distância com aclives e declives. O percurso periférico completo tem 2 km, mas pode-se correr em zigue-zague pelos caminhos transversais do parque, passando por grandes atrações, como a **Estufa Fria** e a **Estufa Quente**, com belíssimos exemplares da flora portuguesa e tropical, o restaurante **Praia no Parque**, um parque para crianças e, no topo, o miradouro monumental.

Parque das Nações – percurso plano, junto ao rio, com pouco trânsito, cobrindo mais de 300 hectares. Do Parque das Nações, saindo do Passeio de Netuno, até o Parque do Tejo são 6 km de corrida muito tranquila. Aproveite para descansar do exercício visitando as atrações locais, como os diversos restaurantes e cafés à beira-mar, o Oceanário de Lisboa, o Centro Vasco da Gama e o Pavilhão do Conhecimento.

Jardim da Quinta das Conchas – tem cerca de 26 hectares e situa-se entre duas quintas do século XVI – a das **Conchas** e a dos **Lilases**, no Lumiar. Percurso ideal para principiantes ou que querem fazer um treino mais leve, com 3 km de distância. Tem zonas de repouso e uma pequena biblioteca ao ar livre para troca de livros, iniciativa da **Little Free Library**. O estacionamento é grátis e fácil.

Jardim da Estrela – circuito pequeno, em um belo jardim no estilo inglês romântico, com a vantagem de ficar aberto das 7h até meia-noite. Implantado com a doação do terreno por um cidadão português, enquanto a sua construção foi custeada por outro português, que fez fortuna no Brasil, inaugurado em 1852. Na altura, tinha uma estufa, quiosques e um pavilhão chinês, que não existem mais. Hoje tem um café e um interessante coreto de ferro forjado, onde se apresentam músicos nos meses de verão. Fica em frente à Basílica da Estrela, no bairro de mesmo nome.

Topo do Hotel Ritz – se você estiver hospedado no Hotel Ritz Four Seasons, pode se utilizar da pista de 400 metros da sua cobertura, com vistas deslumbrantes para Lisboa, exclusiva para hóspedes e membros do seu spa e *fitness center*. Já treinei lá um par de vezes e posso dizer que é mesmo muito boa.

Um roteiro para caminhar (correr não pode!) e aprender a história dos judeus em Lisboa é a proposta da **Caminhando**, que ocorre todos os sábados, a partir das 9h30. Na caminhada guiada você conhecerá uma Lisboa Medieval e dos Descobrimentos, além da participação da população judia na vida política, estaleiros navais e ruas dedicadas ao comércio, em época de glória para essa comunidade, mas igualmente de perseguição, intolerância e injustiça. À Descoberta da Lisboa Judaica é organizada pela www.caminhando.pt, e o ponto de encontro é no Largo do Rato.

No capítulo seguinte, dedicado a Cascais, apresentaremos mais dois circuitos de corrida/caminhada no município.

Cascais, Estoril e Sintra

As três vilas estão a 25 km de Lisboa – Cascais e Estoril pela Autoestrada A-5 e Sintra pela Autoestrada A-16. Em condições normais de trânsito, não demora mais de 30 minutos.

Vale a pena contratar um motorista ou alugar um carro e passar um dia ou dois nos três lugares. Ou pegar uma excursão que passe pelas três vilas.

Uma corrida de táxi de Lisboa a uma das três localidades custa cerca de 40 euros, e de Uber-X, cerca de 30 euros. Os Uber-X em Portugal são muito confortáveis, com atendimento bem rápido. Quase não há Uber Black.

Por fim, pode-se ir de Lisboa a Cascais de trem, em meia hora, confortavelmente.

Cascais

ANTECEDENTES

No território de Cascais a presença humana data do século XX antes de Cristo, no chamado Paleolítico Superior, conforme objetos encontrados em pesquisas arqueológicas efetuadas na área costeira do Guincho. Por meio dos objetos, os arqueólogos concluíram que a sua população vivia da agricultura e criação de gado. Populações que se seguiram eram mais prósperas e desenvolvidas, com conhecimentos da metalurgia do cobre e técnicas de fabrico e decoração de cerâmica, por exemplo. Infelizmente, desse período à invasão romana, os poucos registros existentes não permitem caracterizar a evolução da população local. Já da época dos romanos, as escavações arqueológicas em Cascais e em seu entorno forneceram claros indícios de como vivia a população. As escavações descobriram conjuntos de vilas romanas em diversas localidades, banhos públicos e outros. À ocupação romana seguiu-se a ocupação visigótica, à qual se seguiram a ocupação árabe e a posterior reconquista cristã.

Em 1364, Dom Pedro I de Portugal concedeu a Carta Foral a Cascais, elevando-a à categoria de Vila, não mais sob o controle administrativo de Sintra. Na realidade, a submissão a Sintra permaneceu, embora diminuída, até 1514, quando desapareceu integralmente.

A partir de 1580, pela importância estratégica e comercial de Cascais, foi seguidamente atacada, primeiramente pelos espanhóis, comandados pelo Duque de Alba, depois pelos ingleses, comandados por Sir Francis Drake, sofrendo saques e incêndios.

Dessa época data a construção do vastíssimo patrimônio histórico militar da cidade, talvez o maior do país, compreendendo, entre outros:

Cidadela de Cascais, incluindo a **Fortaleza de Nossa Senhora da Luz de Cascais** e a **Torre de Santo Antônio de Cascais**.

Farol de Santa Marta
Farol da Guia
Forte de Crismina
Forte do Guincho
Forte de Oitavos ou Forte de São Jorge
Forte de Nossa Senhora da Guia
Forte de São Teodósio ou Forte da Cadaveira
Forte de São Pedro do Estoril
Forte de São João
Forte de Santo Antônio da Barra
Forte de Santa Marta

O terremoto e o tsunami que sacudiram Lisboa em 1755 tiveram efeito devastador em Cascais, não deixando pedra sobre pedra e causando mais de 200 mortes, demandando enorme esforço da população e das autoridades para a reconstrução.

A partir de 1774, iniciaram-se atividades industriais em Cascais, com a criação da **Real Fábrica de Lanifícios de Cascais**, e a crescente produção do vinho de **Carcavelos**, então conhecido como **Lisbon Wine**.

Em novembro de 1807 foi ocupada pelas tropas francesas de Junot, durando até setembro do ano seguinte, quando houve a assinatura do Tratado de Sintra e o avanço da armada inglesa, aliada dos portugueses, pelo rio Tejo.

Da segunda metade do século XIX em diante, as praias de Cascais foram descobertas pela elite lisboeta, recebendo em 1867 o estatuto de Praia da Corte, concedido pela rainha Dona Maria Pia.

A partir de 1870, a família real estabeleceu presença em Cascais, especialmente pela paixão que o futuro rei Dom Carlos I tinha pelo mar, e lá estabeleceu o primeiro laboratório de biologia marinha de Portugal.

A partir de então, experimentou um período de grande desenvolvimento, como local de lazer e desporto, que incluía vela, remo, natação, tênis e futebol, realçado pelo início da operação ferroviária entre Lisboa e Cascais, que transformou completamente o litoral entre as duas cidades. Na sequência da implantação da ferrovia surgiram as localidades de Monte Estoril, de São João do Estoril e da Parede.

Do final do século XIX e início do século XX em diante, internacionalizou-se como destino de lazer, com a presença frequente do rei do Sião ou do presidente da República Francesa, Émile Loubert, quando ganhou a alcunha de "Riviera de Portugal".

Portugal manteve a neutralidade durante a Segunda Guerra Mundial, mas nem por isso Cascais deixou de ter papel no conflito. As atividades de espionagem e contraespionagem fervilhavam no Concelho, alemães e britânicos se vigiando mutuamente. Mas sobre isso falamos na cronologia apresentada no capítulo sobre Portugal, logo no início do livro.

Passada a guerra, Cascais passou a ser o local de exílio da realeza europeia, com presenças de Juan de Bourbón y Battenberg, Conde de Barcelona, pretendente ao trono da Espanha, o rei Humberto II, da Itália, o rei Carlos II, da Romênia, almirante Miklós Horty, regente da Hungria, e os arquiduques da Áustria-Hungria.

Por esse tempo se definiu oficialmente a região da Costa do Sol e implantou-se o plano de urbanização coordenado pelo francês Alfred Agache, conhecido nos meios profissionais brasileiros, especialmente no Rio de Janeiro, onde promoveu o Plano Agache, que modernizou o centro da cidade. De 1940 a 1950, estabeleceu planos para Recife, Porto Alegre e Curitiba, que não foram implantados ou o foram em parte.

Em 1942, foi inaugurada a primeira estrada panorâmica de Portugal, ligando Lisboa a Cascais pelo litoral, hoje chamada de Estrada Marginal, consolidando as povoações existentes na via, como polos residenciais e de turismo.

Em 1991, foi inaugurada a Autoestrada A5, ligando Lisboa a Cascais pelo interior, com extensão de cerca de 25 km, hoje a estrada mais movimentada de Portugal. Na realidade, seu primeiro trecho, pequeno, foi inaugurado em

1944, a primeira autoestrada de Portugal e uma das primeiras do mundo, demorando 47 anos para a sua conclusão, a maior parte do tempo com o projeto aguardando autorização para ser retomado. Se estiver hospedado em Cascais e desejar ir a Lisboa de carro, melhor deixar para ir depois das 10h, para evitar o intenso tráfego entre Cascais e Lisboa pela manhã. No retorno, deve ser evitado o período entre 17h e 20h, pelo mesmo motivo.

Hoje, Cascais é cidade vibrante, com grande número de turistas o ano inteiro e oferta de lazer – ótimos hotéis, restaurantes, bares e cafés, praias, museus, grande patrimônio histórico, passeios e esportes.

A população permanente de Cascais é formada por pessoas que eventualmente trabalham em Lisboa ou arredores, mas optaram por maior qualidade de vida. É um sítio muito escolhido por estrangeiros de maior poder aquisitivo, entre outros motivos pela existência no Concelho de várias escolas internacionais. Os estrangeiros são, na maioria, franceses, brasileiros, ingleses e suecos.

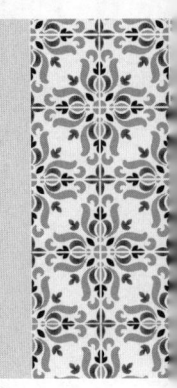

HOTÉIS

Há grande variedade de hotéis, de todas as categorias e preços, além de intenso número de casas e apartamentos, alugados pelas imobiliárias locais ou aplicativos.

Os principais hotéis 5 estrelas de Cascais são:

Albatroz – pequeno hotel, com muito charme, bem no centro, ao lado de praias e da estação de trem. Um dos hotéis de luxo mais antigos da cidade, excelente restaurante e bar que avança pelo mar, dando a impressão que se está a bordo de um navio. Totalmente renovado recentemente, com projeto a cargo da designer de interiores Graça Viterbo, cada quarto com decoração diferente dos demais.

Villa Cascais – pertence ao mesmo grupo do Hotel Albatroz, tem apenas 11 quartos, amplos e bem decorados, em antiga residência do século XIX. A localização é a melhor de Cascais, bem em frente à pequena baía e com um pôr do sol espetacular. No restaurante Reserva da Villa há um terraço de onde toda a vista se descortina.

Villa Italia – o nome completo é Grande Real Villa Italia Hotel & Spa (ufa!), um dos maiores hotéis de luxo da cidade em termos de capacidade e instalações para eventos. O prédio original, ainda existente e em uso, foi a residência do rei Humberto II, último rei da Itália. Também em localização privilegiada, em frente ao mar, em área basicamente residencial. São dois restaurantes, um deles gourmet, oferece brunch aos domingos. Centro de convenções e spa completo.

Farol Hotel – outro pequeno e charmosíssimo hotel, situado junto à marina de Cascais, em falésia com vista espetacular para o mar aberto. Instalado em residência do século XIX, perfeitamente restaurada, com belíssimos jardins e diversas peças de arte, fora e dentro do hotel. Excelente bar, aberto a todos, que serve corretos sushis e sashimis. Oferece spa. Fica bem perto do Bairro dos Museus de Cascais e do centro histórico, tudo caminhando.

Senhora da Guia Hotel – pequeno hotel de luxo, situado na praia do Guincho, com vista para o mar. Fica um pouco mais distante do centro da cidade, apesar de ser possível ir caminhando. A distância é minimizada por ter estacionamento grátis e haver estacionamentos públicos, pagos, no centro de Cascais. O serviço é um dos pontos altos do hotel. Restaurante e academia de ginástica.

Hotel Cascais Mirage – grande e moderno hotel de luxo, de frente para o mar, localizado entre Cascais e Estoril, com vista para as duas localidades. A dez minutos do centro de Cascais, caminhando, perto da estação de trem. Oferece spa completo, exclusivo para os hóspedes, restaurante gourmet e restaurante informal, o **Terraço Oasis**, junto à piscina externa. No bar **Cristóvão Colombo** é permitido fumar, inclusive charutos. Excelente garagem.

Hotel Fortaleza do Guincho – membro da cadeia Relais & Châteaux, fica no fim da praia do Guincho. Muito isolado, a aproximadamente 8 km do centro de Cascais, em zona na qual venta muito, em especial no verão. O hotel tem decoração um pouco pesada para o meu gosto, nas áreas comuns e nos 27 quartos e suítes. Duas salas disponíveis para eventos corporativos, familiares ou sociais. O ponto alto é o excelente restaurante, com alta cozinha inspirada nos sabores do mar. Recebeu a sua estrela Michelin em 2001 e a mantém até hoje. Oferece um ótimo serviço de chá no fim da tarde.

InterContinental Cascais-Estoril – localizado entre Cascais e Estoril, onde anteriormente se localizava o icônico e histórico Hotel Atlântico, o mais novo e mais moderno hotel 5 estrelas da região, e o mais caro. A maior parte dos quartos tem deslumbrante vista para o mar. Salas de eventos e reuniões. O restaurante principal – **Atlântico** – situa-se em antiga residência restaurada mesmo juntinho ao hotel e é comandado pelo chefe Miguel Laffan, agraciado com uma estrela Michelin em seu restaurante do Alentejo. No almoço, durante a semana, os preços são muito acessíveis e a vista incrível. Oferece serviço de chá no fim da tarde e brunch aos domingos.

Pestana Cidadela Cascais – a **Cidadela** é impressionante forte do século XVI, que serviu como Residência Real no final do século XIX, totalmente restaurado e adaptado para abrigar um hotel 5 estrelas, segundo o projeto dos arquitetos Gonçalo Byrne e David Sinclair, com excelente valorização do patrimônio histórico. O espaço abriga uma praça interna ao redor da qual estão uma capela da época e o restaurante **Taberna da Praça** – o diferencial é a comida para compartilhar. Os pratos são pequenos, de modo que cada comensal deve pedir dois ou três e compartilhar entre si. Muito boa qualidade e bastante divertido. No segundo andar está a livraria solidária Déjà Lu, misto de "sebo" e promotora de *workshops* para adultos e crianças. Na praça interna há ainda o **Art District**, com vários estúdios e galerias de arte. Destaco a Allarts Gallery, cuja diretora é a simpática e eficiente Cláudia Ribeiro da Cunha.

No corpo do hotel situam-se mais um restaurante, o mesmo em que é servido o café da manhã, o *lobby bar* e um completo spa. No *lobby* há belíssima instalação utilizando andorinhas de cerâmica, que parecem voar sobre o *lobby* em direção à luz de uma claraboia. Como nem tudo é perfeito, a piscina externa deixa muito a desejar e não há estacionamento, embora haja dois estacionamentos públicos bem ao lado – um menor, ao ar livre, e um bem maior, subterrâneo. Você pode entrar com o carro na área do hotel para descarregar as malas e solicitar que levem o carro para um dos estacionamentos.

The Oitavos – o nome origina-se da proximidade ao **Forte de São Jorge dos Oitavos**. O luxuoso hotel é intensamente ligado à natureza, com vista deslumbrante para o mar, a serra de Sintra e o golfe. O spa é considerado um dos melhores da região. Possui quatro restaurantes – o **Ipsylon**, gourmet, apresentando a fusão das cozinhas portuguesa e francesa, o **Verbasco**, cozinha local, de terra e mar, com vista para o Atlântico e o campo de golfe, envolvido por um bosque de pinheiros, o **Mesa do Chefe**, no qual você e seus convidados partilharão a mesa com o chefe Cyrill Devilliers, e o **Ipsylon Japanese Bar**, de apenas dez lugares no balcão (ali se pode comer sushi, sashimi e o peixe do dia. Possui espaço para grandes eventos, spa, golfe e centro hípico).

ESTADIA COM ECONOMIA

Com relação a hotéis menos dispendiosos, as recomendações seriam:

Pestana Cascais – hotel de 4 estrelas, no estilo apart-hotel, cada unidade com pequena cozinha e varanda. Excelente opção para quem está com a família.

A localização é ótima, perto da praia do Guincho, do Bairro dos Museus e do centro da cidade. Você pode ir a pé a todos esses lugares ou de bicicleta, pois o hotel fica bem ao lado da ciclovia que vai do final da praia do Guincho até o centro histórico. Possui um pequeno spa, academia, restaurante, bar, piscinas interior e exterior. E, muito importante, estacionamento.

Eurostars – outro hotel de 4 estrelas, o mais novo de Cascais. A localização é aproximadamente a mesma do Pestana Cascais, com a diferença que tem quartos com vista direta para o mar. Piscina externa, salas de reuniões e eventos, restaurante, bar e estacionamento. Também fica junto à ciclovia.

Martinhal Cascais – o conceito do hotel de 4 estrelas é priorizar o contato familiar, com atividades para as crianças em área de 700 m^2 e lazer para adultos, com ênfase em esportes. As acomodações são muito confortáveis e o hotel possui três piscinas, incluindo uma para crianças, três restaurantes, spa e salas de eventos, muito utilizadas para festas de crianças. Há uma creche para crianças de 19 a 36 meses, o Kids Club para crianças de 3 a 5 anos e, nas férias, atividades internas e externas, supervisionadas, para adolescentes de 10 a 17 anos. Fica na Quinta da Marinha, junto à praia do Guincho.

Hotel Baia – hotel de 3 estrelas, com a melhor localização possível em Cascais, com vista para o mar nos seus quartos de frente, avarandados. Restaurante/bar, cinco salas de eventos e de reuniões, e estacionamento, o que é fundamental devido à localização no centro histórico.

GASTRONOMIA

RESTAURANTES

Posso dizer que conheço mais de 90% dos restaurantes de Cascais, por ser o local onde passo a maior parte do tempo durante as minhas estadas em Portugal. Para quem é curioso e guloso, como eu, Cascais é um paraíso de descobertas em cada restaurante, tasca, bar ou café que se entra. Os restaurantes que mais frequento são:

Montemar, **Mar do Inferno**, **Furnas do Guincho**, **Porto Santa Maria** e **Entráguas** – os cinco são muito parecidos, servindo principalmente peixe e frutos do mar, mas pratos de carne são encontrados. Todos têm terraço com vista para o mar e alto padrão de qualidade. Nos terraços é permitido fumar, inclusive charutos. Todos têm estacionamento grátis, localizados ao longo da praia do Guincho, perto do centro de Cascais, mas não no centro. O Entráguas tem preços melhores, sem prejuízo da qualidade da comida e do serviço.

Visconde da Luz, Beira-Mar e Luzmar – menu e qualidade similares aos restaurantes acima, mas localizados no centro de Cascais, sem vista para o mar, portanto. O Visconde da Luz tem um pequeno estacionamento, mas de difícil acesso para quem não conhece.

Confraria – boa comida japonesa, usando ingredientes locais muito frescos. O atendimento é bastante simpático e eficiente. O chefe é extremamente criativo, mesclando pratos tradicionais e suas novidades. Necessita fazer reserva, pois é concorrido.

Yakusa – aberto recentemente, a filial do restaurante de mesmo nome de Lisboa, de propriedade do chef e *restauranteur* Oliver da Costa, considerada uma das melhores cozinhas japonesas da capital. Instalado no Cascais Sheraton, na Quinta da Marinha. A localização é espetacular pela vista e tranquilidade, tudo isso com qualidade realmente excelente. Abre apenas para o jantar.

5 Sentidos – comida portuguesa mais moderna. Necessita reserva, pois está sempre cheio, devido à qualidade da comida, à criatividade e aos bons preços. Serviço bastante atencioso.

Terroso – pequeno lugar, muito simpático para tomar um vinho e comer um petisco. Refeições completas e mesas do lado de fora, dos dois lados de uma rua muito estreita, praticamente sem tráfego. O endereço é Rua do Poço Novo, 15, no centro. Fica bem atrás da Prefeitura, que em Portugal se chama Câmara (e o prefeito chama-se presidente da Câmara).

Atlântico – restaurante sofisticado, situado em casa restaurada. Durante a Segunda Guerra Mundial pertencia ao diplomata alemão Botho von Wussow, anexa ao Hotel InterContinental do Estoril. Possui varanda com vista espetacular. Cozinha de autor, do chef Miguel Laffan, que tem 1 estrela Michelin em seu restaurante no Alentejo. Preços razoáveis. Estacionamento no próprio hotel.

Casa Davolta – na altura em que escrevi esta parte do livro era o restaurante mais novo de Cascais, inaugurado em junho de 2019. Recomendado por um *sommelier* amigo de Lisboa, fui conferir a sugestão quando o restaurante tinha apenas três semanas de vida. Os proprietários – Vera, portuguesa, e Javier, espanhol – trouxeram as suas experiências internacionais para Cascais, abrindo o pequeno, elegante e notável restaurante no bairro residencial e muito tranquilo da Areia. A cozinha de Javier, internacional, é extremamente criativa e moderna. O serviço, comandado pela Vera, é muito atencioso, personalizado e eficiente. A carta de vinhos foi bem selecionada e equilibrada. Os preços são convidativos. O restaurante fica na Rua de São José, 353, Areia, Cascais. Importante procurar essa rua na Areia, pois há outras ruas com o mesmo nome em distintos bairros de Cascais.

Marisco na Praça – excelente marisqueira situada no Mercado da Vila de Cascais, com incrível variedade de mariscos e peixes fresquíssimos. As lojas e restaurantes do mercado funcionam todos os dias, mas a feira de frutas e legumes, somente às quartas e sábados. Excelente programa é visitar a feira do Mercado e depois comer ostras e beber uma taça de espumante na varanda do restaurante, observando o colorido e o movimento da feira. Duvido que resista a comprar frutas para comer no hotel, especialmente se for verão.

Há uma filial do **Marisco da Praça** no primeiro andar da **Marina de Cascais**, com bela vista para os barcos e para o mar. O diferencial desta filial é que só lá há uma seção de comida peruana no cardápio, que rivaliza com qualquer restaurante top de Lima. As receitas e a supervisão do cardápio peruano são da nossa querida amiga Úrsula Espírito Santo, natural do Peru e proprietária de um dos melhores *caterings* da região.

Maria Pia – restaurante especializado em comida do mar, com receitas mais elaboradas do que os restaurantes tradicionais e mais condimentadas. Se estiver pensando em comer uma comida leve, não é o lugar certo, pois o restaurante não dispõe de grelha. Tem excelente vista para a baía de Cascais e fica no Passeio Maria Pia, na lateral do Forte da Cidadela.

Por outro lado, se atingiu a sua cota de comida do mar e estiver com vontade de comer boas carnes, recomendo dois restaurantes em Cascais.

Armazém 22 – excelente qualidade, carnes especiais. Fica no centro histórico, à Rua dos Navegantes, 22. Os proprietários são um casal de cariocas. Provavelmente, uma das melhores carnes da região de Cascais. Para estacionar recomendo o parking do Hotel Baía ou o parking público ao lado do Forte da Cidadela.

Os Prazeres da Carne – à beira-mar, no complexo da **Casa da Guia**. As carnes são da Austrália e Nova Zelândia, e pode-se escolher como acompanhamento feijão preto, farofa e outros pratos brasileiros. A proprietária também é brasileira. Normalmente não há dificuldades para estacionar.

Cantinho do Avillez – com esse restaurante, filial do mesmo nome de Lisboa e Porto, o chef Avillez retorna às origens. Bom lugar para petiscar ou comer uma refeição tradicional portuguesa, revisitada pelo estrelado profissional. Fica na Rua da Palmeira, 6, perto da Praça Visconde da Luz.

Muitas vezes não estamos com vontade de jantar formalmente e, como amantes de pizzas, frequentemente vamos a dois restaurantes para dividir uma com uma bela salada. Se não vem a Portugal há tempos, esqueça as péssimas pizzas de antigamente. Hoje em dia, são tão boas quanto as melhores de São Paulo. Neste capítulo, em Cascais, nossas preferidas são:

Il Siciliano, na Rua do Poço Novo, 138, e no **Caffè Itália**, Rua Marques Leal Pancada, 18, ambos no centro histórico de Cascais, por trás da Câmara. Uma pizzaria mais simples, mas de ótima qualidade, com poucas opções além de pizza, é a **Lambrettazzurra**, na Travessa do Visconde da Luz, 3, bem junto à praça de mesmo nome, no centro.

Em Cascais, aos domingos, há grande oferta de brunches. Alguns deles são oferecidos no **Hotel Villa Itália**, **Hotel Cascais Miragem**, **InterContinental Cascais-Estoril** e **Organic Caffe**, do Hotel Palácio, no Estoril.

BARES

Para tomar um drinque ou uma cerveja, há alguns bares em Cascais, dos quais destaco:

Hífen – sem terraço, mas com uma bela vista para a baía de Cascais nas mesas junto às amplas janelas. Opera como restaurante, principalmente no segmento "comida para compartilhar". Para quem não quer uma refeição formal, esta parte do menú é simplesmente o máximo, a melhor da região. Fica na Av. Dom Carlos I, 48, no centro, e é importante reservar, pois está sempre cheio.

Reserva da Villa – excelente terraço, com belíssima vista para a baía de Cascais, no lado oposto ao Hífen. Lugar imperdível para tomar um drinque no fim de tarde, no verão, ou fazer uma refeição completa. Fica no Hotel Villa Cascais, à Rua Fernandes Thomaz, 1, bem no centro e junto ao mar.

House of Wonders – bar alternativo, em três andares. Terraço com vista lateral para o mar, mas nada parecido com os outros dois acima. Além de drinques, tem sucos e comidas orgânicas. Em frente, na rua, há uma área ao ar livre, na qual se servem bebidas e *snacks*. Fica no Largo da Misericórdia, 53, centro.

CAFÉS, SORVETES E CHOCOLATES

Para um café ou um lanche na parte mais central da Vila de Cascais, recomendo a **Sacolinha**, bem na avenida principal, ou o **Paul**, rede francesa de padarias, ao lado da Câmara. Como é praticamente impossível parar o carro na região, a dica é o estacionamento do Hotel Baía, a poucos metros da Sacolinha.

Em frente há um dos melhores e mais famosos sorvetes de Portugal – o **Santini**, desde 1949. Realmente excepcional, recomendo o sabor marabunta, que é o nosso flocos, e o de coco. A sorveteria iniciou-se em Cascais, com duas lojas, e filiais em Lisboa, no Bairro Alto, e no Estoril.

E bem ao lado da Santini fica a loja dos chocolates **Arcádia**, igualmente excepcionais.

🚲 MOBILIDADE URBANA

Uma excelente maneira de conhecer Cascais e Estoril é de bicicleta. A municipalidade fornece bicicletas eletroassistidas que podem ser alugadas em diversos pontos espalhados pela cidade. Procure uma estação com o logotipo **biCas**. O aluguel custa 1,99 euro/hora ou 3,90 euros/dia. A loja de bicicletas **Avalanche** (Rua da Torre, 100 B) aluga bicicletas convencionais e elétricas. Garanto que é a melhor maneira de conhecer a região.

🛍 COMPRAS

Bem junto a Cascais, na Autoestrada A16, que liga Cascais/Sintra/Lisboa, fica o excelente **CascaiShopping**, com boas lojas, praça de alimentação e cinemas, além de grande supermercado (nele há malas boas e baratas, se necessário).

No centro de Cascais o **Shopping Cascais Villa** (fraquinho) também tem cinemas. Fica em frente à estação de trem (estação de comboio, em Portugal), onde se pega o trem para Lisboa.

Para comprar vinhos em Cascais, recomendo a **Joaninha Wine Shop**, na Rua Sebastião José de Carvalho e Melo, 17, bem perto da estação de trem. Seu proprietário, Pedro, é pessoa extremamente confiável, e consegue praticamente qualquer vinho, caso não tenha em estoque. Preços bons. Outra vantagem é a embalagem para despacho em avião, com proteção para evitar quebras, sem aumento de custo. Já despachei dezenas de garrafas de vinho embaladas pelo Pedro e nenhuma quebrou.

🎻 CULTURA

EVENTOS

Em Cascais e Estoril há grande número de eventos, o ano inteiro. Para consultar a agenda, utilize o site www.cascais.pt/agenda-cascais ou o aplicativo **AgendaCascais**. No centro de Cascais há um **Visitor's Center**, junto à Câmara Municipal.

Entretanto, os mais significativos, considerando Cascais e Estoril, são:

EDP Cool Jazz Festival – anual, geralmente no mês de julho, em Cascais. As principais características do festival são a inovação e a fusão de sonoridades, passando pelo blues, soul, jazz, funky e disco. A qualidade dos artistas que se apresentam é excepcional, indo de Diana Krall a Gil & Caetano, de Salvador Sobral a Norah Jones, de Lionel Richie a Jamie Cullum. O evento ocorre no Parque Marechal Carmona, junto ao centro da cidade. A organização é simplesmente impecável, com grande oferta de sanitários fixos, bares e vagas de estacionamento, apesar de o local ser facilmente atingido a pé, a partir da maior parte de Cascais. Simplesmente não há confusão. Frequentadores assíduos desse magnífico evento, chegamos mais cedo e estacionamos o carro junto ao parque e vamos jantar calmamente num dos inúmeros restaurantes existentes nas proximidades, entre os quais incluo a Confraria, o Cinco Sentidos, o Terroso, a Taberna do Parque, e muitos outros. Depois é só caminhar alguns metros e curtir o festival.

Conferências do Estoril – encontro global que ocorre a cada dois anos, desde 2009, no **Centro de Convenções do Estoril**. O tema das Conferências são Desafios Globais, Respostas Locais, durante três dias, com cerca de mil participantes por dia. Em suas seis edições, o evento recebeu dezenas de chefes e ex-chefes de Estado, mais de uma dezena de recipientes do Prêmio Nobel, totalizando centenas de oradores das esferas pública e privada.

A importância das Conferências do Estoril é reconhecida mundialmente pelo apoio e reconhecimento de dezenas de universidades e instituições acadêmicas internacionais, fundamentais ao fortalecimento da sua mensagem e divulgação.

Festas do Mar – acredito ser o maior evento público de Cascais. Todos os anos, em agosto, com duração de dez dias e presença de centenas de milhares de pessoas. A Municipalidade arma um enorme palco no anfiteatro natural da baía de Cascais, em frente ao Hotel Baía (centro histórico), e se apresentam as maiores expressões da música popular portuguesa e alguns convidados estrangeiros, geralmente brasileiros e de países africanos de língua portuguesa. Frequentador entusiasmado do festival, já tive a oportunidade de lá ver e ouvir cantoras e cantores do calibre de Carminho, Mariza, António Zambuja, Ana Moura, Áurea, Anselmo Ralph, Os Azeitonas, Xutos & Pontapés, Cuca Roseta... e brasileiros como Fafá de Belém, Zélia Duncan, Natiruts, Maria Gadu... As festas encerram-se com uma sempre belíssima apresentação da Sinfônica de Cascais. O acesso a todas as atividades das Festas do Mar é grátis, inclusive as apresentações musicais. Além de muita música, há ainda *street food*, mostras de artesanato e fogos de artifício. Mais um evento com a marca da Câmara Municipal de Cascais.

Estoril Open de Tênis – torneio profissional de tênis masculino, faz parte do *ATP World Tour* e é disputado em quadra de saibro. Criado em 1990 e desde 2014 é disputado no Clube de Tênis do Estoril. O torneio geralmente ocorre no fim de abril ou começo de maio.

Lisbon & Estoril Film Festival – começou em 2007 apenas no Estoril, com o nome **European Film Festival** e, depois, **Estoril Film Festival**. A partir de 2011 passou a dividir as exibições com Lisboa. Anualmente, no mês de novembro.

Lumina Cascais – na sua primeira edição, em 2013, o espetacular festival de luz é iniciativa da Municipalidade de Cascais, considerado pelo jornal inglês **The Guardian** um dos dez melhores festivais de luz da Europa. Já assisti a três edições do Lumina, todos diferentes e excelentes. A cada edição um tema é escolhido, desenvolvido por artistas nacionais e internacionais em um percurso pelo centro de Cascais. O evento é produzido pelo ateliê **OCUBO**, com patrocínio da Municipalidade e copatrocínio de diversas entidades privadas e embaixadas acreditadas em Lisboa. O evento é em setembro.

MUSA Cascais – em sua 21ª edição, o MUSA é um festival de reggae, junto à praia, com duração de três dias, em julho, com a presença de artistas nacionais e internacionais, especialmente veteranos do Caribe. Carcavelos é uma das praias de surfistas de Cascais, distando 9 km do centro da cidade e 20 km de Lisboa. Os organizadores garantem muito sol, mar e reggae!

OUT///FEST Cascais – festival anual de música eletrônica, acontece no centro de Cascais, no Parque Marechal Carmona. As informações sobre o local do evento foram apresentadas acima, no EDP Cool Jazz Festival.

Fado em Cascais – festival de fado moderno, ao ar livre, em julho, no Parque Palmela, que fica a dez minutos a pé do centro de Cascais, ou a cinco minutos da estação de trem. Patrocínio da Associação Mutualista Montepio, Câmara Municipal de Cascais e Fundação Dom Luis. Os organizadores incentivam os participantes a chegar mais cedo e desfrutar da autêntica comida portuguesa, em um recinto paralelo especialmente montado para isso. Há muita oferta de estacionamento junto ao parque.

Cascais Classic Motorshow – para quem gosta de automóveis clássicos, o festival é imperdível. Ocorre durante um fim de semana em setembro, durante três dias de programas intensos. A qualidade dos carros expostos é muito alta, com modelos e marcas que provavelmente nem ouviu falar se não for profissional do ramo. A programação inclui concurso de elegância, corrida de carros fabricados até 1930, exposições, street food e mercado vintage. Os carros desfilam por toda Cascais e se concentram no Hipódromo Manuel Possolo e no vizinho Parque Marechal Carmona. Uma sugestão: sente-se na esplanada (terraço) de um café ao longo do percurso e aprecie o desfile dessas preciosidades mecânicas.

Além desses eventos, Cascais apresenta todas as semanas alguma coisa de interessante para a diversão do morador ou do turista. Somente para enumerar: Festival do Chocolate, Festival da Sardinha, apresentações de música clássica com a Sinfônica de Cascais e outras, Festas dos Maios, Health Market Cascais, festivais gastronômicos, festivais de vinhos, enfim, muitas atividades para quem não gosta de ficar parado!

MUSEUS

Considerando o tamanho de Cascais, é impressionante a oferta de museus, os quais têm bilhetes integrados, para facilidade e economia do visitante.

De todos, o que mais gostamos é a **Casa das Histórias Paula Rego**, instalada numa edificação projetada pelo arquiteto português Eduardo Souto de Moura que, por si só, já vale a visita. O museu é dedicado à história e à obra da grande pintora, um dos maiores expoentes da arte portuguesa. O acervo do museu está exposto de forma permanente, enquanto abriga duas exposições temporárias por ano.

Algumas unidades do chamado Bairro dos Museus de Cascais são: **Museu Palácio dos Condes de Castro Guimarães, Museu do Mar Rei Dom Carlos I, Arquivo Histórico Municipal de Cascais, Centro Cultural de Cascais, Museu da Vila, Museu da Música Portuguesa, Espaço Memória dos Exílios** e outros.

Uma vez no Bairro dos Museus, recomendo uma visita à belíssima **Igreja de Nossa Senhora da Assunção (Matriz de Cascais)**, cujo pároco – padre Nuno – é uma pessoa muito especial e muito querida da comunidade católica da cidade.

LUGARES PARA CORRER (OU CAMINHAR)

No capítulo sobre Lisboa falamos do belíssimo percurso para correr entre aquela cidade e Cascais, pelo litoral.

Agora, se o visitante estiver hospedado em Cascais, há pelo menos três percursos, planos, para correr ou caminhar, dos quais gosto muito.

Paredão de Cascais – o percurso se inicia no centro da cidade, junto ao Hotel Albatroz, e termina no Estoril, na **praia do Tamariz**, com cerca de 2.800 metros de extensão. No trajeto encontrará vistas muito boas, restaurantes, bares, sorveterias e quiosques. Há até um banheiro público próximo à **Pizzaria Capricciosa**. Se o calor estiver intenso, ainda poderá mergulhar em duas piscinas oceânicas gratuitas, na **praia das Moitas** e na **praia do Tamariz**. Mas, se estiver mesmo interessado em queimar as calorias obtidas com a deliciosa comida portuguesa, existem dois circuitos de fitness disponíveis: o **Lifetrail**, ao longo do paredão, desde a piscina oceânica da praia das Moitas até a **praia da Poça**, com 11 estações de exercício, cada uma com três faces, duas dedicadas ao exercício e uma à informação, e o **Worldtrail**, junto à praia das Moitas, com nove estações: duas dedicadas ao aquecimento e alongamentos e as demais a exercícios, para principiantes e avançados.

Ciclovia do Guincho – a ciclovia comporta ciclistas e pedestres, em 8,7 km de extensão, desde o Farol Hotel até o **Camping do Guincho**, sempre ao longo da praia de mesmo nome. O panorama é muito bonito, com vários trechos bastante conservados, do ponto de vista de natureza, principalmente mais para o fim. Não tem tanta infraestrutura como no Paredão, mas há diversos restaurantes pelo caminho, onde sempre se pode tomar uma água ou um suco. Logo no início há a **Boca do Inferno**, um dos pontos turísticos de Cascais, que atrai muita gente especialmente quando o mar está revolto. Frequentemente há bastante vento, o que pode dificultar (ou favorecer) um pouco a corrida.

Praia do Tamariz até o Camping do Guincho – o trajeto é para os que quiserem um treino mais puxado e longo, e soma os dois indicados acima com a travessia do centro de Cascais. A minha estimativa é que totalize uns 15 km aproximadamente. Apesar de não haver espaço reservado aos corredores no centro da cidade, a realidade é que não faz falta; se corre bem pela calçada.

OUTROS ESPORTES

A população de Cascais pratica bastante esportes, o que favorece o visitante pela vasta disponibilidade de infraestrutura. Cascais é o paraíso para os golfistas – na região há cinco campos de golfe. E o tempo permite jogar praticamente o ano inteiro.

Para a prática do tênis, *squash* ou *paddle,* há quadras para alugar em Cascais e no Estoril. Recomendo os clubes da **Quinta da Marinha**, em Cascais, e o **Valtenis**, no Condomínio Penha Longa, entre Cascais e Sintra, mas há outros disponíveis. O aluguel das quadras custa 10 euros por hora, enquanto a aula de qualquer modalidade custa 30 euros, o aluguel da quadra incluído.

Os jogos e aulas de beach tennis ocorrem na praia de Carcavelos.

Na Quinta da Marinha há também um Centro de Equitação.

Academias de ginástica são encontradas por todos os bairros de Cascais, a maioria delas aceitando alunos por curta temporada, além de haver *personal trainers*, em Portugal chamados de PTs.

Estoril

ANTECEDENTES

Estoril é uma freguesia do concelho de Cascais, cujo nome apresenta duas teorias para sua origem. A primeira deriva de Estorgil, nome dado ao local onde cresce a planta denominada urze e que abundava no local antes da sua urbanização. A segunda deriva de Astoril, local onde habita o açor, ave de rapina.

A história do Estoril até o início do século XX se confunde com a de Cascais, razão pela qual não será aqui repetida.

Em 1915, o Estoril foi elevado à condição de freguesia do concelho de Cascais, com sede em São João do Estoril. Ao mesmo tempo, iniciou-se a sua revolução turística e a sua internacionalização, capitaneada pelos empresários Fausto Cardoso de Figueiredo e Augusto Carreira de Sousa, que adquirem a Quinta Viana e convidam o arquiteto e paisagista francês Henri Martinet a criar um ambicioso projeto com equipamento coletivo para o lazer, incluindo três hotéis, termas, cassino, teatro, arena de esportes, edifícios para banhos de mar, lojas, galerias cobertas e jardins. A Primeira Guerra Mundial, da qual Portugal participou com o envio de tropas, retardou o projeto, mas em 1918 se inauguravam o primeiro cassino e as termas, alavancando o desenvolvimento de todo o projeto, especialmente depois da liberação do jogo, em 1927, quando convencionou-se chamar de **Costa do Sol** o eixo Cascais-Estoril.

Em 1930 foi inaugurado o Hotel Palácio, até hoje o melhor ou, pelo menos, o mais aristocrata da região, e o terminal ferroviário do Sud Expresso, que então fazia a ligação entre o Estoril e Paris.

Em 1931 ocorreu a inauguração do novo cassino, de arquitetura modernista, e em funcionamento até hoje, nunca perdendo a sua posição como o maior fator do desenvolvimento turístico da freguesia, ao lado da implantação da Estrada Marginal, que ainda hoje liga Lisboa a Cascais. Ou seja, o cassino, as termas/banhos de mar e o fácil acesso rodoviário foram os motores que impulsionaram o Estoril a ocupar a posição que até hoje detém.

Conforme falamos, o eixo Cascais-Estoril teve intenso movimento de espionagem e contraespionagem inglesa e alemã durante a Segunda Guerra Mundial, devido ao estado de neutralidade do país. Finda a guerra, por sua vez, recebeu grande número de refugiados e exilados de diversos países europeus.

Hoje, o Estoril é um dos locais mais aprazíveis e elegantes de Portugal, com mansões e residências de luxo, bons hotéis e restaurantes, excelente Centro de Convenções e, principalmente, o **Casino do Estoril**, que, além do intenso movimento do jogo, tem um teatro no qual frequentemente se apresentam artistas de primeira grandeza, nacionais e internacionais, restaurantes, inclusive um chinês, dos melhores que já comi até hoje, e bares.

Além dos impostos que o cassino recolhe e dos empregos que cria, ainda oferece "contrapartidas" a cada renovação da sua concessão, traduzidas no custeio de melhorias distribuídas pelo concelho de Cascais. Por coincidência, o meu contato mais intenso com a região da Costa do Sol se deu exatamente em uma contrapartida oriunda de uma renovação da concessão, em 1985, quando a empresa concessionária do cassino participou financeiramente das obras para o saneamento da Costa do Sol, projeto para o qual tive a oportunidade de colaborar.

HOTÉIS

O melhor hotel é o **Hotel Palácio**, construção clássica, perto de 100 anos, em frente aos exuberantes jardins do Cassino. Áreas comuns excepcionais, especialmente a da piscina, e restaurantes. Entretanto, há queixas que os quartos poderiam estar mais modernizados. Brunch aos domingos, de altíssima qualidade, fortemente recomendado para quem gosta.

Algumas cenas do sexto filme da série *James Bond – 007 a serviço secreto de Sua Majestade* (1969), com George Lazemby no papel principal, foram filmadas em Cascais, na praia do Guincho, e no Estoril, no Hotel Palácio. Na data em que escrevo este texto (março/2019), ainda trabalham no Hotel Palácio dois funcionários que apareceram no filme: José Afonso e José Diogo Vieira. Por sinal, o personagem de James Bond, criado por Ian Fleming, foi inspirado no agente secreto inglês Dusko Popov frequentador do Bar Estoril, do hotel, também conhecido como **Bar dos Espiões** (*Spies Bar*), frequentado por Fleming. Além destes, frequentaram o Bar dos Espiões agentes secretos icônicos, como o escritor Grahan Greene, Kim Philby e Philip Jones.

A história real que detonou a inspiração de Fleming ao escrever o primeiro livro do agente 007 – *Casino Royale* – é muito interessante e vale ser lembrada: em uma noite, em agosto de 1941, Dusko Popov jogava *baccarat* no Casino do Estoril quando um rico e arrogante lituano chamado Bloch arrogantemente anunciou *Banque Ouvert*, o que significava que ele estava disposto a cobrir todas as apostas da mesa. Na altura, Popov, exímio jogador, fazia parte do criativo esquema denominado "Midas", destinado a pagar os espiões alemães com dinheiro de várias origens, inclusive do jogo. Por acaso, carregava grande soma em dinheiro, pertencente à Coroa Britânica. Popov tirou do seu bolso uma enorme soma em dinheiro, e a colocou em frente ao lituano, que não teve como bancá-la e desistiu. O Cassino não bancou a aposta e Popov embolsou o seu dinheiro de volta, e ainda deu uma "lição de moral" ao lituano, ao falar para o *croupier*: "Espero que você leve o ocorrido à atenção da sua gerência, e que no futuro jogada tão irresponsável seja proibida neste Cassino. É uma desgraça e um desrespeito aos jogadores sérios". Ian Fleming, então trabalhando para a *British Naval Intelligence Division*, testemunhou o fato, que o inspirou a escrever a novela *Casino Royale* em 1952.

Uma segunda recomendação seria o **Hotel Inglaterra**, na Rua do Porto, 1.

GASTRONOMIA

No Estoril fica uma das melhores pastelarias do país, chamada **Garrett**, na Rua de Nice. Ótimo lugar para tomar um café, comer um sanduíche, salgadinhos, doces e o famoso Pastel de Nata. Vale a pena comprar o "Bolo da Rainha" e levar para o hotel ou apartamento. Na realidade é um pão doce, tipo rosca, com nozes e lâminas de amêndoas, que adoramos.

O restaurante **Mandarim**, de comida chinesa, no Casino do Estoril, é excepcional. Nossa opção favorita é o *dim sum*, variedade de pequenas porções feitas a vapor, servida somente no almoço. No verão, comer na varanda, com vista para os jardins do Casino do Estoril e o mar, é muito bom...

Jackpot – comida tradicional portuguesa, muito parecida com o Visconde da Luz, de Cascais.

Alegria Vadia – fica no Monte Estoril, pequeno, descontraído, bom para compartilhar pratos.

Lamassa – minúsculo, mas correto restaurante italiano, com excelentes massas. Não serve nem peixe nem carne.

Se estiverem hospedados em algum apartamento em Cascais/Estoril, vale a pena comprar queijos, frutas, vinhos e muitas outras coisas na **Quinta do Saloio**, na Av. de Nice, ou no **Supermercado Tradicional**, em São João do Estoril. Ambos têm guloseimas do mundo inteiro, encerradas num pequeno espaço.

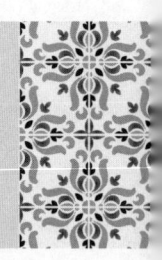

Sintra

ANTECEDENTES

A origem do nome Sintra vem da forma medieval "Suntria", significando astro luminoso ou sol. O concelho tem quase 400 mil habitantes, um dos maiores de Portugal. No entanto, quando se visita a cidade, fica-se com a impressão de que estamos num pequeno vilarejo, pois a população é dispersa em área de 320 km².

Sintra foi declarada pela Unesco Patrimônio Mundial da Humanidade/Paisagem Cultural, pelo contexto cultural e ambiental que permanece intacto. Um conjunto de palácios e parques, de casas senhoriais com hortos e bosques, palacetes e chalés integrados em uma exuberante vegetação, caminhos amuralhados atravessando seus cumes, conventos entre penhascos, igrejas, capelas e ermidas, polos seculares de fé e de arte, apontando ocupações milenárias. Em Sintra encontram-se testemunhos de todas as épocas da história de Portugal.

No Império Romano, o imperador Otaviano, em 30 a.C., concedeu a Sintra o estatuto de *Municipium Civium Romanorum*. Sob a atual vila de Sintra detectaram-se vestígios romanos avulsos, que sugerem ocupação desde os séculos II/I a.C. a V d.C.

Após a invasão muçulmana do século VIII, a região de Sintra foi ocupada, e a povoação recebeu o nome de as-Shantara, sendo erguida a primitiva fortificação hoje conhecida como **Castelo dos Mouros**, entre os séculos VIII e IX, para controlar estrategicamente as vias terrestres que ligavam Sintra a Mafra, Cascais e Lisboa.

Depois de várias tentativas cristãs no século XI para a Reconquista, finalmente, em 1093, o rei Afonso VI tomou posse de Santarém, Lisboa e Sintra, logo depois Lisboa e Sintra foram conquistadas pelos almorávidas, enquanto Santarém resistiu. Somente em 1147 essas cidades foram definitivamente integradas ao espaço cristão português.

Dessa época ao século XIX, Sintra foi um lugar frequentado pela aristocracia portuguesa, enriquecendo cultural e artisticamente a Vila, com exceção do período sob domínio espanhol (1580-1640), quando a importância de Sintra se transfere para a Vila Viçosa, principal cidade da Casa de Bragança, cujos duques, descendentes de Dom João I, se consideravam os herdeiros do trono português.

No final do século XVIII e todo o século XIX, o espírito romântico dos viajantes estrangeiros e da aristocracia portuguesa redescobre a magia de Sintra, o exotismo da paisagem e o clima.

O grande empreendimento artístico do século XIX é o **Palácio Nacional da Pena**, obra marcante do romantismo português, com arquitetura eclética única, que não teve continuidade na arte portuguesa, o monumento mais visitado na região.

Localizado no topo da serra de Sintra, originou-se de uma pequena capela, seguida da construção de um pequeno convento para 18 monges, no século XVI. O terremoto de 1755 deixou o convento em ruínas.

Em 1838, a paisagem de Sintra maravilhou o rei-consorte Fernando II, que comprou as ruínas do convento, além do Castelo dos Mouros e propriedades vizinhas, e contratou o projeto de um palácio ao alemão Barão von Eschwege. A obra foi concluída em 1847, não sem importantes intervenções do rei-consorte, de temperamento romântico. Entre as intervenções destaca-se na fachada norte a imitação do Capítulo do Convento de Cristo, em Tomar, este da época dos Templários.

Com a morte do rei-consorte, a propriedade do palácio passou para a sua segunda esposa, Condessa de Edla, que, após grande controvérsia pública, pela importância histórica do edifício, vendeu-o em 1889 ao Estado português.

A família real frequentou o palácio com assiduidade, tornando-se uma das residências prediletas. Com o assassinato do rei Carlos I, em 1908, a rainha Amélia se retirou quase definitivamente para o palácio, até outubro de 1910, quando houve a Proclamação da República, e a rainha, com toda a família real, partiu para o exílio.

Desde então o palácio foi transformado em museu, chamando-se Palácio Nacional da Pena.

POR DENTRO DO PALÁCIO NACIONAL DA PENA

Estruturalmente, o palácio se divide em quatro áreas principais:
- a couraça e muralhas envolventes, com duas portas, uma provida de ponte levadiça;
- o corpo, restaurado na íntegra, do antigo convento, no topo da colina, completamente ameado e com a Torre do Relógio;
- o Pátio dos Arcos em frente à capela, a parede de arcos mouriscos;
- a zona palaciana propriamente dita, com baluarte cilíndrico de grande porte, interior decorado em estilo cathédrale, segundo preceitos em voga na época e motivando intervenções decorativas importantes ao nível do mobiliário e da ornamentação em geral.

> A concepção dos interiores para adaptação à residência de verão da família real valorizou os trabalhos em estuque, pinturas murais em *trompe-l'oeil* e diversos revestimentos em azulejos do século XIX, integrando as inúmeras coleções reais em ambientes nos quais o gosto pelo bricabraque e pelo colecionismo são bem evidentes.

O segundo monumento mais visitado em Sintra são as ruínas do **Castelo dos Mouros (ou Castelo de Sintra)**, construído pelos muçulmanos entre os séculos VIII e IX, em um dos cumes da serra de Sintra, com a finalidade de controlar estrategicamente as vias terrestres que ligavam Sintra a Mafra, Cascais e Lisboa, conforme mencionado. Nessa altura, Sintra fazia parte do Reino, Emirado ou Taifa de Badajoz, centrado na cidade de Badajoz, hoje a Estremadura espanhola. Ocupava grande parte do que hoje é Portugal, desde o rio Douro até quase todo o Alentejo, incluindo ainda as cidades de Lisboa e Santarém, além de vasta região na Espanha. O então governante, Mutavaquil, impossibilitado de manter seu reino, fez aliança defensiva com o rei Afonso VI, de Leão e Castela, que não se sustentou. Lisboa, Santarém e Sintra voltaram ao domínio muçulmano em 1094. Depois de algumas reviravoltas, Sintra foi definitivamente anexada ao domínio cristão, primeiro por Dom Afonso VI e depois por Dom Afonso Henriques.

Durante séculos o castelo entrou em espiral de degradação, até que em 1839, a rainha Dona Maria II e o seu consorte Fernando II tomaram o castelo por aforamento à Câmara Municipal de Sintra. Promoveram amplas obras de recuperação, sustando o avançado estado de degradação em que se encontrava. Na altura foram adicionados locais de contemplação, caminhos de acesso e vegetação abundante, transformando-o em atração turística.

Os principais elementos do complexo são as muralhas, interiores e exteriores; as torres, em número de cinco; a capela devotada a São Pedro, erguida no século XII, em estilo românico; e a Cisterna, que remonta ao período islâmico, com dimensões de 18 metros de comprimento, 6 de largura e 9 de altura. Em seu interior abobadado brota a nascente que abastecia o Palácio Nacional de Sintra.

BURLANDO O TRÂNSITO

Sintra, com ruas muito estreitas e profusão de carros e ônibus de turismo, tem trânsito bem complicado, e o visitante terá enorme dificuldade para estacionar. O melhor é estacionar na periferia da cidade e pegar um táxi ou ônibus até o centro. Para atingir o Palácio da Pena e o Castelo Mouro,

> o melhor é um ônibus turístico que roda por todos os principais pontos de interesse da cidade. Há estacionamento nas áreas do palácio e do castelo, porém é pequeno e arrisca-se a não se encontrar vagas.

Outro monumento da cidade de Sintra é o **Palácio de Monserrate**, construído a partir de 1858, para ser a residência do inglês Francis Cook, milionário do ramo têxtil, posteriormente Visconde de Monserrate, título concedido pelo rei Dom Luis I, e Baronete, concedido pelo governo inglês, tornando-se Sir Francis Cook.

O palácio foi concebido por James Knowles, e o seu jardim recebeu contribuições do paisagista William Stockdale, do botânico William Nevill e do mestre jardineiro James Burt, passando a ser a residência de verão do nobre inglês e família.

A impressionante coleção de arte então exibida no palácio foi dispersa e hoje está espalhada por diversos museus, em várias partes do mundo.

Durante a construção, foram empregadas mais de 2 mil pessoas, das quais 50 atuavam exclusivamente nos jardins, que até hoje impressionam os visitantes. Quando a casa ficou pronta, Cook mantinha um estafe de 300 pessoas para cuidar da família, da casa e do parque.

Os principais ambientes do palácio são o Átrio octogonal, a Sala de Jantar, a Biblioteca com estantes em nogueira, a Capela, o Átrio Principal, também octogonal e apresentando uma fonte em mármore de Carrara, painéis divisórios de alabastro e Galeria que atravessa todo o palácio da Torre Norte à Torre Sul. Há ainda a Sala de Bilhar, a Sala de Estar Indiana e a Sala da Música.

EM MEIO AO VERDE

Anexo ao palácio, o Parque de Monserrate desenvolve-se por 33 hectares (330 mil m^2), e há jardins nos quais se encontra impressionante coleção botânica, com exemplares do mundo inteiro.

Os principais jardins do parque são:
- **Jardim do México** – localizado na zona mais quente e seca da propriedade, reúne plantas de climas mais quentes.
- **Jardim do Japão** – abriga plantas asiáticas, e algumas africanas e europeias.
- **Vale dos Fetos** – abriga diversos exemplares de fetos-arbóreos ao longo da encosta. Em 1867/1868, 12 fetos arbóreos, cada um com cerca de 2,5 m de altura, foram importados das montanhas de Dandenong,

→

> na Austrália, em caixas de pinho, sem raízes nem folhagens. Destas, oito sobreviveram.
> - **Lagos Ornamentais** – com diferentes profundidades e temperaturas, de modo a abrigar plantas aquáticas exóticas.
> - **Roseiral** – cerca de 200 variedades.

A família Cook manteve-se proprietária do palácio até 1947, quando foram obrigados a vendê-lo para pagar dívidas contraídas na Inglaterra, no declínio dos negócios. O palácio foi comprado por um comerciante de antiguidades de Lisboa que, posteriormente, vendeu-o ao Estado português. No momento, após obras de recuperação iniciadas em 2010, encontra-se aberto para visitação pública e eventos selecionados.

No princípio do século XX, Sintra foi reconhecida como lugar de veraneio e residência de aristocratas e milionários. Um deles, António Augusto Carvalho Monteiro, construiu na vila, em quinta comprada à Baronesa da Regaleira, um luxuoso palacete no estilo neomanuelino, denominado **Palácio da Regaleira**, outro marco muito visitado pelos turistas.

Vários escritores estrangeiros encontraram a sua inspiração nas terras de Sintra, entre 1757 e 1859:
- Henry Fielding, que considerou Sintra o lugar mais belo da terra;
- Robert Southey;
- Samuel Taylor Coleridge, que descreveu Sintra como jardim do Éden à beira de um mar prateado;
- William Wordsworth;
- Isaac Bashevis Singer, Prêmio Nobel de Literatura.

Entretanto, o mais famoso de todos foi Lord Byron, que descreveu a cidade de Sintra como "talvez a mais bonita do mundo".

> Pulando para o final do século XX, Glauber Rocha, cineasta brasileiro de grande importância no cenário internacional, escolhe Sintra para ser "seu segundo e último exílio". Aos 42 anos, com a saúde debilitada, diante de problemas financeiros e da forte decepção pelo fracasso do seu último filme no Festival de Veneza, tem a certeza de estar perto da morte. Por diversas ocasiões previu que morreria aos 42 anos, o que de fato ocorreu. É o autor da frase "Sintra é um belo lugar para morrer".

Um interessantíssimo passeio em Sintra começa no **Convento dos Capuchos de Sintra**, seguindo por trilhas ancestrais por onde seguiam celtas, romanos, árabes e cristãos. Ao longo do caminho passa-se pela sepultura coletiva de **Tholos do Monge**, originalmente do século XXV a.C., reutilizada na Idade do Bronze, XVIII a VIII a.C. O passeio termina no **Bosque dos Druidas**, no qual se celebrava o início da primavera celta.

GASTRONOMIA, COMPRAS E HOTÉIS

Sintra é uma cidade reconhecida pelos monumentos, bucolismo e verde exuberante, mas, por outro lado, não decepciona na gastronomia. Os doces típicos, em especial os travesseiros, são imperdíveis; devem ser comprados/comidos n'**A Periquita**. No centro histórico, um bom lugar para comer, tomar um café ou um vinho do Porto é o **Café de Paris**.

Outros restaurantes recomendados em Sintra:

Curral dos Caprinos – clássico, aberto em 1974, oferece cozinha da Beira Baixa e do Baixo Alentejo. A especialidade é o cabrito, é claro, preparado no forno, na brasa ou na púcura. Rua 28 de Setembro, 13.

Adega do Saraiva – outro restaurante especializado em cabrito há muitas décadas, além do famoso bacalhau da Tia Emília, servido às quartas, sábados e domingos.

Adega do Coelho – tasca típica, especializada em carnes grelhadas e famosa pela sobremesa de arroz doce. Fica em Colares, à Avenida Doutor Brandão de Vasconcelos, 7.

Moinho Ibérico – especializado em grelhados, com enorme variedade de carnes, quase todas de origem portuguesa. São João das Lampas, no caminho para a praia do Magoito, à Avenida Moinhos do Arneiro, 110.

Bar do Fundo – uma das grandes surpresas de Sintra, localizado no finalzinho da praia Grande. O que há 20 anos era apenas um bar de praia transformou-se em restaurante sério, instalado em construção de madeira, com belo design e totalmente ambientado à paisagem da linda praia. Os pratos principais privilegiam o peixe e os mariscos, mas também há carne. No entanto, o que mais gosto é pedir várias entradas e compartilhá-las, pois assim se pode fazer um passeio pelas diversas especialidades da casa. À entrada há um *sushibar* e oferece serviço de praia. Visita recomendadíssima, pelo restaurante e pela praia.

Neptuno – clássico, com mais de 100 anos, na praia das Maçãs. Apenas pela comida já valeria a pena ir ao Neptuno, mas, quando se ganha de bônus a vista da praia e do mar, não há como ficar em dúvida. Foi objeto de reportagem do *New York Times*.

O Búzio – tradicional da praia das Maçãs, com mais de 60 anos de atividade. Como muitos da região de praias de Sintra, começou como taberna; com o sucesso evoluiu até o estágio atual de restaurante especializado nas delícias do mar e a merecida fama de ter uma das melhores cozinhas das praias. Ótimo lugar para ir com a família ou amigos, pois as porções são grandes e, assim, é possível provar diversas especialidades.

Clube da Praia – verdadeiro clube, na praia das Maçãs; música ao vivo nos fins de semana e cozinha servindo pizzas feitas em forno à lenha, carnes e peixes grelhados, rodízio de sushi e os mais criativos coquetéis da região. Avenida Eugene Levy, 31.

Por outro lado, um pouco mais afastado do centro de Sintra, no Parque Natural Sintra-Cascais, no **Complexo Penha Longa Resort**, ficam os restaurantes mais estrelados da região. Lá vai encontrar o restaurante catalão **LAB by Sergi Arola**, com uma estrela Michelin, de inspiração mediterrânea, oferecendo refeições à la carte ou menu-degustação; **Midori**, restaurante japonês mais antigo de Portugal, com uma estrela Michelin, apenas 18 lugares e magnífica vista para os Jardins do Penha Longa; pan-asiático **Spices**; **Arola**, apresentando a cozinha mediterrânea na forma de tapas; e **Il Mercato**, italianíssimo. O Resort fica no caminho entre Sintra e Cascais, na Estrada da Lagoa Azul.

Há muitos antiquários e lojas de artesanato, com artigos de muito bom gosto. Aprecio muito a **Olaria S. Pedro**, que, entre outras peças de arte e artigos de cerâmica, ferro, e demais materiais, vende obras da artista de Óbidos, Sónia Borga.

O principal hotel de Sintra é o luxuoso **Tivoli Palácio de Sete Ais Sintra**, com 40 quartos e palco de casamentos quase todos os fins de semana, especialmente no verão, pela magnífica arquitetura e salões e os imponentes jardins. O nome vem de uma lenda na qual um príncipe construiu o palácio para a sua amada. E ela, enfeitiçada, morreria ao proferir seu sétimo "ai". Segundo a lenda, a profecia ocorreu. Um belo lugar para visitar, andar pelos jardins e tomar o chá da tarde. Possui restaurante de luxo, boa opção para almoçar ou jantar. Tem estacionamento próprio e fica a cerca de 10 minutos do centro, a pé. Amplo estacionamento.

Outras opções de hospedagem em Sintra:

Hotel Tivoli Sintra, 4 estrelas, extremamente bem localizado nessa vila onde parar o carro no centro é praticamente impossível. Excelente bar panorâmico e está a minutos a pé de alguns dos mais importantes marcos turísticos da cidade. E tem estacionamento.

Penha Longa Resort – conforme citado quando os restaurantes de Sintra foram apresentados, fica entre Sintra e Cascais, no Parque Nacional Sintra--Cascais. Hotel de alto luxo, 5 estrelas, excelente serviço, a maior gama de restaurantes entre todos os hotéis de Portugal, spa com programas *detox* e *energize*, *fitness center* e magnífico campo de golfe. Junto ao Resort, no Condomínio Penha Longa, há ainda o Valtenis, com quadras de *squash*, tênis e *paddle*.

Vila Galé Sintra – Resort Hotel, Conference & Spa, novíssimo 5 estrelas, localizado um pouco mais distante do centro da cidade, aposta no segmento de saúde, com alimentação gourmet balanceada e programas médicos disponíveis, individuais e familiares.

Há ainda grande quantidade de hotéis de categorias mais simples, hostels e acomodações do tipo Airbnb.

Oeiras

ANTECEDENTES

Oeiras é um concelho do Distrito de Lisboa, situando-se entre esta e Cascais. Tem população de quase 200 mil habitantes e o maior adensamento populacional do país. Um dos concelhos mais desenvolvidos e ricos da Europa, abrigando grandes empresas multinacionais e significativa parcela da capacidade científica de Portugal, considerado o Silicon Valley da Europa. A maior renda per capita, o segundo maior poder de compra, o segundo maior arrecadador de impostos de Portugal, o concelho com maior densidade de pessoas com nível superior completo e menor de analfabetismo.

Terra de origem do Marquês de Pombal, reconstrutor de Lisboa após o terremoto de 1755. Sua quinta foi transformada em museu e nos jardins ocorrem muitos festivais de música, no verão. Há ainda o **Parque dos Poetas**, grande área verde com esculturas que relembram nomes da literatura portuguesa. Nesse parque ocorrem festivais de música ao ar livre.

No mar, em frente a Oeiras, fica o **Forte de São Lourenço do Bugio** ou **Forte de São Lourenço da Cabeça Seca**, magnífica construção de 1590, em estilo renascentista, abrigando o **Farol do Bugio**, marcando o ponto em que o rio Tejo se funde com o oceano Atlântico. O ponto é o único da região com a superfície acima da linha de marés durante todo o ano, ficando-lhe a toponímia de cabeça seca. A toponímia bugio pode ser atribuída, entre outras versões, ao francês *bougie* (vela), devido à semelhança da sua estrutura circular e da primitiva torre encimada por farol, com a vela acesa sobre o seu castiçal.

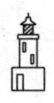

CONHEÇA OEIRAS

A cidade abriga um shopping center, o **Oeiras Park**, um dos maiores da região, grande variedade de lojas, restaurantes e cinemas.

Oeiras está sempre no meu roteiro e planos, primeiramente quando ainda ali aconteciam os concertos do EDP Jazz Festival (hoje são em Cascais); depois, desde quando o meu querido amigo Paulo Azambuja, brasileiro de Alcochete (na Península de Setúbal), me apresentou um dos mais simples restaurantes da região, **O Pombalino**, onde se faz uma feijoada de camarão com chouriço, acompanhada de arroz branco, um dos melhores pratos que já comi em Portugal. O restaurante é simples, a comida vem na panela, e a porção dá fácil para quatro pessoas – custa 25 euros (meia porção, para dois, por 15 euros). Os demais pratos do restaurante nunca comi pois, em muitas visitas, não tive a coragem de pedir outro prato e me arrepender de não ter comido a feijoada. Não tem vinhos caros, mas há o Planalto branco, que é muito honesto. Tenho estendido a felicidade gastronômica que Paulo me proporcionou a vários amigos, e absolutamente todos voltaram diversas outras vezes, com outros amigos...

Casa da Dízima (fica em Paço D'Arcos, que pertence a Oeiras). Restaurante belíssimo (ganhou prêmio de arquitetura), preço justo, cozinha portuguesa moderna. Excelente adega.

Casa Galega, também em Paço D'Arcos. Especializada em peixes e mariscos, sendo a sopa de peixe o prato mais famoso.

O melhor hotel de Oeiras é o hotel-butique **Palácio dos Arcos**, 5 estrelas, pertencente à rede Vila Galé, com hotéis no Brasil (Rio de Janeiro e Salvador).

O hotel ocupa um palacete do século XVI, de onde o rei Dom Manuel I observava as caravelas partir rumo às Índias. O tema do hotel é a literatura, e cada um dos 76 quartos é batizado com o nome de um escritor.

As praias de Oeiras são muito procuradas pelos lisboetas e turistas, por ficarem a cerca de 10 km da capital.

Anualmente, desde 2007, em junho, ocorre um dos maiores festivais de rock de Portugal, o **NOS Alive**, em Algés, Oeiras, com a participação de dezenas de artistas internacionais, como The Chemical Brothers, Pixies, Radiohead, Robert Plant, Arcade Fire, Band of Horses, The Cure, The Smashing Pumpkins, Bom Iver, Vampire Weekend, Arctic Monkeys, Queens of the Stone Age, Pearl Jam, Franz Ferdinand e muitos outros...

Península de Setúbal

A Península de Setúbal faz parte da Área Metropolitana de Lisboa, localizada na margem sul do rio Tejo. A sua população total é de cerca de 780 mil habitantes, composta de nove concelhos, dos quais os de maior interesse turístico são Setúbal, Palmela e Sesimbra, além de Azeitão, que pertence ao concelho de Setúbal.

Setúbal

ANTECEDENTES

Capital do distrito de mesmo nome e sede da Diocese. População de 100 mil habitantes no perímetro urbano, e 130 mil na totalidade do município. Dista 36 km de Lisboa.

A origem do seu nome é controversa, e vai da fusão de dois nomes bíblicos – Sete (terceiro filho de Adão) e Tubal (neto de Noé) – até relacionar-se ao nome do rio que banha a povoação – atualmente Sado, antes Xetubre (em árabe).

A ocupação humana do território remonta à pré-história, mais precisamente ao período neolítico. Por lá passaram fenícios, gregos e cartagineses.

Durante a ocupação romana, Setúbal experimentou grande desenvolvimento, quando instalaram fábricas para a salga de peixes, cujas ruínas até hoje lá se encontram, e fornos para a cerâmica.

A queda do Império Romano e as invasões bárbaras causaram a estagnação e em seguida o desaparecimento da povoação, entre os séculos VI e XII. Contribuiu para o fato a cidade estar localizada, no século XII, entre a povoação de Palmela, cristã, e Alcácer do Sal, moura.

Em 1217 os cristãos reconquistaram o território, voltando rapidamente a prosperar, sob a proteção da Ordem de Santiago.

A Carta de Foral de Setúbal foi decretada em 1249, concedida por aquela Ordem.

Na primeira metade do século XIV, um acordo pôs termo ao contencioso territorial com os vizinhos Palmela e Alcácer do Sal. Foi construída uma rede de muralhas baseada na definição acordada dos limites geográficos, que incluíam as duas freguesias que compunham o município.

No século XV, os descobrimentos na África trouxeram nova era de prosperidade a Setúbal, quando seu porto era ponto de partida para as expedições. As principais atividades econômicas incluíam a indústria naval e o comércio marítimo.

Setúbal era a cidade preferida do rei Dom João II, que, ao final do século XV, promoveu obras de urbanização na cidade e o aqueduto, obras terminadas pelo seu sucessor, Dom Manuel I.

Em 1525, o rei Dom João III concedeu a Setúbal o título de "notável villa", proporcionando a Setúbal a anexação de mais duas freguesias vizinhas, em 1553. No final daquele século, a população se posicionou contra eventual ocupação espanhola, quando foi cercada pelas tropas do Duque D'Alba, ocupação que nunca se concretizou.

No século XVII adveio nova era de prosperidade, com a valorização do sal lá produzido como moeda de troca ao apoio fornecido pelos estados europeus a Portugal. Em 1640, novas muralhas foram construídas, englobando as duas freguesias anexadas em 1553.

Como ocorreu em quase todo Portugal, o terremoto de 1755 interrompeu o ciclo de prosperidade, afetando grande parte do município.

A prosperidade voltou uma vez mais no século XIX, com a implantação da ferrovia, aterros sobre o rio e novas obras de urbanização, além do início da industrialização de alimentos e das atividades agrícolas, em especial a viticultura destinada ao fabrico do vinho moscatel. Em 1860, o rei Dom Pedro V eleva a vila à categoria de cidade.

No século XX novas obras de urbanização são concluídas e desenvolvem-se indústrias naval, mecânica pesada, conservas, adubos, cimento e pasta de papel.

PRAIAS

No lazer, as praias são a principal atração aos visitantes. Na opinião da minha filha Silvia, que cresceu frequentando as praias brasileiras e, em especial, as do Rio de Janeiro, e que agora mora em Palmela (distrito de Setúbal), as praias do **Parque Natural da Arrábida** são as mais bonitas de todo o país – dezenas de quilômetros de praias quase virgens e tranquilas, nas quais se contemplam golfinhos e aves migratórias. Rara a semana em que não me envia fotos dessas praias – não se cansa de descobrir belezas e detalhes a cada dia. Convenientemente, durante o verão (15 de junho a 15 de setembro) há o programa "Arrábida Sem Carros" – plano de mobilidade segura e sustentável para acesso às praias da serra da Arrábida. Transporte público a partir de Setúbal, feito por linhas de ônibus regulares ou serviços de "vai e vem". Percursos encontrados no app "Praias da Arrábida".

As praias mais bonitas de Setúbal são:

Praia da Figueirinha – estrutura para o banhista, incluindo restaurante. O acesso pode ser feito por carro.

Praia Galapos – tem estrutura para o banhista, incluindo restaurante. O acesso é fácil, por escada.

Praia Galapinhos – não tem estrutura alguma. O acesso é fácil, por meio de trilha. Foi eleita a melhor praia da Europa em 2017, pela **European Best Destinations**.

Praia dos Coelhos – não tem estrutura. O acesso é fácil, por meio de trilha.

Praia do Creiro – sem estrutura para o banhista, mas inclui restaurante. O acesso pode ser feito por carro.

Praia do Portinho da Arrábida – tem estrutura para os banhistas, incluindo restaurantes e pousadas. O acesso pode ser feito por carro.

PONTOS TURÍSTICOS

Há uma quantidade muito grande de pontos de interesse na região de Setúbal. Entre eles, os que mais me agradam são:

Mercado do Livramento – o maior mercado de peixes de Portugal, considerado um dos melhores e mais famosos do mundo pelo jornal **USA Today**, em 2015.

O Mercado foi inaugurado em 1876, demolido em 1927, por já não mais se adequar às necessidades da população. Para a alegria dos setubalenses, reconstruído três anos depois, no mesmo local, em um belo edifício com fachada no estilo *art deco*.

Apesar de ser conhecido como mercado de peixes (lá existem 70 bancas de peixe!), na realidade comercializa muito mais – frutas, legumes, flores, pão, vinho, carne, doces, produtos biológicos... –, como a maior parte dos mercados municipais encontrados país afora. Obras recentes de readequação quase sesquicentenário deram-lhe um toque moderno e funcional, amplo, tornando a visita obrigatória a qualquer visitante, mesmo que não deseje comprar nada. As cores e a beleza das bancas são tão intensas que vai querer tirar muitas fotos, posso garantir. Não deixe de ver os painéis de azulejos, que retratam as atividades econômicas, o cotidiano e a paisagem de Setúbal. Termine a visita num dos cafés, saboreando um dos doces típicos da região, ou um copo de vinho com o famoso queijo de azeitão, oriundo da Freguesia (bairro) de Azeitão, para mim um dos melhores de Portugal.

Praça Bocage – praça principal da cidade, em homenagem a Manuel Maria Barbosa du Bocage, famoso e irreverente poeta neoclássico que nasceu em Setúbal a 15 de setembro de 1765. Dessa praça estratégica saem as ruas da baixa de Setúbal e as ruas de pedestres nas quais se mesclam o pequeno comércio local com grandes lojas de marcas. Na praça encontra-se, ainda, a **Igreja de São Julião**, do século XIII, reformada nos séculos XVI e XVIII, com painéis de azulejos retratando passagens da vida do patrono da Igreja. Nos fins de semana é palco de eventos e celebrações. Dominando a praça, encontra-se a estátua de Bocage, sobre o qual já falamos no capítulo de Lisboa – Café Nicola. Para ilustrar a sua irreverência, vale a pena reproduzir o seu "autorretrato" feito em versos.

Magro, de olhos azuis, carão moreno,
Bem servido de pés, médio na altura,
Triste de cara, o mesmo de figura,
Nariz alto no meio, e não pequeno.

Incapaz de assistir num só terreno,
Mais propenso ao furor que à ternura,
Bebendo em níveas mãos por taça escura,
De zelos infernais letal veneno.

Devoto incensador de mil deidades,
(Digo de moças mil) num só momento,

Inimigo de hipócritas, e frades.
Eis Bocage, em quem luz algum talento;
Saíram dele mesmo estas verdades,
Num dia, em que se achou cagando ao vento.

Castelo de São Filipe – desse local se têm as vistas mais incríveis da cidade e da **baía de Setúbal**, também conhecida como **baía dos Golfinhos**. A fortaleza, construída no século XVI na forma de uma estrela de seis pontas, acolhia a Casa do Governador e edifícios militares. Em 1868 sofreu um incêndio que destruiu todo o seu interior. Bem mais tarde e após obras de restauração, foi transformada em um hotel de luxo gerido pelas Pousadas de Portugal, fechado no final de 2014, para obras de contenção em sua encosta. Apesar de não ter sido reaberto, é possível usufruir da sua esplanada e lá tomar um "copo" ou um café. Mais acima se encontra a pequena **Capela de São Filipe** no estilo barroco. A capela é integralmente revestida por azulejos do ano de 1736, inclusive o teto, retratando parte da vida do santo. O castelo está aberto todos os dias, exceto às segundas-feiras, das 10h às 24h, horário bastante conveniente para quem quer ver o panorama de dia e/ou de noite.

Avenida Luisa Todi – principal via da cidade, que homenageia a grande cantora lírica portuguesa, nascida em Setúbal em 1753. Além de Portugal, atuou na Inglaterra, França, Áustria, Alemanha, Espanha, Rússia, na Repúblicas de Veneza e Gênova, Ducado de Milão e Reino da Sardenha, sempre com grande sucesso. Casada com o primeiro-violinista e compositor napolitano Francesco Saverio Todi, aceitou convite da rainha Catarina II da Rússia, e partiu em 1784 com a família para essa corte, em São Petersburgo, onde ficou atuando por quatro anos. A partir de 1787, ficaram por dois anos na corte do imperador Guilherme II, da Prússia. Às apresentações e longas estadas seguiram-se outras em várias cidades da Europa, terminando a carreira internacional no Reino de Nápoles, em 1799. Fato curioso, em 1793, para cantar no batizado de uma filha de Dom João VI de Portugal (irmã de Dom Pedro I do Brasil), Luisa Todi necessitou de uma autorização especial, pois não era permitido às mulheres cantarem em público em Portugal.

Apesar de a avenida possuir ciclovia em toda a sua extensão, a recomendação é caminhar vagarosamente nessa via que tangencia o centro histórico, sem ficar muito longe do rio.

Pelo caminho, o visitante encontrará cafés e restaurantes, como o **Café d'Avenida** (misto de café e galeria de arte), o **Forum Luisa Todi**, com sala de espetáculos e café em sua cobertura, coreto, **Auditório José Afonso** (ao ar livre), **Casa da Baía**, instalada em edifício do século XVIII, contando com salas de exposições e eventos, loja de produtos regionais, auditório, pátios interior e exterior e simpático café/restaurante. Na Casa da Baía também está a sede local do **Clube das Mais Belas Baías do Mundo**, instituição internacional sem fins lucrativos que congrega as mais belas baías do mundo e visa celebrar a união e a diversidade, articulando de forma harmoniosa diferenças e geografias. O Clube está em cerca de 46 cidades, em 27 países, em quatro continentes. Setúbal foi admitida no Clube em novembro de 2002.

Convento da Arrábida – o complexo, do século XVI, foi fundado pelos franciscanos e compreende o Convento Velho, o Convento Novo e o Santuário do Bom Jesus. Com a extinção das ordens religiosas em Portugal, em 1834, o complexo sofreu pilhagens, e por muito tempo ficou ao abandono. Hoje, pertence à Fundação Oriente e aceita reservas para visitas, que acontecem às quartas, sábados e domingos, mediante agendamento pelo telefone +351-212-197-620. A Fundação do Oriente, com sede em Lisboa e delegações em Timor-Leste, Macau e Índia, proporciona ainda o **Museu do Oriente**, em Lisboa, no qual se encontram abertas à visitação pública fantásticas coleções de arte portuguesa e asiática, além de extenso programa de exposições temporárias.

Azeitão – uma das freguesias do concelho de Setúbal. A pequena vila é uma das mais charmosas de Portugal, muito conhecida pela qualidade do queijo e excelência do vinho. O nome deriva dos extensos olivais que existiam em seu território.

O queijo de azeitão foi reconhecido pelos prestigiados **Great Taste Awards** como um dos 50 melhores produtos gastronômicos do mundo, em 2014. Os queijos portugueses rivalizam com os melhores do mundo (ver Anexo 5), e esse tipo de queijo, cremoso, está entre os melhores de Portugal. Lá ainda se faz a manteiga de ovelha de azeitão que, infelizmente, não é encontrada o ano inteiro, pois é produto sazonal. O que é uma pena...

Em Azeitão estão sediadas duas das maiores vinícolas de Portugal – a **Bacalhoa Vinhos de Portugal** e a **José Maria da Fonseca**.

A José Maria da Fonseca foi fundada em 1834, atualmente gerida pelas sexta e sétima gerações da família do fundador. Além da unidade principal em Azeitão, produz vinhos no Alentejo, Douro, Dão e Minho (vinho verde). Nas instalações produz cerca de 30 marcas (rótulos) diferentes, sendo 70% exportados para os 70 países. O principal rótulo é o vinho Periquita, a marca portuguesa mais antiga, mas o mais característico da região da Península é o famoso Moscatel de Setúbal, vinho levemente adocicado, fortificado, especialmente apreciado com sobremesas, frutas e alguns tipos de queijo. Na rua principal de Azeitão, a José Maria da Fonseca mantém a sua Casa-

-Museu, aberta à visitação. Lá descobrirá a origem do vinho Periquita, verá uma adega na qual repousam os Moscatéis de Setúbal, alguns com mais de 100 anos, além de desfrutar uma degustação vínica e gastronômica que não vai esquecer.

A outra importante vinícola de Azeitão é a Bacalhoa Vinhos de Portugal, S.A., que produz o famoso vinho Quinta da Bacalhoa. O proprietário desde 1998, o comendador Joe Berardo, é um grande mecenas da arte portuguesa e internacional, estando a sua importante coleção em exposição permanente no Centro Cultural de Belém (CCB), em Lisboa. Na sede da vinícola está exposta a maior coleção privada de azulejos dos séculos XVI a XIX de Portugal.

A residência principal da Quinta, chamada de **Palácio da Bacalhoa**, tem mais de 500 anos. Construída em estilo renascentista, por ordem da Casa Real Portuguesa, é considerada a mais bela Quinta da segunda metade do século XV de Portugal.

Aproveitando, vale a pena escrever sobre a origem do nome Bacalhoa, pois sabemos que esse feminino não existe em nossa língua.

No final do século XV, o Palácio foi adquirido por um rico comerciante de bacalhau, Jerônimo Manuel, conhecido sarcasticamente como o "Bacalhau". Com a sua morte, ocorrida no Palácio, em 1602, a viúva tomou a frente dos negócios e passou a ser conhecida como a "Bacalhoa". Daí a origem dos nomes Quinta e Palácio da Bacalhoa. Recentemente, o comendador Berardo comprou a vinícola e, por consequência, o Palácio, mantido em perfeito estado de conservação, especialmente a riqueza dos azulejos. O Palácio dá nome ao vinho da mais alta gama produzido no local – Palácio da Bacalhoa. No rótulo do vinho premium há a seguinte citação, feita pelo comendador Berardo, que achei verdadeira, memorável e reproduzo abaixo:

Estas castas atravessaram Impérios,
resistiram a guerras e batalhas,
venceram dilúvios e tempestades, e hoje,
dão origem a um dos melhores vinhos do mundo.

A Bacalhoa é sediada em Azeitão, mas produz vinhos em seis regiões vitícolas de Portugal – Península de Setúbal (Azeitão), Alentejo, Lisboa, Bairrada, Dão e Douro, totalizando 1.200 hectares de vinhas, que geram 20 milhões de litros por ano. A empresa, em quatro centros – Bacalhoa, Aliança, Quinta do Carmo e Quinta dos Loridos –, produz 40 rótulos, de 40 castas diferentes. Na Quinta do Carmo (Alentejo) há parceria estabelecida com o Grupo Lafitte Rothschild, um dos mais prestigiados produtores de vinhos da França.

Ambas as vinícolas têm lojas em Azeitão. Poderá provar os vinhos e comprá-los, levando-os consigo ou mandando entregar na maior parte dos países do mundo.

Mas não só de queijo e de vinho vive Azeitão. Na região há vários condomínios com casas de lazer, campos de golfe, bons restaurantes e pastelarias incríveis. A que mais visito é a **Pedaços de Azeitão**, na Praça da República. Ali encontrará os deliciosos doces da região, queijos, cerâmicas e demais artigos típicos. Igualmente recomendáveis são a **Pastelaria O Cego**, fundada em 1901, a mais antiga da região, a **Casa das Tortas**, igualmente com mais de 100 anos, fundada em 1910 (mantém os armários e balcão desde a fundação), e a **Casa Negrito**.

Junto à Praça da República existem os **Lavadouros Municipais**, antigamente utilizados pela população para a lavagem da roupa. Foram recuperados e viraram atração turística, mantendo os tanques utilizados pelas lavadeiras. No novo espaço público encontra-se a **Sabores e Encantos de Azeitão**, misto de café, pastelaria e loja gourmet, serviço de refeições ligeiras e venda de artesanato local, incluindo peças de cerâmica.

AZULEJOS A PERDER DE VISTA

Vale a pena visitar a fábrica da **Azulejos de Azeitão**, na qual são produzidos azulejos lisos ou com relevo, com design europeu, islâmico ou chinês. Ou o seu próprio design, cores e tamanho, pois todos são feitos por encomenda. Recentemente, as encomendas mais marcantes foram a do designer francês Christian Louboutin, que os utilizou para a decoração da sua casa na Comporta, e a de uma igreja em Libreville, Gabão, que utilizou 12 mil peças em sua ornamentação.

Na visita guiada à fábrica é possível ver todas as fases do processo, da argila à pintura.

As indicações de hotéis e restaurantes da Península de Setúbal estão apresentadas ao final deste capítulo.

Palmela

ANTECEDENTES

Palmela é uma pequena vila, charmosa, com cerca de 20 mil habitantes. A história da sua ocupação é similar à de toda a Península. A Carta de Foral foi outorgada por Dom Afonso Henriques em 1185, 64 anos antes da Carta de Setúbal. Nos primeiros anos de Portugal como país, Palmela tinha importância estratégica, "reinando" entre os estuários dos rios Sado e Tejo. A importância muito se relaciona à doação da vila em 1172, por Dom Afonso Henriques, à Ordem de Santiago e Espada, que teve papel preponderante na consolidação do Estado português. A sede da Ordem passa a ser, então, em Palmela, de onde administrava o enorme território que tinha sob seu domínio. Com a Reconquista, a Ordem perdeu gradativamente a importância e poder, o mesmo ocorrendo com Palmela. O declínio atingiu o ápice com a extinção das Ordens Militares e Religiosas, culminando na extinção do município em 1855 e subsequente anexação ao de Setúbal. Em 1926, por pressão popular, Palmela teve a sua condição de município restaurada.

O principal monumento histórico do município é o **Castelo de Palmela**, fortaleza construída pelos muçulmanos entre os séculos VIII e IX, posteriormente ampliada entre os séculos X e XII.

Em 1147, Dom Afonso Henriques reconquistou Palmela dos muçulmanos, que se retiraram para Alcácer do Sal. Entretanto, se reorganizaram e novamente tomaram Palmela. Em 1158, os cristãos tornaram a reconquistar Palmela, para logo a perderem para os muçulmanos. Finalmente, em 1165, Dom Afonso Henriques reconquistou definitivamente a cidade e a sua fortaleza. De lá até os dias de hoje, o Castelo foi testemunha de várias escaramuças, mas também sofreu melhoramentos e reforços. Nele, atualmente, está instalada a **Pousada Castelo de Palmela**, considerada um dos melhores estabelecimentos hoteleiros da Península. Faz parte da rede Pousadas de Portugal, gerenciada pelo Grupo Pestana. De lá há vista deslumbrante para a costa e para a serra.

PONTOS TURÍSTICOS

No contexto do patrimônio histórico-religioso do município, destacam-se a **Igreja de Santiago de Palmela**, no Castelo, do século XV, a **Igreja de Santa Maria**, também no Castelo, do século XII, a **Igreja Matriz de Palmela**, em honra a São Pedro, do século XIV, a **Igreja da Misericórdia de Palmela**, do século XVI, a **Capela de São João Batista**, do século XVII, a **Igreja de Nossa Senhora da Redenção**, do século XVIII, a **Capela de São Gonçalo**, do século XVI, e a **Capela da Escudeira**, do século XVIII.

O museu mais interessante é o **Museu do Ovelheiro**, que trata dos temas relacionados aos pastores de ovelhas e o fabrico do queijo de azeitão, patrimônio gastronômico da Península.

No município há duas feiras mensais, no primeiro e segundo domingo de cada mês, festas religiosas, temáticas ou populares todos os meses, de maio a dezembro, e pelo menos uma dezena de festivais de música, da música clássica ao jazz, passando pela música popular.

A principal vinícola de Palmela é a **Casa Ermelinda Freitas**, com 100 anos de existência. As vinhas abrigam várias castas, inclusive a moscatel, típica da região.

Sesimbra

ANTECEDENTES

O pequeno município tem cerca de 5.600 habitantes em sua área urbana. Os principais pontos turísticos são o **Castelo de Sesimbra**, o **Cabo Espichel**, a oeste da cidade, e a **Lagoa da Albufeira**, alimentada de água doce por meio de três riachos e de água salgada pelo oceano Atlântico, apenas a partir da primavera, quando o seu canal dunar é aberto. Composta de três lagoas – a Grande, a Pequena e a Estacada, atinge profundidades de até 15 metros, as mais profundas de Portugal.

O Castelo de Sesimbra, medieval, situa-se em uma falésia, 240 metros acima do nível do mar, sobre uma enseada na Península de Setúbal, entre os estuários dos rios Tejo e Sado, a curta distância do Cabo do Espichel.

O Castelo foi retomado aos mouros pelo rei Dom Afonso Henriques em

1165. Em 1189, já no reinado de Dom Sancho I, ocorreu uma contraofensiva muçulmana, fazendo com que os habitantes de Sesimbra abandonassem a povoação, por sua vez ocupada e dizimada pelas forças do califa Almançor. O mesmo Dom Sancho I retomou Sesimbra por volta do ano 1200, com o auxílio dos cruzados do norte da Europa. Em 1201, Dom Sancho I concedeu a Carta de Foral à povoação, determinando a reconstrução do Castelo de Sesimbra. No reinado de Dom Sancho II, o Castelo e os domínios de Sesimbra foram entregues aos cavaleiros da Ordem de Santiago, cujos monges intensificaram esforços para o repovoamento.

Durante os séculos seguintes, o Castelo sofreu várias obras e adaptações às novas técnicas de fortificação impostas pelo desenvolvimento da artilharia, mas voltou a sofrer danos consideráveis em consequência do terremoto de 1755. Junto ao Castelo encontra-se a **Igreja de Nossa Senhora do Castelo**, erguida em 1160.

O Castelo é classificado como Monumento Nacional desde 1910 e está, atualmente, em bom estado de conservação.

PRAIAS

Do ponto de vista turístico, às praias de Sesimbra estão reservados os maiores elogios. Entre elas, destaco:

Praia do Ribeiro do Cavalo – é difícil explicar como a praia, a menos de 40 km de uma grande metrópole como Lisboa, que tem intenso movimento de turistas no verão, pode permanecer tão tranquila e pouco frequentada. Mais inusitado ainda se torna quando a praia pura, selvagem e exótica, é considerada por muitos a mais bonita de Portugal e uma das mais bonitas da Europa, com águas límpidas e cristalinas, em matizes de verde e azul, como se estivéssemos em alguma praia no Caribe ou no sudeste da Ásia. A resposta talvez resida em sua relativa dificuldade de acesso, que se dá por uma trilha na serra da Arrábida – o "desbravador" terá que andar 15 ou 20 minutos, com bom calçado, pois caminhará sobre rocha, em alguns trechos. E é bom levar água, pois não há nenhuma infraestrutura na praia. O segundo segredo é encontrar a trilha certa. Uma vez em Sesimbra, procure a doca e o porto de abrigo, a oeste (poente) da vila. Depois do estacionamento e junto ao clube naval, há uma estrada de terra batida do lado direito. É essa. À semelhança do Caminho de Santiago, há a marcação em verde nas rochas, a indicar que você está no caminho certo. Para conferir, a serra deve estar do seu lado direito e o mar e uma pedreira do seu lado esquerdo. A descida é íngreme, mas ficará sem fôlego não pelo esforço, mas pela incrível vista. Agora é tomar coragem e enfrentar a trilha, para no fim ter a recompensa de chegar o mais próximo possível do paraíso! E, se tiver sorte, como tivemos, ainda verá o espetáculo do balé dos golfinhos, que frequentemente dão o ar da sua graça bem junto à costa.

Praia da Califórnia – estrutura para os banhistas, incluindo restaurantes e pousadas. O acesso pode ser feito por carro.

Praia do Meco – com estrutura para os banhistas, incluindo restaurantes e pousadas. Acesso por carro.

Enogastronomia na Península de Setúbal

ENOLOGIA

De acordo com a Comissão Vinícola Regional da Península de Setúbal (CVRPS), no distrito de Setúbal existem 1.200 vitivinicultores e 120 vinícolas, produzindo mais de 40 milhões de litros de vinho por ano, muitos deles com premiações nacionais e internacionais. Em 2010, Robert Parker deu 100 pontos a um Moscatel de Setúbal do ano de 1947, da José Maria da Fonseca, enquanto o Moscatel de Setúbal Reserva do ano de 2006, da Venâncio da Costa Lima, teve o primeiro lugar no concurso **Top 10 Muscats du Monde**.

Na Península de Setúbal existem três certificações (Denominações de Origem) para os seus vinhos:

- Vinhos D.O. Palmela, que certifica vinhos brancos, rosés e tintos, frisantes, espumantes e licorosos;
- Vinhos D.O. Setúbal, que certifica exclusivamente os vinhos generosos brancos, produzidos com a casta Moscatel de Setúbal ou tintos, produzidos com a casta Moscatel Roxo;
- Vinho Regional Península de Setúbal, que certifica vinhos brancos, rosés e tintos, frisantes, licorosos, e vinhos para base de espumantes.

O grande desenvolvimento do Moscatel de Setúbal ocorreu a partir do século XIV, quando o rei Ricardo II da Inglaterra começou a importá-lo. Da mesma forma, nos séculos XVII e XVIII, Luís XIV da França não deixava de servir esse vinho na corte de Versailles.

Quanto aos vinhos de mesa tintos de Palmela, a casta principal é a Castelão, cuja presença é sempre obrigatória. Para os vinhos das outras certificações, as principais castas são o Arinto e a Fernão Pires para o vinho de mesa branco, e o Alfrocheiro e a Trincadeira para o vinho tinto de mesa. O vinho Moscatel de Setúbal, para assim ser denominado, precisa ter no mínimo 85% das castas Moscatel, Moscatel de Setúbal ou Moscatel Roxo.

De acordo com a CVRPS, o mercado brasileiro é o principal importador dos vinhos da Península de Setúbal, onde podem ser encontrados os principais rótulos, tanto no varejo como nos restaurantes.

Afinal, o marketing dos vinhos de Setúbal no Brasil já tem mais de 500 anos, pois, com vinhos de distintas origens portuguesas, frequentemente formavam o lastro das caravelas dos descobrimentos...

GASTRONOMIA

A gastronomia na península está naturalmente ligada à comida do mar em face de sua posição próxima aos estuários e ao mar. No entanto, não se limita a essa especialidade, com muitos pratos regionais e diversos tipos de carne. Da mesma forma, cada concelho tem suas especialidades, principalmente quanto aos doces.

Por exemplo, em Setúbal a sardinha assada com broa de milho é considerada uma das maravilhas da gastronomia portuguesa; o choco (espécie de lula) frito é o prato mais típico de Setúbal, presente em quase todos os restaurantes. As ostras, oriundas do estuário do Sado, fazem parte do patrimônio gastronômico municipal, e estão entre as melhores de Portugal.

Já em Palmela, os pratos típicos são a sopa de Tamboril (peixe) com poejos (espécie de hortelã, conhecidos como hortelãzinho) e coelho com feijão.

Em Sesimbra há o arroz de polvo, a açorda de mariscos, o ensopado de lulas, entre outros.

Na doçaria destacam-se em Sesimbra as brisas do castelo, as catarinas, as broas de Alfarim e os almirantes; em Palmela as peras cozidas em vinho moscatel; em Setúbal as tortas de Azeitão e os esses de Azeitão; em Sines as areias de Sines e as brisas de Sines, e muitas outras...

No entanto, para mim, os campeões da gastronomia da Península são os queijos de azeitão. Premiadíssimos, como mencionado, são produzidos a partir do leite de ovelha nos concelhos de Setúbal, Palmela e Sesimbra, que constituem uma Denominação de Origem Protegida (DOP), de acordo com as normas da União Europeia.

Os queijos são geralmente apresentados em formato pequeno, 8 cm de diâmetro por 5 cm de altura, pesando cerca de 250 gramas, praticamente uma porção para uma ou duas pessoas. A consistência é bem mole, por isso normalmente se retira a "tampa" do queijo e usa-se uma colher para removê-lo do interior da casca. Em comparação ao queijo da serra, o mais conhecido de Portugal, a consistência é mais fluida e o sabor mais intenso. Frequentemente oferecido no *couvert* dos restaurantes não só da Península, mas de todo o país.

RESTAURANTES

Os restaurantes recomendados na região são:

SETÚBAL

Xtória – inaugurado em maio de 2019, a materialização de um projeto levado adiante por Rute Marques e sua irmã, Rita Neto, vencedora da primeira edição do Masterchef Portugal. O resultado foi muitíssimo bom, sob todos os aspectos. A ambientação da casa, com cerca de 45 lugares, é muito agradável, a criatividade da cozinha e a qualidade dos produtos são bem altos, e o serviço atencioso. Foge completamente ao conceito dos demais restaurantes de Setúbal, sem deixar de utilizar os produtos da região. Muda o menu a cada estação.

De Pedra e Sal – grelhados, cozinhas mediterrânea, europeia, portuguesa, que vêm à mesa sobre pedra retangular de sal.

O Tavira – pertence a uma família com tradição na arte do peixe na brasa. O pai comanda o Restaurante Bombordo, e o filho O Tavira, no qual há um aquário com mariscos para sua escolha. Como em todos os restaurantes de mar da região, há o choco frito, mas também carnes maturadas e leitão.

Sem Horas – pequeno restaurante, com cerca de 15 lugares no interno e pouco mais do que o dobro na esplanada. O edifício onde se localiza é belíssimo e um dos marcos de Setúbal. Se não estiver com fome, vale a pena ir mesmo assim para tirar uma foto. A pedida nesse restaurante são os petiscos para compartir. Preços bons.

Verde e Branco – restaurante tradicional da cidade, com pouca frequência de turistas. Funciona apenas para o almoço e serve somente peixes – fresquíssimos.

Casa Morena – nada mais típico do que o pequeno restaurante do bairro Troino, de pescadores. A grelha utilizada pelo senhor Horácio é comunitária, no Largo da Fonte Nova.

Tasca da Avenida – frutos do mar, cozinhas mediterrânea, europeia, portuguesa. No centro de Setúbal.

Carnes do Convento – *steakhouse*, cozinha luso-brasileira.

O Miguel – marisqueira situada em frente à doca dos pescadores, de frente para o mar, e uma esplanada virada para Troia.

In Sado – cozinhas mediterrânea, europeia, portuguesa.

AZEITÃO

Casa Janeiro – um dos melhores restaurantes da região, especializado na cozinha do mar. Ao almoço o serviço é à la carte, mas no jantar acrescente-se extensa e deliciosa lista de petiscos. A frequência é alta, não aceitam reservas, mas pode-se deixar o nome à entrada, para atendimento por ordem de chegada.

SESIMBRA

Bar do Zeca – na praia do Creiro, com boa comida do mar, servindo ainda pratos de carne. O serviço é muito atencioso e fica mesmo junto à areia da praia. Tem acesso de carro até próximo do restaurante, cerca de 300 metros.

Casa Mateus – comandado por uma família com grande tradição no ramo da restauração em Sesimbra. Cozinha moderna, releituras dos pratos tradicionais de carne, peixe e sobremesas. Boa ambientação e serviço adequado.

O Zagaia – casa igualmente gerenciada por Pedro Mateus, da Casa Mateus, mas com outros sócios. Marisqueira moderna, dos dias de hoje. Ambiente e serviço bons.

Padaria – especializado em peixes na grelha, mas oferece cardápio com pratos mais elaborados, sempre com produtos locais.

Filipe – pequeníssimo restaurante tradicional, verdadeira instituição local. Os petiscos são imperdíveis.

PALMELA

Restaurante Dona Isilda – um dos que mais se destaca na região. Situado em Palmela, ao pé da serra do Louro, perto do Parque Nacional da Serra da Arrábida. Muito bem montado, o restaurante oferece uma seleção de embutidos e queijos para aperitivo, que pode ser servida na área exterior. O serviço principal é feito por meio de um competente bufê de saladas, pratos frios, pratos quentes e sobremesas.

HOTÉIS

Alojamentos recomendados na Península de Setúbal:

Pousada Castelo de Palmela – luxuosa pousada, apenas 28 quartos, instalada no histórico Castelo de Palmela, com restaurante/bar e excelente serviço. Faz parte da rede Pousadas de Portugal, administrada pelo Grupo Pestana.

Hotel Casa Palmela – único 5 estrelas da Península, fica em Palmela, a 5 km do centro de Setúbal.

Meliá Setúbal – hotel 4 estrelas, no centro de Setúbal, com todas as facilidades de um grande hotel.

RM The Experience – no centro de Setúbal.

Hotel Club d'Azeitão – hotel 4 estrelas, em Azeitão.

Porta da Arrábida Hostel & Suites – localizado em Palmela, ideal para quem deseja ficar em um ambiente mais despojado, mas sem abrir mão do conforto.

Comporta

A Comporta situa-se no Alentejo, a pouco mais de uma hora de Lisboa, atualmente a praia mais elegante e sofisticada de Portugal. Não à toa, personalidades internacionais, como Christian Louboutin, Maddona e Phillippe Stark têm propriedades lá, desfrutando uma paisagem deslumbrante, com as dunas e reservas naturais adequadamente protegidas por severas leis. A comparação com outras praias e outros tempos é imediata – a Comporta é a St. Tropez, a Ibiza, os Hamptons, St. Barth... dos anos 1950, sem a especulação imobiliária, sem discotecas ou grande vida noturna.

Parte do estuário do rio Sado, habitat natural de pássaros como flamingos, garças e cegonhas, que fazem ninhos em chaminés, torres de igrejas e de transmissão. Alguns desses ninhos chegam a pesar mais de uma tonelada! Os verdejantes arrozais, praias selvagens, campos de árvores de cortiça (sobreiros) e pinheiros margeando as estradas compõem um cenário único de tranquilidade, com a sensação de o tempo ter parado.

Conjunto de sete vilarejos e três praias – **Comporta**, **Carvalhal** e **Pego** –, cada uma com restaurantes descolados, especializados em comida do mar, é claro, com vista livre para o mar, também é claro, e não muito mais, felizmente.

Na praia da Comporta há o **Comporta Café**. Na praia do Carvalhal há o **Restaurante O Dinis**, no qual há espaço dedicado às crianças. Mas é na praia do Pego que se encontra a joia da coroa gastronômica da região – o **Restaurante Sal**, considerado o melhor de praia do mundo por diversas publicações internacionais. Título merecido porque é realmente muito bom. Todos os três servem almoço e jantar, sem intervalo. No verão, fazer reserva é imprescindível.

A Vila da Comporta, apesar de minúscula, é muito interessante de se visitar, pois tem lojas de decoração e de roupa de muito bom gosto, como a **Vintage Department**, do casal Emily Tomé (luso-britânica) e Alma Mollemans (holandês), onde nunca conseguimos entrar sem comprar alguma coisa para nossa casa, ou a **Lavanda**, que une loja de roupas descoladas de verão, femininas e masculinas, e um bar na calçada, o *point* da Comporta no fim da tarde. Há ainda a **Mercearia Gomes**, com mais de 100 anos, e que realmente vale a pena conhecer, pela variedade e qualidade excepcional dos produtos; de uma garrafa de água mineral ao melhor champanhe ou caviar, lá tem! Uma das especialidades são as cestas de palha, coloridas, muito bonitas, que ficam penduradas no teto do armazém.

A vila não é muito fácil de encontrar, mas uso um truque. Coloco no Waze o nome do **Restaurante Cavalariça**, bem no centrinho do lugarejo, onde não pode deixar de ir! E, se estiver com fome, também é um bom lugar para almoçar ou jantar.

Em junho de 2019, o empresário brasileiro Fernando Droghetti, em associação com os proprietários do Restaurante Sal, abriram no centro da vila o **Restaurante Jacaré da Comporta**, uma das sensações do verão. O restaurante oferece um moderno cardápio de saladas, pizzas em forno à lenha, risotos, massas e prato do dia. As instalações são muito lindas (não fosse Droghetti dublê de *restauranteur* e decorador!), música excelente, serviço muito bom e a *vibe* não poderia ser melhor. Em seu primeiro verão, só serviu jantar. Fica na Rua do Secador, mas não se preocupe com isso, basta perguntar para quem está na Comporta há mais de um dia, que já saberá lhe dizer onde fica o Jacaré...

Para hospedagem na Comporta há uma infinidade de modernas e confortáveis casas para alugar, encontradas nos aplicativos usuais, além de pequenos e simpáticos hotéis. Mas, se a ideia é ficar em alto estilo, recomendo o **Sublime Comporta**, que oferece vilas ou suítes, com linda arquitetura em madeira e muito vidro. O restaurante também é bom. Fica distante da praia, mas na Comporta não existe nenhum hotel nem casa na praia, todos têm que ir de carro. Ou de bicicleta. Há estacionamentos pagos nas três praias.

Outra recomendação é o novíssimo **Quinta da Comporta**, inaugurado em maio de 2019, com grande conforto e bom gosto, oferecendo quartos, suítes e *pool villas*. A propriedade e o projeto do hotel são do arquiteto Miguel Câncio Martins, com destaque para os edifícios do restaurante e spa – utilizou enormes peças de madeira maciça, obtidas do desmonte de velhas pontes e celeiros no Canadá e tratadas na Bélgica. Conceitualmente, prioriza o bem-estar, com a oferta de completo spa. Localiza-se no Carvalhal, a cerca de 3 km da praia de mesmo nome. A nossa hospedagem ocorreu com apenas dois meses de inaugurado, ainda havia alguns detalhes sendo feitos no hotel, mas nada que comprometesse a qualidade da estadia. O serviço e o atendimento são muito bons.

🐚 ROTEIRO RÚSTICO

Região do Alentejo que também está a despertar grande atenção para os aficionados de praias rústicas e bom peixe é Melides, com extensos areais, ótimo pescado e a especialidade de pato assado. Fica ao sul da Comporta, em percurso de 30 minutos de carro. A partir de Lisboa demora pouco mais de uma hora.

As principais praias de Melides são a **praia da Aberta Nova**, com salva-vidas e infraestrutura de bar; a **praia da Galé**, quase sempre deserta, com acesso por trilha e escadas, mas sem dificuldade; a **praia de Melides**, com grande mordomia – estacionamento, bar na praia e restaurante Flor de Sal by Melides; e a **praia da Vigia**, entre a praia da Aberta Nova e de Melides, com acesso por meio de uma estrada de terra, à saída da Vila de Melides, em direção ao cemitério. Nessa praia Christian Louboutin tem a sua casa...

Com relação aos restaurantes, há uma grande oferta, sendo o principal o **Flor de Sal by Melides**, na praia de Melides, ótimo para petiscar ou comer "a sério", com menu de produtos regionais. Impera o peixe, é claro; a **Caverna do Tigre**, à margem da Estrada EN261, com café, esplanada, restaurante e o famoso pato assado (sob encomenda); **Bar dos Tigres**, na praia da Aberta Nova, ótimos aperitivos regados a uma gelada cerveja; **Tia Rosa**, também na EN261, com pato assado, peixe e marisco, tudo à moda alentejana; **Quinta do Lourenço**, mais um na EN261, famoso pela carne com amêijoas e camarões, além de peixe e mariscos; e **O Fadista**, para petiscos e saladas, no centro de Melides.

Para os aventureiros e amantes da natureza, Melides oferece a oportunidade de passeios a cavalo, cerca de duas horas de duração, pela serra ou pelas praias (https://www.passeiosacavalomelides.com/pt/), ou observar as aves (*birdwatching*) a partir de uma cabana de madeira na Lagoa de Melides, na qual encontrará todas as informações sobre as espécies da região.

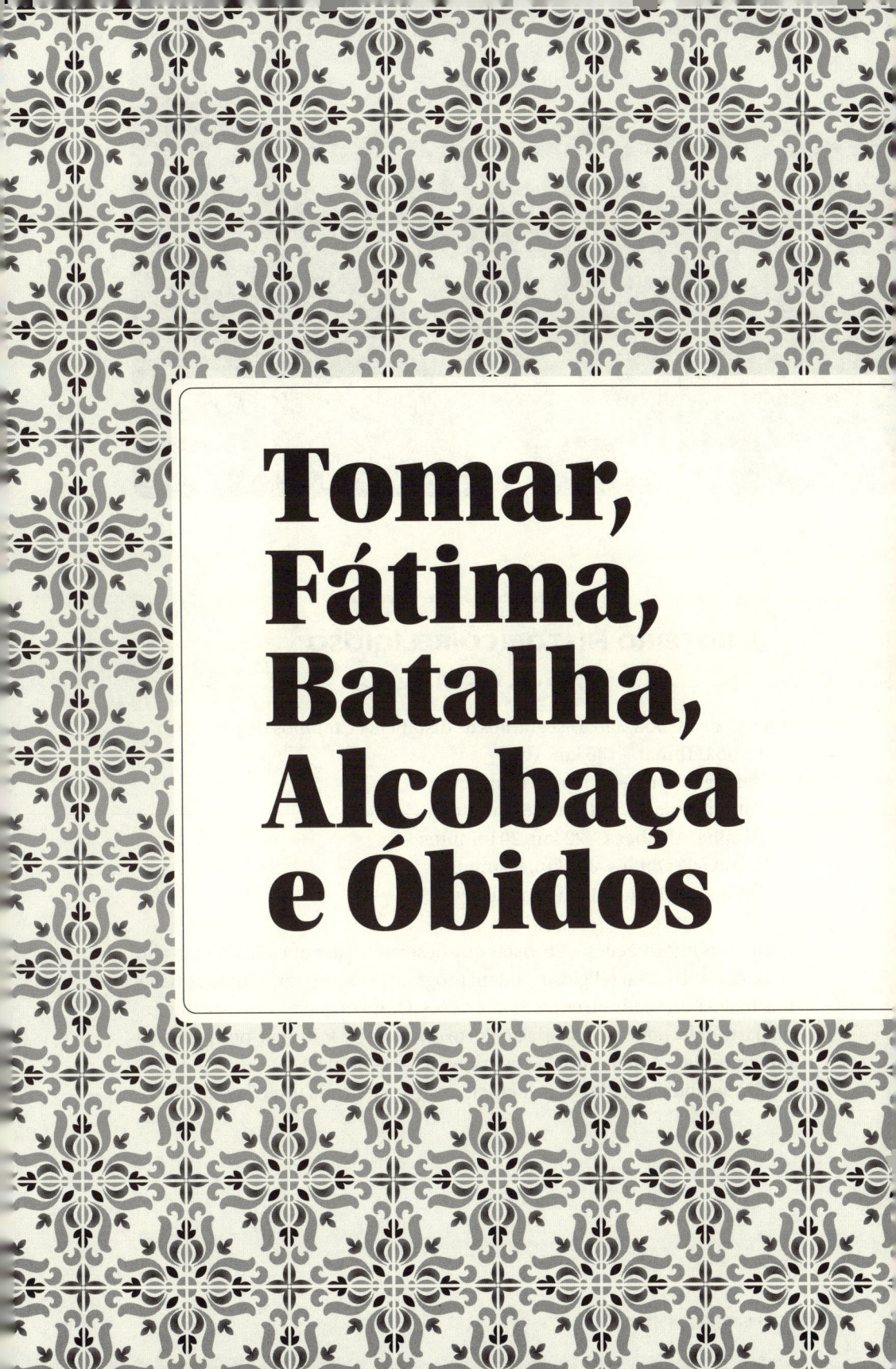

Tomar, Fátima, Batalha, Alcobaça e Óbidos

ROTEIRO HISTÓRICO/RELIGIOSO

A partir de Lisboa, são as seguintes as distâncias e tempos de percurso:
   Lisboa/Tomar – 136 km, 1h30
   Tomar/Fátima – 38 km, 35 minutos
   Fátima/Batalha – 20 km, 25 minutos
   Batalha/Alcobaça – 22 km, 20 minutos
   Alcobaça/Óbidos – 40 km, 30 minutos
   Óbidos/Lisboa – 84 km, 1 hora

Com essas informações, os turistas que desejam visitar as cidades, com alto valor histórico e/ou religioso, podem programar os itinerários indo àquelas que mais se enquadram em seus interesses. Outra opção é fazer esse roteiro, ou parte dele, em eventual ida ao Porto ou norte de Portugal, porque estão próximos das rodovias que servem a essa parte do país.
   Em seguida, detalho as principais atrações de cada uma das cidades.

Tomar

ANTECEDENTES

Cidade com monumentos históricos declarados pela Unesco como Patrimônio da Humanidade, Tomar foi fundada em 1160 pelos **Templários**, que lá mantiveram sua Ordem. A população total é de 41 mil habitantes, metade vivendo na zona urbana.

Os Templários formaram um exército religioso criado no século XII com a missão inicial de defender Jerusalém dos muçulmanos. A designação de Templários vem do fato de lá ocupar uma ala do Palácio Real, que teria sido parte do Templo de Salomão. A defesa da religião logo se estendeu a outros Estados cristãos da Europa. À medida que o seu poderio militar aumentava, recebiam mais doações e acumularam grande fortuna, gerando descontentamento em diversos reis europeus, começando pelo francês Felipe VI, o qual, por dever muito dinheiro à Ordem, pressionou o papa Clemente V a extingui-la em 1312, quando alguns cavaleiros foram presos e outros mortos.

O principal monumento é o **Convento de Cristo**, do século XII. De tamanha importância histórica e beleza arquitetônica que se torna visita imprescindível a quem está em Lisboa. Por isso, vou me estender um pouco mais na descrição dos monumentos.

O denominado Convento de Cristo é, na realidade, um complexo que engloba o **Castelo Templário de Tomar**, a **Charola Templária** e a Igreja manuelina adjacente, o convento renascentista da Ordem de Cristo, a cerca conventual, a **Ermida de Nossa Senhora da Conceição** e o aqueduto conventual.

O Castelo dos Templários teve a sua construção iniciada em março de 1160, conforme inscrição ainda hoje existente nos muros, a partir das ruínas do Castelo da Cera, por ordem de Dom Gualdim Pais, Mestre da Ordem dos Templários em Portugal, para complementar a linha de defesa do acesso por Santarém a Coimbra, então capital do reino.

Ao mesmo tempo iniciou-se a construção da Charola, oratório privativo dos Cavaleiros, do qual falaremos mais adiante.

Em 1190, o califa muçulmano Almançor (do Califado de Córdoba), após conquistar fortificações no sul do país, avançou para o norte, conquistando diversas fortificações, até chegar a Tomar, quando os templários resistiram por seis dias, quebrando o ímpeto do invasor. A invasão do castelo finalmente se deu pela porta sul, sendo a defesa dos Templários de tal forma dizimada que a porta ficou conhecida como a Porta do Sangue.

Em 1312, o papa Clemente V extinguiu a Ordem dos Templários, e o rei de Portugal, Dom Dinis, tomou posse dos bens da Ordem no país. Para administrar os bens, o rei criou em 1321 a Ordem de Nosso Senhor Jesus Cristo ou, simplesmente, Ordem de Cristo, primeiramente com sede no Algarve e, em 1338, transferida para Tomar.

Posteriormente, o Castelo recebeu a atenção de Dom Manuel e de Dom João III, que promoveram obras de recuperação, respectivamente, nos séculos XV e XVI, o último ampliando o Convento de Cristo, do qual também falaremos em seguida.

Nessa altura a população que vivia intramuros foi obrigada a se mudar para a Vila de Tomar, para essas e outras obras.

A partir de então, poucas alterações e obras foram feitas no complexo castelo-convento, até os dias de hoje, mantendo-se em estado de boa conservação.

O castelo apresenta elementos de arquitetura militar nos estilos românico, gótico e renascentista, e vestígios de estruturas militares mais antigas, da época romana. Composto de dupla cintura de muralhas, que delimitavam a povoação intramuros e a praça de armas.

Nesse castelo, os Templários introduziram dois elementos defensivos que eram comuns em outros castelos da Europa: o primeiro, a torre de menagem, estrutura central de um castelo medieval, definida como principal ponto de poder e último reduto de defesa, podendo, em alguns casos, servir de recinto habitacional do castelo. O segundo foi o alambor, que consiste no embasamento dos muros em rampas, destinadas a impedir a aproximação de assalto das torres, nesse castelo presente em todo o perímetro das muralhas.

A torre de menagem do Castelo dos Templários, em forma retangular, tem três pavimentos. No segundo pavimento vê-se a inscrição em latim, na escadaria que leva à Charola, informando ao visitante:

Na era de 1198 (1160 da era de Cristo), reinando Afonso, ilustríssimo rei de Portugal, D. Gualdim, mestre dos cavaleiros portugueses do Templo, com seus freires, começou no primeiro dia de março a edificar este castelo, chamado Tomar, que, acabado, o rei ofereceu a Deus e aos cavaleiros do Templo.

Na mesma época, começou a construção da Charola, ou seja, o oratório privativo dos cavaleiros, no interior do Castelo, inspirado no Templo de Jerusalém, em estilo bizantino e forma de prisma octogonal, concluída 30 anos depois, em 1190. Na época da Ordem de Cristo, no século XV, extensas obras de ampliação foram feitas, passando a Charola a funcionar como capela-mor da nova igreja conventual, ligada a esta por grande arco rasgado nos muros do velho oratório, enriquecida com obras de arte sacra, incluindo esculturas, pinturas sobre madeira e sobre couro, pinturas murais e estuques.

Iniciado no final dos anos 1990, o trabalho de conservação e restauro do interior da Charola permitiu valorizar um extraordinário conjunto patrimonial que, recorrendo a grande variedade de técnicas artísticas e decorativas – pintura mural, estuques, pedra esculpida e policromada, talha e mesmo a distintos materiais menos comuns, como couro e cera –, revelou toda a sua dimensão artística e simbólica.

A remoção das caiações e pinturas das abóbodas do deambulatório, aplicadas nos séculos XIX e XX, pôs a descoberto a pintura mural manuelina subjacente. Por outro lado, a limpeza, fixação e reintegração das lacunas das restantes superfícies e obras devolveram ao conjunto notável unidade física e estética, contribuindo para a melhor leitura e fruição.

O Convento de Cristo originou-se da charola, desenvolvido entre os séculos XII e XVIII, pelos mais importantes arquitetos e mestres portugueses, incluindo edificações diversificadas, com relevada importância patrimonial e artística, destacando-se a própria charola templária, os claustros quatrocentistas, a igreja manuelina e o convento renascentista.

Em função do período histórico de cada edificação, encontramos nesse complexo elementos românicos, góticos, manuelinos, renascentistas, maneiristas e do chamado estilo chão.

No reinado de Dom Manuel (1495 a 1521), o convento foi submetido a importantes obras de ampliação, deixando a marca desse monarca, incluindo a construção de uma igreja extramuros, no estilo manuelino, traduzindo e "celebrando as descobertas marítimas portuguesas, a mística da Ordem de Cristo e da Coroa, numa grandiosa manifestação de poder e de fé", segundo o estudioso e autor Paulo Pereira.

Seu sucessor, Dom João III, centra ainda mais suas ações em Tomar, com o desejo de tornar a cidade uma espécie de capital espiritual do reino, em que desejaria ser sepultado. Para isso, ordenou a construção da pequena igreja-mausoléu de Nossa Senhora da Conceição. A poucos anos do início do seu reinado, promoveu profundas mudanças na Ordem de Cristo e a construção de um novo espaço conventual, transformando a Ordem em rigorosa ordem de clausura.

Em 1581, na Igreja do Convento de Cristo, Dom Filipe I de Portugal (ou Dom Filipe II de Espanha) foi, como herdeiro do trono, aclamado rei de Portugal, tornando-se mestre da Ordem de Cristo, que prosseguiu com a construção do Claustro e do aqueduto, entre diferentes obras.

Filipe, filho de mãe portuguesa, reinou na Espanha de 1556 a 1598 (ano da sua morte), e em Portugal de 1581 a 1598, unificando a Península Ibérica.

Muito mais do que isso, os limites do seu império iam do extremo leste das Américas (Filipeia, hoje João Pessoa, PB, Brasil) às Filipinas, do Atlântico centro-ocidental ao Pacífico centro-ocidental, passando por todas as longitudes do oceano Índico. Foi o primeiro governante mundial a estender os domínios sobre área direta "onde o sol jamais se põe", muito antes do Império Britânico, e superando Gengis Khan, até então o homem mais poderoso de todos os tempos.

Durante o seu reinado, Filipe I entregou a condução da parte portuguesa do seu império ao Duque de Alba, que manteve intocadas as instituições portuguesas.

Após quase 60 anos, em 1640, desfez-se a União Ibérica, e Portugal teve a sua independência restaurada, voltando a ter um monarca português, com a proclamação de Dom João IV.

Em 1811, o convento foi ocupado pelas tropas francesas, causando alguma destruição ao patrimônio; em 1834 ocorreu a extinção das ordens religiosas, o que subitamente pôs fim à vida monástica no convento masculino, sobrevivendo sob a forma de Ordem Honorífica, por vontade da rainha Dona Maria II, sendo, no presente, o seu grão-mestre o presidente da República. Ainda naquele século, parte dos preciosos bens foi roubada, como livros, pergaminhos e pinturas.

Em 1845, a rainha Dona Maria instala-se no Castelo; no final do século XIX várias dependências do castelo são entregues aos militares; em 1917, todo o conjunto, exceto a Igreja. Nas últimas décadas do século XX iniciou-se a desafetação dos espaços ocupados pelos militares, o Estado português reassume a plena posse do complexo, criando-se condições para a manutenção de funções culturais e turísticas, presentes até hoje.

Desde então, várias ações de recuperação foram efetuadas pelo Estado, sendo a mais notável a longa recuperação da charola, por cerca de 15 anos, revelando um tesouro escondido: as pinturas em *trompe l'o*eil do período manuelino.

Outra obra notável, extramuros, mas ligada ao complexo castelo-convento, é o Aqueduto dos Pegões (ou Aqueduto Conventual), com 6 km de extensão total, sendo 4.650 metros subterrâneos e 1.350 metros aéreos, vencidos por 180 arcos que sustentam o canal em alturas de até 30 metros. Em alguns trechos há filas duplas de arcos, sobrepostas, que tornam a obra ainda mais impressionante e bela. Nas extremidades do percurso existem casas abobadadas contendo pequena bacia de decantação das águas. Sua construção foi determinada pelo rei Filipe I de Portugal e desenvolvida no período que vai de 1593 a 1614, com o objetivo de abastecer o convento.

Como engenheiro civil, muito me impressionou a visão dessa magnífica obra, felizmente em bom estado de conservação, desconhecida até mesmo de diversos portugueses. No meio dos campos e do silêncio rural, a presença é ainda mais destacada e imponente.

Ainda no lado religioso, Tomar foi importante centro de concentração de judeus, impulsionados pelo infante Dom Henrique, que colocou à disposição uma rua em Tomar para constituir seu bairro e terem a sua sinagoga.

Há provas da presença de comunidade judaica em Tomar desde o início do século XIV, mas passaria somente a ter real importância a partir do século XV, quando foi construída a Sinagoga de Tomar, de 1430 a 1460.

Essa sinagoga é o templo hebraico mais antigo de Portugal, construído no século XV, o único erigido no estilo renascentista – planta quadrangular e cobertura abobadada, assente em colunas e mísulas incrustadas nas paredes, denotando influências orientais. As 12 mísulas representam as 12 tribos de Israel, e as quatro colunas, as quatro matriarcas – Sara, Rebeca, Léa e Raquel. É ainda a única sinagoga do século XV construída de raiz que ainda se mantém de pé em Portugal.

No entanto, pouco foi usada como local de culto e reunião dos judeus, pois em dezembro de 1496 Dom Manuel publicou um édito dando prazo até outubro de 1497 para se converterem ao cristianismo ou deixarem Portugal, sob pena de serem mortos e terem os bens confiscados.

Entre os que permaneceram e aceitaram receber o batismo, parte realmente adotou a nova fé, tornando-se conhecidos como "cristãos-novos", enquanto outra parte continuou, secretamente, a praticar a religião judaica, ficando conhecidos como os marranos.

Consequência do édito de 1496, a sinagoga ficou vaga e foi desafeta do culto hebraico, em seguida comprada por um particular que, cerca de 20 anos depois, vendeu-a para ali ser instalada a cadeia da Vila, em substituição à que havia no Castelo, onde permaneceu até por volta de 1550. Fato curioso, por determinação de Dom Manuel I era proibido o encarceramento de judeus nessa cadeia, por significar dupla afronta.

Depois de ter servido como cadeia, lá se instalou a Ermida de São Bartolomeu, a partir do início do século XVII.

Ao final do século XIX, o prédio da sinagoga era usado como palheiro e, depois, no início do século XX, como adega e armazém, até que, em junho de 1920, por meio de um grupo de arqueólogos portugueses, em visita a Tomar, foi "descoberto", e, no ano seguinte, classificado como Monumento Nacional.

Em 1923, o engenheiro Samuel Schwarz, judeu polonês e pesquisador da cultura hebraica, comprou o edifício da sinagoga e promoveu, às suas expensas, as primeiras obras de recuperação do prédio.

Em 1939, Schwarz doou o edifício ao Estado português, com a expressa condição de ali ser instalado o Museu Luso-Hebraico.

A partir do mesmo ano, com a preciosa ajuda de comunidades judaicas de Portugal e de diversos países, foram criadas as condições para o pequeno e belo museu, em um edifício totalmente restaurado, com todos os símbolos judaicos presenteados por comunidades tão longínquas como Estados Unidos, Inglaterra, Israel e Marrocos.

TOMAR HOJE

No início de 2019, encontravam-se em execução as obras de recuperação em prédio vizinho, pois, após escavações feitas em 1985, descobriram-se estruturas de aquecimento de águas e talhas, comprovando a existência de sala para o Mikvá, ritual consistindo da purificação, por imersão, da mulher após a menstruação ou nascimento de um filho. Em algumas comunidades é também praticado antes do Yom Kippur e antes do Shabbat.

Outros pontos de interesse para os visitantes de Tomar:

Ermida de Nossa Senhora da Conceição, pequena joia renascentista.

Igreja Matriz de São João Batista, no centro da cidade.

Conventos de São Francisco, nos quais também se localizam o **Museu dos Fósforos**, da **Anunciada**, e de **Santa Iria**.

Igreja de Santa Maria do Olival, do século XII, na qual se encontram os túmulos de vários templários, incluindo o de Gualdim Pais, o primeiro Mestre Templário, que iniciou a construção do Castelo. Morreu em 1195.

Ruínas da ponte romana sobre a Ribeira do Peniche, ligeiramente fora dos limites da cidade.

Castelo do Bode, uma das maiores represas do país, a poucos quilômetros de Tomar. Pode-se fazer um cruzeiro com almoço ou esportes aquáticos.

E FINALMENTE...

... o grande evento de Tomar é a **Festa dos Tabuleiros**, que ocorre a cada quatro anos, no mês de julho. Uma das manifestações mais antigas de Portugal, e sua origem remonta às festas em louvor a Ceres, a deusa das colheitas, sendo a cristianização da festa atribuída à rainha Santa Isabel.

O Cortejo dos Tabuleiros é o ponto alto da festa, percorrendo as principais ruas da cidade, por aproximadamente 5 km. As ruas são enfeitadas com colchas pendentes das janelas, nas quais ficam milhares de visitantes, que jogam pétalas de flores sobre o cortejo. Os tabuleiros são conduzidos pelas jovens da cidade na cabeça, devendo ter a altura da sua portadora, sendo constituídos por 30 pães enfiados em cinco ou seis canas que partem de um cesto de vime e são arrematados no alto por uma coroa encimada pela Pomba do Espírito Santo ou pela Cruz de Cristo. Os tabuleiros são, ainda, decorados com flores e espigas de trigo.

No entanto, as festividades em Tomar não se restringem à Festa dos Tabuleiros. Todos os meses há pelo menos um evento de destaque, com temas tão variados como o **Rally Templários Classic**, o **Congresso da Sopa** e o **Festival de Bons Sons**.

GASTRONOMIA

RESTAURANTES

Restaurantes recomendados em Tomar:

Restaurante Sabores ao Rubro – no centro, pequeno e acolhedor, boa comida servida pelos proprietários, bons preços.

Restaurante Sabor da Pedra – na barragem do Castelo do Bode, a poucos minutos de Tomar, boa comida, excelente ambiente, com belíssima vista para a barragem.

In Portugal Tasca Moderna – centro da cidade, preços razoáveis.

Taverna Antiqua – centro da cidade, único com temática medieval, muito interessante e diferente, boa comida, preços razoáveis.

Restaurante O Alpendre – centro da cidade, porções generosas, comida e serviço muito bons, preços favoráveis.

Fátima

ANTECEDENTES

A cidade de Fátima fica a 38 km de Tomar ou a 125 km de Lisboa, na Província da Beira Litoral, com cerca de 12 mil habitantes.

O nome da cidade deriva do nome árabe Fátima (Fatimah, Fatma), uma das filhas do profeta Maomé. Há a lenda que Fátima era uma princesa moura da época da ocupação de Portugal pelos muçulmanos que, capturada pelo exército cristão durante a Reconquista, foi dada em casamento a um conde de Ourém (atual concelho ao qual pertence a cidade de Fátima). Teria se convertido ao cristianismo e sido batizada com o nome de Oriana, em 1158. Em memória dos seus ancestrais, o conde teria dado às terras serranas o nome de Terras de Fátima, e ao condado o nome de Oriana, depois chamado de Ourém.

Importante local de peregrinação católica, em âmbito mundial, deve esse fato ao relato das aparições da Virgem Maria a três pastorinhos – Lúcia dos Santos, Francisco e Jacinta Marto – entre 13 de maio e 13 de outubro de 1917. O majestoso **Santuário de Nossa Senhora de Fátima** fica na localidade de Cova da Iria, recebendo cerca de 6 milhões de peregrinos e turistas por ano, portugueses e estrangeiros, sendo o maior destino religioso do mundo. Para se ter melhor ideia da grandeza desse número, o Brasil recebe aproximadamente o mesmo número de turistas estrangeiros por ano.

Durante 100 anos de existência, o Santuário foi distinguido com três rosas de ouro papais e visitado pelos papas Paulo VI (1967), João Paulo II (1982, 1991 e 2000), Bento XVI (2010) e Francisco (2017, no centenário da primeira aparição).

A Capelinha das Aparições foi a primeira edificação do santuário, em 1919. Pequena e modesta edificação em pedra e cal, erigida no exato local onde ocorreram as aparições, construída pelo pedreiro Joaquim Barbeiro, em resposta ao pedido da Virgem Maria – "Quero que façam aqui uma capela em minha honra". Na Capelinha encontra-se a imagem original de Nossa Senhora de Fátima, obra de José Ferreira Thedim, em cedro do Brasil, medindo 1 metro e 37 cm.

A coroa de ouro que a imagem ostenta apenas em ocasiões excepcionais foi oferecida por um grupo de mulheres em agradecimento por Portugal não ter entrado na Segunda Guerra Mundial. A coroa pesa 1,2 quilograma e contém 313 pérolas e 2.679 pedras preciosas, demorado três meses para ser confeccionada por 12 artesões de Lisboa. Em 1989, nela foi incrustada a bala de revólver que feriu o papa João Paulo II, que a ofereceu ao santuário com esse propósito, como agradecimento à Virgem Maria por ter-lhe salvado a vida. O pedestal que suporta essa imagem situa-se no exato local onde ficava a pequena azinheira sobre a qual houve as aparições aos três pastorinhos.

Subsequentes expansões se seguiram que hoje incluem, além da Capelinha, o Recinto de Orações (a céu aberto), a Basílica de Nossa Senhora do Rosário (a Igreja "velha") e a respectiva Colunata, a Basílica da Santíssima Trindade (a Igreja "nova"), as casas de retiro de Nossa Senhora do Carmo e de Nossa Senhora das Dores, uma Via Sacra e o Centro Pastoral Paulo VI. Além destes recintos religiosos, conta ainda com setores administrativos, atendimento médico, comércio e centro de congressos.

As aparições de Fátima, em 1917, desencadearam enorme repercussão na época, tornando-se imediatamente local de peregrinação. Em 1920, o bispo de Leiria autorizou a compra de todos os terrenos de Cova da Iria próximos ao oratório, já com o objetivo de fazer um Santuário e disciplinar o culto popular, enquadrando-o nos cânones da Igreja. Em 13 de outubro de 1920 foi celebrada a primeira missa diante da Capelinha das Aparições.

A 6 de março de 1922, a Capelinha foi parcialmente destruída pela ação de dinamite colocada por desconhecidos. Apesar de as cargas de dinamite terem sido espalhadas em vários pontos da pequena capela, várias não explodiram, contribuindo para a ideia popular de que o lugar estaria protegido por algo superior. No mesmo ano, a capela foi reconstruída e protegida por um muro, e um primeiro projeto urbanístico foi concebido, visando oferecer melhores condições aos peregrinos.

Em 1927 o Santuário foi institucionalizado, com a criação de uma capelania permanente. O capelão nomeado era o responsável pela organização das atividades religiosas, administração do Santuário, acolhimento e atendimento aos peregrinos, registro de curas e graças, gestão agrícola das terras em seu entorno, fiscalização e gerenciamento das obras de construção e de infraestrutura e controle do comércio de artigos sacros.

Em 1928 inicia-se a construção da Igreja (depois Basílica) de Nossa Senhora do Rosário, e em 1930 encerra-se o processo canônico que declarou que as aparições da Virgem Maria, em Fátima, eram dignas de crédito, e aprovou-se o culto mariano sob a invocação de Nossa Senhora do Rosário de Fátima.

Como ligação entre a Basílica e os edifícios construídos de cada lado dela, construiu-se a monumental Colunata do Santuário de Fátima, projetada pelo arquiteto português Antônio Lino, perfazendo um conjunto com equilíbrio perfeito. São 200 colunas, encimadas por 17 estátuas em mármore, representando 17 santos, incluindo os quatro santos portugueses – São João de Deus, Santo Antônio de Lisboa, São João de Brito e o Beato Nuno de Santa Maria. As colunas medem 3,20 metros de altura, enquanto as 13 restantes medem 2,30 metros.

Nos 20 anos seguintes, diversos planos de urbanização da área foram lançados, mas nenhum integralmente implantado. O Santuário continuou a expandir-se, além da vila da Cova da Iria, na qual se instalaram as pessoas envolvidas com as atividades do Santuário.

Em março de 1951 os restos mortais de Jacinta Marto foram trasladados para a Basílica de Nossa Senhora do Rosário e, um ano depois, o mesmo ocorreu com os restos mortais do seu irmão, Francisco Marto, que estavam no Cemitério de Fátima.

Somente em outubro de 1953 foi feita a sagração da Igreja de Nossa Senhora do Rosário, e no ano seguinte o papa Pio XII elevou a Igreja a Basílica.

Em 1982, o papa João Paulo II visitou pela primeira vez o Santuário, para agradecer à Virgem por ter sobrevivido ao atentado contra a sua vida, ocorrido em maio de 1981. Em 1991, João Paulo II visitou o Santuário pela segunda vez, no décimo aniversário do atentado. Em 2000, João Paulo visitou o Santuário pela última vez, para a cerimônia de beatificação dos pastorinhos Francisco e Jacinta Marto, encontrando-se com a Irmã Lucia, que faleceu em Coimbra cinco anos depois.

Em 2007, por ocasião do 90º aniversário das aparições, foi inaugurada a Basílica da Santíssima Trindade, belíssimo templo com arquitetura contemporânea, situado no lado ocidental do Santuário, oposta à Basílica de Nossa Senhora do Rosário, que fica no lado oriental. A partir dessa data, o Santuário passou a ter duas basílicas.

Em 2014, o Vaticano autorizou o Santuário de Fátima a expor ao público, pela primeira vez, a carta manuscrita da Irmã Lúcia, na qual revela a terceira parte do Segredo de Fátima, ficando em exposição na parte subterrânea da Basílica da Santíssima Trindade, quando se propôs uma reflexão sobre a terceira parte do Segredo, versando sobre a sua interpretação teológica, feita pelo então cardeal Ratzinger (que mais tarde se tornaria papa Bento XVI).

A 13 de maio de 2017, o papa Francisco deslocou-se ao Santuário de Fátima para a celebração do centenário da primeira aparição da Virgem Maria, ao mesmo tempo que presidiu a canonização dos pastorinhos Francisco e Jacinta Marto, os mais jovens santos não mártires da história da Igreja Católica.

Por ocasião da visita, o presidente português, Marcelo Rebelo de Sousa, em relação ao Santuário de Fátima, afirmou que "é inegável a sua importância para Portugal. Para crentes e não crentes. Preservando a posição do Estado, que é laico, mas respeitando a grande importância e dimensão da religião católica em Portugal. É importante do ponto de vista religioso, mas também noutras dimensões que lhe estão associadas, como o turismo".

Por feliz coincidência, exatamente nessa data terminei o percurso do Caminho de Santiago e, após 800 km de caminhada, cheguei a Santiago de Compostela a tempo de assistir à missa solene, às 11h, em homenagem a Nossa Senhora de Fátima e ao centenário das aparições, celebrada pelo Arcebispo de Santiago, seguida de uma procissão pela cidade, com a imagem da Santa à frente. Foi um inesperado presente no final da minha peregrinação, me recordando uma série de visitas que fiz, sozinho, com minha família ou amigos, a esse impressionante Santuário.

HOTÉIS E RESTAURANTES

Para os visitantes que desejarem passar a noite em Fátima, antes de prosseguir para o seu destino seguinte, recomendo a **Pestana Pousada de Ourém**, localizada em Ourém, vila medieval com todos os principais edifícios perfeitamente preservados, a cerca de 20 km do Santuário. Apesar da distância, vale a pena conhecer a pousada, instalada num hospital do século XV, com todo o conforto equivalente a um hotel 5 estrelas e excelente restaurante.

Entretanto, se o visitante desejar pernoitar perto do Santuário, existem cerca de 15 hotéis 4 estrelas e uma infinidade de hotéis nas categorias inferiores, como hostels e albergues. Dos hotéis 4 estrelas, são muito bem cotados os seguintes:

Luna Fátima Hotel, a 800 metros do Santuário.
Hotel Santa Maria, a 200 metros do Santuário.
Hotel Fátima, a 150 metros do Santuário.
Hotel Anjo de Portugal, a 200 metros do Santuário.
Hotel Dom Gonçalo & Spa, a 90 metros do Santuário.
Hotel Cinquentenário & Conference Center, a 60 metros do Santuário.

Em relação a restaurantes, Fátima é muito bem servida, com estabelecimentos que contemplam todos os gostos e orçamentos.

Entretanto, não poderia deixar de citar um dos meus preferidos, não só em Fátima, mas em todo o país: o **Restaurante Tia Alice**, na Rua do Adro, 152, a uns 3 km do Santuário. O seu prato mais famoso é o bacalhau com molho bechamel e camarões ou, alternativamente, o arroz de pato com chouriço. O bolinho de bacalhau, de entrada, é imperdível. Muito frequentado por peregrinos portugueses, brasileiros e de vários outros países, está sempre lotado. Por isso, é importante reservar com antecedência de pelo menos algumas horas.

Mesmo que você não tenha interesse em visitar o Santuário, aproveite a viagem para o norte de Lisboa (por exemplo, Porto ou vale do Douro) e programe um almoço no restaurante, que não vai se arrepender. O desvio da estrada A1, que liga Lisboa ao norte do país, não será mais de uns 5 km.

Como o Tia Alice não abre às segundas-feiras, a alternativa que recomendo é o **Restaurante A Cave**, à Avenida dos Pastorinhos, 895, a **Lanterna do Fado**, na Rua Principal, 78, ou o restaurante de qualquer dos hotéis acima citados.

> Para tomar um café ou fazer um lanche rápido, uma boa alternativa é o **Café da Vila**, que funciona desde 1965. Fica na Rua Santa Isabel.

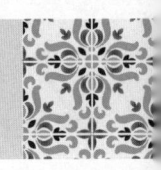

CULTURA

O grande evento anual de Fátima ocorre no dia 13 de maio, dia da Santa, quando milhares de peregrinos afluem ao Santuário. Assim, a menos que você deseje participar da grande festa católica, evite ir a Fátima nessa época.

Batalha

ANTECEDENTES

Nesse roteiro, a próxima parada é Batalha, a apenas 20 km de Fátima. Pertence ao distrito de Leiria, na Província da Beira Litoral. Sua população é cerca de 16 mil habitantes, em todo o concelho. A vila foi fundada em 1500, uns dias antes da descoberta do Brasil.

A maior atração é o **Mosteiro de Santa Maria da Vitória**, ou **Mosteiro da Batalha**, Patrimônio Mundial da Unesco, construído entre 1387 e 1533, por ordem do rei Dom João I, para agradecer a ajuda divina concedida na vitória da batalha de Aljubarrota, contra os castelhanos, ocorrida em 14 de agosto de 1385.

O Mosteiro foi construído no estilo barroco português tardio, ou estilo manuelino, abrigando a Ordem de São Domingos, que já o ocupava desde os primeiros anos da sua construção.

Com muita justiça, é considerado uma das sete maravilhas de Portugal e foi designado como Panteão Nacional desde 2016.

Paralelamente ao início da construção do Mosteiro, em 1387, foi construída uma Igreja tosca – **Santa Maria-a-Velha**, ou Igreja Velha, na qual se celebrava a missa. Vestígios dessa Igreja ainda podiam ser vistos no início do século XIX.

O projeto seguiu o mesmo modelo orgânico do **Mosteiro de Alcobaça**, constando da igreja, claustro, Sala do Capítulo, sacristia, refeitório e anexos.

Ao projeto inicial foram acrescentadas a Capela Funerária do Fundador, Dom João I, pelo próprio rei, e a Rotunda Funerária ou Capelas Imperfeitas, por ordem do rei Dom Duarte.

Dom Afonso V mandou erigir o claustro menor e as dependências adjacentes, enquanto seu sucessor, Dom João II, o Príncipe Perfeito, não mostrou interesse pela edificação, lá não executando quaisquer obras. O Mosteiro voltou a receber o interesse real e consequente plano de obras durante o reinado de Dom Manuel, até que este perdeu o interesse ao tomar a decisão de construir o Mosteiro dos Jerônimos, em Lisboa.

O Mosteiro passou por grande restauração no século XIX, baseado nas informações contidas nas gravuras do viajante inglês Thomas Pitt, disseminadas por toda a Europa. Na reforma, houve a tentativa de erradicar definitivamente o passado religioso do edifício, coincidindo com a extinção das ordens religiosas em Portugal e consequente remoção total dos símbolos religiosos. Assim, o Mosteiro passou a representar a glória da Dinastia de Avis, à qual pertenceu Camões, abolindo-se a designação Santa Maria da Vitória em favor de Mosteiro da Batalha.

Em 2016, o Mosteiro da Batalha foi declarado Panteão Nacional, sem prejuízo ao culto religioso. Há em Portugal, ainda, três outros Panteões Nacionais – Mosteiro dos Jerônimos e a Igreja de Santa Engrácia, ambos em Lisboa, e o Mosteiro de Santa Cruz, em Coimbra.

No Mosteiro da Batalha estão sepultados o rei Dom João I, a rainha Dona Filipa de Lencatre, esposa do rei Dom João I, o infante Dom Henrique, o infante Dom João, a rainha Dona Isabel, e os reis Dom Afonso V, Dom João II, Dom Duarte, além do Soldado Desconhecido.

A Capela do Fundador é talvez o mais importante edifício, anexo ao Mosteiro, idealizada pelo Mestre Huguet, com planta quadrada, na qual se inscreve um octógono. Na Capela estão sepultados os corpos do rei Dom João I, falecido em 1433, e de sua esposa, Filipa de Lencastre, falecida um ano depois.

Dom Duarte também planejou o seu Panteão adjacente ao Mosteiro da Batalha, conhecido como as Capelas Imperfeitas. O nome deve-se ao fato de que Dom Duarte morreu quando as obras ainda não estavam concluídas e, mesmo com as lentas tentativas dos monarcas seguintes de terminá-las, o fato é que nunca foram concluídas, faltando construir a grande abóboda central.

Um segundo monumento histórico de interesse é a **Igreja Matriz da Exaltação da Santa Cruz**, de 1514.

HOTÉIS

Apesar de a Vila da Batalha ser um lugar de passagem, há disponibilidade de excelentes acomodações nos seguintes hotéis 4 estrelas, todos no centro, a poucos metros do Mosteiro:

Hotel Villa Batalha, com excelente spa.
Hotel Lis Batalha Mestre Afonso Domingues.
Hotel Mosteiro View.

GASTRONOMIA

Para almoçar ou jantar, recomendo o **Restaurante Burro Velho**, bem em frente à entrada das Capelas Imperfeitas, adjacentes ao Mosteiro. Importante reservar, pois o restaurante é de excelente qualidade e está sempre cheio. Caso não tenha feito reserva, sugiro deixar o nome na lista de espera e fazer a visita ao Mosteiro (demora aproximadamente uma hora), bem a tempo de pegar o seu lugar no restaurante.

Uma alternativa é o **Mosteiro do Leitão**, bem ao lado do Burro Velho.

Alcobaça

ANTECEDENTES

Alcobaça fica a 22 km da Vila da Batalha, pertencendo ao Distrito de Leiria, Província da Extremadura, com cerca de 7 mil habitantes em seu núcleo central e 18 mil habitantes em sua área urbana, distribuídos em cinco freguesias, nos vales dos rios Alcoa e Baça, cuja aglutinação acredita-se que seja a origem do seu nome.

A região foi habitada pelos romanos e árabes, em época de notado progresso. Quando da Reconquista cristã, Alcobaça tinha acesso ao mar, permitindo a navegação de embarcações que transportavam os excelentes frutos produzidos na região para todo o país, com a adoção de técnicas introduzidas pelos monges de Cister, de origem francesa. Os primeiros monges cistercienses chegaram a Portugal por volta de 1140, durante o reinado de Dom Afonso Henriques, primeiro rei de Portugal, quando fundaram o **Mosteiro de São João de Tarouca**, no Distrito de Vizeu.

As terras de Alcobaça foram doadas aos religiosos em 1153, pelo rei Afonso Henriques, com a obrigação de as cultivar. Doações subsequentes aumentaram as terras dos monges, de modo que chegaram a comandar 14 vilas, sendo quatro com porto de mar.

Além das atividades ligadas à agricultura, os monges de Cister ministravam aulas desde 1269, cobrindo os temas de humanidades, lógica e teologia, além de, é claro, técnicas agrícolas.

Em 1567, o Mosteiro de Alcobaça separou-se da Ordem francesa, para se tornar a cabeça da Congregação Portuguesa.

Durante o século XVII, a maior parte das terras dos monges já pertencia à população local. Em 1755, o grande terremoto de Lisboa também atingiu Alcobaça, sendo a vila destruída pelo efeito sísmico e por grande inundação. A sua recuperação foi intensamente impulsionada pelo Marquês de Pombal, ministro responsável pela reconstrução de Lisboa.

O principal monumento da vila é o Mosteiro de Santa Maria de Alcobaça, ou Real Abadia de Santa Maria de Alcobaça ou, ainda, simplesmente **Mosteiro de Alcobaça**. Teve a sua construção iniciada em 1178, pelos monges da Ordem de Cister, já citados. Os monges dessa ordem foram uma dissidência dos monges beneditinos de Cluny, França, que fundaram o seu próprio mosteiro em Cister, também na França, para seguir fervorosamente a "Regra de São Bento", cuja base era viver do próprio trabalho e não acumular riquezas.

Em 1178, os monges iniciaram a construção do mosteiro, provavelmente concluída em 1240, constituído de uma igreja e três claustros. A igreja é composta de uma nave central, duas naves laterais e um transepto, criando a imagem de uma cruz latina. O estilo é o pré-gótico, tendo sido a igreja e o primeiro claustro, inaugurados em 1252, representantes da primeira obra plenamente gótica erigida em solo português. Os claustros seguintes, da Leitura e do capítulo, foram construídos alguns séculos depois.

A igreja do monastério é reflexo da regra beneditina na procura da modéstia, da humildade, do isolamento do mundo e do serviço a Deus, o que levou à construção de uma igreja simples, apesar da sua enorme dimensão.

Dentro da igreja encontram-se os túmulos dos reis Dom Afonso II (1185--1223) e Dom Afonso III (1210-1279). Os túmulos se situam de cada lado da Capela de São Bernardo, no transepto sul. Em uma sala lateral encontram-se mais oito túmulos, pertencentes a Dona Beatriz, mulher de Dom Afonso III, e três dos seus filhos. Encontram-se ainda um túmulo que pertenceu a Dona Urraca, primeira mulher de Dom Afonso II, e outros três túmulos que têm história desconhecida, vazios no momento.

Os túmulos de Dom Pedro I de Portugal (1320-1367) e de Dona Inês de Castro (1320-1355) encontram-se em cada lado do transepto, conferindo grande significado e esplendor à igreja. Pedro e Inês protagonizam um profundo amor proibido, cuja história foi decantada por vários autores, inclusive Luís de Camões, em **Os Lusíadas**. Como o fato ocorreu em Coimbra, então capital de Portugal, deixo para contar um pouco da impressionante história no capítulo sobre a cidade.

Durante a invasão francesa de 1810, os soldados daquele país invadiram a igreja, danificaram os túmulos de modo irreparável e os profanaram. O corpo embalsamado de Dom Pedro foi retirado do caixão e envolto em um pano, enquanto a cabeça de Dona Inês, ainda com parte do seu cabelo louro, foi jogada na sala ao lado. Após a retirada dos soldados franceses, os monges recolheram os corpos e os recolocaram nos respectivos caixões, voltando a selá-los. A partir daquele ano, os túmulos foram colocados em vários lugares da igreja, até que, em 1956, voltaram à sua posição original, um de frente para o outro, no transepto da igreja. Hoje em dia, a visita aos túmulos é frequente por parte de casais apaixonados, para trocarem juras de amor eterno e fidelidade, especialmente no dia do casamento.

O primeiro claustro foi terminado por volta de 1240, mas ruiu logo em seguida, sendo substituído, na primeira década do século XIV, pelo Claustro do Silêncio, nome dado devido à proibição de conversação no recinto. Esse claustro tem 203 metros de comprimento e 5 metros de pé-direito.

O segundo claustro foi o da Leitura. Em bancos de pedra, os monges escutavam as leituras. No claustro há a Capela da Virgem Maria, parte integrante da tradição dos mosteiros cistercienses.

O terceiro claustro, o do Capítulo, apresenta uma passagem pela qual os monges entravam na Igreja e inclui, ainda, a sacristia medieval, a Sala do Capítulo, o Parlatório e os acessos ao dormitório e à Sala dos Monges.

A Sala do Capítulo era o recinto mais importante do Mosteiro, depois da Igreja. No recinto de 17,5 metros por 17,5 metros, com capacidade para 200 monges, eram feitas as leituras da Regra Beneditina, conduzidas as assembleias, as votações, e enterrados os monges, de acordo com a regra cisterciense de 1180.

O Parlatório fica ao lado da Sala do Capítulo. Apenas nesse recinto os monges eram autorizados a dirigir a palavra aos superiores. Fora do Parlatório, a regra era o silêncio total, exceto durante a reza ou para transmitir informações muito importantes, quase sempre utilizando uma linguagem gestual.

O dormitório tem dimensões de 66 metros de comprimento por média de 20 metros de largura, apresentando-se até hoje na forma original medieval. O abade do mosteiro tinha uma cela individual, enquanto os monges dormiam juntos, vestidos e separados por uma divisão móvel, obedecendo à disposição da maior parte dos mosteiros no mundo. O dormitório sofreu obras e adições ao longo dos séculos, como piso intermediário. Algumas salas foram construídas no piso inferior, para abrigar biblioteca e arquivo. Em 1755 a biblioteca foi desativada após a construção de uma nova. Na restauração de 1940 foi eliminado o segundo piso, inserido anteriormente. Hoje, restaurado segundo o seu estado original, o dormitório é uma enorme sala com três naves, destinada a abrigar exposições e eventos culturais.

A Sala dos Monges, com cerca de 500 m², foi primeiramente utilizada como alojamento dos noviços, até serem transferidos para o piso intermediário do dormitório, no século XVI. Os noviços eram segregados dos professores, pois não participavam da vida cotidiana dos monges. Após a transferência, a Sala dos Monges foi convertida em sala de trabalho e de estar dos monges. No século seguinte, abrigou também a despensa da cozinha do mosteiro. Ainda nessa sala encontra-se um pequeno recinto que provavelmente servia de prisão, pois o capítulo geral dos cistercienses determinava que todos os mosteiros deviam ter uma prisão em seu interior.

No século XVII, o rei Dom Afonso VI decidiu construir um dos novos claustros, sendo necessária para isso a demolição da cozinha medieval, substituída por uma nova. Originalmente, os monges estavam proibidos de comer carne ou gorduras, lei abolida em 1666, pelo papa Alexandre VII, que autorizou o consumo de carne três vezes por semana, provocando enormes mudanças e ampliações na cozinha dos mosteiros. Além da cozinha, a única sala na qual os monges podiam se aquecer era o Calefactório, usado na era medieval principalmente pelos copistas para copiar os livros. Com o advento da impressão mecânica, a cópia manual não era mais essencial. No recinto do calefactório, foi construída uma nova e enorme cozinha, provavelmente em 1712. Cinquenta anos depois, a cozinha recebeu azulejos nas paredes e teto, até hoje existentes.

Ao lado da nova cozinha, encontra-se o enorme refeitório de 620 m², com capacidade para 500 pessoas. Sala que impressiona pelas proporções harmônicas, com janelas voltadas para os lados norte e leste. No lado oeste há uma escada que leva ao púlpito do leitor, que lia textos religiosos durante as refeições. Em 1840 o refeitório foi transformado em teatro, tendo, entretanto, retornado ao original durante a restauração.

A partir do rio Alcoa, os monges projetaram e construíram um sofisticado (para a época) sistema de abastecimento de água, com cerca de 3,2 km de canais subterrâneos ou a céu aberto, abastecendo a cozinha e o lavabo, em que os monges lavavam as mãos antes das refeições.

Nas invasões francesas do século XIX o mosteiro foi bastante pilhado pela primeira vez; a segunda pilhagem ocorreu em 1833, devido ao abandono forçado dos monges, decorrente da vitória liberal na guerra civil. Na primeira pilhagem, os franceses incendiaram parcialmente o mosteiro mas, felizmente, parte da biblioteca, com mais de 100 mil títulos, foi salva do saque e do incêndio, estando hoje preservada na Biblioteca Pública de Braga e na Biblioteca Nacional de Lisboa.

Um dos eventos mais importantes de Alcobaça é a anual **Mostra de Doçaria Conventual e Tradicional**, atraindo expositores e visitantes de Portugal, Espanha e França.

Vale também a pena visitar o **Museu da Fábrica de Cristal Atlantis**, com belíssimas peças em seu acervo.

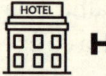

HOTÉIS

Da mesma forma que Batalha, Alcobaça é uma cidade de passagem para os turistas. Entretanto, existem diversos hotéis à disposição dos visitantes, como os 4 estrelas abaixo:

Vale D'Azenha Hotel Rural & Residences, próximo ao centro.
Your Hotel & Spa Alcobaça, a 4,5 km do centro.
Real Abadia Congress & Spa Hotel, a 5 km do centro.

GASTRONOMIA

Os principais restaurantes, todos no centro ou perto do centro, são muito bons e com excelente relação custo/benefício:
O Cabeço.
Sabores da Índia.
Origens Restaurante.
É importante lembrar que Alcobaça é um dos principais polos de confecção de doces conventuais de Portugal.

A loja da **Pastelaria Alcoa**, mestres em doçaria conventual, fundada em 1957, em Alcobaça, fica bem em frente ao mosteiro, onde os doces também são fabricados.

Na maior parte das fábricas de doces conventuais (as gemas de ovos são a base) utilizam-se ovos líquidos, o que não é o caso na Alcoa. Lá, existe um funcionário apenas para separar gemas e claras. Os doces de ovos ainda hoje são preparados em tachos de cobre. Visitas à fábrica, em Alcobaça, podem ser agendadas.

Para os que não programaram uma visita a Alcobaça, a boa notícia é que a pastelaria tem filiais em Lisboa, localizadas no Chiado, na Rua Garrett, e no espaço gourmet do El Corte Inglés (7º andar), ambas muito bem montadas.

Óbidos

ANTECEDENTES

Óbidos é uma vila medieval que fica a 40 km de Alcobaça e a 84 km de Lisboa, situada no Distrito de Leiria, Província da Estremadura. O município tem população de cerca de 12 mil habitantes, sendo 2.200 em seu núcleo urbano.

A origem do nome vem do termo latino ópido, que significa cidadela ou cidade fortificada.

Nas proximidades da atual Óbidos já havia uma povoação romana, chamada Eburobrício, erguida no tempo do imperador César Augusto, no final do século I a.C., e que sobreviveu até a segunda metade do século V. A cidade é mencionada pelo escritor romano Plínio, o Velho, no século I, em sua obra **Naturalis História**.

Durante a construção de uma estrada, foram encontrados vestígios arqueológicos de Eburobrício, e em 1995 foi encontrado um Forum Romano.

Em seguida aos romanos, os visigodos ocuparam a região, e depois os mouros, a partir de 711.

A região foi tomada aos mouros em 1148 pelo primeiro rei de Portugal, Dom Afonso Henriques, e recebeu a primeira carta de foral em 1195, no reinado de Dom Sancho I. Carta de foral era um documento no qual se descreviam os direitos e deveres dos moradores do concelho para com o senhor das terras. O objetivo dos forais era povoar, defender e cultivar as terras doadas pelo rei aos então senhores das terras.

Como presente de casamento, o rei Dom Dinis ofereceu à sua esposa, a rainha Santa Isabel, a Vila de Óbidos, a qual passou a pertencer à Casa das Rainhas, extinta apenas em 1834. Por isso, a Vila de Óbidos, por séculos, fez parte do dote de diversas rainhas de Portugal – Dona Filipa de Lencastre, esposa de Dom João I, Dona Leonor de Aragão, esposa de Dom Duarte, Dona Leonor de Avis, esposa de Dom João II, e outras.

No início do século XVI viviam na área total do município menos de 2 mil habitantes. Nessa altura, a reforma administrativa de 1513 dá a Óbidos uma nova carta de foral, provocando intensa requalificação urbana.

Em 1755, o terremoto também foi muito sentido na vila, derrubando parte da muralha, igrejas e edifícios.

A Vila de Óbidos sempre foi o local preferido de vários reis de Portugal. Em 1186 Óbidos passa a ser o local de residência do rei Dom Sancho I e de diversos monarcas que o sucederam. Apesar de não terem lá morado, deixaram marcas, como Dom Afonso II, Dom Manuel I, Dom João IV, Dom José, que fizeram obras de conservação de maior ou menor porte. Os últimos monarcas portugueses, Dom Pedro V, Dom Carlos e Dom Manuel, eram igualmente frequentadores assíduos de Óbidos.

CULTURA

Em 2015, a Unesco considerou Óbidos cidade literária, como parte do programa **Rede de Cidades Criativas**. Por essa razão, a vila possui grande quantidade de livrarias em relação ao seu tamanho.

A blogueira Joana Batista recomenda suas preferidas, todas intramuros:

Grande Livraria de Santiago ocupa o espaço da antiga Igreja de Santiago, do século XII, em belo exemplo de ocupação de prédio histórico. O resultado ficou muito interessante e vale a pena fazer uma visita ao local.

Livraria do Mercado ocupa antigo quartel do Corpo de Bombeiros e divide o espaço com o mercado biológico. As estantes são feitas com caixotes de frutas.

Livraria da Adega ocupa o espaço de antiga adega, com pequeno bar onde se vende e se prova vinho. As prateleiras dos livros são feitas com caixotes de vinho.

O principal monumento histórico da vila é o **Castelo de Óbidos**, construído durante a ocupação moura. Um dos mais bem conservados de Portugal, tem a forma peculiar de um ferro de engomar, tendo no seu bico a Torre do Facho, virada para o sul. Ao norte fica o castelo propriamente dito. A muralha tem perímetro de 1.565 metros, que podem ser percorridos a pé em sua totalidade, atingindo alturas de até 13 metros, de onde são observadas vistas deslumbrantes. O castelo foi construído em mistura de estilos – românico, gótico, manuelino e barroco.

Na Reconquista cristã da Península Ibérica, as forças do rei Dom Afonso Henriques conquistaram Santarém e Lisboa, em 1147, mas encontraram grande resistência em conquistar Óbidos e seu castelo, o que ocorreu apenas no início de 1148.

O Castelo de Óbidos é considerado uma das Sete Maravilhas de Portugal e o segundo mais importante do patrimônio arquitetônico português.

Hoje, parte do castelo é ocupada pela **Pousada de Óbidos**, estabelecimento hoteleiro administrado pelo Grupo Pestana. O hóspede tem a escolha de ficar no castelo e ter uma experiência medieval ou ficar na Casa do Castelo, situada ao lado, onde terá a experiência do que é viver numa vila. Infelizmente, essas partes do castelo são acessíveis apenas aos hóspedes.

Na Pousada de Óbidos o visitante poderá ainda desfrutar do restaurante e do bar, mesmo sem estar hospedado na pousada. A maior dificuldade para o turista com carro é, primeiramente, chegar com ele até perto do castelo, pela sinalização deficiente, e, em segundo lugar, conseguir estacioná-lo. Há um estacionamento público junto ao castelo, mas a gerência da pousada não garante espaço aos hóspedes. E, se não houver, o transtorno será significativo, especialmente para os condutores de um carro grande.

Outras atrações turísticas de Óbidos são a **Igreja Matriz de Santa Maria**, do século VIII, inicialmente construída como Igreja, posteriormente Mesquita e novamente Igreja. Suas paredes apresentam belíssimos azulejos do século XVII e pinturas de renomados artistas portugueses.

Fora das muralhas há a pequena capela denominada **Memória**, erigida para celebrar o local no qual Dom Afonso Henriques planejou a tomada da cidade. Ao lado da Memória há um santuário mandado construir por

Dom João V, nunca concluído e denominado **Senhor da Pedra**. Devido à sua perfeita acústica, o local hoje é muito utilizado para concertos de música de câmara.

EVENTOS E ATRAÇÕES

Óbidos é uma cidade plena em eventos anuais:

Feira e Mercado Medieval de Óbidos, no mês de julho, no recinto do Castelo, na muralha oeste da cidade. A feira inclui espetáculos ao vivo, combates medievais entre dois cavaleiros armados de lanças (justas), bastantes bebidas e saborosos pratos de porco assado no espeto. Além do mais, oferece a oportunidade para tentar escalar as muralhas da cidade medieval com uma corda e um arnês.

Feira Internacional do Chocolate, mês de março. Nela se veem esculturas de chocolate em tamanho real e possibilidade de participar de workshops. As crianças podem fazer os próprios chocolates.

Semana Internacional de Piano de Óbidos (SIPO), meses de julho/agosto, incluindo Master Classes com intérpretes e professores de piano de várias partes do mundo, além de um extenso programa de concertos. Informações adicionais e inscrições em www.pianobidos.org.

FOLIO – Festival Literário Internacional de Óbidos, setembro/outubro, evento que destaca a cultura literária e musical.

Vila Natal – nessa época do ano, Óbidos se transforma num local místico que encanta crianças e adultos, com muita beleza e diversão. A cidade é palco de cenários coloridos inspirados nas quatro estações. O evento se inicia no fim de novembro ou princípio de dezembro e vai até o Dia dos Reis Magos, a 6 de janeiro. O horário é alargado na segunda quinzena de dezembro, quando o afluxo de visitantes é maior. Algumas atrações são pagas, mas os ingressos têm preços convidativos.

Trail Lagoa de Óbidos — evento esportivo, acontece há mais de uma década, no verão, em junho ou julho. As distâncias variam a cada ano e há sempre duas modalidades, uma mais longa, para corredores, e uma mais curta, para quem não estiver tão preparado ou preferir caminhar.

A poucos quilômetros de Óbidos recomendo duas atrações, abertas o ano inteiro.

A primeira é o **Bacalhôa Buddha Eden**. Mantido pela Bacalhôa Vinhos de Portugal S.A., situa-se na Quinta dos Loridos, em Bombarral, a 9,5 km da Vila de Óbidos.

É o maior jardim oriental da Europa, com 35 hectares de área, criado em protesto contra a destruição, pelos Talibã, dos Budas Gigantes de Bamiyan, apagando da memória obras-primas do período tardio da Arte Gandhara. Os dois Budas Gigantes foram erguidos nessa cidade do Afeganistão, o primeiro em 507, com 37 metros de altura, e o segundo em 554, com 55 metros de altura, entalhados nas rochas do vale de Hazarajat. Do século II ao século IX, Bamiyan foi um lugar de vários mosteiros budistas. Monges viviam em pequenas cavernas esculpidas nas rochas, embelezando-as com estatuários e afrescos coloridos.

As imagens foram preservadas durante séculos, mesmo com o domínio árabe a partir do século XII. Entretanto, com a difusão dos costumes radicais fundamentalistas no Afeganistão, em março de 2001, os clérigos determinaram: "baseado no veredicto dos membros do clero e da decisão da Suprema Corte dos Emirados Islâmicos (conhecidos como Talibã), todas as estátuas na área do Afeganistão devem ser destruídas. Elas são respeitadas agora e podem se tornar ídolos no futuro. Somente Alá, o Todo-Poderoso, merece ser cultuado".

Embora embaixadores de 54 membros da Organização da Conferência Islâmica tenham se unido em protesto contra a decisão do Talibã, as obras, declaradas Patrimônios da Humanidade pela Unesco, foram destruídas com dinamite e bombardeio de tanques em março de 2001, para a tristeza da cultura e da história mundiais.

Voltando ao Buddha Eden, pelo imponentes jardins espalham-se budas, pagodes, estátuas de terracota e várias esculturas, além de 600 soldados em terracota pintados à mão, todos diferentes. No lago central se observam peixes Koi e dragões que se erguem da água.

No Jardim de Escultura Moderna e Contemporânea estão expostas obras de grandes artistas internacionais, como a franco-portuguesa Joana Vasconcelos, o norte-americano Alexander Calder, o colombiano Fernando Botero e os ingleses Tony Cragg, Lynn Chadwick, Allen Jones, e muitos outros. As obras, pertencentes à Coleção Berardo (o comendador Joe Berardo é o proprietário da vinícola mantenedora do espaço), são substituídas periodicamente.

O Jardim de Esculturas Africanas é dedicado ao povo Shona, do Zimbabue, que há mais de mil anos esculpe pedras à mão, transformando-as em obras de arte. Esse povo acredita em espíritos ancestrais conhecidos como

Vadzimu. As esculturas demonstram a união entre os dois mundos – físico e espiritual. O jardim abriga mais de 200 esculturas, dispostas à sombra de mais de mil palmeiras.

O Buddha Eden funciona todos os dias, das 9h às 18h, e dispõe ainda de uma loja e de restaurante. Os ingressos custam 5 euros e crianças de até 12 anos não pagam. Recomendo que o visitante compre o bilhete para um trenzinho que opera no local, pois as distâncias no parque são bastante grandes.

Por fim, mediante reserva antecipada, de segunda a sexta-feira, é possível fazer uma prova de vinhos da produção da Quinta da Bacalhôa, na adega antiga, localizada no jardim do solar, ou na loja de vinhos. Os telefones para reserva são +351-262-605-240 ou +351-913-005-087.

A segunda atração que recomendo vai especialmente para os aficionados do golfe e, em menor grau, para os interessados em uma boa e tranquila praia para relaxar. O local é a **praia d'El Rey**, localizada a 12 km da Vila de Óbidos.

O campo de golfe – **Praia D'El Rey Golf Course** – é um dos mais bonitos de Portugal, com vista do green sobre o mar, perfeitamente integrado com a natureza. Para os interessados no golfe, recomendo se hospedar no **Praia D'El Rey Marriott Golf & Beach Resort**.

O local não tem vida noturna alguma, mas os visitantes com carro cobrem a distância até Óbidos em cerca de 10 minutos, onde há grande oferta. Táxis cobram cerca de 30 euros para cada sentido. O hotel não dispõe de *shuttle bus* para a vila, apenas para o campo de golfe.

HOTÉIS

Pousada de Óbidos — o melhor hotel para se hospedar em Óbidos, sem dúvida, apesar da incerteza de estacionamento. Caso o hóspede não encontre vaga no estacionamento no castelo, há diversas outras alternativas, a distância um pouco maior. A reserva pode ser feita no site do Grupo Pestana. O hotel tem bom restaurante e bar com incrível vista para a Vila de Óbidos.

Outros bons hotéis:

Hotel Real D'Óbidos – rústico-chic, instalado num convento perto das muralhas. No inverno há sempre lareira a arder na sala de estar, e os funcionários vestem-se a caráter. Os quartos, diferentes entre si, têm todos o nome de um monarca português, e apresentam os confortos modernos, apesar do tema medieval. Para o verão, o hotel tem piscina externa e floridíssimo jardim com impressionante vista para a vila e para o castelo. Apesar de ser um hotel romântico, é muito apreciado pelas crianças, especialmente no verão. E, importante, tem estacionamento próprio.

Hotel Casa das Senhoras Rainhas – hotel butique situado intramuros, quartos com vista para o castelo. Serviço de primeira, com *room service* disponível 24 horas. Há a possibilidade de alugar bicicletas na recepção para passeios pela cidade, mas pense bem... Óbidos é um grande ladeirão! Café da manhã muito completo e restaurante com qualidade. Há ainda agradável bar no terraço. O hotel tem estacionamento, mas é aconselhável pedir instruções de como chegar na hora da reserva, pois adentrar as muralhas é sempre complicado.

The Literary Man Óbidos – certamente nunca se hospedou em um hotel como esse. Totalmente dedicado ao tema livros, possui uma coleção de 35 mil volumes, espalhados por todos os ambientes. Simplesmente, o maior hotel literário do mundo. Quando lá estive, em 2015, havia livros até mesmo no banheiro do meu quarto! Tem 30 quartos e está instalado em um antigo convento, convertido em hotel em 1965, reformado para abrigar o atual hotel há relativamente pouco tempo. Possui dois restaurantes, um gin bar e um simpático lounge com lareira. Fica extramuros, na parte baixa da cidade, portanto com maior possibilidade de estacionar o carro na rua ou em estacionamento público. Tem ainda a vantagem de se localizar bem perto de uma das entradas para a parte murada da cidade. Ah, já ia esquecendo – mediante reserva, o hotel coloca à disposição uma biblioterapia em antiga adega ou varandão.

Quer saber o que é biblioterapia? Vá até https://amenteemaravilhosa.com.br/biblioterapia/. Lá vai descobrir tudo sobre o tema e, quem sabe, mais um motivo para passar uns dias no The Literary...

GASTRONOMIA

RESTAURANTES E PASTELARIAS

Os restaurantes que recomendo abaixo apresentam relação qualidade/preço bastante favorável, como na maior parte dos bons restaurantes fora das grandes cidades portuguesas.

Restaurante da Pousada de Óbidos – é o mais sofisticado da cidade, servindo comida contemporânea e regional. Tem um bom bar.

A Nova Casa de Ramiro – ambiente, serviço e qualidade da comida impecáveis.

Restaurante O Caldeirão – comida caseira e farta. Alguns pratos dão perfeitamente para duas pessoas.

Restaurante Vila Infanta – comida caseira, bem servida. Fica do lado de fora das muralhas, mas bem perto.

Restaurante Comendador Silva – o mais sofisticado e também o mais caro.

Jamón Jamón – pequeno espaço, ideal para comer um bom presunto serrano, queijos e tapas. Tem mesas no exterior, muito agradável. O tipo de restaurante no qual prefiro compartilhar entradas e petiscos e não pedir prato principal.

Bar Ibn Errik Rex – o restaurante é simples, existe desde a década de 1950, frequentado pelo ex-presidente brasileiro Juscelino Kubitschek.

Em Portugal há uma verdadeira profusão de pastelarias, cujo significado é totalmente diferente de uma pastelaria no Brasil. Os pastéis geralmente são doces, com exceções, como o pastel de bacalhau (o bolinho de bacalhau no Brasil). Óbidos não é diferente. As pastelarias são ainda pontos de pausa ou encontros em torno de uma boa xícara de café ou chá, acompanhados de doces ou salgados. Pode-se dizer que é instituição nacional, como os cafés de Paris, mas há menos consumo de álcool. Normalmente não há pressa, nem por parte do cliente nem por parte dos funcionários. Sente-se e deixe a vida lhe levar! Tenho três recomendações em Óbidos:

Pastelaria Capinha D'Óbidos – minha preferida. Um pouco confusa por estar sempre cheia, mas com a vantagem de poder saborear um dos melhores pães de Portugal, assados no forno bem mesmo ao seu lado. Há vários sabores, mas os mais famosos são o pão de linguiça e o pão de batata-doce com passas. Se não estiver com fome, compre para comer mais tarde. Verá que vale a pena...

Pastelaria Dom Afonso – bem simples, especializada em pastéis de nata.

Pastelaria D'Avó Adélia – a mais sofisticada das três, com grande variedade de produtos, mas atendimento deixando um pouco a desejar. Quem sabe fomos em um mau dia...?!

Por fim, sugiro que ninguém deixe a vila sem antes brindar com um copo de ginja, ou ginjinha, o licor que ajudou Óbidos a ficar famosa nacionalmente. A ginjinha é feita pela maceração da ginja, espécie de cereja ácida por, no mínimo, um ano. A origem do licor remonta ao século XVII, a partir de receita conventual que aproveitava a grande quantidade de ginja nos campos da região. Em muitos lugares do país, incluindo Óbidos, a ginjinha é servida em pequenos copos de chocolate que podem ser degustados. Em lugares mais sofisticados, a ginjinha é servida em cálices, como qualquer outro licor.

Coimbra

ANTECEDENTES

Coimbra é a maior cidade do centro de Portugal, capital do Distrito de Coimbra, localizada na Beira Litoral, com cerca de 135 mil habitantes. Sua distância de Lisboa é de 207 km e do Porto é de 117 km. Segunda capital de Portugal, uma das cidades mais visitadas pelos turistas, não apenas pelos monumentos históricos, mas, especialmente, pela Universidade, fundada em 1290. Coimbra é uma cidade conhecida internacionalmente, especialmente no Brasil, pelas inúmeras canções que a louvam e grande quantidade de estudantes brasileiros que lá estudam, ou almejam estudar.

Na época dos romanos, a cidade era chamada Emínio e, depois, Conímbriga, de onde derivou seu atual nome. Com a chegada dos mouros, no século VIII, a cidade passou a se chamar Kulumriyya, servindo de importante entreposto comercial entre o norte cristão e o sul árabe. Menos de dois séculos depois torna-se Condado de Coimbra, sendo definitivamente reconquistada pelos cristãos em 1064, comandados por Fernando Magno de Leão.

A partir da Reconquista, Coimbra desenvolve-se e torna-se a cidade mais importante ao sul do rio Douro. Enquanto Portugal se torna uma nação, durante o reinado de Dom Afonso Henriques, logo vira a sua segunda capital, em substituição a Guimarães, "onde nasceu Portugal", tudo isso no século XII.

Já nessa época, Coimbra apresentava estrutura urbana dividida em cidade alta, ou Almedina, local onde viviam os aristocratas e os clérigos, e cidade baixa, onde se localizavam comerciantes e artesãos.

A partir da fixação definitiva da Universidade de Coimbra na cidade, em 1537, passou a girar em torno dessa instituição, mas expandindo além do casco murado somente a partir do século XIX.

O início do século trouxe grandes preocupações a Coimbra: a ocupação da cidade pelas tropas de Junot e Massena, durante a invasão francesa, e, posteriormente, a extinção das ordens religiosas em Portugal. No entanto, a segunda metade do século trouxe de volta o esplendor de Coimbra, com a introdução do telégrafo elétrico, iluminação a gás e chegada da estrada de ferro, além de outros fatos.

Até os dias de hoje, o grande motor da cidade é a Universidade. Direta ou indiretamente, criou condições para na região ser desenvolvido o Parque Industrial de Taveiro, o Parque Industrial de Eiras e o Polo da Pedrulha e Eiras, além de um parque de ciência e tecnologia, o Coimbra iParque. A Universidade, diretamente ou por meio dos institutos, é grande incubadora de empresas e transferência de tecnologia em vários domínios. Diversos exemplos de empresas bem-sucedidas derivaram desse processo, com atuação em âmbito nacional e internacional.

Voltando à Universidade, foi fundada em 1290, no século seguinte à fundação da grande nação portuguesa, criada por decreto do rei Dom Dinis I, e intermediada e confirmada pelo papa Nicolau IV. Em seus primeiros anos, a Universidade chamava-se "Estudo Geral", e a sua sede localizava-se em Lisboa. Mas, em 1308, a Universidade mudou-se pela primeira vez para Coimbra, cidade que contava com grande tradição de cultura, pois lá funcionava havia muitos anos o Colégio do Mosteiro de Santa Cruz. Em 1338 transferiu-se de novo para Lisboa e, sucessivamente, alternou a sede entre as duas cidades, até se fixar definitivamente em Coimbra, em 1537. Sete anos depois todas as faculdades já estavam instaladas na cidade, no antigo Paço Real da Alcáçova, cedido pelo próprio rei Dom João III, posteriormente denominado Paço das Escolas, em função da sua aquisição pela Universidade, em 1597, no reinado de Dom Filipe I.

Os primeiros estatutos da Universidade datam de 1309, reformados em 1431, e depois em 1503, quando apresentavam regras sobre o reitor, disciplinas, salários dos professores, provas acadêmicas e cerimônia do ato solene de doutoramento.

Em 1559 foram redigidos os quartos estatutos, determinando a eleição do reitor pelo Claustro, mesmo ano em que foi aberta a Universidade de Évora, entregue aos jesuítas.

Já os sextos estatutos determinavam ao estabelecimento uma lista tríplice para candidatos a reitor, sendo um deles escolhido pelo rei.

Como tudo em Portugal, a Universidade sofreu grandes modificações após o grande terremoto de 1755, na chamada era pombalina, do grande reformador Marquês de Pombal. Isso aconteceu a partir de 1772, com a ratificação pelo rei dos novos estatutos, que privilegiavam enormemente as ciências naturais e as ciências do rigor (a experiência é a fonte de todo o conhecimento), até então não incluídas no ensino universitário.

Em 1836 funde-se a Faculdade de Cânones com a Faculdade de Direito, contribuindo para um forte aparelho legal liberalista. Em 1911 é criado um sistema de bolsas para aumentar o número de alunos e são criadas a Faculdade de Letras, em substituição à de Teologia, e a de Ciências, resultante da fusão das Faculdades de Matemática e Filosofia.

Na história recente, a grande alteração ocorreu de 1942 a 1969, quando a maior parte da zona residencial da Alta de Coimbra foi demolida para dar lugar ao complexo monumental da moderna Universidade, que se encontrava instalada no Paço Real e espalhada por diversos edifícios da cidade. O complexo foi projetado pelo arquiteto, cineasta e intelectual José Angelo Cottinelli Telmo e arquiteto Luis Cristino da Silva.

Atualmente, declarada Patrimônio Mundial da Humanidade pela Unesco, a Universidade é organizada em oito faculdades que abrangem os seguintes graus acadêmicos: Arquitetura, Educação, Engenharia, Humanidades, Direito, Matemática, Medicina, Ciências Naturais, Psicologia, Ciências Sociais e Desportos. As faculdades mais famosas são as de Direito e de Medicina, sendo que esta serviu de modelo à implantação de faculdades de medicina no Brasil, no século XIX.

Seu corpo discente é formado de cerca de 25 mil alunos, sendo aproximadamente 10% estrangeiros, de 70 nacionalidades, o que dá um colorido especial à cidade.

Com o advento da Revolução dos Cravos, de 1974, a vida portuguesa mudou radicalmente, não sendo diferente nas universidades em geral e, em especial, na Universidade de Coimbra. Como consequência, os novos ares ensejaram novas reformas e novos estatutos, publicados em 1989. O estatuto vigente no presente foi o proposto em 2008.

Dois dos maiores monumentos da Universidade são a magnífica **Biblioteca Joanina** (1716-1725) e a **Torre da Universidade** (1728-1733), de 33,5 metros de altura, provavelmente projetos de João Frederico Ludovice. A torre é encimada por um observatório de onde se descortina uma deslumbrante vista sobre a cidade e abriga uma série de sinos, incluindo aquele conhecido como "a cabra", que assinalava as horas do despertar e do recolher dos estudantes.

A Biblioteca Joanina é para mim um dos mais belos e emblemáticos monumentos históricos de todo o país. Para quem está na região, é simplesmente uma visita imperdível. Criada no século XVIII, situa-se no Paço das Escolas, que, por sua vez, fica no pátio da Faculdade de Direito. Considerada uma das mais originais e espetaculares bibliotecas barrocas da Europa, o que é corroborado pelo jornal britânico The Telegraph, que em 2013 considerou-a a biblioteca mais espetacular do mundo. Está listada também entre as 55 bibliotecas mais bonitas do mundo no magnífico livro *The World's Most Beautiful Libraries*, com fotos de Massimo Listri e textos de Georg Ruppelt e Elisabeth Sladek. A Biblioteca Joanina emparceira com as de Praga e Viena, celebrando no esplendor da sua arte o Iluminismo Católico, uma doutrina filosófico-religiosa que busca a conciliação da Razão, triunfante através da Revolução Científica, com os ancestrais ensinamentos da Igreja, que floresceram na Idade Média e, no Renascimento, foram reafirmados com o movimento da Contrarreforma.

As obras começaram em 1717, sobre o prédio do antigo cárcere do Paço Real, e foram concluídas em 1728. Não se sabe ao certo quem foi o arquiteto que concebeu a obra. A versão mais provável é que tenha sido o alemão formado na Itália João Frederico Ludovice (nome aportuguesado), que trabalhou para Dom João V na construção do Convento de Mafra, entre 1717 e 1730, onde também criou uma das mais belas bibliotecas do mundo. Nos anos seguintes, a biblioteca foi artisticamente enriquecida com obras de grandes mestres, portugueses e estrangeiros, estes perfeitamente conhecidos, que contribuíram com decorações pintadas, afrescos nos tetos e em suas molduras e mobiliário em madeiras exóticas do Brasil e do Oriente, além do grande retrato do rei Dom João V, o Magnânimo, patrono da Biblioteca, pintado pelo mestre italiano Domenico Duprà. Nada mais que justa a homenagem a esse rei, patrono não de uma, mas de duas das mais belas bibliotecas do mundo.

POR DENTRO DA BIBLIOTECA JOANINA

O prédio da biblioteca é composto de três andares:

No primeiro situava-se o cárcere do Paço Real, medieval, e em seguida a Prisão Acadêmica. Até o século XVIII, a Universidade tinha legislação própria, o chamado Foro Acadêmico, independente do Foro Comum. Após a prisão ser desativada, serviu como depósito bibliográfico e outros diversos usos.

O andar intermediário, sem nenhum valor artístico ou histórico no tocante às instalações, abriga parte da biblioteca – 20 mil volumes –, equipado com grandes mesas para consultas.

No terceiro andar fica a monumental biblioteca, de tal beleza e valores culturais e artísticos que fica impossível descrevê-la. Possui cerca de 40 mil volumes. Nesse andar, fotos são estritamente proibidas, com ou sem flash. Fiquei tão impressionado com a fabulosa obra que a minha primeira providência ao deixar a biblioteca foi ir à loja da Universidade, bem ao lado, comprar um livro com a história e fotos do monumento ímpar (Biblioteca Joanina, Universidade de Coimbra, dezembro de 2017).

A partir do Pátio das Escolas, o acesso à biblioteca é feito por um portal nobre, barroco, encimado com as armas portuguesas da época de Dom João V. Hoje, o acesso dos turistas é feito pelo primeiro andar, abaixo do nível do pátio, enquanto o portal nobre, no terceiro andar, ao nível do pátio, é usado como saída dos grupos de visitantes.

O interior da biblioteca é composto de três salas, ligadas por arcos idênticos ao portal de acesso, e paredes completamente cobertas de estantes com livros. A primeira sala é decorada em ouro sobre fundo verde, a segunda em ouro sobre fundo vermelho e a terceira em ouro sobre fundo preto.

Os tetos das três salas foram pintados por Antônio Simões Ribeiro e Vicente Nunes, utilizando a técnica do *trompe l'oeil*, que visa criar uma ilusão ótica. No teto da primeira sala é representada a "figura" da biblioteca, enquanto nas sancas quatro figuras femininas representam os quatro grandes continentes – África, Ásia, Europa e Américas –, sugerindo a abertura à sabedoria de todas as partes do mundo. Na legenda, em latim, está escrito: "Estas estantes ornam-se de livrinhos, felizes". No teto da sala central é representada a "figura" da Universidade, rodeada dos atributos que a devem acompanhar no exercício da missão: Honra, Virtude, Fortuna e Fama. Insistindo na cultura clássica como base do saber universal, nos medalhões periféricos representam-se os autores latinos Virgílio, Ovídio, Sêneca e Cícero. No teto da terceira sala, a Universidade surge como síntese do conhecimento Universal – "Enciclopédia". Na sanca, as principais áreas do saber são identificadas por legendas: *Sacra Pagina* para Teologia e Cânones; *Astraea* para Direito ou Leis; *Natura* para as Ciências da Natureza, em alusão à Medicina; e *Ars* para as Artes.

A nave central da biblioteca se assemelha a uma nave de igreja. O altar estaria ocupado pelo imponente retrato de Dom João V, causando grande efeito dramático.

As magníficas estantes são em número de 72, dispostas em dois níveis, feitas de madeiras douradas e policromadas, cobrindo as paredes das três salas da "Casa da Livraria". O acesso às prateleiras superiores é feito por um varandim e, para alcançar as prateleiras mais altas, cada estante possui duas escadas embutidas. A carpintaria foi obra de Gaspar Ferreira, entre 1719 e 1723, e a pintura, obra de Manuel da Silva, entre 1723 e 1727.

O acervo da Biblioteca Joanina é composto de obras do século XII ao século XIX, versando especialmente sobre Medicina, Direito Civil, Direito Canônico, Teologia, Filosofia e outros. O acervo dessa biblioteca e o da Biblioteca Geral da Universidade de Coimbra (BGUC) juntos significam uma coleção com mais de 1 milhão de volumes.

As maiores preciosidades da Biblioteca Joanina ficam trancadas no cofre da instituição, entre elas a primeira edição de **Os Lusíadas**, de 1572, uma **Bíblia Hebraica de Abravanel**, editada na segunda metade do século XV, da qual somente existem 20 exemplares no mundo inteiro, e a **Bíblia Latina das 48 Linhas**, assim chamada por ter 48 linhas por página, impressa em 1462 por dois sócios de Gutenberg, considerada a mais bela das primeiras quatro bíblias impressas.

A maior curiosidade não relacionada com livros da biblioteca é que à noite, após o encerramento das atividades do dia, uma colônia de morcegos contribui para a manutenção dos livros, comendo os insetos "bibliófagos", como o carcoma e a traça. Cada morcego chega a comer até 500 insetos por noite, que adentram a biblioteca por fendas e circuitos de ventilação e esvoaçam entre os livros. O primitivo sistema ecológico funciona perfeitamente há 300 anos, preservando o tesouro de danos irreparáveis – o papel e as capas de couro. O sistema foi mencionado em diversos romances, sendo o mais notável **A obsessão do fogo**, de Umberto Eco.

Durante a noite, as mesas e pisos da biblioteca ficam cobertos por peças de couro, para protegê-los das fezes dos morcegos.

Entretanto, recentemente a biblioteca adquiriu uma câmara de desinfeção de livros por anoxia (ausência de oxigênio), com capacidade para tratar o acervo bibliográfico. Os livros ficam nessa câmara por 21 dias, e em seguida são limpos, folha a folha, eventuais páginas soltas são coladas e as capas de couro restauradas e hidratadas. Tudo isso feito por apenas duas pessoas. Cerca de um terço do acervo já passou por esse processo.

O acesso à biblioteca é pago e com hora marcada. Cada visita dura cerca de 30 minutos. Os ingressos e a marcação de hora são obtidos na bilheteria existente na Biblioteca Geral (BGUC), situada na parte moderna da Universidade, no arco de acesso ao Paço das Escolas (ou Paço Real).

> Curiosamente, a segunda biblioteca mais bonita de Portugal, listada no livro de Listri, Ruppelt e Sladek, a **Biblioteca do Convento de Mafra** foi construída por ordem de Dom João V, que encomendou o projeto ao mesmo arquiteto da Biblioteca Joanina, o alemão João Frederico Ludovice. Lá se encontram mais de 30 mil volumes, incluindo verdadeiros tesouros como a segunda edição de *Os Lusíadas*, de Luís de Camões, a famosa →

Crônica de Nuremberg, de 1493, a primeira Enciclopédia conhecida, de Diderot et D'Alembert, os Livros de Horas Iluminados, do século XV, o Theatrvm Orbis Terrarvm, de Abraham Ortelius, datado de 1595, entre outros. Para se avaliar a importância do acervo, vale citar uma bula do papa Bento XIV, de 1754, que penalizava com a excomunhão o desvio ou empréstimo de obras impressas ou manuscritas sem a autorização do rei de Portugal, e ainda permitia incluir em seu acervo os livros proibidos pelo Index. À semelhança da Biblioteca Joanina, lá há uma colônia de morcegos para proteger os livros dos insetos.

CULTURA

O mesmo ingresso da biblioteca vale também para admissão na **Capela de São Miguel** e **Palácio Real**. A capela fica no Paço das Escolas, ao lado da biblioteca, e foi mandada construir no século XVI pelo rei Dom Manuel I, no estilo manuelino, patente no portão lateral, nas janelas da nave principal e no arco cruzeiro, que é o arco que separa a nave da capela-mor. A capela foi sede da Confraria de Lentes (professores) e dos estudantes, sob a invocação de Nossa Senhora da Luz. Em seu púlpito, no altar de Santa Catarina, o padre Antônio Vieira proferiu um dos seus famosos sermões, dedicado a Santa Catarina, padroeira da Universidade de Paris e protetora dos filósofos. Os tetos são revestidos de afrescos pintados de 1695 a 1697 pelo lisboeta Francisco de Araújo. No afresco central vê-se uma figura feminina, representando a deusa Minerva, da sabedoria. O seu órgão, barroco revestido à talha de ouro e decorado com motivos chineses, foi construído em 1737 pelo Frei Manuel Gomes e tem cerca de 2 mil tubos. Está em perfeito funcionamento até hoje, frequentemente abrilhantando concertos de música. Os azulejos da nave e da capela-mor foram fabricados em Lisboa, no século XVII, e também se encontram em perfeito estado de manutenção. A capela continua consagrada, com missa todos os domingos.

O **Palácio Real**, ou atualmente o **Paço da Escolas**, foi edificado ao longo de séculos, e foi o Palácio Real desde os tempos de Dom Afonso Henriques, no século XII, até o século XVI. Foi erigido sobre as bases de um palácio fortificado, mandado construir no século X por Almançor, o governador muçulmano. O primeiro Paço Real do país, habitado desde 1131 por Dom Afonso Henriques. Ali foram batizados e nasceram quase todos os reis da primeira dinastia de Portugal.

Em 1544, no reinado de Dom João III, lá foram instaladas as faculdade da Universidade de Coimbra. A partir de 1597, com a aquisição do Paço pela Universidade, passou a ser denominado Paço das Escolas.

De notável destaque na fachada principal da edificação é a Via Latina, longa varanda com elegante colunata neoclássica. Construída no reinado de Dom João V, e a sua configuração atual data de 1773. O nome deriva da língua do ensino na Universidade até a Reforma Pombalina de 1772, quando o português substituiu o latim como língua oficial.

A escadaria permanece ainda hoje o local emblemático para os estudantes. Nela são feitas, por exemplo, as fotos de curso por ocasião da colocação das fitas na pasta acadêmica, prática muito antiga e significativa na Universidade de Coimbra. A pasta acadêmica é aquela na qual os alunos carregam o material de ensino, e as fitas representam a faculdade que cursam, cada uma de cor diferente.

OUTROS PONTOS DE VISITAÇÃO

Além da Universidade, vale a pena conhecer em Coimbra:

Museu Nacional de Machado de Castro – inaugurado em 1913, é um dos mais destacados museus de belas artes de Portugal, contendo em seu acervo importantes obras de escultura, pintura e artes decorativas. O prédio que abriga o museu foi o Paço Episcopal de Coimbra, acrescido de um novo edifício, inaugurado em 2012. Atualmente, o museu compreende três unidades interligadas:

O criptopórtico romano, do século I, edificado pela administração romana para servir de suporte ao fórum de Emínio, a Coimbra romana. A rede de galerias e espaços comunicantes já é, por sua vez, uma das grandes atrações do museu.

O antigo paço episcopal, datado do século XI, que sofreu várias alterações e renovações ao longo dos séculos, somente catalogadas a partir do século XVI, acolhendo parte do acervo, salas multimídia e exposições temporárias, além de loja com livraria.

O edifício novo, que se articula com o criptopórtico e o antigo paço. Abriga a maior parte do acervo próprio do museu e um café/restaurante.

Arquitetonicamente, a integração dos três espaços foi de tal qualidade que recebeu em 2014 o Prêmio Piranesi/Prix de Rome, mérito do arquiteto Gonçalo Byrne, autor de outras importantes obras na cidade e em todo o país.

Em termos de esculturas, a maior parte do acervo engloba dos séculos XI ao XVIII, especialmente em pedra, mas também em terracota e madeira.

Quanto à pintura, o acervo data do século XV ao século XVIII. A seção de ourivesaria/joalheria apresenta importante coleção abrangendo os séculos XII a XVIII, incluindo obras-primas da ourivesaria portuguesa. Por fim, há ainda os núcleos dos têxteis (séculos XV a XIX), mobiliário (séculos XVI e XIX) e cerâmica (séculos XV ao XX).

Sé Velha de Coimbra – construída no estilo românico depois que Afonso Henriques se declarou rei de Portugal, ao vencer a Batalha de Ourique, em 1139, e ter escolhido Coimbra como capital do reino. Apesar de Coimbra ter sido sede episcopal desde o século V, não há registros precisos sobre a catedral que antecedeu à Sé Velha. O projeto ficou a cargo do mestre Roberto, francês que, na mesma época, se encarregou do projeto da Sé de Lisboa. A única catedral portuguesa românica a ter sobrevivido intacta até os nossos dias. Externamente, a catedral em muito se assemelha a uma fortaleza, o que se compreende pelo clima bélico da época da Reconquista. Notadamente românicas, todas as 380 colunas internas têm capitéis decorados com temas geométricos, vegetalistas ou animalistas, com ausência de figuras humanas.

Em 1772, a sede episcopal foi transferida pelo Marquês de Pombal para a Sé Nova de Coimbra.

Sé Nova de Coimbra – da Ordem dos Jesuítas, começou a ser construída em 1598. A inauguração ocorreu apenas 100 anos depois. A parte inferior da fachada é em estilo maneirista, enquanto a parte superior, concluída muitos anos depois, é em estilo barroco. A parte interna da catedral é decorada com magníficos retábulos (painéis pintados), tanto na parte posterior do altar como nas capelas.

Mosteiro de Santa Cruz – fundado em 1131, com o apoio dos reis Dom Afonso Henriques e Dom Sancho I, que lá se encontram sepultados. O edifício original do mosteiro foi erguido entre 1132 e 1223, projetado pelo mestre Roberto, o mesmo arquiteto da Sé Velha de Coimbra. A escola do mosteiro foi considerada uma das melhores instituições de ensino da época medieval em Portugal, destacando-se pela sua importante biblioteca, hoje na Biblioteca Pública Municipal do Porto. Na Idade Média, o mais notório estudante foi Fernando Martins de Bulhões, futuro Santo Antônio de Lisboa ou Santo Antônio de Pádua. Em 1507, o rei Dom Manuel I promoveu extensa reforma no mosteiro, quando foram transladados para lá os restos mortais dos dois reis, repousando em túmulos no estilo manuelino. A presença dos túmulos de dois reis de Portugal levou o mosteiro ao estatuto de Panteão Nacional, estatuto repartido com o Mosteiro da Batalha, o Mosteiro dos Jerônimos e a Igreja de Santa Engrácia, os dois últimos em Lisboa.

Há indícios de que Luís de Camões tenha sido aluno da escola do Mosteiro de Santa Cruz.

Mosteiro de Santa Clara-a-Velha – popularmente conhecido como Convento de Santa Clara-a-Velha, a criação foi incentivada e financiada por Dona Mor Dias, dama nobre de Coimbra, recolhida desde 1250 no Mosteiro de Santa Cruz. Entretanto, os religiosos do Mosteiro de Santa Cruz opuseram-se firmemente à construção, por significar desvios de recursos oriundos de uma professa do Mosteiro de Santa Cruz e, consequentemente, dele dependente espiritualmente. A contenda durou 30 anos, até 1302, quando do falecimento da fundadora, que doou todos os bens ao novo convento.

A partir de 1307, a rainha de Portugal, Santa Isabel de Aragão, interessou-se pelo convento e mediou o encerramento do conflito, refundando o novo mosteiro, com a construção de um hospital para 30 pobres, com capela e cemitério, além de um paço, onde se recolheu após enviuvar do rei Dom Dinis, o que perdurou até a sua morte. Santa Isabel optou, então, pela vida entre as irmãs clarissas, mas sem fazer os votos, o que permitiu manter a sua fortuna, que utilizou integralmente para a caridade. Devido às difíceis condições de habitabilidade do convento devido às sucessivas inundações causadas pelo rio Mondego, primeiramente procurou-se fazer o alteamento do piso térreo dos edifícios do mosteiro, o que não resultou eficaz. Por fim, no século XVII, o rei Dom João determinou a construção de um novo edifício no vizinho Monte Esperança, denominado de Mosteiro de Santa Clara-a-Nova. Em 1667, o antigo mosteiro foi definitivamente abandonado, sendo desde então conhecido como Mosteiro de Santa Clara-a-Velha.

Mosteiro de Santa Clara-a-Nova – conhecido como Mosteiro Rainha Santa Isabel, foi erguido no século XVII, em substituição ao antigo Mosteiro de Santa Clara. As obras se iniciaram em 1649, e vários dos edifícios conventuais já se encontravam concluídos em 1667, quando o Convento de Santa Clara para lá foi transferido. A comunidade religiosa foi extinta em 1891, com a morte da sua última religiosa, sendo a maior parte dos espaços do mosteiro transferidos para a Confraria da Rainha Santa Isabel a partir de 1896. A parte norte do mosteiro foi cedida à Ação Missionária, que permitiu que a Congregação de São José de Cluny mantivesse um colégio missionário, que funcionou até 1910, quando da implantação da República. A partir dessa data, o espaço passou a abrigar instalações do exército, que os devolveu à Confraria em 2006. A rica Igreja do Mosteiro foi construída no estilo maneirista, onde está o túmulo, instalado em 1696, no qual repousa, incorrupto até hoje, o corpo da rainha Santa Isabel, cercado de painéis de madeira policromática que narram a história da sua vida.

Ruínas de Conímbriga – palco de escavações desde o século XIX, a povoação de Conímbriga estabeleceu-se em Portugal desde a Idade do Cobre, e foi importante centro durante o Império Romano, habitada continuamente até o século IX. Situa-se a 17 km de Coimbra, e o sítio abriga o Museu Monográfico de Conímbriga. Data de 138 a.C. a passagem dos romanos pela povoação.

Na época de Augusto, Conímbriga recebeu o concurso de arquitetos romanos para adaptá-la ao urbanismo romano, quando recebeu um Fórum para sediar a administração e o comércio da cidade, seguido das termas alimentadas pelas águas do rio Alcabideque, um anfiteatro, uma praça, um templo e diversas casas, além da muralha de 2 km para a sua proteção.

Com os romanos vieram novos elementos, tecnologias e materiais da engenharia civil – o mármore, as colunas, o estuque, a argamassa de cal e a pedra em esquadria. Depois de um período obscuro entre os séculos II e III, o Império começou a ser invadido por tribos bárbaras, levando ao reforço das defesas da cidade e o sistema de abastecimento de água. Finalmente, em 464 a povoação cai sob o jugo dos suevos, que raptaram mulheres e crianças. Voltaram quatro anos depois, para arrasar a cidade e a região. Em 586 a região caiu definitivamente sob o domínio dos visigodos. Em 711 iniciou-se a invasão muçulmana na Península Ibérica, onde ficaram até a Reconquista cristã.

A partir do século XIX, começaram as escavações arqueológicas, que perduram até os dias de hoje, com a participação de várias instituições locais, especialmente a Universidade de Coimbra.

Portugal dos Pequeninos – parque temático cujo objetivo é mostrar aspectos da cultura e do patrimônio português, não só em Portugal mas também pelo mundo. Inaugurado em 1940, durante o Estado Novo Português, consequentemente impregnado do espírito idealista e nacionalista daquele período da história portuguesa. Implementado em três fases, a primeira representando as casas regionais portuguesas, com pomares, hortas e jardins, além dos principais monumentos de Coimbra. Na segunda fase apresenta os monumentos mais importantes de todo o país. Na terceira fase engloba a representação das ilhas da Madeira e dos Açores, das então províncias ultramarinas na África, Macau, Goa e Timor, além do Brasil. A característica do parque reside nas construções em escala reduzida e organiza-se em sete zonas: países de língua oficial portuguesa, Portugal insular (Madeira e Açores), Portugal monumental, Coimbra, casas regionais, casa da criança e parque infantil. Há ainda os museus temáticos do traje, da marinha e do mobiliário.

Quinta e Palácio das Lágrimas – com a Universidade de Coimbra, na minha opinião, a Quinta das Lágrimas é o sítio mais carregado de história de Coimbra, talvez até mesmo do país. A propriedade fica em região bem central da cidade, ocupando área de 18 hectares. A história da quinta vem desde o século XIV, quando o primeiro uso conhecido foi couto de caça da família real portuguesa.

Em 1282, Isabel de Aragão chegou a Coimbra, recém-casada com Dom Dinis I, rei de Portugal, logo se apaixonando pela cidade, onde viveu a maior parte da sua vida no palácio contíguo ao Convento de Santa Clara. Sua ligação à Quinta das Lágrimas (então Quinta do Pombal) data de 1326, quando mandou instalar um cano para levar água de duas fontes nos limites da Quinta para o convento. Em 1516, a rainha Isabel foi beatificada pelo papa Leão X, e sua canonização solene ocorreu em 1625, quando se tornou a rainha Santa Isabel.

As duas fontes fazem parte da história de Portugal, a primeira denominada "Fonte dos Amores", por ter presenciado a paixão proibida de Dom Pedro, futuro herdeiro do trono, por Inês de Castro, fidalga galega que servia de dama de companhia a Dona Constança, esposa de Dom Pedro. E a segunda, denominada "Fonte das Lágrimas", pois, segundo Camões, em **Os Lusíadas**, nascera das lágrimas vertidas por Inês ao ser assassinada a mando de Dom Afonso IV, rei de Portugal e pai de Dom Pedro.

Em 1336, Dom Pedro casou-se com a princesa castelhana Dona Constança Manuel. Em seu séquito, a princesa trazia a dama de companhia Inês de Castro, oriunda de antiga, nobre e poderosa família galega. De imediato, Dom Pedro se apaixonou por Inês e passaram a se encontrar furtivamente nos jardins da quinta, então denominada Quinta do Pombal, pois Inês morava no Convento de Santa Clara-a-Velha, distante não mais que 500 metros da Quinta. Da chamada Fonte dos Amores parte um cano estreito que termina a 100 metros do convento. As águas que fluíam por esse cano serviam de meio de transporte para as cartas que Dom Pedro colocava em pequenos barquinhos de madeira, recolhidas na outra extremidade por Inês.

Em 1345, Dona Constança morreu de parto, e Dom Pedro passou a viver publicamente com Inês, nascendo três filhos da união. Entretanto, o rei de Portugal Dom Afonso IV, pai de Dom Pedro, não aceitou a relação, pois temia pela sucessão do trono, que seria do neto Fernando, filho de Constança, e pela possível influência castelhana no reino, e tentou resgatar o filho e conduzi-lo a um casamento que não obedecesse aos caprichos do amor, mas às conveniências políticas de Portugal. Como não logrou êxito, mandou que três vassalos a matassem, em 1355, o que ocorreu, segundo a lenda, no sítio onde se encontra a "Fonte das Lágrimas". Até hoje, quase sete séculos depois, as pedras da fonte continuam manchadas de vermelho, sangue de Inês, também segundo a lenda.

Ao levarem Inês e os filhos à presença do rei para ouvir a sua sentença de morte, Inês ergueu os olhos aos céus e disse:

"Até mesmo as feras, cruéis de nascença, e as aves de rapina já demonstraram piedade com as crianças pequenas. O senhor, que tem o rosto e o coração humanos, deveria ao menos compadecer-se destas criancinhas, seus netos, já que não se comove com a morte de uma mulher fraca e sem força, condenada somente por ter entregue o coração a quem soube conquistá-lo. E se o senhor sabe espalhar a morte com fogo e ferro, vencendo a resistência dos mouros, deve também saber dar a vida, com clemência, a quem nenhum crime cometeu para perdê-la. Mas se devo ser punida, mesmo inocente, mandem-me para o exílio perpétuo e mísero na gelada Cítia ou na ardente Libia, onde eu viva eternamente em lágrimas. Ponha-me entre os leões e os tigres, onde só existe crueldade. E verei se neles posso achar a piedade que não achei entre corações humanos. E lá, com o amor e o pensamento naquele por quem fui condenada a morrer, criarei os seus filhos, que o senhor acaba de ver, e que serão o consolo da sua triste mãe."

Louco de dor, Pedro liderou uma revolta contra o rei, nunca perdoando o pai por ter mandado assassinar a amada. Quando finalmente assumiu a coroa, em 1357, já como Dom Pedro I de Portugal, mandou prender e matar os assassinos de Inês, arrancando-lhes o coração, o que lhe valeu o cognome de "O Cruel".

Mais tarde, jurando ter se casado secretamente com Inês de Castro, Dom Pedro impôs o seu reconhecimento como rainha de Portugal. Em abril de 1360, sob o olhar da maior parte da nobreza e da população, mandou trasladar o corpo de Inês para o Mosteiro Real de Alcobaça, onde determinou a construção de dois magníficos túmulos para descansar eternamente ao lado da amada.

Abaixo reproduzo o "Episódio de Dona Inês de Castro", conforme apresentado em **Os Lusíadas**:

Episódio de Dona Inês de Castro
(Os Lusíadas, Canto III, 118 a 135)

Passada esta tão próspera vitória,
Tornado Afonso à Lusitana Terra,
A se lograr da paz com tanta glória
Quanta soube ganhar na dura guerra,
O caso triste e dino da memória,
Que do sepulcro os homens desenterra,
Aconteceu da mísera e mesquinha
Que despois de ser morta foi Rainha.

Tu, só tu, puro amor, com força crua,
Que os corações humanos tanto obriga,
Deste causa à molesta morte sua,
Como se fora pérfida inimiga.
Se dizem, fero Amor, que a sede tua
Nem com lágrimas tristes se mitiga,
É porque queres, áspero e tirano,
Tuas aras banhar em sangue humano.

Estavas, linda Inês, posta em sossego,
De teus anos colhendo doce fruito,
Naquele engano da alma, ledo e cego,
Que a fortuna não deixa durar muito,
Nos saudosos campos do Mondego,
De teus fermosos olhos nunca enxuito,
Aos montes insinando e às ervinhas
O nome que no peito escrito tinhas.

Do teu Príncipe ali te respondiam
As lembranças que na alma lhe moravam,
Que sempre ante seus olhos te traziam,
Quando dos teus fernosos se apartavam;
De noite, em doces sonhos que mentiam,
De dia, em pensamentos que voavam;
E quanto, enfim, cuidava e quanto via
Eram tudo memórias de alegria.

De outras belas senhoras e Princesas
Os desejados tálamos enjeita,
Que tudo, enfim, tu, puro amor, desprezas,
Quando um gesto suave te sujeita.
Vendo estas namoradas estranhezas,
O velho pai sesudo, que respeita
O murmurar do povo e a fantasia
Do filho, que casar-se não queria,

Tirar Inês ao mundo determina,
Por lhe tirar o filho que tem preso,
Crendo co sangue só da morte ladina
Matar do firme amor o fogo aceso.

Que furor consentiu que a espada fina,
Que pôde sustentar o grande peso
Do furor Mauro, fosse alevantada
Contra hũa fraca dama delicada?

Traziam-na os horríficos algozes
Ante o Rei, já movido a piedade;
Mas o povo, com falsas e ferozes
Razões, à morte crua o persuade.
Ela, com tristes e piedosas vozes,
Saídas só da mágoa e saudade
Do seu Príncipe e filhos, que deixava,
Que mais que a própria morte a magoava,

Pera o céu cristalino alevantando,
Com lágrimas, os olhos piedosos
(Os olhos, porque as mãos lhe estava atando
Um dos duros ministros rigorosos);
E despois, nos mininos atentando,
Que tão queridos tinha e tão mimosos,
Cuja orfindade como mãe temia,
Pera o avô cruel assi dizia:

(Se já nas brutas feras, cuja mente
Natura fez cruel de nascimento,
E nas aves agrestes, que somente
Nas rapinas aéreas tem o intento,
Com pequenas crianças viu a gente
Terem tão piedoso sentimento
Como co a mãe de Nino já mostraram,
E cos irmãos que Roma edificaram:

Ó tu, que tens de humano o gesto e o peito
(Se de humano é matar hũa donzela,
Fraca e sem força, só por ter sujeito
O coração a quem soube vencê-la),
A estas criancinhas tem respeito,
Pois o não tens à morte escura dela;
Mova-te a piedade sua e minha,
Pois te não move a culpa que não tinha.

E se, vencendo a Maura resistência,
A morte sabes dar com fogo e ferro,
Sabe também dar vida, com clemência,
A quem peja perdê-la não fez erro.
Mas, se to assi merece esta inocência,
Põe-me em perpétuo e mísero desterro,
Na Cítia fria ou lá na Líbia ardente,
Onde em lágrimas viva eternamente.

Põe-me onde se use toda a feridade,
Entre leões e tigres, e verei
Se neles achar posso a piedade
Que entre peitos humanos não achei.
Ali, co amor intrínseco e vontade
Naquele por quem mouro, criarei
Estas relíquias suas que aqui viste,
Que refrigério sejam da mãe triste.)

Queria perdoar-lhe o Rei benino,
Movido das palavras que o magoam;
Mas o pertinaz povo e seu destino
(Que desta sorte o quis) lhe não perdoam.
Arrancam das espadas de aço fino
Os que por bom tal feito ali apregoam.
Contra hũa dama, ó peitos carniceiros,
Feros vos amostrais e cavaleiros?

Qual contra a linda moça Polycena,
Consolação extrema da mãe velha,
Porque a sombra de Aquiles a condena,
Co ferro o duro Pirro se aparelha;
Mas ela, os olhos, com que o ar serena
(Bem como paciente e mansa ovelha),
Na mísera mãe postos, que endoudece,
Ao duro sacrifício se oferece:

Tais contra Inês os brutos matadores,
No colo de alabastro, que sustinha
As obras com que Amor matou de amores
Aquele que despois a fez Rainha,

As espadas banhando e as brancas flores,
Que ela dos olhos seus regadas tinha,
Se encarniçavam, fervidos e irosos,
No futuro castigo não cuidosos.

Bem puderas, ó Sol, da vista destes,
Teus raios apartar aquele dia,
Como da seva mesa de Tiestes,
Quando os filhos por mão de Atreu comia!
Vós, ó côncavos vales, que pudestes
A voz extrema ouvir da boca fria,
O nome do seu Pedro, que lhe ouvistes,
Por muito grande espaço repetistes.

Assi como a bonina, que cortada
Antes do tempo foi, cândida e bela,
Sendo das mãos lacivas maltratada
Da minina que a trouxe na capela,
O cheiro traz perdido e a cor murchada:
Tal está, morta, a pálida donzela,
Secas do rosto as rosas e perdida
A branca e viva cor, co a doce vida.

As filhas do Mondego a morte escura
Longo tempo chorando memoraram,
E, por memória eterna, em fonte pura
As lágrimas choradas transformaram.
O nome lhe puseram, que inda dura,
Dos amores de Inês, que ali passaram.
Vede que fresca fonte rega as flores,
Que lágrimas são a água e o nome Amores.

Mas não foi só Camões quem contou em prosa e verso a história de Pedro e Inês. Brilhantes escritores publicaram versões, como Voltaire, Victor Hugo, Ezra Pound, Stendhal, Agustina Bessa-Luis, Manuel Alegre, Antônio Ferreira e diversos outros.

A Quinta das Lágrimas é um lugar instigante – a cada visita descubro alguma coisa nova, como na última, uma lápide de pedra com o poema do grande poeta contemporâneo português, Manuel Alegre, que muito me sensibilizou e que reproduzo abaixo:

Quinta das Lágrimas
(Contrarromance de Inês e Pedro)

Meu nome é Pedro. E fui teu rei.
Teu nome Inês. E foste minha.
Como Inês sobre a pedra estavas nua
e o meu punhal eu o enterrei
no coração da lua.
Como Inês só depois foste rainha.

Após alguns séculos, a quinta passou à propriedade da Universidade de Coimbra e a uma ordem religiosa. Em 1650 foi toda murada e construiu-se um grande tanque que recebe as águas da Fonte das Lágrimas e alimentava as mós de um lagar de azeite.

Em 1730 a quinta foi vendida à família Osório Cabral de Castro, que lá mandou construir um palácio e passou a designar a propriedade como Quinta das Lágrimas. Até hoje, a propriedade continua na família.

Em 1850, a família Cabral de Castro ordenou construir o frondoso jardim que cerca a quinta, com lagos serpenteantes e espécies exóticas de plantas de várias partes do mundo.

Mais tarde, Dom Duarte Osório, bisavô dos atuais proprietários, mandou construir na fonte encomendada pela rainha Santa Isabel uma porta em arco e uma janela, neogóticas, que dão acesso à mata.

No século XIX, a Quinta das Lágrimas recebeu as visitas reais de Dom Miguel I de Portugal, irmão de Dom Pedro I do Brasil, e do seu sobrinho, Dom Pedro II do Brasil (em ocasiões separadas, pois Dom Miguel era considerado pelo irmão um usurpador do trono e foi por este destronado em 1834 – maiores detalhes no capítulo da cidade do Porto).

Em 1879, o palácio foi destruído por violento incêndio e reconstruído pela família, com capela e biblioteca, até hoje mantidas em perfeito estado.

HOTÉIS

A partir de 1980 foi promovida a recuperação da quinta e do palácio, sendo que neste se instalou um hotel 5 estrelas, com 53 quartos, denominado **Quinta das Lágrimas**, considerado um dos melhores do país. O hotel tem academia de golfe, campo de nove buracos, e ostenta excelente restaurante gourmet, o Arcadas, primeiro em Portugal a merecer a distinção de uma estrela Michelin. Entretanto, devido a problemas administrativos, ao passar de membros da rede de hotéis Relais & Châteaux para membros da rede de hotéis Small Luxury Hotels of the World, o restaurante perdeu a sua estrela, mas está fortemente inclinado a recuperá-la. Posso garantir que o restaurante é realmente especial, de altíssima qualidade e serviço impecável. A volta da estrela é meramente questão de tempo.

Em 2004, o hotel recebeu nova e moderna ala contendo centro de convenções e spa, de autoria do internacionalmente premiado arquiteto Gonçalo Byrne. A direção do hotel convidou o profissional para criar uma obra que desse a marca de contemporaneidade à Quinta das Lágrimas. A solução foi um edifício em assumido contraste com a arquitetura clássica do palácio. Byrne projetou um espaço de grande modernismo, inspirado nas filosofias orientais de harmonização do ambiente físico com elementos da natureza, integrando o edifício em jardim criado para o enquadrar. A galeria que liga o antigo ao moderno, feita de contêineres revestidos de cobre, leva os hóspedes do passado para o futuro. Há ainda coleção de obras de arte sobre Pedro e Inês, constituindo o mais importante espaço museológico dedicado a essa história de amor eterno.

Em 2006 foi a vez do restauro dos jardins, com a criação de um jardim medieval, dos canais das Fontes dos Amores e das Lágrimas, alameda de sequoias, jardim japonês internamente ao hotel e Anfiteatro Colina de Camões, ganhador do Primeiro Prêmio Nacional de Arquitetura Paisagística, em 2008, mérito da arquiteta Cristina Castel-Branco.

Os jardins e fontes da Quinta das Lágrimas são abertos ao público, gratuitamente, independentemente de o visitante estar hospedado no hotel.

Quanto ao hotel, além do restaurante, vale muito a pena visitar sua capela e a biblioteca.

Além do Hotel Quinta das Lágrimas, de 5 estrelas, Coimbra apresenta uma série de outros bons hotéis, dos quais se destacam:

Sapientia Boutique Hotel – hotel novo, 4 estrelas, com excelentes localização e serviço.

Hotel Tivoli Coimbra – hotel moderno, 4 estrelas, no centro.

Solar Antigo Luxury Coimbra – hotel clássico, pequeno, perto da Universidade e de demais pontos de interesse da cidade, porém um pouco mais afastado do centro (cerca de 2 km).

Tryp Coimbra Hotel – 4 estrelas, moderno, relativamente perto da Universidade.

GASTRONOMIA

RESTAURANTES

Restaurantes recomendados na cidade:
Restaurante Arcadas, da Quinta das Lágrimas – sem dúvida, o primeiro lugar. Estabelecimento gourmet, com cozinha de autor, tem opções à la carte ou menu-degustação. Evidentemente não é barato, mas o preço é bem justo, em função da qualidade e do serviço.

No Tacho – cozinha típica portuguesa, considerado um dos melhores de Coimbra, apesar de ser um dos mais novos. Situado na parte baixa da cidade, necessita reserva por ser muito concorrido e pequeno.

Sete Restaurante – parte baixa da cidade, pequeno, requintado e excelente qualidade, em termos de comida e em relação à carta de vinhos. Comida portuguesa com toque de modernidade. Excelente serviço.

Zé Manel dos Ossos – pequeno e simples restaurante de comida típica portuguesa. Muito conhecido e concorrido, não faz reserva e tem sempre espera para sentar. Preços baixos e porções generosas. Vale a pena esperar para comer a verdadeira tradicional cozinha portuguesa.

Solar do Bacalhau – cozinha típica portuguesa, bom ambiente, decoração agradável.

Compostu Tavern – cozinha portuguesa e europeia, famoso pela francesinha, prato típico da região do Porto, misto de sanduíche e prato principal.

Restaurante Loggia – outro projeto do arquiteto Gonçalo Byrne, é o restaurante do Museu Machado de Castro, na zona alta da cidade, com vista deslumbrante sobre a baixa de Coimbra e o rio Mondego. Serve almoço (bufê de comidas portuguesas por 7 euros) e jantar à la carte.

PASTELARIAS E CAFÉ

Com relação às pastelarias, a mais famosa é a **Briosa**, fundada em 1955, com doces que dificilmente resistirá à tentação de provar. Bom lugar para tomar o café da manhã, fazer um lanche ou simplesmente tomar um café. Os principais doces são o pastel e a queijadinha de Tentúgal (nome de uma vila da região, situada a 17 km de Coimbra). A receita original desses doces é do Convento de Nossa Senhora do Carmo de Tentúgal.

O visitante de Coimbra não deve deixar a cidade sem visitar o centenário **Café Santa Cruz**, adjacente ao Mosteiro de Santa Cruz, instalado em um prédio de 1530, estilo manuelino, para servir de Igreja paroquial. Depois da dessacralização do prédio, abrigou diversas atividades, como lojas de ferragens e materiais de construção, esquadra de polícia, quartel de bombeiros e até casa funerária. Em 1923 foi instalado o café carismático, onde se pode tranquilamente ler um jornal ou manter uma boa conversa com amigos. É também um espaço de divulgação da cultura, palco de apresentadores de histórias, lançamentos de livros e revistas, projeção de documentários, shows de música ao vivo, entre diversas outras atividades.

O atual espaço é fruto da renovação ocorrida em 2002, feita pelos arquitetos Luisa Marques e Miguel Pedreiro, respeitando o espírito do projeto original de 1530, de autoria do arquiteto Diogo de Castilho.

CULTURA

A principal festa de Coimbra é em homenagem à rainha Santa Isabel de Portugal, no primeiro fim de semana de julho. Coimbra apresenta uma série de festas acadêmicas, as principais a **Festa das Latas**, para dar boas-vindas aos novos estudantes, e a **Festa da Queima das Fitas**, em maio, considerada a maior festa estudantil da Europa, com duração de oito dias. A festa celebra a proximidade da conclusão do curso e o fim do período vivido em Coimbra.

Aveiro

Minha terra natal!

ANTECEDENTES

Capital do Distrito de Aveiro, a municipalidade contempla quase 80 mil habitantes e se situa na região central do país. Considerada a "Veneza Portuguesa", pela grande quantidade de canais navegáveis, combina a Ria de Aveiro e áreas urbanas mais nobres, mistura única e bela entre a água e a terra.

No Brasil, o termo "ria" não é muito conhecido. A definição é um vale fluvial no entorno da foz de um rio, em que um vale costeiro permanece submerso sob as águas ou, ainda, uma costa muito recortada, onde o mar é pouco profundo.

O Prêmio Nobel de Literatura José Saramago, em sua definição poética da Ria de Aveiro, diz que ela "é um corpo vivo que liga a terra ao mar como um enorme coração".

Para melhor sentir esse "coração", embarque num barco moliceiro e percorra os canais da ria, que como estradas de água nos conduzem pela cidade, nos levando a observá-la de uma perspectiva privilegiada, ou, ainda, utilize-se de uma BUGA, as bicicletas gratuitas colocadas à sua disposição pela municipalidade, aproveitando que a cidade é plana.

O centro de Aveiro situa-se a 10 km do mar, com cerca de 45 km de rias navegáveis, mantidas nessas condições por meio de comportas instaladas na década de 1980. Anteriormente à instalação das comportas, a cidade inundava com frequência, e o calado de navegação não era permanentemente mantido. Importante centro urbano, portuário, ferroviário, universitário e turístico, a apenas 70 km de distância da cidade do Porto.

A referência mais antiga a Aveiro em termos de povoação é do século XIII, quando é elevada à categoria de vila, cuja população se desenvolvia ao redor da Igreja de São Miguel, onde hoje se situa a Praça da República. O templo foi demolido em 1835.

No início do século XV, o rei Dom João I mandou rodear a cidade de muralhas, demolidas no século XIX. Parte das pedras foi usada para a construção dos molhes da barra nova.

O sucessor, Dom Duarte, ainda na primeira metade do século XV, concedeu à vila o privilégio de uma feira anual, conhecida como Feira de Março, que ocorre até os dias de hoje.

A primeira carta foral (documento que cria o concelho, regula a sua administração, deveres e privilégios) de Aveiro foi concedida em 1515, no reinado de Dom Manuel I.

A posição geográfica muito influenciou o desenvolvimento, fixando a população pelo trabalho nas salinas, pesca e comércio marítimo.

Em 1547, o rei Dom João III criou o título nobiliário de Duque de Aveiro, sendo o oitavo e último duque dessa linhagem Dom José de Mascarenhas da Silva e Lencastre, condenado à morte por alta traição ao rei Dom José I, em 1759. Poucos meses depois, Dom José I elevou Aveiro à categoria de cidade, porém com o novo nome de Nova Bragança. Tempos depois, o nome foi abandonado e a cidade voltou à sua denominação original.

A traição contra o rei Dom José I é parte da história de Portugal ainda nebulosa, havendo várias versões para os fatos. O economista e estudioso da história de Portugal José Norton escreveu o excelente livro *O último Távora*, com a sua versão dessa incrível história. De tão interessante, permito-me fazer um pequeno resumo dela.

Conscientes do poder que o Duque da Aveiro acumulava, principalmente pela possibilidade de seu filho se unir em matrimônio à filha mais velha do Duque de Cadaval, o rei e o seu ministro Sebastião José de Carvalho e Melo, futuro Marquês de Pombal, tudo fizeram para que tal casamento não se concretizasse. Ao mesmo tempo, e consequentemente, o Duque de Aveiro posicionou-se como adversário político do poderoso ministro e do próprio rei. Nesse contexto, na noite de 3 de setembro de 1758, ocorreu um suposto atentado ao rei, que sofreu ferimentos leves.

A versão oficial do fato, tornada verdade pelo poderoso ministro e futuro Marquês de Pombal, afirmava que o Duque de Aveiro havia organizado um plano para assassinar o rei, o que foi confirmado por algumas testemunhas a quem, supostamente, teria contado o plano.

Presos os supostos criminosos, à cabeça o Duque de Aveiro e o Marquês de Távora, houve um processo sumário que terminou em uma sentença condenatória, em janeiro de 1759, realizando-se imediatamente as execuções de todos os acusados, às quais se seguiram ações de crueldade e sadismo nunca antes vistas.

No dia seguinte, os títulos de Duque de Aveiro e Marquês de Távora foram extintos para sempre, com a confiscação de todos os seus bens, que as suas armas (brasões) fossem derrubadas em todos os sítios onde estivessem colocadas, as residências fossem demolidas e que delas não restasse qualquer vestígio, sendo as terras salgadas, para que nada lá jamais brotasse. No livro de Norton, os condenados foram mortos, esquartejados e incinerados, sendo a terra onde isso acontecera também salgada, para que lá nada germinasse. A tal morte se dava o nome de "morte para sempre", pois toda a descendência era dizimada.

Na residência do Duque de Aveiro, arrasada, foi erigida uma coluna cilíndrica, com cinco anéis de pedra, representando os cinco membros da família que foram condenados. Na base da coluna, que ainda existe em Lisboa, em Belém, no Beco do Chão Salgado, lê-se:

> *Aqui foram arrasadas e salgadas as casas de José Mascarenhas, exautorado das honras de Duque de Aveiro e outras condenado por sentença proferida na Suprema Juncta de Inconfidência em 12 de janeiro de 1759. Justiçado como um dos chefes do bárbaro e execrando desacato que na noite de 3 de setembro de 1758 se havia cometido contra a real e sagrada pessoa de D. José I. Neste terreno infame se não poderá edificar em tempo algum.*

Sua esposa, a Duquesa de Aveiro, em seguida à prisão do marido, foi levada para o Convento do Rato, onde morreu na mais extrema miséria, na condição de criada das freiras, enquanto seu filho, Dom Martinho Mascarenhas, ficou encarcerado no Forte da Junqueira, de onde saiu em 1777, com a morte do rei Dom José I. Mais tarde, conseguiu o posto de capitão num regimento e, por fim, Dom João VI concedeu-lhe uma modesta aposentadoria, que lhe permitiu subsistir até sua morte, em 1804, quando se extinguiu uma das mais ilustres casas de Portugal.

Paralelamente, pelo lado dos marqueses de Távora, o único poupado da família foi o neto Pedro José de Almeida Portugal, ainda menino. Durante 18 anos ficou longe da família, pois o pai foi preso no Forte da Junqueira e a mãe e irmãs reclusas no Convento de Chelas. Paradoxalmente, nas sombras, um homem poderoso velava pela sua educação e o protegia, matriculando-o desde cedo no Colégio Militar – o ministro Sebastião José de Carvalho e Melo, futuro Marquês de Pombal, o carrasco da sua própria família.

Pedro de Almeida Portugal, terceiro Marquês de Alorna, título herdado de seu pai, na qualidade de alto oficial do exército português, participou de marcantes episódios políticos da sua época, como a fuga da família real para o Brasil, em 1808, e das subsequentes invasões francesas a Portugal. Mais tarde juntou-se à Legião de Honra da França, como Grande Oficial, foi Governador Militar de Mogilev, na Lituânia, e Comandante da Legion Portugaise, a serviço de Napoleão. Nessa qualidade, juntou-se ao exército de Napoleão na malograda e sangrenta campanha da Rússia, de 1812.

AVEIRO HOJE

No século XX, durante o Estado Novo (ditadura salazarista), Aveiro foi um dos principais portos portugueses envolvidos na pesca do bacalhau, mas também conheceu o início do declínio da produção de sal. Em seu auge, havia mais de 400 salinas em Aveiro; hoje persistem apenas nove.

No início daquele século, com o retorno dos emigrantes enriquecidos no Brasil, houve uma profusão de construções na cidade no estilo *art nouveau* (Arte Nova francesa), seguindo a tendência na Europa da virada do século, personalizada com a introdução do típico azulejo português. Essas construções, muitas delas ainda preservadas, podem ser observadas no centro da cidade, em cujas fachadas encontramos os elementos em ferro forjado e pedra lavada, desdobrando-se em arcadas e *bow windows*. Para quem é apreciador dessa fase da arquitetura francesa, vale a pena visitar o **Museu da Arte Nova**.

CULTURA

Além do Museu da Arte Nova, Aveiro tem outros prédios interessantes, como o da antiga **Capitania dos Portos de Aveiro**. Parte do prédio tem origem no século XV e a edificação consistia em um moinho de marés, que utilizava a energia das marés como força motriz das mós. Na segunda metade do século XVI ocorreu o assoreamento da barra de Aveiro, e as marés deixaram de penetrar na ria e, consequentemente, o moinho deixou de trabalhar. O moinho era constituído de um conjunto de arcos mergulhados na ria, posteriormente utilizados para suportar uma edificação que primeiro foi utilizada como armazém, depois escola, e finalmente a antiga sede da Capitania do Porto de Aveiro. Desde então, o edifício sofreu diversas restaurações, sendo a última em 2004. Hoje, abriga um salão para exposições em seu andar térreo, no primeiro o auditório da Assembleia Municipal, e no segundo e último sala de reuniões, gabinetes dos vereadores e gabinete da Presidência da Assembleia Municipal.

Outro edifício interessante é o que antigamente abrigava a Câmara Municipal, na Praça da República, antigo Largo da Cadeia. Originalmente, em 1797, foi construído para ser um convento, passando em seguida a ser a cadeia – daí o nome Largo da Cadeia –, Tribunal e, finalmente, Câmara Municipal. Após a transferência da Câmara, passou a abrigar o Paço do Concelho de Aveiro.

Entretanto, o que mais me impressiona é o prédio da antiga **Fábrica de Cerâmica de Jerônymo Pereira Campos Filho**, de 1896, construído em tijolo vermelho. De grandes dimensões, bem no centro de Aveiro, hoje abriga a Câmara Municipal (Prefeitura), um centro de convenções e um centro de treinamento. Considerado Patrimônio Industrial do País, merecidamente.

As diferenças entre a Câmara e a Assembleia Municipal já foram apresentadas na seção "O país", na página 16.

> Fundada em 1973, a Universidade de Aveiro é uma das mais dinâmicas e inovadoras do país, e trouxe importante vertente cultural para a cidade. Seu campus, verdadeiro museu de arte contemporânea ao ar livre, foi projetado por alguns dos mais importantes arquitetos do país, como Siza Vieira e Souto de Moura, ambos ganhadores do importante Prêmio Pritzker, além de Gonçalo Byrne, que já apresentamos no capítulo de Coimbra, e de Carrilho da Graça.

A principal festa de Aveiro homenageia **São Gonçalinho**, o modo carinhoso como tratam São Gonçalo. Em 13 de janeiro de 2019, um domingo, por mero acaso fui a Aveiro e coincidiu com o ponto alto da festa do santo. A festa dura cinco dias, culminando com o fim de semana mais próximo do dia 10 de janeiro, quando, oficialmente, é comemorado pela Igreja Católica.

Apesar de a padroeira de Aveiro ser Santa Joana Princesa, comemora-se mais intensamente o dia de São Gonçalinho, que, na realidade, é padroeiro de Amarante, cidade medieval da região do Tâmega e cerca de mais dez cidades no Brasil. Confuso, não é? E, para confundir um pouco mais, São Gonçalo não é considerado um santo pela Igreja, mas um beato, um pouco mais abaixo na hierarquia eclesiástica.

Nascido em 1187, de linhagem nobre, Gonçalo Pereira foi ordenado sacerdote pela Igreja Católica e, mais tarde, passou 14 anos em peregrinação a

Roma e a Jerusalém. Em seu retorno, tendo perdido a sua paróquia original, partiu para pregar o Evangelho na Região de Amarante, quando se dedicou à conversão do povo à fé cristã e a angariar fundos para obras sociais e de interesse da comunidade, destacando-se a grande ponte em granito sobre o rio Tâmega, até hoje em utilização e em perfeito estado de conservação.

Durante esses dias, Aveiro recebe grande contingente de turistas, ao mesmo tempo que há apresentações de filarmônicas e bandas pop em um grande palco montado perto da Capela de São Gonçalo, no centro da cidade. Entretanto, o ponto alto da festa ocorre quando pessoas sobem à cúpula da capela para arremessar cavacas para o público da rua. No princípio, as cavacas, um doce típico da região, de consistência dura, simbolizavam a comida que os religiosos distribuíam aos pobres na Igreja. Hoje é quase pura diversão, quando o público tenta pegar o maior número possível de cavacas, com o auxílio de redes de pesca em forma de funil ou guarda-chuvas abertos com o cabo para cima.

A designação popular dos naturais de Aveiro divide-se em cagaréus e ceboleiros, dependendo da região onde nasceram.

A origem dos primeiros vem da palavra cagarête, a parte mais recuada do barco de pesca. Na altura, quando os pescadores precisavam fazer suas necessidades fisiológicas, utilizavam a ré do barco, daí surgindo o termo cagaréu (cagar à ré). Normalmente eram da Freguesia de Vera Cruz. Com relação à designação de ceboleiros, reside no fato de o Mercado de Cebolas acontecer na Igreja de São Miguel, na freguesia de mesmo nome. Por essa razão, os habitantes da freguesia passaram a ser designados como ceboleiros.

No entanto, em 1835 o governador civil de Aveiro mandou demolir a Igreja de São Miguel, por razões de higiene pública, passando o mercado das cebolas para o outro lado do canal, já em terreno cagaréu. Pronto, aí embolou tudo e ninguém sabe mais o que é o quê!

HOTÉIS

Principais hotéis de Aveiro:

Meliá Ria Hotel & Spa – localizado em moderno edifício próximo ao Centro de Convenções, no centro da cidade, e com vista para o lago formado pela Ria de Aveiro. O restaurante O Lago oferece cozinha portuguesa e internacional.

Hotel Moliceiro – moderno e pequeno hotel 4 estrelas, localizado no centro da cidade, com vista para a Ria. O *buffet* do café da manhã é bastante completo e tem bar muito simpático.

Hotel Aveiro Palace – o mais tradicional hotel da cidade, com mais de 80 anos de existência, 4 estrelas, localizado no centro, com vista para o canal central da Ria. Foi parcialmente renovado recentemente.

Hotel As Américas – hotel 4 estrelas, também situado no centro da cidade, combinando uma casa em estilo *art noveau* com edifício moderno. Possui suítes e quartos tradicionais.

GASTRONOMIA

A gastronomia de Aveiro é muito bem representada pelos doces típicos. Os mais famosos são os **Ovos Moles de Aveiro**, pura magia feita de açúcar e ovos. Por toda Aveiro encontramos pastelarias que oferecem os ovos moles, e outros doces típicos, cada um proclamando ser a melhor da cidade. Os ovos moles foram o primeiro doce português distinguido com a denominação de Indicação Geográfica Protegida, concedida pela União Europeia, assegurando a qualidade no tocante aos ingredientes e em respeito à fórmula original, perpetuando, assim, a tradição mantida por gerações de doceiras portuguesas.

    Os ovos moles são obtidos pela junção da gema de ovo cru a uma calda de açúcar. O processo se inicia com a retirada das claras dos ovos e a simultânea e independente preparação da calda de açúcar, ao fogo, na proporção certa de água e açúcar. Em seguida, juntam-se as gemas de ovo com a calda de açúcar, cozendo-se a uma temperatura estável e mexendo no mesmo sentido e na mesma velocidade, até se ver o fundo da panela. Depois, deixa-se a massa esfriar e repousar por 24 horas, antes de serem colocadas como recheio das "hóstias", nas formas de conchas, búzios, peixes, meias-luas, em seguida prensadas. Parece fácil, mas garanto que é necessária muita experiência e prática para fazer dos três únicos ingredientes – gemas, açúcar e água – um dos melhores doces do mundo!

    De autor desconhecido, trazidos até hoje pela tradição oral, os versos abaixo dão ideia da importância cultural do doce para os aveirenses.

Quem se encontrou por Aveiro,
Mas ovos moles não comeu,

> *Nem vogou num moliceiro,*
> *Não sabe o que já perdeu!*
> *Os ovos... "dizem" fartura,*
> *Açúcar "diz" doçaria,*
> *"Ovos Moles" suma doçura...*
> *Dos sabores... da Beira-Ria!*

Aquilino Ribeiro, grande novelista e diplomata português nascido no século XIX, foi ainda mais além, afirmando: "Os miríficos e celestiais ovos moles, uma das melhores descobertas de Portugal, depois da Índia".

Ou ainda, o grande Eça de Queirós, em seu livro *Os Maias*, de 1888, imortalizando os ovos moles:

> *Tenho-o ali no embrulhosinho de papel pardo...*
> *São seis barrilinhos d'ovos moles d'Aveiro. É um doce muito célebre, mesmo lá fora. Só o de Aveiro é que tem chic...*
> *Pergunte v. exc^a ao Carlos. Pois não é verdade, Carlos, que é uma delícia, até conhecido lá fora?*

Há muitas e boas pastelarias na cidade, mas a que mais me impressionou foi a **Peixinho**, pelo ambiente e qualidade. Nela é possível apreciar as diversas variações do doce – barquinhos de ovos moles, castanhas de ovos moles (a minha preferida), bombons de ovos moles, suspiros com ovos moles, além das tradicionais "hóstias". Há ainda um delicioso biscoito doce, chamado Raivas de Aveiro. Raivas porque quando se começa a comer dá raiva de não conseguir parar...

A Peixinho situa-se na Rua de Coimbra, 9, no mesmo lugar em que foi fundada em 1856. Desde 2018, pertence ao grupo empresarial que inclui o Museu da Cerveja, de Lisboa, e a fábrica de conservas Colmar, com lojas temáticas, interessantíssimas, nos principais municípios de Portugal.

Na minha última visita à Peixinho, tive a oportunidade de ser muito bem atendido pela Catarina Valente, que além de tudo nasceu na mesma cidade que nasci.

Bem ao lado da Peixinho, há a **M 1882**, tradicional e excelente pastelaria e fábrica de doces de ovos moles, fundada em 1882. Na **Oficina do Doce**, os especialistas contam a história do doce e ensinam a fazer a massa dourada de açúcar e ovos.

Quanto à gastronomia salgada, Aveiro é famosa pelas enguias – caldeirada ou à escabeche –, pelo carneiro à lampantana, pelo chouriço com grelos de nabo, pela brochete de mexilhões, pelo leitão à Bairrada, pela arraia em molho pitau e pelo pão do vale de Ílhavo.

RESTAURANTES

Principais restaurantes:

Sal Poente – restaurante de comida típica portuguesa, de luxo, muito bem instalado em dois antigos armazéns de sal, patrimônios históricos da cidade, no Cais de São Roque. Bem diferente do que normalmente se vê em Portugal. O restaurante privilegia os ingredientes locais e prima pela qualidade da comida e serviços. Detentor de vários prêmios de excelência, outorgados por entidades portuguesas e internacionais, incluindo o Troféu Portugal, Grande Concurso de Cozinha de 2109, vencido pelo chef Duarte Eira. Os armazéns por si já valem a visita! Preços justos.

Maré Cheia – excelente restaurante de comida do mar, com ambiente e serviço impecáveis, localizado no centro da cidade. Especializado em mariscos. Mariscada para dois custa 70 euros, e para quatro 110 euros, mas serve cinco ou seis. Importante fazer reservas, pois é muito disputado por turistas e locais. Ótimo para comer o prato típico – enguias –, quando da época certa.

Moliceiro – especializado em comida do mar, boa qualidade e bom serviço. Preços muito convenientes. Fica bem no centro da cidade.

Telheiro – restaurante típico de comida portuguesa, especializado em pratos de carne, sem descuidar dos peixes, especialmente bacalhau. Pratos com apresentação muito boa. Ambiente mais formal, com serviço em quatro salas.

Subenshi – restaurante da moda em Aveiro, merecidamente. Serve comida japonesa tradicional e de fusão, com destaque para sushis de autor. Qualidade e criatividade muito boas. Ambientação agradável e serviço ótimo. Fica no centro de Aveiro.

Matsuri – comida japonesa tradicional e de fusão, com excelente qualidade dos peixes servidos. Ambientação agradável, bom serviço. Divide com o Subenshi o título de melhor restaurante japonês de Aveiro.

Mas, se o seu interesse é tomar uma cerveja em autêntico pub inglês, Aveiro oferece como alternativa o **The Iron Duke**, na Travessa da Rua Direita, a menos de 200 metros da Ria central.

PRAIAS

A praia mais famosa é a **Costa Nova**, caracterizada pelas pequenas casas de pescadores, de madeira (hoje pertencentes a veranistas), com pinturas coloridas às listras verticais, chamadas de "palheiros". Até o início do século XIX, os pescadores da região lançavam-se ao mar a partir da perigosa **praia de São Jacinto**. A partir de 1808, com a abertura da barra da ria de Aveiro, criou-se um acesso ao mar muito mais fácil, e os pescadores mudaram-se para a Costa Nova, termo utilizado para diferenciar da "Costa Velha". Na Costa Nova construíram os palheiros, que serviam de abrigos e de armazéns, utilizando tábuas pintadas em cores vibrantes, especialmente a vermelha viva, saudando o mar com a sua energia.

Maior zona úmida da região norte de Portugal, a ria de Aveiro, as salinas, os sistemas lagunares e as dunas são os habitats naturais para a nidificação de cerca de 20 mil aves aquáticas, com destaque para a garça-vermelha, o pato-preto, o pilrito-comum, e outras espécies protegidas.

FÁBRICA DA VISTA ALEGRE

Passando da mesa para os pratos, em Aveiro encontra-se a maior e mais importante fábrica de porcelana e louças de Portugal, a **Vista Alegre**. O complexo localiza-se na cidade de Ílhavo, a 8 km do centro de Aveiro (15 minutos de carro). Lá se encontra a fábrica, uma capela barroca do século XVII, dedicada a Nossa Senhora da Penha de França, declarada Monumento Nacional, um museu, cujo projeto de ampliação foi feito em parceria com o Museu Nacional de Arte Antiga, um hotel, um teatro, lojas da Vista Alegre e da cerâmica Bordallo Pinheiro e um outlet.

Há muitos anos apreciador da arte em porcelana fina, na minha opinião não há nada no mundo que se equipare à Vista Alegre, em qualidade, design e preço. Os produtos da Vista Alegre incluem ainda a linha de cristais Atlantis e as cerâmicas Bordallo Pinheiro, presentes nos principais países do mundo, em lojas próprias, como em São Paulo, ou vendidas em lojas de departamentos. Em atividade desde 1824, possui enorme variedade de produtos para o consumidor, e restaurantes, mantendo peças de reposição por dezenas de anos. Na região de Lisboa sou cliente da loja do Chiado, Largo do Chiado, 20, e da loja de Cascais, no Cascai Shopping, mas a marca pode ser encontrada nos principais centros comerciais do país. A Vista Alegre é a sexta maior produtora de porcelanas, cristais e cerâmicas de mesa do mundo, com capacidade de produzir mais de 10 milhões de peças por ano. Além dos designs desenvolvidos pela equipe interna de criadores e artistas, tem a colaboração de designers internacionais, como Oscar de la Renta, Christian Lacroix, Siza Vieira, Catherine Wheel, Patrick Norguet, Brunno Jahara e outros.

Em novembro de 2015, a empresa abriu no mesmo complexo o **Montebelo Vista Alegre Ílhavo Hotel**, de 5 estrelas. O hotel está instalado em três áreas distintas, no Palácio Vista Alegre, com dez quartos, no Palácio dos Mestres Pintores, com 13 quartos, e na Ala Nova, contemporânea, à margem do rio Boco, um dos braços da Ria de Aveiro, com 72 quartos. Na altura em que o livro foi escrito (julho de 2019), o hotel construía uma nova ala, para a expansão do número de quartos. O hotel oferece moderno spa, com piscinas interna e externa, salões de eventos, restaurante e grande e simpático bar. As instalações do hotel são, decididamente, merecedoras da classificação 5 estrelas, mas os serviços e os detalhes, infelizmente, merecem 4 estrelas no máximo.

DICA IMPORTANTE

No primeiro fim de semana de julho, por quatro dias (de sexta a segunda-feira), a fábrica promove a Festa Vista Alegre, em homenagem à sua padroeira, Nossa Senhora da Penha de França, com extensa programação religiosa, cívica, artística (teatro, música, pintura), esportiva, e oficinas nos quatro dias do evento. A dica mencionada é a seguinte: durante toda a duração da festa, a Vista Alegre promove grande venda com 30% de desconto em praticamente toda a linha. A promoção é feita apenas na loja de Ílhavo e vale para as coleções atuais e passadas, sem limite de estoque.

Porto e arredores

Se na nossa cidade há muito quem troque o b por v, há muito pouco quem troque a honra pela infâmia, e a liberdade pela servidão.

Almeida Garrett

ANTECEDENTES

Ao contrário do que a maioria dos brasileiros supõe, a cidade do Porto não é a segunda maior de Portugal, mas a quarta, com cerca de 240 mil habitantes em seus limites administrativos, enquanto o concelho tem cerca de 1,75 milhão de habitantes. Mas é, sem dúvida, a segunda mais conhecida.

Há muitos anos visito o Porto com frequência, especialmente porque está muito perto de Espinho, cidade natal da minha mãe e onde sempre tive muitos parentes, mesmo hoje em dia.

Entretanto, em 2007, uma casualidade me fez conhecer o portuense José Luis Fernandes e sua querida família, durante uma estada de ambos no Hotel Marqués de Riscal, em La Rioja, Espanha. Ele comemorava o seu aniversário no restaurante do hotel, fui cumprimentá-lo e acabamos tomando "a saideira" no bar. Aí começou uma querida e sólida amizade, que depois se estendeu às famílias.

"Atrelado" ao Zé Luis em diversas visitas subsequentes, conheci um Porto que não conhecia, sob vários aspectos – turístico, arquitetônico (uma das minhas paixões, e dele também), artístico, bucólico, histórico, gastronômico, alternativo, descolado, típico... Mas, principalmente, conheci alguns dos seus familiares e amigos do Porto, e tive a oportunidade de ver o estilo de vida de um verdadeiro portuense.

Depois das aulas sobre a região, para mim sobrou a sensação de que o Porto é a mistura de São Paulo e Rio de Janeiro. São Paulo pela pujança nos negócios, pela intensa atividade econômica, pelo empreendedorismo, pela vida um pouco mais centrada que em muitos outros sítios, pela valorização da boa gastronomia e da excelência do vinho. O Rio de Janeiro pela intimidade com a praia e o mar, pela valorização dos passeios e das rotas ao longo da orla, pelo casario colonial que muito lembra o meu Rio de Janeiro. Mas o que mais me fixou a paridade do Porto com o Rio de Janeiro é uma característica do Zé Luis que não sei se é inerente apenas a ele, ou se é cultura mais espraiada entre os portuenses. Explico: o Zé Luis sempre traz em seu carro uma bolsa com um calção de banho, uma toalha e protetor solar. Quando passa pelo mar, a caminho do trabalho ou retorno de alguma reunião, se der na "telha" dele, para o carro, troca de roupa e dá um mergulho no mar, ou lê algumas páginas de um livro na esplanada do Restaurante Praia da Luz. Tem alguma coisa com cara mais de carioca que isso? Ainda por cima, sempre leva no bagageiro do seu carro uma bicicleta dobrável. Se não houver vaga perto da praia, não é problema... Não tem tempo ruim para o Zé Luis!

Deixando o Porto de hoje, voltamos o relógio alguns séculos, e vamos à rica história da cidade.

Com fundação a partir de um povoado celta, pré-romano, por volta do ano 200 a.C., a cidade deu nome a Portugal quando se designava Portus Cale, vindo a tornar-se a capital do Condado Portucalense, de onde Portugal se originou.

Em abril de 711 se inicia a invasão da Península Ibérica pelos muçulmanos. Três anos depois, em 714, tomam Lisboa, e em 715 tomam a região norte, incluindo Porto e Braga.

A primeira tentativa bem-sucedida de retomada cristã do norte do que é hoje Portugal se deu apenas em 868, liderada por Vímara Peres, fundador da terra portucalense, restaurando a cidade de Portucale.

A expulsão total dos mouros se deu em 999, quando uma grande armada de origem francesa entrou pela foz do rio Douro, associada a Dom Munio Viegas, que dedicou a vitória à Virgem Mãe de Deus, procedendo em seguida a fortificar a cidade.

Em 1093 a castelhana Teresa de Leão é dada em casamento pelo seu pai, rei Afonso VI de Leão e Castela, ao francês Henrique de Borgonha, que muito o tinha ajudado nas conquistas aos mouros, doando-os o Condado Portucalense, que consistia de um território entre os rios Minho e Vouga, mais tarde estendendo-se entre Minho e Tejo.

Com a morte de Henrique em 1112, Dona Teresa de Leão governou o Condado como rainha, por direito próprio e reconhecimento pelo papa, pela sua meia-irmã, Urraca de Leão, que sucedeu seu pai Afonso VI, e pelo sobrinho, Afonso VII de Leão, passando a assinar como *"Ego Regina Taresia de Portugal Regis Ildefonssis Filia"*.

Entretanto, mais tarde foi atacada pelas forças da já rainha Dona Urraca, sofrendo uma derrota que a obrigou a se encerrar no Castelo de Lanhoso, em Braga. Apesar de estar em posição de inferioridade, ainda conseguiu negociar o Tratado de Lanhoso, salvando, assim, o seu governo do Condado Portucalense.

Na revolta galaico-portuguesa contra a rainha Urraca se aliaram Dona Teresa, pelo Condado Portucalense, e Fernão Peres Trava, pela Galícia, cujas vitórias selaram a aliança entre os dois. Fruto da aliança, Fernão Peres passou a governar o Porto e Coimbra e influenciar Dona Teresa no Condado Portucalense. Com a morte da rainha Urraca, assumiu o Reino de Leão e Castela o seu filho Afonso VII, com o qual Fernão Peres se aliou. Por outro lado, as ligações deste com Dona Teresa, com a qual teve duas filhas, indispuseram contra ela os nobres portucalenses e o próprio filho com Henrique de Borgonha – Afonso Henriques, futuro primeiro rei de Portugal.

Em 1122, Dom Afonso Henriques arma-se como cavaleiro em Zamora, sob a orientação de Dom Paio Mendes, Arcebispo de Braga.

Logo os conflitos estratégicos entre mãe e filho – Teresa de Leão e Afonso Henriques – afloraram, culminando com a vitória do futuro rei de Portugal contra sua mãe e Fernão Peres, na Batalha de São Mamede, em 1128, quando assumiu o governo do Condado.

Neste ponto, a história não deixa claro se Teresa de Leão teria sido feita prisioneira pelo filho no Castelo de Lanhoso, ou se autoexilou em um convento em Póvoa de Lanhoso. Hoje, a versão mais aceita versa que, após a derrota e já em fuga, ela e Fernão Peres foram aprisionados e expulsos do Condado, indo para a Galícia, onde Dona Teresa teria morrido em 1130, no Mosteiro de Montederramo.

Por ordem expressa do seu filho, o então rei Dom Afonso I de Portugal, os restos mortais de Dona Teresa foram mais tarde trazidos para Portugal, onde repousam na Sé de Braga, próximo ao túmulo do marido, o conde Dom Henrique.

Foi no Porto que se celebrou o casamento do rei Dom João I com a princesa inglesa Dona Filipa de Lencastre, e onde também, a 4 de março de 1394, nasceu o filho, infante Dom Henrique, conhecido como o Infante de Sagres ou O Navegador, personagem fundamental nas Descobertas Portuguesas dos séculos XV e XVI.

Do século XVI passamos para o século XIX, pois nesse intervalo a história do Porto confunde-se com a do resto do país, já descrita em outros capítulos.

Em 1822, Dom Pedro I do Brasil ou Dom Pedro IV de Portugal declara a independência do Brasil em relação a Portugal e se torna seu primeiro imperador. Nos parágrafos seguintes, ao me referir a esse importante personagem da história dos dois países, o farei quase sempre como Dom Pedro I/IV.

O reinado de Dom Pedro no Brasil, de 1822 a 1831, foi um período atribulado, principalmente pela sua personalidade contraditória – mistura de brutalidade e ternura, paixão generosa e calculismo egoísta, provavelmente moldada por uma infância na qual a sua mãe, Carlota Joaquina, dirigia todo o amor e proteção para o irmão mais novo, Miguel, enquanto desprezava o marido, Dom João VI, contra o qual tramava constantes tentativas de destroná-lo e instalar um reinado absolutista em Portugal.

Nesse período, Dom Pedro sufocou revoltas separatistas em várias províncias brasileiras, com extrema energia e coragem, perdeu a Guerra da Cisplatina, envolveu-se abertamente com amantes, em especial Domitila de Castro, a quem fez Marquesa de Santos e com quem teve três filhas, enviuvou da sua primeira mulher, Dona Maria Leopoldina, para cuja morte bastante contribuíram as humilhações a ela infligidas pelo imperador. Coroando todos os problemas, ainda lutou contra a constante desconfiança por parte da população e políticos brasileiros, por ter nascido em Portugal e, eventualmente, tentar reunir os dois países em um só reino sob a sua tutela, o que carecia de qualquer fundamento.

Nos primeiros anos do seu casamento com Leopoldina, ainda durante a regência de Dom João VI e, posteriormente, já como imperador do Brasil, a princesa e em seguida imperatriz desempenhou importantíssimo papel como conselheira e pessoa da mais alta confiança de Dom Pedro, complementando com seu temperamento conciliador, formação acadêmica e inteligência, a rusticidade, a impetuosidade e a coragem do marido. Mesmo durante a fase mais aguda do romance de Dom Pedro com Domitila, foi ela quem o substituiu na chefia do governo durante as longas ausências provocadas pelas viagens às províncias do país.

Perdidamente apaixonada pelo imperador e pelo Brasil, nunca mediu qualquer sacrifício ao bem de ambos. A essa austríaca, filha do imperador Francisco I, muito deve a história do Brasil.

Em 1826, faleceu Dom João VI, rei de Portugal. Dom Pedro I/IV ocupou simultaneamente o trono português, entre março e maio daquele ano, quando passou o reino para dois regentes, pois a herdeira, Dona Maria II, tinha apenas nove anos de idade. Os regentes eram os irmãos de Dom Pedro I/IV, Dona Isabel Maria de Bragança e Dom Miguel de Bragança.

No mesmo ano, morria no Rio de Janeiro Dona Maria Leopoldina, perdendo Dom Pedro a sua principal conselheira. Em outubro de 1829, Dom Pedro se casa com Amélia de Leuchtenberg, Princesa da Bavária, de apenas 17 anos, após sondagens e recusas de várias princesas de alta linhagem da Europa.

A Regência durou de 1826 a 1828, quando Dom Miguel tomou o trono à força, traindo a Carta Constitucional, tornando-se Dom Miguel I, O Absolutista. Ao contrário, Dom Pedro I/IV era o liberal que escreveu a primeira Constituição do Brasil, baseada nos ventos reinantes na Europa, que sopravam em direção às monarquias constitucionais representativas.

Em 1831, Dom Pedro I/IV abdicou do Reino do Brasil, em favor de seu filho Dom Pedro II, e partiu para a Europa, para destronar seu irmão e restabelecer o liberalismo em Portugal. Primeiramente foi para Londres e Paris, a fim de arrecadar fundos e mercenários para depor o irmão. Dali, foi para a ilha Terceira, nos Açores, organizar a resistência.

No dia 27 de junho de 1832, a frota invasora liderada por Dom Pedro deixa os Açores em direção a Portugal, sob todos os aspectos numericamente inferior às tropas, frota e poder de fogo de Dom Miguel, em uma operação que até o próprio Dom Pedro duvidava que resultasse favorável aos liberais. A 8 de julho, desembarcou na praia da Memória, em Matosinhos, no Porto. Dirigiu-se às tropas nestes termos:

> *Vós vinde trazer a paz a uma Nação inteira, e a guerra somente a um governo hypócrita, despótico e usurpador. A empresa eh toda de glória; a causa justa e nobre, a victoria certa.*

De um texto recente de autoria de Augusto Freitas de Sousa, para a *Revista da TAP*, retiro a história abaixo com relação ao ocorrido numa noite de verão de 1832.

"Uma noite, em Pedras Rubras, a poucos quilômetros da praia da Memória, um oficial esfomeado procura alimento e encontra uma casa onde se lê 'Taberna dos Três F'. Entra algo cambaleante, num misto de cansaço da viagem que fizera pelo Atlântico, e fome. Pergunta ao taberneiro o que queriam dizer os três Fs e a resposta pronta ditava 'fanecas, frescas e fritas'. Já deliciado com o repasto, o oficial diz para acrescentar um F, de 'fiado', uma vez que não trazia dinheiro. O taberneiro não se atreve a confrontar o militar, antes o informando de que juntava dinheiro para poder casar com a filha do proprietário da casa. O oficial saiu sem pagar – mas mais tarde mandou entregar-lhe três moedas de ouro para o dote. No dia seguinte, todos saíram à rua para ver a marcha do exército libertador que se dirigia ao Porto. Foi nessa altura que o taberneiro reconheceu o oficial que liderava os bravos: tinha servido Dom Pedro."

Cabe acrescentar ao relato de Freitas de Sousa que, no Rio de Janeiro e como imperador do Brasil, Dom Pedro já tinha o hábito de sair só, a cavalo, pelas ruas da cidade, frequentemente interpelado pelos súditos, muitas vezes a duvidar do caráter liberal e do fiel cumprimento da Constituição que ele mesmo elaborara e submetera ao Parlamento para ratificação.

No Porto, as tropas foram cercadas durante 13 meses, sofrendo surtos de cólera e grande escassez de água e alimentos, o que se refletiria fatalmente na saúde de Dom Pedro. Em 1834, com o auxílio do brilhante estrategista inglês almirante Charles Napier, derrotou as tropas do seu irmão ao surpreendê-las com um ataque por mar a partir do Algarve, onde os liberais tiveram grande adesão da população local, seguido de uma marcha para o norte, tomando Lisboa com relativa facilidade. Com a vitória, Dom Pedro passou o trono de Portugal a quem de direito, sua filha, Dona Maria II, que reinou de 1834 a 1853. Sob protestos de grande parte da população, perdoou Dom Miguel, que se exilou na Alemanha, onde morreu em 1866, sem nunca mais ter voltado a Portugal.

Entretanto, no mesmo vitorioso ano de 1834, em setembro, Dom Pedro I/IV não resistiu às sequelas do cerco do Porto e faleceu, aos 35 anos, no Palácio de Queluz, perto de Lisboa, no mesmo quarto onde nascera. Pouco antes de morrer, as instruções foram que seu coração deveria ser retirado do corpo, a fim de repousar para sempre na cidade do Porto, onde está guardado na Igreja da Lapa, em um vaso com duas tampas, em câmara escura, sem acesso ao público. O corpo repousa em São Paulo.

Ainda no século XIX, a cidade ficou conhecida entre os portugueses como a "Invicta Cidade do Porto", por ter suportado e vencido a guerra civil de 1832-1834, em especial o "Cerco do Porto" imposto pelas tropas do rei Dom Miguel.

A trajetória de Dom Pedro I/IV está muito bem descrita em dois livros, relativamente recentes, de autores brasileiros: *O coração do rei*, de Iza Salles (Ed. Planeta), e *1822*, de Laurentino Gomes (Ed. Nova Fronteira), além do excelente *O Império é você*, do espanhol Javier Moro (Ed. Planeta).

No livro, Iza Salles conta um fato sobre nosso Dom Pedro que gostaria de compartilhar: como mencionado, Dom Pedro I/IV foi imperador do Brasil e rei de Portugal. O que poucos sabem e o livro revela é que, se quisesse, poderia ter sido também rei da Grécia, pois, quando da vacância do trono, ele era o primeiro na linha sucessória, pois o rei não deixou descendentes. Entretanto, preferiu continuar em sua batalha contra Dom Miguel I, para a reconquista do trono de Portugal e a recondução a quem de direito, Dona Maria II. Se tivesse aceitado, Dom Pedro I/IV teria sido o único monarca que teria reinado em três países diferentes.

Maior responsável por manter o Brasil como grande e unido país, além de ter sido o principal responsável por varrer da Europa os ventos absolutistas, especialmente na Península Ibérica, considero-o figura subvalorizada na história do Brasil, ao contrário do filho Dom Pedro II, que teve um longo reinado de 58 anos, notadamente ligado à cultura e à ciência. Mas, por outro lado, passava extensos períodos na Europa, deixando o reino por conta da filha, a princesa Isabel. Dom Pedro I/IV era um mestre nas artes da guerra; no trato pessoal com os súditos, interessando-se pelos seus problemas; músico com composições regidas por Verdi no Teatro Scalla de Milão; cantor, tocava piano, flauta e violão; fluente em latim e francês, lia em inglês e alemão. Mas era hiperativo, errático, emocional e impulsivo. Apesar de advogar o liberalismo, refletido na primeira Constituição do Brasil e causa da guerra civil que empreendeu em Portugal contra seu irmão, em muitas ocasiões flertou com o absolutismo, principalmente na decadência durante a "era Domitila". Não bebia, mas o seu comportamento com as mulheres era totalmente incompatível com as responsabilidades como governante maior de um país e chefe de família.

No Brasil, o título completo era "Sua Majestade Imperial, Dom Pedro I, Imperador Constitucional e Defensor Perpétuo do Brasil". Em Portugal, como rei era: "Sua Majestade Fidelíssima, Dom Pedro IV, rei de Portugal e Algarves, d'Aquém e d'Além-Mar em África, Senhor da Guiné e da Conquista, Navegação e Comércio da Etiópia, Arábia, Pérsia e Índia".

O PORTO HOJE

O Porto do século XXI é cidade vibrante, com intenso movimento de turistas, especialmente jovens, sendo conhecida pelo famoso vinho, pelas pontes e arquitetura, moderna e antiga. O centro histórico é considerado Patrimônio da Humanidade pela Unesco. Pela gastronomia e sua principal universidade pública, a Universidade do Porto, que se situa entre as 200 melhores do mundo e 100 melhores da Europa.

Considerada a cidade portuguesa com maior identidade centro-europeia, devido ao bucolismo requintado, surgido das influências estruturais que moldaram os habitantes e o temperamento da cidade: a Monarquia de Portugal, a influência cultural dos judeus e a forte ligação com a Inglaterra. No Porto, de todas as cidades portuguesas, vive a maior comunidade britânica e é onde se encontram raízes judaicas mais antigas, oriundas de herança marrana, cripto-cristã e cristã-nova (ver o capítulo sobre Belmonte).

A comunidade judaica do Porto é das maiores do país, justificando a existência da maior Sinagoga da Península Ibérica e uma das maiores da Europa – a Sinagoga Kadoorie, construída em 1938.

Nos anos de 2012, 2014 e 2017, a cidade foi eleita pela **European Consumers Choice** o "Melhor Destino Europeu", sendo a única cidade eleita três vezes. Em 2013, foi a vez do guia turístico **Lonely Planet** escolhê-la como o "Melhor Destino de Férias na Europa". Em 2014, a revista **Business Destinations** considerou que a Alfândega do Porto é o melhor espaço para reuniões e conferências da Europa, enquanto o **The Wall Street Journal** considerou a cidade como fascinante e charmosa – perfeita para um fim de semana prolongado. Em 2015, o jornal britânico **The Guardian** a inclui na lista dos 10 melhores destinos turísticos da Europa.

Para mim, a área mais interessante da cidade é o seu centro histórico, medieval, classificado pela Unesco como Patrimônio da Humanidade, e as áreas margeando o rio Douro. Vila Nova de Gaia fica bem ao lado do Porto, na margem esquerda do rio Douro. Quem estiver na margem direita, no Porto, vale a pena atravessar a Ponte Dom Luis I, a pé mesmo (cerca de 200 metros), e passear ao longo do rio. E vice-versa. Ambas as margens são bem turísticas, com muitos bares e restaurantes, além de armazéns de vinho do Porto, onde se pode prová-lo, além de desfrutar vistas imperdíveis.

CULTURA

PATRIMÔNIO HISTÓRICO E PONTOS TURÍSTICOS

A cidade possui um grande patrimônio histórico, religioso ou laico, além de significativo número de pontos de interesse para turistas. Os principais:

Torre dos Clérigos – situa-se em ponto privilegiado no centro histórico, projetada no estilo tardo-barroco pelo arquiteto toscano Nicolau Nasoni, de quem vamos falar repetidamente à frente pela importância na arquitetura do Porto do século XVIII; foi construída no período entre 1732 e 1763. Talvez o monumento mais importante e conhecido do Porto, verdadeiro *ex-libris* da cidade.

Consiste de três elementos principais: Igreja dos Clérigos, Torre dos Clérigos e Casa da Irmandade, que liga a igreja e a torre, e em tempos acolheu os demais serviços da Irmandade.

A Irmandade dos Clérigos Pobres resultou da fusão de três confrarias preexistentes que desenvolviam, na Santa Casa da Misericórdia do Porto, atividades paralelas e similares em favor do clero pobre: Confraria de São

Pedro ad Vincula, Congregação de São Filipe Néri e Confraria de Nossa Senhora da Misericórdia. Após a fusão, o nome da Irmandade passou a ser Confraria de Nossa Senhora da Misericórdia, São Pedro e São Filipe Néri, mais tarde simplificando a designação para Irmandade dos Clérigos.

Em dezembro de 2014 foi concluído um extenso programa de reformas do conjunto, que mereceu diversos prêmios, como menção honrosa do Instituto da Habitação e Reabilitação Urbana (IHRU) e o Prêmio Vasco Vilalva para a recuperação e valorização do patrimônio, da Fundação Calouste Gulbenkian, ambos em 2015, e o Prêmio da União Europeia para o Patrimônio Cultural/Europa Nostra, em 2017.

Estação Ferroviária de São Bento – considerada uma das vitrines da cidade do Porto. Situa-se onde se encontrava o antigo Mosteiro de São Bento de Ave Maria, a partir de projeto do arquiteto portuense Marques da Silva, de 1887, e cuja implantação iniciou-se apenas em 1896.

Na construção é nítida a influência francesa, especialmente em sua monumental fachada e nas torres laterais. Átrio revestido por 20 mil azulejos *art noveau*, em tons-pastéis, em 550 m^2, de autoria do pintor Jorge Colaço, produzidos na famosa Fábrica de Sacavém, relatando cenas e episódios históricos do país.

Sé Catedral do Porto – igreja concebida no estilo românico, construída por quase 100 anos, com início no século XII e término no século XIII. No século XVII a capela-mor, originalmente românica, foi substituída por uma no estilo barroco. No século seguinte, de 1727 a 1729, foi construído o altar-mor, no estilo barroco joanino, com projeto de Santos Pacheco, esculturas de Miguel Francisco da Silva e murais de Nicolau Nasoni (arquiteto da Torre dos Clérigos). O mesmo Nasoni projetou uma imponente escadaria conduzindo aos andares superiores, com painéis de azulejos retratando a vida da Virgem Maria e as *Metamorfoses* de Ovídio.

Em 1736, Nasoni adicionou uma cobertura no exterior da entrada da igreja, e em 1772 o portal românico foi substituído por outro, ambos no estilo barroco.

Livraria Lello – livraria fundada no Porto, em 1869, com o nome de Livraria Internacional de Ernesto Chardon, logo atingindo prestígio não apenas como livraria, mas casa editorial. Com o falecimento precoce do fundador, o negócio foi vendido a uma casa editorial concorrente. Paralelamente, em 1881, também no Porto, José Pinto de Sousa Lello abriu um estabelecimento para o comércio e edição de livros que, em 1894, comprou a Livraria Chardron, que passou a se chamar Sociedade José Pinto Sousa

Lello & Irmão. Em 1906, a sociedade mudou-se para um prédio neogótico projetado especialmente para abrigar a livraria e editora, onde se encontra até hoje, à Rua das Carmelitas, no centro histórico da cidade. Ao longo dos anos, a sociedade abrigou novos sócios, todos da família Lello, com algumas mudanças na razão social, até chegar à atual, em 1930.

Escritores, artistas e intelectuais, portugueses e internacionais, foram frequentadores da livraria, porém o fato contemporâneo que gostaria de comentar envolve J. K. Rowling, autora dos romances de Harry Potter. Durante a época que morou no Porto, a escritora costumava frequentar a livraria, e as famosas escadarias (primeiras em Portugal feitas em concreto armado) foram a inspiração da livraria onde Harry Potter conheceu Gilderoy Lockhart, no livro **Harry Potter e a Câmara Secreta**, da mesma forma que as capas pretas que os estudantes universitários portugueses usam inspiraram os uniformes dos estudantes bruxos. Mas não, infelizmente nenhum filme da série foi filmado no interior da livraria.

Pelo valor histórico e artístico, a Lello tem excelência e originalidade reconhecidas por publicações e autores de renome, como Enrique Vila-Matas, que a descreveu como "a mais bonita livraria do mundo", pelo jornal britânico **The Guardian,** que, em 2008, considerou-a a terceira mais bela do mundo, descrita como "uma pérola da *art noveau*, destacando-se as prateleiras neogóticas e a escadaria vermelha em espiral, semelhante a uma flor exótica", pelas revistas **Travel & Leisure** e **Time**, que em 2015 a consideraram entre as 15 livrarias mais belas do mundo, e pela rede de televisão americana **CNN**, que em 2014 a considerou a mais bonita livraria do mundo.

No século passado, a Livraria Lello tornou-se muito conhecida no Brasil como editora da *Enciclopédia Lello Universal*. O leitor mais experiente certamente lembrará desses volumes e provavelmente consultou-os para os trabalhos escolares. Eu mesmo guardo até hoje, com muito carinho, uma edição em quatro volumes, do início do século XX.

A partir de julho de 2015 a Lello passou a cobrar 5 euros para o ingresso do visitante, valor descontado do preço na compra de um livro. Comprando ou não, recomendo muito a visita.

Rua das Flores – um dos mais agradáveis passeios do Porto é percorrer a Rua das Flores, fechada ao trânsito de automóveis. Nela há um sem-número de cafés e lojas bem interessantes e, frequentemente, música na rua. Gosto muito da loja **Memórias**, na qual se encontram objetos antigos, perfeitamente recondicionados, sendo os mais notáveis as máquinas de escrever, algumas delas com mais de 100 anos.

A rua termina no Largo de São Domingos, onde se situa a belíssima loja de **Araújo & Sobrinho**, de material de desenho, arte e escritório, fundada em 1829. Recentemente, teve o tamanho reduzido, mas, em contrapartida, a variedade de artigos oferecidos aumentou bastante. No espaço restante foi criado um restaurante e nos andares superiores, onde viviam os proprietários, um hotel boutique temático de papelaria, o **A.S. 1829 Hotel**, cuja entrada é pela própria papelaria. A interessantíssima história da Araújo & Sobrinho me foi contada, na minha última visita, pela elegante sra. Maria José Araújo, esposa do atual proprietário, sr. Miguel Araújo, descendente do fundador. A papelaria é mais antiga que a Livraria Lello, que é do fim do século XIX.

Foz do Douro – Patrimônio Natural Municipal, a Foz é o local onde o rio Douro encontra o oceano Atlântico, a área mais sofisticada do Porto, com profusão de jardins, bares, restaurantes, lojas e praias. Quando estou na cidade, frequentemente alugo uma bicicleta na Baixa e exploro a Foz, em trajeto de alguns quilômetros totalmente plano e confortável. Um privilégio pedalar vagarosamente pelos caminhos, entrar nas interessantíssimas lojas encontradas na região, tomar um café em um dos estabelecimentos que, com muito charme, misturam armazém com café, pastelaria e padaria. Para os que preferem a comodidade de um carro, sugiro que parem perto da praia da Luz e façam a exploração a pé, sem deixar de tomar um café, uma cerveja ou um refresco na esplanada do Restaurante Praia da Luz, apresentado na seção de restaurantes, logo à frente.

Baixa do Porto – dica para os que gostam da vida noturna. A Baixa é o lugar certo para isso! Bares, cervejarias, restaurantes, night-clubs, cafés... tem de tudo. E tudo apresentado mais à frente, na seção de bares.

Ponte Dom Luis I – imponente estrutura em aço sobre o rio Douro, liga a cidade do Porto à cidade de Vila Nova de Gaia, projetada pelo engenheiro belga Théophile Seyrig, discípulo e colaborador de Gustave Eiffel. Construída de 1881 a 1888, com comprimento total de 385 metros e altura máxima de 44,60 metros. Aí cabe uma curiosidade a ser revelada: apesar de a ponte homenagear um rei de Portugal, foi suprimido em seu nome oficial o termo "Dom", chamando-a apenas de Ponte Luis I. Diz a lenda que o fato se deve à ausência do rei na solenidade da sua inauguração e a subsequente represália da população, retirando o seu título. Outra curiosidade da bela ponte metálica de dois tabuleiros superpostos diz respeito à manutenção. No tabuleiro superior é feita pela companhia do Metrô do Porto, e no inferior, onde passam os carros e os pedestres, pela companhia Infraestruturas de Portugal. Como engenheiro, não consigo imaginar uma convivência pacífica entre duas entidades mantendo parcialmente a mesma obra de infraestrutura. Mas parece que conseguem...

McDonald's – sim, você leu certo! O McDonald's mais bonito do mundo fica no Porto, e pode ser considerado atração da cidade. Não importa se gosta desse tipo de *fast-food* – tem que ir lá! O restaurante foi inaugurado em 1995, onde antes existia o emblemático Café Imperial, num edifício histórico dos anos 1930, na Avenida dos Aliados, uma das mais importantes e mais bem localizadas da cidade. O ótimo trabalho foi de autoria dos escritórios de arquitetura Archangel Architects, da Inglaterra, e A. Burmester Arquitetos Associados Ltda, do Porto. Merecem destaque a águia junto ao letreiro, os candelabros e os vitrais de autoria de Ricardo Leone, importante artista português do gênero.

Mercado do Bom Sucesso – inaugurado em 1950, sofreu intensa remodelação em 2013, quando reabriu os 3.200 m^2 ao público com um mix de mercado alimentício e praça de alimentação, com 44 lojas, área de escritórios e hotel 4 estrelas. Há programação de música ao vivo e concorrido happy hour ao final da tarde. O mercado funciona de segunda a sábado, e a praça de alimentação todos os dias.

Palácio da Bolsa – o edifício mistura os estilos neoclássico oitocentista, a arquitetura toscana e o neopaladiano inglês, inaugurado em 1848 para abrigar a sede da Associação Comercial do Porto, que lá se mantém até hoje, coexistindo com grande gama de eventos culturais, sociais, artísticos e políticos, como congressos, conferências, concertos, feiras e exibições. O recinto mais importante e imponente é o Salão Árabe, com estuques do século XIX legendados a ouro e caracteres arábicos revestindo as paredes e teto da sala. Nesse salão os chefes de Estado que visitam a cidade são recebidos. Outra atração do Palácio é a Sala dos Retratos, na qual se encontra a famosa mesa do entalhador Zeferino José Pinto, que levou três anos para ser feita. O Palácio da Bolsa foi declarado Monumento Nacional pelo governo português e patrimônio da humanidade pela Unesco. Fica na Baixa da cidade, e por lá passam cerca de 250 mil visitantes por ano.

Igreja de São Francisco – uma das mais belas igrejas do Porto, construída como parte de um convento franciscano, no estilo gótico e em pleno centro histórico. A história começa com o estabelecimento dos padres franciscanos no Porto, no século XIII, quando lhes foi oferecido, em 1233, um terreno para a construção da sua igreja, cujas obras somente começaram em 1383, devido às resistências mantidas pelo Bispo do Porto e outras autoridades religiosas, que culminaram com a intervenção do papa Inocêncio V, em favor da Ordem Franciscana. A conclusão da obra se deu em 1410.

Durante os séculos XV e XVI foram erguidas as capelas laterais, financiadas por várias famílias influentes da cidade. Entretanto, a principal intervenção artística viria apenas na primeira metade do século XVIII, quando a igreja foi toda revestida com talha dourada barroca, incluindo paredes, colunas, capelas laterais e teto.

Em 1833, um incêndio destruiu as instalações conventuais anexas à igreja, fruto de um tiroteio entre tropas miguelistas e as tropas de Dom Pedro I/IV.

Teleférico de Gaia – o teleférico tem finalidade turística, ligando o Cais de Gaia, na margem esquerda do Douro, ao Jardim do Morro, na estação do metrô de mesmo nome, em Vila Nova de Gaia. A distância percorrida pelo teleférico é de 562 metros, chegando à altura máxima de 57,20 metros. O tempo de viagem é de apenas cinco minutos e possui 14 cabines com capacidade para oito passageiros cada uma. A vista do Porto e de Gaia são espetaculares. O teleférico funciona todos os dias, exceto no dia de Natal.

Parque da Cidade – aberto ao público desde 2002, o maior parque urbano do país, com 83 hectares de área e 10 km de caminhos. O autor do projeto, o arquiteto paisagista Sidônio Pardal, criou um espaço com lagos, flora e fauna variados, e uma topografia tal que o visitante se abstrai de estar, na realidade, em área densamente povoada.

Nesse parque foi reinstalado o Pavilhão da Água que, originalmente, estava na Expo'98 de Lisboa. O edifício em que está implantado desde 2002 é de autoria dos arquitetos Alexandre Burmester e José Carlos Gonçalves, pensado de tal forma que dá a impressão de se estar suspenso no ar.

Em 2009, foi aberto no parque o Sea Life Center, consistindo de um aquário implantado com fundos privados.

MUSEUS

O principal museu da cidade é inequivocamente o **Museu de Serralves**, o maior de arte contemporânea de Portugal, localizado na área da Fundação de Serralves, que inclui a Casa de Serralves e o exuberante parque.

Os jardins foram projetados pelo francês Jacques Gréber, e o edifício do museu é magnífico projeto do arquiteto portuense Álvaro Siza, inaugurado em 1999, e que preserva a harmonia com elementos preexistentes – a Casa e o Parque.

O seu acervo permanente inclui mais de 4.200 obras, de artistas portugueses e internacionais, como Paula Rego, Pedro Cabrita, Richard Serra e

Anselm Kiefe. O Museu é também muito intenso na apresentação de exposições temporárias, programas educativos, espetáculos de música e atividades editoriais, desenvolvendo parcerias em âmbitos nacional e internacional.

Está programada para o final de 2019 a inauguração de uma passarela de 260 metros de comprimento, em altura variável de 1,50 a 15 metros, permitindo ao visitante passear sobre a copa das árvores do Parque. A estrutura, denominada *Tree Top Walkway*, é inspirada em similares em outras partes do mundo, em especial na existente no *Valley of the Giants*, na Austrália. O projeto da passarela é dos arquitetos Álvaro Siza e Carlos Castanheira, associado à implantação de programas educativos, especialmente nas áreas ambiental e científica.

Na minha última visita ao Museu tive a oportunidade de ver a exposição (interna e externa, no Parque) das obras da artista plástica Joana Vasconcelos, que representou Portugal na Bienal de Veneza de 2013. Inesquecível. Praticamente visita obrigatória para quem gosta de arte.

Outros importantes museus do Porto:

Museu do Vinho do Porto – o objetivo é mostrar a história e a importância do comércio do vinho do Porto no desenvolvimento da cidade. Inaugurado em 2004, no Armazém do Cais Novo, às margens do rio Douro, onde ficou até 2018. A partir de março de 2019 mudou-se para novas instalações na Rua da Reboleira, em edifício especialmente reabilitado para abrigar o museu, no coração do centro histórico, patrimônio mundial. O novo museu conseguiu reunir acervo relacionado ao vinho do Porto espalhado por diversas instituições públicas da cidade.

No museu estão expostos todos os aspectos relacionados à produção e à comercialização desse vinho único, como a apresentação da zona vinhateira, a relação com o rio, os barcos que faziam o transporte do vinho desde a produção, no vale do Douro, aos armazéns, geralmente localizados em Vila Nova de Gaia, a ferrovia que liga o Douro ao Porto, a produção do vinho propriamente dita, as garrafas e rótulos, o consumo...

O museu apresenta ainda as profissões ligadas ao comércio do vinho do Porto, como os aferidores, responsáveis por garantir pesos e medidas corretos, vereadores, os zeladores das conveniências do povo e os almotacés, ou fiscais.

O espaço tem ainda um *wine bar*, cuja entrada é pelo Muro dos Bacalhoeiros, com mais de 700 rótulos disponíveis para degustação, além de ter uma bela vista para o rio Douro e para as caves de Vila Nova de Gaia.

Casa do Infante – museu medieval e arquivo distrital localizado na casa, do século XIII, onde o infante Dom Henrique teria nascido.

Casa-Museu Fernando de Castro – residência do poeta, escritor e caricaturista Fernando de Castro (1889-1946). Além de colecionar as próprias obras, colecionava pinturas do século XVI ao século XX, esculturas do século XVI ao século XIX e peças de cerâmica e vidro, com as quais decorava a própria casa. Fato curioso é que herdou de seu pai uma empresa comercial no Porto e, sem disposição para o comércio, passava o tempo no escritório a desenhar e a escrever, deixando importante acervo da sua obra. Tendo falecido sem herdeiros, legou o acervo ao Estado para a criação do museu.

Casa-Museu Guerra Junqueiro – reúne acervo pessoal e coleção de obras de arte do poeta e escritor Guerra Junqueiro, incluindo toda a memória literária, arte sacra, cerâmicas de várias origens e mobiliário. A casa que abriga o museu foi projetada pelo arquiteto italiano Nicolau Nasoni (o mesmo da Torre dos Clérigos), no estilo barroco, em 1730. A casa e o acervo do escritor foram doados, em 1940, pela família à Câmara Municipal do Porto, para se concretizar seu sonho de expô-los ao público.

Museu dos Transportes e Comunicações – objetiva mostrar a história dos transportes e dos meios de comunicação. Há exposições permanentes, uma delas incluindo o primeiro automóvel a circular em Portugal (1895), além das exposições temporárias. O museu localiza-se no prédio neoclássico da Alfândega Nova, na praia de Miragaia.

Museu do Carro Eléctrico – basicamente um museu relacionado à história do transporte público feito pelos bondes na cidade do Porto. Foi inaugurado em 1992, na antiga central termoelétrica de Massarelos.

Museu Nacional de Soares dos Reis – instalado no Palácio das Carrancas, na Freguesia de Miragaia, no Porto, antiga propriedade de Manuel Mendes de Morais e Castro, provedor de galões de ouro para a Casa Real.

Aberto ao público em 1833, considerado o mais antigo museu de arte de Portugal. A primeira sede do museu foi no Convento de Santo Antônio da Cidade, atual Biblioteca Pública Municipal do Porto. A nova e atual sede foi inaugurada em 1942, após o Estado tê-la adquirido da Santa Casa da Misericórdia. Daquela época até hoje, o museu passou por uma série de obras, e o acervo foi bastante enriquecido. Tem hoje 13 mil peças de arte, principalmente desenhos e pinturas, mas ainda esculturas, gravuras, artes decorativas e coleções arqueológicas. Na altura da sua criação, a denominação era Museu Portuense, mas em 1911 passou a ser chamado de Museu de Soares dos Reis, por abrigar grande parte do famoso escultor do Porto.

TEATROS E SALAS DE ESPETÁCULOS

Casa da Música – mais recente ícone da cidade. Projetada pelo arquiteto holandês Rem Koolhaas para estar pronta a tempo do evento "Porto Capital Europeia da Cultura", em 2001. No entanto, ficou pronta apenas em 2005, em consequência dos desafios que a engenharia e a construção tiveram que superar, a partir da geometria desafiadora da obra. Uma vez pronto, o edifício teve a arquitetura exaltada internacionalmente. O crítico de arquitetura do **The New York Times**, Nicolai Ouroussoff, classificou-o como "o projeto mais atraente que o arquiteto Rem Koolhaas já alguma vez construiu", e "um edifício cujo ardor intelectual está combinado com a sua beleza sensual". Ouroussoff classificou-o ainda como uma das mais importantes salas de espetáculos construída nos últimos 100 anos, ao nível do Walt Disney Concert Hall, de Los Angeles, e do auditório da Berliner Philharmoniker.

A Casa da Música tem dois auditórios principais, além de várias salas que podem ser usadas para pequenos concertos, atividades educacionais e outros fins. O auditório maior tem capacidade para 1.238 pessoas, e o menor, 300 pessoas sentadas ou 650 de pé.

Há ainda um restaurante com cozinha gourmet, internacional, com preços atraentes.

Teatro Rivoli – inaugurado em 1913, com o nome de Teatro Nacional. Entretanto, mudanças urbanas em seu entorno o obrigaram logo em 1923 a efetuar reformas e modernizações, com adaptação ao cinema e programação de ópera, dança, teatro e concertos. Foi quando o nome mudou para Teatro Rivoli. Os anos dourados do teatro foram nas décadas de 1940 e 1950, quando começou o declínio, principalmente nos anos 1970. Em 1989 a Câmara Municipal comprou o prédio, e em 1992 iniciou uma remodelação total, aumentando a área de 6 mil m^2 para 11 mil m^2, criando-se um Auditório Secundário, um café-concerto, uma sala de ensaios e um *foyer* de artistas. Finalmente, em outubro de 1997 o Rivoli reabriu as portas ao público. Hoje, o destaque do teatro é a dança, mas apresenta espetáculos de teatro, cinema, música, literatura, exposições, workshops e outros.

Teatro Sá da Bandeira – inicialmente em um barracão de madeira, em 1855, com o nome de Teatro Circo; 12 anos mais tarde foi demolido e construída uma estrutura permanente que, no entanto, foi demolida dez anos depois, sendo substituída pelo atual edifício, com o nome de Teatro-Circo do Príncipe Real, tornando-se um dos melhores teatros da cidade. Em 1895, a "diva" Sarah Bernhardt lá apresentou várias peças, e em 1896 foi o palco das apresentações dos primeiros filmes portugueses. Em 1910 assumiu o nome atual – Teatro Sá da Bandeira, nome da rua onde se localiza, aberta uns anos antes. Em 2009 foi colocado à venda, o que se concretizou apenas em 2017, vendido à Câmara Municipal do Porto. Em maio de 2019 foi comprado à Municipalidade pela famosa Livraria Lello. O teatro tem área total de 5 mil m², contemplando o teatro, duas salas de cinema e três lojas.

O nome Sá da Bandeira homenageia um herói do "Cerco do Porto", ocorrido em 1832 e 1833. Numa das mais aguerridas batalhas durante o cerco, o liberal Sá Nogueira perdeu um dos braços e, mesmo assim, não desistiu, continuando a combater os absolutistas. Ao final das lutas, o rei o fez Marquês de Sá da Bandeira, unindo um dos seus sobrenomes ao nome Bandeira, de Alto da Bandeira, local onde a batalha em que perdeu um braço foi travada.

Teatro Nacional São João – foi inaugurado com o nome de Real Teatro de São João, em 1798, com a comédia *A vivandeira*, parte dos festejos pelo aniversário do príncipe Dom João, futuro rei Dom João VI. O projeto foi de autoria do arquiteto italiano Vicente Mazzoneschi, tendo como base o Teatro São Carlos, de Lisboa. Em 1908 foi completamente destruído por um incêndio. A reconstrução iniciou-se três anos mais tarde, inaugurado em 1920. Após mais dois anos foi adquirido pelo Estado português. Hoje é um dos notáveis edifícios da cidade, e onde acontecem os principais espetáculos culturais do Porto, com destaque para o PoNTI – Porto Natal Teatro Internacional, montado a cada dois anos.

Coliseu do Porto – então propriedade da Companhia de Seguros Garantia, inaugurado em 1941, seguindo o projeto dos arquitetos Cassiano Branco e Júlio Branco, no estilo *art déco,* tornando-se, de imediato, referência arquitetônica da cidade.

A peça de inauguração foi um concerto efetuado pela Orquestra Sinfônica Nacional de Portugal. De 1941 a 1991, o Coliseu do Porto ofereceu ao público todos os tipos de espetáculos – ópera, dança, música clássica, música popular, espetáculos de variedades, musicais, circo, festas, cinema e congressos. Em 1995, a então proprietária, a Companhia de Seguros AXA, iniciou negociações para a venda do espaço à Igreja Universal do Reino de Deus, com subsequente repúdio de personalidades ligadas à cultura, que acabou sendo vetada pelas autoridades locais. Em seguida, a coordenação de diversas entidades públicas e privadas resultou numa associação sem fins lucrativos – Associação Amigos do Coliseu do Porto, cujo objetivo foi adquirir o imóvel e geri-lo como espaço de interesse cultural, o que se mantém até hoje. No Coliseu do Porto acontece a maior parte dos espetáculos e concertos dos grandes artistas internacionais que visitam a cidade, com programação variada, do pop-rock à música clássica, ópera, balé e circo.

Teatro do Campo Alegre – com o Teatro Rivoli, faz parte do Teatro Municipal do Porto. O projeto é de autoria do arquiteto Rogério Cavaca, inaugurado em 2000. Complexo com auditório, café-teatro, cine-estúdio e sala-estúdio. No cine-estúdio há programação de filmes de arte e alternativos, única na cidade.

Teatro Helena Sá e Costa – teatro-escola, pertencente à Escola Superior de Música e Artes do Espetáculo, do Instituto Politécnico do Porto, nomeado em homenagem à grande pianista portuense Helena Sá e Costa. O prédio do teatro foi construído para esse fim, em 1996, no pátio central da antiga Escola Normal, o primeiro edifício construído para a formação de docentes para o ensino primário da Península Ibérica, em 1883. O edifício, depois de reabilitado, em 1999, passou a abrigar a Escola Superior de Música e Artes do Espetáculo do Porto. Característica muito interessante do prédio é a cobertura transparente, permitindo o ensino com a luz do dia e mantendo a característica do antigo pátio aberto. Caso assim se deseje, há um mecanismo de obscurecimento da cobertura até o blackout total em apenas três minutos. Outra é o sistema de acústica passível de controlar a reverberação e a inteligibilidade por meio de um sistema que faz variar a geometria e o volume da sala, a partir de painéis refletores integrados ao teto.

HOTÉIS

Vila Foz Hotel & Spa – inaugurado em maio de 2019, este pequeno hotel butique de 5 estrelas já se tornou o melhor e mais elegante hotel do Porto, na minha opinião. Localiza-se na Avenida Montevidéu, 236, em frente à praia do Molhe, na Foz. Projeto da competente arquiteta Nini Andrade, está implantado num palacete do século XIX, extremamente bem restaurado, no exterior e nas áreas comuns mantendo as suas características originais e nos quartos uma decoração moderna e arrojada, oferecendo todos os detalhes de conforto e de conveniência. Num prédio adjacente e conectado ao palacete, se implantou uma ala moderna, com 59 quartos, cerca de metade com vista para o mar, enquanto que o palacete abriga sete impressionantes quartos e suítes. Tem um completíssimo spa com piscina interna, utilizando-se de cosméticos/produtos de beleza franceses exclusivos, dois restaurantes – um gourmet com cozinha de autor, servindo apenas jantar, e o outro servindo café da manhã, almoço e jantar, dois bares, servindo também saladas, sanduíches e *snacks*, e estacionamento próprio. O serviço é impecável e discreto. Fica a 15 minutos de carro do centro da cidade, e a uma pequena distância da praia da Luz, da praia de Matosinhos, e do Parque da Cidade, que podem perfeitamente ser atingidos a pé. Um agradecimento especial para a Mara Santos – ela faz a diferença!

The Yeatman – fica na cidade vizinha de Vila Nova de Gaia, a cerca de 2 km da Baixa do Porto. Hotel 5 estrelas, com serviço excelente e vista magnífica para a cidade do Porto e, em especial, para o rio Douro e suas margens. Hotel em que tudo gira em torno do vinho, desde o spa, o nome dos quartos que representam rótulos de vinhos portugueses famosos, a lojinha e até, naturalmente, a rica adega. Até a piscina externa tem a forma de um *decanter*. Excelente restaurante, agraciado com uma estrela Michelin. O turista recorrente tem que ficar uma vez nesse hotel, pelo menos.

InterContinental Palácio das Cardosas – 5 estrelas, é um dos meus hotéis preferidos no Porto, pela localização no centro histórico, instalações sóbrias e confortáveis e excelência do serviço, com destaque para a recepção e a *concièrge*. Localiza-se em um prédio do fim do século XVIII, que abrigava o Convento dos Loios. Com a extinção das ordens religiosas em 1834, o edifício foi vendido em hasta pública, sendo arrematado por Jesus Cardoso dos Santos. Com a sua morte, a propriedade passou para a mulher e filhas, motivando a designação "Palácio das Cardosas", que se mantém. A partir de 2011 passou a abrigar o hotel. Fica na Praça da Liberdade, na importante Avenida dos Aliados. O hotel não tem estacionamento próprio, mas tem um *valet* que leva (e busca) o seu carro para estacionamento público situado a uns 200 metros do hotel.

Maison Particulière – se quer experimentar algo realmente diferente, programe-se para ficar nesse pequeno hotel. Verdadeira joia, o 5 estrelas foi aberto em 2016, após cinco anos de trabalhos, em um prédio do século XVI. Tem apenas dez quartos e preços mais convenientes do que os demais hotéis da mesma categoria. Um dos quartos, o de número nove, tem um terraço com uma vista especial. A localização não poderia ser mais perfeita, com todas as atrações à sua volta. E, o que é melhor, pode-se fazer tudo a pé. O único senão, mas que não chega a ser um problema, é que o Largo de São Domingos só tem acesso a carros das 9h às 11h (da manhã). Fora desse horário, vai ter que rolar a sua mala até o hotel (menos de

50 metros) ou telefonar, e imediatamente um mensageiro virá pegá-la. Largo de São Domingos, 66.

Pestana Palácio do Freixo – hotel 5 estrelas, localizado em um Monumento Nacional cedido ao Grupo Pestana desde 2009. O Palácio é do século XVIII, projetado pelo arquiteto italiano Nicolau Nasoni. Fica na localidade de Campanhã, a 3 km do centro do Porto, nas margens do Douro. Spa, piscina externa, dois restaurantes e estacionamento.

Le Monumental Palace – aberto em novembro de 2018, um dos mais novos hotéis 5 estrelas do Porto, localiza-se em um prédio de 1923, no qual anteriormente estava o café mais antigo da cidade, o Café Monumental. Do original foi mantida a fachada neoclássica, enquanto os interiores remetem à *art déco* e à *art noveau* dos anos 1930. Os 63 quartos, com acabamento primoroso e 29 m² de área, poderiam ser um pouco maiores, e as 13 suítes, com áreas variando de 40 m² a 87 m², possuem grandes janelas para a cidade, decorados com mobiliários vintage e imperial. Os banheiros são em mármore e madeira laqueada. Os corredores dos quartos lembram os luxuosos vagões do lendário Orient Express.

Há um *american bar*, a *brasserie* é o **Café Monumental**, com amplas portas voltadas para a Avenida dos Aliados; o restaurante principal é o **Le Monument**, servindo apenas jantar. O spa tem piscina interior. Localiza-se próximo a todas as atrações da Baixa do Porto. Apesar de ficar em via muito movimentada, é permitido parar o carro por até 15 minutos na guia da calçada, com pisca-alerta ligado, para descarregar a bagagem e chamar o *valet*, que levará o seu veículo até o estacionamento próprio do hotel.

Hotel Infante Sagres – um dos hotéis clássicos do Porto, 5 estrelas, reabriu em abril de 2018, depois de reforma radical. Em 2019 foi, merecidamente, o vencedor do *Condé Nast Award*, promovido por uma das mais importantes revistas de turismo de luxo do mundo. Possui 85 quartos e suítes, e localiza-se no centro histórico, perto da Avenida dos Aliados. O restaurante/bar/café do hotel é o **Vogue**, que fica aberto o dia inteiro. Este é o primeiro estabelecimento com a conhecida marca em um hotel na Europa, possuindo agradável pátio interno e pequena esplanada externa. O serviço e a qualidade da comida são muito bons. Pontos altos do hotel são a belíssima restauração feita no prédio original, de 1952, o acabamento interno, o mobiliário original e a qualidade do serviço. Há pequena piscina no primeiro piso, com excelente área circundante. Não há estacionamento no hotel, mas há *valet* disponível entre 7h30 e 24h para levar (e buscar) o seu carro em estacionamento público a poucos metros do hotel.

Pestana Porto – A Brasileira – hotel contemporâneo e recente, 5 estrelas, localizado no centro histórico da cidade, instalado em um prédio icônico. Ali funcionou por 115 anos a "Cafetaria A Brasileira". O hotel tem academia, restaurante e a nova versão da Cafetaria A Brasileira, além de um pátio no estilo francês, com luz natural. Não possui estacionamento.

Pestana Vintage – hotel 5 estrelas situado na Praça da Ribeira, em edifício considerado patrimônio pela Unesco. Alguns quartos com vista para o rio Douro e para a Ponte Dom Luis I. Bar e restaurante. Não tem estacionamento.

Vila Galé Porto – bom hotel de 4 estrelas, situado no centro comercial, no prédio mais alto da cidade. Construído em 1999 e reformado em 2015. Piscina externa, spa, academia, restaurante e bar. Tem estacionamento próprio.

Vila Galé Porto Ribeira – hotel boutique de 4 estrelas, resultante da reabilitação de quatro edifícios na área do Cais das Pedras. Situa-se na margem do rio Douro, no centro histórico, em charmosa zona de pescadores. O tema do hotel é a pintura. Alguns quartos com vista para o rio. Não oferece estacionamento.

Hotel Premium Downtown Porto – hotel moderno, de 4 estrelas, com bar e restaurante. Tem estacionamento próprio.

Hotéis da Rede Fênix – a rede tem quatro hotéis no Porto, situados na região da Boavista: **HF Ipanema Porto**, 4 estrelas, com bar/restaurante, piscina externa, academia, *squash* e garagem própria; **HF Fênix Porto**, 4 estrelas, com bar/restaurante, academia, spa e garagem própria; **HF Tuela Porto**, 3 estrelas, restaurantes e garagem própria; e **Tuela Porto Ala Sul**, pequeno, 3 estrelas.

Hotel Bessa Belavista – hotel 4 estrelas, também na região da Belavista. Prédio moderno. Fica bem perto da Casa da Música e do Museu Serralves, e a 4 km da praia. Tem academia, bar/restaurante e garagem própria.

AC Hotel Porto – hotel moderno, 4 estrelas, com bar/restaurante, academia e garagem própria. Fica a 15 minutos de carro do centro histórico. Pertence à cadeia americana Marriott.

GASTRONOMIA

A região do Porto é conhecida pela excelência da gastronomia e, é claro, pelos incomparáveis vinhos. O visitante tem à disposição desde premiados restaurantes gourmet de qualidade internacional até as pequenas tascas onde se comem os mais incríveis petiscos e toma-se uma cerveja, passando pelos restaurantes de comida típica portuguesa e do norte do país. E é claro que conto sempre com o faro do José Luis para descobrir essas preciosidades. Sem querer desmerecer os restaurantes do centro e do sul do país, aqui, em Matosinhos, há as melhores marisqueiras de Portugal.

Há dois pratos típicos muito conhecidos. Um sanduíche chamado **francesinha** e as **tripas à moda do Porto**.

No capítulo de Lisboa, escrevi sobre o prego no pão, o sanduíche que mais representa Lisboa. O Porto também tem o seu sanduíche favorito – a francesinha. Muito mais arraigada na vida gastronômica e cultural do Porto que o seu rival de Lisboa, é o pivô de verdadeiras batalhas entre os bares, cafés e restaurantes, cada um dizendo que serve a melhor francesinha da cidade. Parece que há até mesmo alguns concursos. A francesinha, na realidade, iniciou sua "carreira" em Póvoa do Varzim, no final da década de 1960, mas logo se mudou para o Porto, onde se "revelaria para o mundo"! Idealizada por um português que foi para a França e que, ao voltar, ficou inconformado em não haver o *croque-monsieur* em sua terra natal, resolveu criar uma variante, porém muito mais substancial – uma verdadeira refeição. A francesinha é feita com pão de forma sem casca em camadas, intercalando às fatias de pão um bifinho, linguiça aberta, ovo, presunto e qualquer outro ingrediente que o cozinheiro desejar, como camarões ou picles. Em seguida, a "torre" é coberta com queijo e vai a gratinar. No entanto, nosso inventor achou o produto final um tanto seco, e desenvolveu um molho para cobrir isso tudo. Seu molho original é um segredo fechado a sete chaves, mas consta que leva tomate, cerveja e pimenta. Hoje, cada criador tem o próprio molho, que, indiscutivelmente, faz muita diferença. A francesinha é servida num prato fundo, para conter o molho, e ainda aditivada com batatas fritas.

Em Lisboa há alguns restaurantes que servem a francesinha, mas são poucos. Não sei se a qualidade é a mesma do Porto – não tive coragem de provar...

Quem sentir curiosidade em conhecer essa rica francesinha, mas sem viagem programada ao Porto, informo que há uma casa portuguesa em São Paulo que a faz razoavelmente bem. Dá para ter uma boa ideia, mas a francesinha portuguesa é realmente diferenciada. Para os mais gulosos, eis o endereço da francesinha com sotaque paulista: Padaria da Esquina, Alameda Campinas, 1630. *Bon appétit!*

O segundo prato típico são as tripas à moda do Porto. Muito mais antigo e com mais história do que a francesinha, remonta à época dos Descobrimentos. A origem mais plausível para a origem do prato remete à expedição comandada pelo rei Dom João I na conquista de Ceuta, em 1415. Na altura, o infante Dom Henrique pediu à população da cidade do Porto todas as carnes disponíveis, que foram salgadas e abasteceram as embarcações, ficando a população apenas com os miúdos, incluindo as tripas. Daí que os habitantes do Porto tiveram que inventar pratos com essas carnes menos nobres, surgindo o ícone da gastronomia portuguesa. Hoje, o prato leva cerca de 20 ingredientes, incluindo os temperos. Os principais são a tripa de vitela, feijão manteiga, orelha de porco, mão de vitela, chouriço e toucinho. Também é a origem da alcunha dos habitantes do Porto – "tripeiros", usada com conotação muito mais carinhosa que pejorativa.

Como mencionado no capítulo de Lisboa, é impossível cobrir todos os bons restaurantes do Porto. No entanto, acredito que a lista abaixo é bastante representativa da cozinha que ali se pratica, da mais sofisticada à mais singela e típica.

RESTAURANTES

DOP – para mim, o melhor restaurante do Porto e um dos melhores do país. Rui Paula, chef e proprietário, é detentor de uma estrela Michelin em seu outro restaurante da cidade (ver abaixo). O DOP situa-se no centro histórico da cidade, cercado por alguns dos principais monumentos do Porto, ocupando parte do edifício do Centro de Arte-Fábrica de Talentos. O projeto arquitetônico, contemporâneo, respeita e se integra perfeitamente ao contexto da arquitetura desse prédio histórico. Nos meses mais quentes, pode-se tomar um aperitivo em sua esplanada e desfrutar o movimento do centro histórico.

Casa de Chá da Boa Nova – fica em Leça da Palmeira, a 15 minutos do centro do Porto. Também é do Rui Paula. O prédio é tombado, projeto moderno, do famoso arquiteto Álvaro Sisa Vieira, natural do Porto e ganhador do Prêmio Pritzker de Arquitetura. Construída entre 1958-1963 sobre as rochas, em estilo contemporâneo (século XX), a 2 metros do nível do mar, foi uma das primeiras obras desse arquiteto, e estava em estado de abandono, até que em 1991 a municipalidade resolveu investir no marco arquitetônico, com restauro perfeito, coordenado pelo mesmo arquiteto, que criou mobiliário e decoração. Mais tarde foi entregue para exploração como restaurante, utilização para a qual foi originalmente construída. No espaço, sobre rochedos e perto do mar, por vezes calmo, por vezes agitado, tem-se experiência gastronômica memorável, aliada a uma tranquilidade e beleza intensas. Visitando o site do restaurante, uma frase me chamou muito a atenção: "Pode, quem sabe, visitar a cozinha, abrir uma janela, mergulhar os pés na areia e na água do mar, mesmo ali ao lado, ou simplesmente conversar tranquilamente com o Chef". É isso mesmo, caro amigo chef Rui Paula!!! E parabéns pela estrela Michelin conquistada em 2016!

Restaurante Pedro Lemos – inaugurado em 2009, foi o primeiro restaurante da zona do Porto a obter uma estrela Michelin, em 2009. Situa-se na Foz, numa casa que faz parte do patrimônio histórico do Porto e que abrigou um elegante bar inglês, desde 1964, ao qual se sucedeu o restaurante com decoração contemporânea. O restaurante tem garrafeira, onde refeições podem ser servidas para grupos pré-agendados, e um terraço para os dias de verão. Oferece opções de menu-degustação ou à la carte, no almoço e jantar. Entretanto, no caso do menu-degustação, pode ser pedido até 14h e 21h30, respectivamente. Além da qualidade e criatividade, outro ponto alto da casa é a excelência do serviço.

Ikeda – o melhor e mais bonito restaurante japonês do Porto, pertencente a dois chefs brasileiros, cujo maior objetivo é produzir a mais autêntica culinária japonesa da cidade. Acho que conseguiram. Pratos criativos, muito bem apresentados. Restaurante com ótima ambientação. Quando fizer a reserva, peça para ficar no andar de cima. Lá, além de ser mais simpático, tem o teto coberto de origamis de *tsurus*, o pássaro sagrado do Japão, símbolo da saúde, da boa sorte, da felicidade, da longevidade e da fortuna. Só falta o amor eterno! Conta a lenda que o *tsuru* pode viver mil anos, e se uma pessoa fizer mil *tsurus* usando a técnica do origami, com o pensamento voltado para um desejo, ele se realizará. Quem fez os *tsurus* do Ikeda já deve ter realizado o seu desejo. E se o desejo for o melhor restaurante japonês do Porto, a lenda está comprovada!

Antiqvvm – o chef Vitor Matos abriu o seu restaurante em 2016, e em menos de um ano já ganhou a estrela Michelin. O local onde o restaurante se encontra durante anos abrigou o Solar do Vinho do Porto, na cave da antiga residência do rei exilado da Sardenha, Carlos Alberto, Príncipe do Piemonte, que abdicou em favor do filho Vitor Emanuel II, monarca que unificou a Península Itálica em um único Estado. O restaurante é muito elegante e a vista para o Douro é sensacional. Muito agradável de se estar fora, nos meses mais quentes do ano. Em seu restaurante, o chef Matos associa as tradições da culinária portuguesa às técnicas francesas, base da sua formação. Tem carta de vinhos com boas alternativas portuguesas e internacionais.

Traça - informal e excelente, cozinha portuguesa com toques ibéricos. Um dos restaurantes que gosto mais no Porto, especialmente quando considero a sua relação custo/benefício, e se estiver voltado para comer carne, incluindo caça. Instalado em antiga loja de ferragens (ou drogaria, para os portugueses), manteve muito da construção original. Uma das especialidades etílicas da casa são as diversas variações de gim-tônica, todas muito bem preparadas. Fica no Largo de São Domingos, no fim da Rua das Flores, em área de pedestres muito agradável de caminhar, com bares, cafés e lojas icônicas da cidade.

Cozinha Cabral - dos mesmos proprietários do Traça, em parceria com o seu antigo chef Diogo Cabral. Cozinha típica e tradicional portuguesa, inspirada nas receitas da avó, uma das grandes cozinheiras do Porto. Preços justos e boa seleção de vinhos portugueses. Abre todos os dias, para almoço e jantar, direto, sem intervalo.

Flow - belíssimo, o restaurante da moda, localizado na Baixa do Porto, em edifício antigo que se abre em amplo espaço imponente, com decoração em estilo árabe moderno. O incrível pátio interno nos transporta para um *riad* marroquino. A cozinha do restaurante é mediterrânea, com toque da cozinha japonesa. A qualidade da comida é, na média, boa, e o serviço muito atencioso, apesar de às vezes ser demorado - problema comum a todos os restaurantes da moda. O bar é convidativo - vale a pena chegar mais cedo e experimentar um dos coquetéis ou um bom copo de vinho antes da refeição.

Wish - restaurante inaugurado em 2015, na Foz Velha, oferece cardápio misto mediterrâneo e japonês. Sua ambientação é muito agradável e de bom gosto. Além dos sushis e sashimis, há excelentes pratos do mar e carnes. Serviço de boa qualidade e estacionamento relativamente fácil.

Terreiro - agradável restaurante tradicional, especializado em peixes e frutos do mar, cozinha portuguesa/mediterrânea, boa qualidade e bom serviço. A sua localização é às margens do Douro, na Baixa, zona com bastantes turistas - por isso é recomendável fazer reservas. Por cerca de 20 euros se pode fazer uma refeição com prato principal, sobremesa e vinho. Tem uma pequena esplanada, muito agradável na primavera e verão, com excelente vista para o rio.

La Ricotta – no Porto há certa dificuldade para se encontrar a boa comida italiana. Esse restaurante é ótima exceção – cardápio bem italiano, com alguns pratos "aportuguesados", pois o chef é o brasileiro César, de Goiânia, GO. Ambiente muito agradável, com decoração despretensiosa, mas bastante adequada para deixar o cliente bem à vontade. Oferece uma boa carta de vinhos portugueses e italianos, o que não é muito fácil de encontrar nos restaurantes portugueses nessa faixa de preço. Serviço muito bom. Fica na Baixa do Porto, em um prédio da primeira metade do século XX.

Vinum – em Vila Nova de Gaia, do outro lado do rio Douro, resultado da associação da Vinícola Symington, produtora de vinhos há mais de 130 anos, e um grupo basco que possui 32 restaurantes em diversas cidades do mundo. A especialidade é carne na brasa, por isso se prepare para beber um belo e encorpado vinho tinto, que pode ser escolhido entre os produzidos pela Symington ou qualquer outra região e produtor de Portugal. O restaurante está instalado na cave onde envelhecem os vinhos do Porto Graham's, em 3.200 pipas dispostas na imponente construção de 1890. Ao reservar, peça a sua mesa no jardim de inverno, que possui impressionante vista da cidade do Porto, do rio Douro e da Ponte Luis I. O *wine bar* funciona das 10h à meia-noite, sem interrupção.

TERRA, CAFEÍNA, PORTAROSSA E CASA VASCO

Os quatro restaurantes localizam-se na Foz, área muito agradável, a poucos metros uns dos outros. Pertenciam ao mesmo grupo que, em 2019, os vendeu para o grupo liderado pelo chef Jose Avillez, de Lisboa.

O Terra é o mais eclético, com cardápio indo de comida portuguesa, italiana e mediterrânea até comida japonesa. Ambiente muito agradável, boa qualidade e serviço atencioso.

O Cafeína é a casa mais antiga e tradicional do grupo, com cozinhas portuguesa e europeia bem criativas, serviço muito bom. Aberto todos os dias para almoço e jantar.

O Portarossa é um restaurante de cozinha italiana, com ênfase em pizzas e massas.

Por fim, a Casa Vasco se assemelha mais a um mix de petiscaria, *wine bar* e cervejaria, apesar de oferecer um menu de refeições. Lugar ideal para desfrutar bons momentos com os amigos, não necessariamente nos horários das refeições.

Restaurante Praia da Luz – muito popular e procurado, na praia de mesmo nome, na Foz Velha. Fica literalmente sobre a praia, com capacidade para 450 pessoas, ao ar livre, protegidos por guarda-sóis ou no interior envidraçado. Lugar muito relaxante, está disponível para café da manhã, almoço, jantar e bar, funcionando sem intervalos. O ano inteiro, mesmo no inverno.

Oficina – do chef Marco Gomes, cozinha moderna, de autor, e ambiente com bela decoração. Apesar da sofisticação da cozinha, os preços são razoáveis. Serviço muito bom.

Cantinho do Avillez – restaurante de comida "descomplicada" do chef Avillez, que deu tanto certo e tem tanta procura em Lisboa que logo abriu casa com o mesmo nome e propostas no Porto. Tem boa carta de vinhos, com preços convidativos. Muito bom também para compartilhar os pratos com família ou amigos, resolvendo assim o eterno problema de decidir por um prato quando a oferta é maior do que a fome...

Restaurante da Cooperativa Árvore – a Árvore é uma cooperativa cultural, reconhecida pelo Estado português como de utilidade pública. Fundada em 1963 por artistas, escritores, arquitetos e intelectuais interessados em criar novas condições para a produção e a difusão culturais, de forma livre e independente. Além das atividades culturais, a Cooperativa mantém um simpaticíssimo restaurante com seção ao ar livre, com fantástica vista do Douro. O restaurante fica na sede da Cooperativa, no Passeio das Virtudes, em um prédio originalmente de 1763. Além do restaurante, abriga uma sala de exposições, galeria de arte e lojinha. A comida não é excepcional, mas vale muito a visita pelo serviço atencioso, a vista, e se respirar arte por toda parte.

Cozinha da Amélia – um dos restaurantes mais tradicionais do Porto, frequentado por empresários, políticos e artistas. A proprietária/chef é a sra. Maria Amélia Oliveira, há 40 anos no ramo da restauração, primeiramente com uma casa no Redondo da Ramada Alta, e agora, desde 2015, no atual endereço, no Campo Alegre. A comida é ótima, o serviço é não mais que razoável e a demora é quase exasperante, principalmente se não fizer parte do grupo *habitué* da casa. E não adianta reclamar, só vai fazer piorar as coisas para o seu lado... Para melhor entendimento, reproduzo abaixo os mandamentos da Cozinha da Amélia, afixados na parede do restaurante.

MANDAMENTOS DA COZINHA DA AMÉLIA

Deus no céu, e os milagres da Amélia na cozinha.
Não faltarás nenhum dia, com exceção de domingo, que é dia que o santo descansa.
Se andas de dieta, mais vale ficares por casa.
O que vier para a mesa não é para questionar, mas poderás sempre comentar.
Podes apreciar a vitela da mesa alheia, mas para a boca só vai arouquesa.
Honrarás sempre a casa, deixando os problemas à porta.
Depois de uma garrafa vazia, haverá sempre uma cheia.
Jamais invocarás a cozinha da Amélia em vão.
Nunca deixarás nada no prato, comerás tudo como se fosse a tua última refeição.
Se tens apetite, aqui vais poder comer, se não tens, põe-te a mexer.
Aqui há hora para chegar, mas é sempre uma incógnita a hora a que vais sair.
Apreciarás cada garfada, como se de um pedaço do céu se tratasse.
Os clientes não precisam ter razão, precisam apenas de um bom repasto e boa disposição.
Se chegares do céu e não vires à Amélia, não só vais passar fominha como vais perceber que não deverias ter ido tão cedo.
Não dá casa honra ao senhor, mas à casa honra o senhor.

Deu para entender agora, não?
Os preços são muito bons, variando de 7 a 15 euros por prato, quase sempre servindo duas pessoas.

Adega São Nicolau – no Largo do Terreiro, junto ao rio Douro. Comida típica portuguesa, tradicional, bem avaliado. O pequeno interior é muito bem ambientado, com interessante teto semicircular de ripas de madeira e esplanada com bela vista do Douro. Bons preços.

Tasquinha dos Sabores – restaurante simples, bom para tomar cerveja ou vinho, acompanhados de um bom petisco.

Em Matosinhos, a 20 minutos do Porto, existem marisqueiras maravilhosas. As que experimentei e recomendo:

Toupeirinho – simplesmente uma das melhores marisqueiras de Portugal. Estando no Porto, não pode deixar de lá ir. Pequena, com serviço e qualidade excepcionais, além de uma adega incrível. Se tem preconceito de vinho branco, peça ao sr. Silva para lhe recomendar uma de suas preciosidades. O preconceito desaparecerá rapidamente, por um preço para lá de justo. Há alguns anos, meu querido amigo Zé Luis Fernandes me levou a essa marisqueira, e agora toda vez que viajo ao Porto faço questão de voltar. As sobremesas são ótimas, com destaque para o pudim Abade de Priscos e a siricaia com ameixas de Elvas. Aberto de segunda a sábado, para almoço e jantar.

Marisqueira de Matosinhos – funciona há mais de 40 anos, uma das marisqueiras mais tradicionais da região. A oferta de peixes e mariscos é tão grande e apetitosa que o mais difícil é decidir o que comer. Qualidade excepcional. Abre todos os dias, exceto às quartas-feiras, para almoço e jantar, sem intervalo.

5 Oceanos – outra marisqueira de grande qualidade, muito recomendada como alternativa para quem quiser comer peixe e mariscos frescos, variados e muito bem preparados. Serviço excelente.

Para encerrar o capítulo dos restaurantes da região do Porto, recomendo uma visita ao **Hotel The Yeatman** (fica em Gaia). Hotel com tema no vinho, restaurante com uma estrela Michelin. Apesar da estrela, os preços são bem razoáveis, em relação aos restaurantes estrelados dos demais países. A vista do Porto é maravilhosa, mais ou menos a mesma do restaurante Vinum. Nesse restaurante, só jantar.

BARES

Sala de Provas Vinhos de Portugal – não é bem um bar, mas uma iniciativa da ViniPortugal para a divulgação de uns dos melhores vinhos do mundo – o português. Na sala de provas estão disponíveis mais de 200 rótulos diferentes, de todas as regiões vinícolas de Portugal, ao custo de 3 euros as provas livres e 9 euros as provas temáticas comentadas. Às sextas-feiras e sábados há provas especiais com enólogos e produtores consagrados. A programação encontra-se no site da ViniPortugal. Os vinhos em prova são vendidos no local. Fica na Rua das Flores, 2, na Baixa.

Casa do Livro – clássico do Porto há várias décadas. Começou como livraria, que em 2007 foi transformada em bar inglês de muito bom gosto, mantendo a ambientação anterior. Tranquila e confortavelmente tome um copo de vinho ou um coquetel muito bem preparado. Na sala da frente há um grande bar com banquetas e um piano de cauda; um pianista toca música clássica e contemporânea, incluindo jazz e blues. Na sala do fundo a música é de DJ, com mesinhas para grupos e poltronas muito confortáveis.

Pipa Velha – começou servindo vinho e petiscos, fórmula que mantém até hoje, quase 40 anos depois. Fica na Rua das Oliveiras, perto da Baixa, em uma zona que até algum tempo atrás não havia vida noturna alguma. Tem boa música. Lugar onde se pode comer alguma coisa no início da madrugada e encontrar as gerações de clientes mais antigas e as mais novas. Mas atenção: até recentemente, a Pipa Velha não aceitava cartões de crédito, apenas *cash*.

The Royal Cocktail Club – fica na Baixa, em edifício com mais de 100 anos, e apresenta uma longa lista de coquetéis de autor, criados e preparados por quatro bartenders, incluindo Carlos Santiago, o campeão dos prêmios. Há ainda os coquetéis tradicionais e os sem álcool. Na cave há ambiente privado, cuja admissão se dá por reserva, mas sem custo. Nesse ambiente há uma espécie de jogo de dados: o jogador tem que tomar o coquetel que a sorte determinar, dentro da gama de coquetéis de autor e exóticos.

Terraplana – situado no Bonfim, nesse bar são servidos os coquetéis clássicos e petiscos na forma de pizzas feitas em forno à lenha, tábuas de queijos ou frios e *snacks*. Tem bela esplanada na parte posterior, com lugares ensolarados e lugares protegidos do sol. A música é boa – rock, blues, música brasileira e portuguesa.

Aduela – outro bar muito concorrido no final da tarde, especialmente em sua esplanada, mesmo nos dias mais frios. Mais procurado pelos apreciadores de vinho e, principalmente, por jovens. Fica em frente ao Teatro Carlos Alberto.

Bonaparte Downtown – primeiro na Foz desde 1977, e agora, a partir de 2016, na Baixa do Porto. Serve cervejas e coquetéis para todos os gostos. A decoração é feita com objetos de colecionador e postêres antigos. Muito concorrido no happy hour.

L'Kodac – bar/restaurante localizado na praia do Aterro, em Leça da Palmeira, com ambientação muito agradável e muito charme. Ótima pedida para descansar e relaxar no fim do dia, aproveitando a vista do mar e do pôr do sol, uma das melhores do Porto. No verão tem música de DJ, no fim da tarde.

Terraço 135 – funciona no terraço do Porto Coliseum Hotel, com linda vista para a Baixa do Porto e um pôr do sol fantástico. Boa opção de happy hour, ou antes ou depois de assistir a um espetáculo no Coliseu do Porto. Funciona também nos meses de inverno, pois tem proteção de vidro e aquecimento. Serve tábuas de queijos e embutidos, mas a minha dica são as ostras servidas com taças de champanhe francês.

Bar da Ponte Pênsil – mais um bar com vista deslumbrante da zona ribeirinha do Douro, com história para contar. A Ponte Pênsil (ou suspensa) foi construída em 1841 e 1842, com o nome de Ponte Dona Maria II (a rainha de Portugal, filha do nosso Dom Pedro I, já mencionada no capítulo sobre a história do Porto, lembra-se?), para servir de ligação entre o Porto e Vila Nova de Gaia. Entretanto, em 1887, após a inauguração da Ponte Dom Luís I, a Ponte Pênsil foi desmontada, restando desde então os maciços pilares de pedra de 15 metros de altura, e as ruínas da Casa da Guarda Militar, que asseguravam a ordem e o cumprimento do regulamento da ponte, além de fazer a cobrança do pedágio.

Em 2012 o bar foi inaugurado onde era a Casa da Guarda, após grande remodelação, recuperando-se assim o espaço histórico para benefício da população e dos visitantes. Além das bebidas convencionais, serve petiscos, *snacks*, saladas e hambúrgueres.

Maus Hábitos – misto de bar com espaço para promoção de eventos culturais, em operação há quase 20 anos. Lá encontrará um bar, restaurante vegetariano, muita música, fotografia, artes plásticas, teatro, aulas de dança, ufa...! Na realidade, quase um palco experimental, com grande liberdade criativa. E vai poder tomar uma bebida. Fica em frente ao Coliseu do Porto.

Letraria Craft Beer Garden Porto – cervejaria com grande variedade de artesanais e comidinhas, inclusive um bom hambúrguer. Serve outras bebidas. Área externa muito agradável.

Praia da Luz – só para lembrar que o Praia da Luz é ainda um bar, ou melhor, principalmente um bar. A descrição do local está na seção de restaurantes.

CAFÉS E PASTELARIAS

No capítulo dos cafés de Lisboa, fiz uma introdução explicativa que gostaria de repetir agora, para o benefício do leitor que veio diretamente à seção do Porto.

Em Portugal os cafés são um tanto diferentes dos cafés do Brasil. Lá, eles geralmente servem refeições ligeiras, às vezes até completas, sanduíches, saladas, doces e sobremesas, enquanto no Brasil o cardápio de comida é bem mais reduzido.

No entanto, nada o impede de chegar a café em Portugal e pedir apenas um café e ficar sentado (mesa ou balcão) por horas, lendo seu jornal, um livro, ou até mesmo trabalhando no laptop ou smartphone. Fique tranquilo, ninguém vai pedir para você desocupar a mesa nem vai ficar olhando enviesado.

Em Portugal, as casas que praticamente só servem café e derivados são chamadas de *coffee houses* (nos grandes centros).

Majestic – no capítulo de Lisboa, apresentei alguns cafés icônicos da cidade. No Porto também há profusão de cafés, e este é o mais icônico. Fundado no início da década de 1920, primeiramente com o nome de Café Elite, ainda é dos mais impressionantes de Portugal, pelo seu estilo *art noveau*. Era voz corrente no Porto que, enquanto Paris tinha os *Les Deux Magots* e *Café Flore*, o Porto tinha o Elite, local onde se realizavam tertúlias, promovidas pela nata intelectual da cidade. O atual proprietário manteve a elegância do café, adicionando um muito bem-vindo terraço externo. A beleza do local e a excelência do serviço são complementadas, em horários específicos, pela música de um piano, para a alegria dos frequentadores.

Segundo os proprietários e funcionários da casa, a autora de Harry Potter, J. K. Rowling, arquitetou a sua saga do bruxo quando lá frequentou, na década de 80.

Com a Livraria Lello, o Café Majestic forma um dos dois maiores cartões de visita da arquitetura do Porto do fim do século XIX e início do XX.

Café Guarany – fundado em 1933, o nome deriva do Brasil do século XX, maior produtor de café do mundo. Os anos 1920 conheceram os cafés requintados, seguidores da *art noveau*, enquanto os anos 1930 foram dominados pelos cafés nos quais se faziam transações comerciais e se reuniam políticos e jornalistas, artistas e profissionais liberais. Serviam de catalisadores para a difusão de ideais ou correntes ideológicas. Nessa lógica surgiu o Café Guarany. Em 2003 passou a integrar o mesmo grupo empresarial do Café Majestic, que promoveu ampla reforma nas instalações, respeitando a concepção original. Conhecido como o Café dos Músicos, mantém programação de música ao vivo.

O Diplomata – um dos cafés mais frequentados da Baixa, cuja especialidade são as panquecas, consideradas as melhores da cidade. O menu do dia no almoço é bom e custa apenas 3,20 euros – preço imbatível! Bom serviço.

Café Rivoli – situado no terceiro piso do teatro de mesmo nome, com vista privilegiada para a Praça Dom João I, foi inaugurado em 2017. Local ideal para tomar um café, ou um copo, antes ou depois do espetáculo. A decoração, minimalista, é assinada pelo ateliê de arquitetura Cirurgias Urbanas. Serve almoço e brunches no fim de semana.

Vogue Café – misto de café, bar e restaurante, em ambiente moderno e decoração sofisticada. Faz parte da rede de casas similares em Dubai, Moscou e Bangkok.
Você pode simplesmente tomar um café enquanto lê o jornal ou consulta o seu smartphone, ou fazer uma refeição ligeira ou completa.

C'Alma – espaço novo, inteiramente dedicado ao café, que aposta nos aficionados. Serve apenas café arábica, torrado por diversos torrefadores, com diferentes técnicas. Há provas nas quais o cliente pode experimentar três tipos de café de procedências diferentes.

Café Velasquez – outro clássico do Porto, aberto há mais de 50 anos. Serve refeições ligeiras, incluindo francesinhas e um famoso prego no bolo de caco. Por estar perto do estádio do F.C. do Porto, o café é muito frequentado pelos torcedores e dirigentes.

Mercador Café – situado na rua mais badalada da cidade – a Rua das Flores –, o café ocupa antiga loja de toalhas, com vitrais coloridos e demais peças de decoração originais. Serve refeições ligeiras e vende produtos para levar para casa.

Leitaria da Quinta do Paço – fundada no Porto em 1920, recentemente abriu filiais no Mercado Bom Sucesso e no NorteShopping de Gaia, além de duas lojas em Lisboa. As especialidades são os éclairs recheados de creme chantilly, ao contrário do creme de pasteleiro, habitualmente usado nesse tipo de doce, e as bolas de Berlim (sonhos).

Candelabro – outro café que ocupou o espaço de uma livraria e manteve a decoração como tema. Tem boa esplanada, sempre cheia. O espaço promove o programa Playlist. O objetivo é mostrar obras desenvolvidas por artistas plásticos e/ou visuais no âmbito da imagem em movimento – vídeos, filmes-ensaio, documentários, animações e outros.
As obras são mostradas no café, de quinta-feira a sábado, das 22h às 2h.

EVENTOS E COMPRAS

A cidade do Porto é palco de inúmeros concertos e festivais de música, de todos os gêneros, com grandes artistas portugueses e internacionais.

Geralmente, os artistas internacionais que se apresentam em Lisboa se apresentam no Porto. Os festivais acontecem ao ar livre, em áreas especialmente designadas e preparadas, enquanto a Casa da Música é palco de apresentações de menor porte, construída para o evento Capital Europeia da Cultura 2001, com magnifíco projeto do aclamado arquiteto holandês Rem Koolhaas.

Um dos exemplos de grandes festivais é o **NOS Primavera Sound**, homólogo português do Primavera Sound, que acontece em Barcelona há 15 anos. O festival português ocorre sempre em três noites – em 2018 compareceram mais de 100 mil espectadores. Em 2019, o festival ocorreu de 6 a 8 de junho. A vizinha Vila Nova de Gaia hospeda todos os anos o maior festival de música do norte de Portugal, o **MEO Marés Vivas**, com grandes nomes da música nacional e internacional. Em 2019, entre outros, se apresentaram o cantor Sting e os grupos Kodaline e Keane.

A principal festa da cidade é a de São João, padroeiro da cidade, na noite de 23 para 24 de junho. Os hotéis ficam completamente lotados – e dobram de preço – e milhares de pessoas saem às ruas da cidade. Comem-se sardinhadas e se dançam as quadrilhas de São João.

Uma loja multimarcas no Porto que me impressionou bastante foi a **Don Lopo**, inaugurada em dezembro de 2017. Fica na Rua dos Caldeireiros, 43, na Baixa, instalada em parte em um prédio de 1600, construído para ser o Hospital Don Lopo de Almeida. Inicialmente concebida para roupa masculina, logo em seguida passou a ser também feminina. Os artigos são de altíssima qualidade, preços muito bons. Tem ainda alfaiataria sob medida, masculina e feminina. Hoje há um pequeno bar, mas a proprietária, sra. Piedade Ribeira, me contou que um pequeno restaurante será aberto oportunamente.

Os melhores lugares para compras são o Gaia Shopping e El Corte Inglés, em Vila Nova de Gaia, e o NorteShopping, em Matosinhos.

O melhor outlet da região é o **Vila do Conde Porto Fashion Outlet**, localizado na Vila do Conde, Avenida Fonte Cova, 400, abrigando as seguintes marcas, entre outras: Armani, Polo Ralph Lauren, Guess, Lacoste, Benetton, Adidas, Asics, Converse, Nike, Puma, Calvin Klein, Underwear, Samsonite, Desigual, Diesel, Pepe Jeans, Quiksilver, Chicco, Furla, Coach...

O horário de funcionamento é das 10h às 23h, diariamente.

Para chegar lá, pega-se a linha vermelha do metrô, sentido Póvoa do Varzim, descendo na estação VC Fashion Outlet/Modivas.

A lista completa e atualizada das lojas e informações adicionais está em www.viladocondeoutlet.pt.

Para comprar vinho, minha recomendação é a **Garrafeira Tio Pepe**, na Rua Engenheiro Ferreira Dias, 51. A adega tem seleção de vinhos impressionante e pode ser visitada em www.garrafeiratiopepe.pt. Outra, de porte bem menor, é a **Socalcos**, na Rua Mouzinho da Silveira, 1. Há ainda a **Sala de Provas Vinhos de Portugal**, relacionada nos Bares do Porto, acima.

LUGARES PARA CORRER (OU CAMINHAR)

Se estiver hospedado no centro histórico, o melhor trajeto para correr, em minha opinião, é **do centro até o Castelo do Queijo**, em Matosinhos, trajeto de aproximadamente 15 km, com leve declive do centro até o rio. O restante é totalmente plano. Se estiver na região da Boavista, é descer a Avenida Boavista até o mar, e virar à direita na orla, até o Castelo do Queijo ou mais além, se o cansaço não o fizer parar. O último trajeto é menor, eu diria uns 10 km.

Se estiver hospedado no The Yeatman, ou outro hotel de Gaia, vá até a **Marginal de Gaia** e corra até a cidade de Espinho. Trajeto totalmente plano, de 15 km, ao longo do mar, com vista magnífica no pôr do sol.

Outros itinerários recomendados para correr:

Avenida Brasil, na Foz do Douro.

Marginal de Matosinhos.

Avenida da Boavista, onde há uma ciclovia de 5 km.

Parque da Cidade, especialmente para treinar subidas.

O CAMINHO DE SANTIAGO E A CIDADE DO PORTO

Na Área Metropolitana do Porto se iniciam três variantes do Caminho de Santiago, começando no Mosteiro de Leça do Balio, Igreja de São Pedro de Rates e Convento de Santa Clara.

O primeiro é o primitivo, que passa por Braga, o segundo é o central, que passa pela Póvoa do Varzim, Barcelos e Ponte de Lima, e o terceiro é o da costa.

Os três pontos de início são monumentos que valem a pena o peregrino visitar e pedir proteção para uma travessia tranquila. Onde hoje se encontra o **Mosteiro de Leça do Balio**, presume-se que existia um templo romano dedicado a Júpiter, pelo fato de lá se ter encontrado uma inscrição romana nesse sentido. O mosteiro e a sua igreja foram erigidos no século X e renovados no século XIV, no estilo românico transitando para o gótico. O mosteiro abrigou a primeira sede da Ordem de Malta em Portugal, onde foi celebrado o casamento do rei Fernando I com Dona Leonor Teles de Menezes.

A **Igreja de São Pedro de Rates** constitui um dos mais importantes monumentos românicos medievais do início de Portugal, e situa-se em Póvoa do Varzim, no Distrito do Porto. Dedicada a São Pedro de Rates, primeiro bispo de Braga, primaz da Península Ibérica. Considerado um dos mártires do catolicismo pela sua morte violenta, decapitado quando celebrava uma missa. As bases da Igreja datam do século VI, tendo sido reconstruída no século XI. A atual edificação é do século XIII.

O **Convento de Santa Clara** fica no centro histórico da cidade, mandado construir por Dom João I no século XV, no estilo barroco. A igreja do convento foi construída no mesmo século e modificada nos séculos XVII e XVIII, no estilo barroco/renascentista. O interior é todo revestido em talha dourada do século XVIII.

Pronto, agora é só escolher o monumento a visitar, pedir a proteção e começar a caminhada rumo a Santiago de Compostela.

Vale do Douro

ANTECEDENTES

O vale do Douro é uma das mais belas paisagens de Portugal, visitado por turistas do mundo inteiro, não apenas os apaixonados pelos vinhos, mas os que se encantam com a natureza, abundância de água, boa comida e hospitalidade. Apesar de a minha recomendação ser a de dormir pelo menos uma noite no Douro, a sua proximidade com o Porto – uma hora por rodovia – permite que o viajante passe o dia na região e continue à noite para o próximo destino, ou volte para o Porto.

Para o turista de um dia ou mais, a recomendação é reservar com antecedência visita a uma ou duas quintas de produção de vinho do Porto e/ou vinho do Douro, e almoço no DOC, em Pinhão – para mim o melhor – ou outro restaurante da região. Sugestões de quintas e restaurantes são apresentadas mais à frente. Há ainda os cruzeiros pelo Douro, de várias durações e preços, e que partem de um cais em Pinhão. Além dos passeios no trem histórico, entre Pinhão e Pocinho. Ambos os casos proporcionam vistas espetaculares. No Peso da Régua há o **Museu do Douro**, com belo acervo e informações sobre a indústria vinhateira da região. Você poderá obter mais informações sobre os passeios e outras atividades no Douro pelo e-mail info@magnificodouro.pt.

A melhor época para visitar o Douro é em setembro, quando começam as vindimas, e outubro e novembro, quando a paisagem do outono deixa o vale coberto de tons dourados e vermelhos. O período de junho e julho também é uma boa alternativa, pois é período seco, e as temperaturas ainda não estão tão altas, e as noites são frescas, principalmente em junho.

Não há dúvida de que quase tudo no Douro gira em torno do vinho, da sua produção até o consumo (por nós!). Por isso vou me estender sobre esse tema nas páginas seguintes. Assim, se ainda não for um iniciado, vai chegar ao Douro com bastante informação e sabendo as prioridades para uma estada perfeita.

A Região Vinhateira do Alto Douro fica no Nordeste de Portugal, com mais de 26 mil hectares, a região demarcada de vinhos mais antiga do mundo. Por muitos, a mais bela delas todas. Desde 2001 foi considerada pela Unesco como Patrimônio da Humanidade, na categoria paisagem cultural.

Na região, cuja divisão geográfica é apresentada abaixo, o vinho já era produzido por quase 2 mil anos. Hoje, são produzidos dois tipos de vinho: o **Vinho do Porto** e o **Vinho do Douro**.

- Baixo Corgo, representando cerca de metade da área demarcada, incluindo toda a margem direita do rio Douro, desde Barqueiros até Passo da Régua. Na margem esquerda, desde Barrô até a Vila de Armamar.
- Cima Corgo, representando 36% da área demarcada, estendendo-se dos limites da área do Baixo Corgo até o meridiano que passa no Cachão da Valeira.
- Douro Superior, com aproximadamente 13%, desde os limites do Cima Corgo até a fronteira espanhola.

VINHO DO PORTO

Quanto ao surgimento do vinho do Porto, a versão mais aceita pelos especialistas consiste numa descoberta quase acidental. No século XVII, a Inglaterra começou a importar vinhos de Portugal. Como, à época, a ligação entre os dois países era muito demorada, os importadores começaram a adicionar uma quantidade de aguardente ao vinho, aumentando seu teor alcoólico e, consequentemente, provendo-o de maior estabilidade. Posteriormente, surgiu a ideia de se adicionar a aguardente durante o processo de fermentação, interrompendo-o, enquanto o vinho ainda estava doce, frutado e forte, com teor alcoólico entre 19% e 22%. O mesmo método é usado até hoje na produção.

O súbito sucesso do novo tipo de vinho, com exportações em larga escala, especialmente para a Inglaterra, gerou elevados lucros, o que levou, infelizmente, a situações de fraude e adulteração do vinho. Para contornar os problemas e preservar a indústria e os produtores honestos, foi criada, em setembro de 1756, pelo governo, a Companhia Geral de Agricultura das Vinhas do Alto Douro. O governo promoveu, ainda, a implantação de marcos de granito, demarcando o espaço físico da região. Pouco mais de 150 anos depois, em 1907, à região demarcada acrescentou-se o Douro Superior.

Em termos de envelhecimento, primordial para a determinação dos sabores, aromas e cores, a produção do vinho do Porto primeiramente se divide em vinhos amadurecidos em barricas de madeira – geralmente carvalho português – e os vinhos amadurecidos em garrafa.

Segundo o **Instituto do Vinho do Douro e do Porto (IVDP)**, os vinhos do Porto são subsequentemente divididos em estilos e categorias, conforme segue:

Estilo Ruby – envelhecimento em garrafa.
- **Porto Ruby Reserva** – encorpados, ricos e de tons vermelho-rubi escuros, frequentemente resultam de seleção dos melhores vinhos do Porto de cada ano, combinados para criar um vinho jovem, poderoso, frutado e intenso. No entanto, redondo e versátil.
- **Porto Late Bottled Vintage (LBV)** – Porto Ruby de um só ano, selecionado pela elevada qualidade e engarrafado depois de um período de envelhecimento entre quatro e seis anos. A maioria está pronta para ser consumida na altura da compra, mas alguns continuam o envelhecimento em garrafa (verifique o rótulo). O Porto LBV apresenta cores vermelho-rubi intensas, muito encorpado e rico na boca. Tem particularidade de estilo e personalidade de um vinho de uma só colheita.
- **Porto Vintage** – considerado por várias pessoas como a joia da coroa dos vinhos do Porto. O único que amadurece em garrafa. Produzido a partir de uvas de um único ano e engarrafado dois a três anos após a vindima, evolui gradualmente durante dez a 50 anos em garrafa. O encanto do Porto Vintage reside no fato de ser atrativo em praticamente todas as fases da sua vida em garrafa. Nos primeiros cinco anos mantém a intensidade rubi das cores originais, aroma exuberante a frutos vermelhos e silvestres, e sabor do chocolate negro, tudo equilibrado por fortes taninos, que combinam na perfeição com sobremesas ricas de chocolate. Após dez anos – e além de criar um depósito médio – desenvolve tons vermelho-granada e atinge uma deliciosa plenitude de aromas e sabores de frutos maduros. À medida que o

vinho se aproxima da maturidade, a cor evolui para tons âmbar ricos, e a sua fruta adquire maior sutileza e complexidade. O seu depósito torna-se mais pesado.

O vinho Vintage não ocorre todos os anos no Douro. O Instituto do Vinho do Porto determina se o lote enviado pelo produtor pode ou não ostentar a designação de Vintage. Uma vez aberta uma garrafa de Porto Vintage, ela deve ser preferencialmente consumida no mesmo dia ou, no máximo, em dois ou três dias. O mesmo não acontece com os demais estilos e categorias. No Anexo 7 é apresentada a relação dos anos em que o Porto Vintage foi produzido, desde 1756 até 2011, com comentários. São 93 anos em um total de 256 anos – verdadeira história do desenvolvimento desse tipo de vinho apreciado no mundo inteiro.

- **Porto Single Quinta Vintage** – vinhos de alta qualidade, distinguindo-se pelo fato de serem simultaneamente de um só ano e originários de uma única vinha, o que lhes confere caráter ímpar.

Estilo Tawny – envelhecimento em madeira.
- **Porto Tawny Reserva** – podem apresentar grande elegância de sabores, numa combinação perfeita entre a fruta da juventude e a maturidade da idade, revelada também pelas atrativas cores âmbar médio.
- **Porto Tawny 10 anos** – revelam um pouco mais de evolução do que o Porto Reserva, os vinhos possuem semelhanças, embora com a garantia de que o vinho possui as características de um vinho com dez anos de idade.
- **Porto Tawny 20 anos** – gama de cores que vão do âmbar avermelhado ao âmbar dourado, são raras preciosidades, plenas de frutos e sabores mais evoluídos, concentrados pelo envelhecimento em pequenas pipas de carvalho. Grande intensidade de aromas e sabores – baunilha torrada e frutos secos, equilibrados por notas delicadas de carvalho.
- **Porto Tawny 30 anos** – alguns Portos são selecionados para envelhecimento mais longo em pipas de madeira. A exposição gradual ao ar concentra e intensifica a fruta inicial, originando características mais complexas, como mel e especiarias sublinhados por aromas profundos e alperces secos, avelãs e baunilha.
- **Porto Tawny 40 anos** – classificação de idade final dos Portos Tawny, apresenta-nos vinhos maravilhosamente concentrados e complexos. Intensos, quase explodem na boca, enchendo o paladar de aromáticos sabores que nos arrebatam os sentidos.
- **Porto Colheita** – os Tawnies de uma só colheita são envelhecidos em cascos por um período mínimo de sete anos, originando vinhos com amplitudes de cor que vão do tinto alourado ao alourado, dependen-

do da idade. Igualmente os aromas e sabores evoluem ao longo do tempo, originando diversos estilos de Tawnies.

Em adição a essas informações obtidas do IVDP, cumpre esclarecer que os Porto Tawny são os únicos que apresentam no rótulo a idade: 10, 20, 30, 40 ou mais anos – desde que cumpram as formalidades inscritas nos regulamentos do Instituto do Vinho do Porto. Na realidade, a indicação de idade é uma média. Por exemplo, um Tawny de 20 anos é um *blend* de vinhos com 10, 20 e 30 anos, o que dá a média de 20 anos. Da mesma forma, para um vinho do Porto ostentar no rótulo a palavra "Reserva" também há de cumprir os regulamentos pertinentes.

Por fim, há ainda as categorias Porto Branco e Porto Rosé.

Porto Branco – vinhos jovens, produzidos a partir de castas brancas, envelhecidos de dois a três anos. Apresentados nos estilos que vão do seco ao doce e podem ter teor alcoólico menor, mas no mínimo 16,5%. Normalmente são servidos como aperitivo, antes das refeições, ou misturados em coquetéis, como o Porto-Tonic.

Porto Rosé – criação recente das vinícolas. Vinho jovem, sem envelhecimento, suave, a cor definida por maceração mais leve, sem se submeter ao processo de oxidação durante a conservação. Podem ser bebidos resfriados ou com gelo, ou ainda na formulação de coquetéis. Busca atingir faixa de mercado mais jovem, não comprometida com as tradições do vinho do Porto.

Uma vez entendidos estilos e categorias do vinho do Porto, acho oportuno apresentar ainda três importantes fases do processo de fabricação do vinho do Porto – vinificação, envelhecimento e armazenagem. Novamente, a fonte é o IVDP.

Vinificação – primeiramente é feito o desengace, geralmente por meios mecânicos, e em seguida as uvas são esmagadas em lagares feitos de pedra, abertos, altura máxima de 60 cm. O esmagamento, ou pisa, pode ser feitos pelos pés de homens e mulheres, ou modelos mecânicos que simulam a pisa a pé. Após o primeiro esmagamento (corta), o mosto da fermentação fica em repouso durante algumas horas, e é novamente esmagado (mexa) até a altura em que o mosto em fermentação é separado das partes sólidas (escorrimento) a fim de ser adicionada a aguardente. Em seguida, o mosto vai para cubas, onde fermenta por dois a três dias.

No caso do vinho do Porto Branco, o tempo de maceração é reduzido, para preservar a cor branco pálida e os aromas frescos.

Em seguida, vem a aguardentação, que confere ao vinho características organolépticas peculiares e melhora a estabilidade químico-enológica, ao mesmo tempo que permite controlar o grau de doçura final do vinho. Assim, a fermentação deve prosseguir até o momento em que a quantidade de açúcares não fermentados dá ao vinho a doçura desejada. O mosto em fermentação é então separado das partes sólidas (escorrimento) e passa para cubas, onde é interrompida a fermentação por adição de aguardente vínica (benefício) em proporções determinadas.

Envelhecimento – o processo de envelhecimento do vinho do Porto pode durar diversas dezenas de anos, orientado de forma diferente conforme o tipo de vinho que se pretende obter.

Depois das primeiras trasfegas (ou transvases), durante o inverno que se segue à vindima, os vinhos são provados e classificados segundo a qualidade sensorial.

Os melhores lotes de vinhos produzidos em um ano excepcional são, regra geral, apartados para virem a auferir da declaração de Vintage. Contudo, a maior parte dos vinhos é utilizada para a elaboração de lotações de características particulares e obedecendo a padrões de qualidade preestabelecidos. As lotações são efetuadas quer em grandes cubas providas de agitadores, que por meio de circuitos de remontagem.

Durante os dois primeiros anos, os vinhos são sujeitos a numerosas trasfegas, cujo número e intensidade varia de acordo com as características que se pretende que adquira durante a sua evolução.

No caso dos Vintage ou dos Late Bottled Vintage (LBV), o envelhecimento faz-se inicialmente em casco, durante dois a três anos no caso dos Vintage e durante quatro a seis anos no caso dos Late Bottled Vintage. Após o subsequente engarrafamento, o vinho melhora consideravelmente as características em virtude de se operar um desenvolvimento do buquê a um baixo potencial de oxidorredução. A longevidade dos vinhos, devido à riqueza em polifenóis, é muito elevada, podendo atingir o ápice entre 20 e 30 anos, no caso de um Vintage, ou cinco anos, no caso de um LBV.

Todos os restantes tipos de vinhos do Porto são envelhecidos em condições de oxidação: menos acentuada no caso dos Ruby e mais acentuada no caso dos Tawny. Durante o envelhecimento por oxidação, o vinho perde a aspereza devido aos taninos e desenvolve-se um admirável buquê rico e complexo. As variações cromáticas no envelhecimento oxidativo são também muito acentuadas. A cor intensa dos vinhos novos sofre evolução gradual, passando pelas nuances tinto-alouradas, para terminar na cor alourada dos velhos Tawny.

Armazenamento – o tipo de armazenamento tem influência primordial sobre as transformações e a composição do vinho, pelo que a natureza e a capacidade dos recipientes devem estar adaptadas ao tipo de evolução desejado para o vinho. Os vinhos são habitualmente conservados em pipas características da Região Duriense, em tonéis de 25 mil a 35 mil litros ou em cubas de 550 mil a 750 mil litros.

A capacidade de armazenagem em madeira representa mais de dois terços da capacidade total de armazenamento. A madeira mais utilizada é o carvalho português, mas são igualmente empregados o castanheiro e outras madeiras exóticas. As grandes cubas cilíndricas em aço inoxidável e concreto revestido representam, respectivamente, cerca de 10% da capacidade total, utilizando-se apenas para armazenamento do vinho durante curtos períodos.

Em visita que fiz em 2014 às caves da Casa Ramos Pinto (Gaia), estava sendo lançado no mercado o Vintage da colheita do excepcional ano de 2011, considerado pelo produtor português o melhor vinho do Porto jamais produzido por eles. A recomendação do vendedor foi que esperasse pelo menos 20 anos para abrir a garrafa, pois o auge de qualidade do vinho seria obtido com 30 anos! A garrafa está (fechada!) até hoje em minha modesta adega, com uma etiqueta: "Não Abrir Antes de 2041"! Não sei se vou provar o néctar, mas deixarei instruções para que, no Reveillón de 2040 para 2041, meus filhos e netos estejam todos reunidos, de preferência em Portugal, e que a garrafa seja finalmente aberta.

A história da Casa Ramos Pinto se entrelaça bastante com o Brasil. Fundada em 1880 por Adriano Ramos Pinto, logo notou que a disputa pelos mercados consumidores tradicionais de vinho do Porto, especialmente a Inglaterra, seria ferrenha para nova produtora e exportadora. Decidiu desbravar o mercado brasileiro, até então negligenciado pelos produtores tradicionais. As estratégias de mercado, qualidade dos vinhos e a inovação de fazer um vinho especialmente destinado à exportação para o Brasil (o "Adriano") fizeram com que a Casa logo se destacasse e passasse a ser um dos principais produtores da região. Outra característica de Adriano Ramos Pinto era o seu apreço pelas artes, traduzido na qualidade artística dos rótulos e peças publicitárias, com leve tom erótico para a época, até hoje apreciados e reproduzidos.

Como reconhecimento pelo sucesso que a Casa Ramos Pinto teve no Brasil, especialmente no Rio de Janeiro, então Capital da República, Adriano Ramos Pinto doou em 1906 à Prefeitura da Cidade uma magnífica fonte de mármore de Carrara, de 37 toneladas, consistindo de uma figura de cupido, no cume de um rochedo, e na base um grupo de ninfas em graciosas atitudes. Acontece que as ninfas foram esculpidas nuas, mas, devido à moral vigente, o prefeito Francisco Pereira Passos mandou que fosse feito um pequeno retoque na fonte, antes da sua instalação em praça pública – as nádegas e os seios das ninfas foram cobertos por um "pano" de mármore, sobreposto às esculturas. Pronto! Moral salva!

A fonte foi originalmente instalada no Largo da Glória, transferida em 1950 para a Avenida Lauro Sodré, em Botafogo, à entrada do túnel que liga o bairro a Copacabana, onde está até hoje.

Outra boa memória que tenho ligada ao vinho do Porto se relaciona com o casamento dos meus pais, em 1942, em Portugal. Na altura, meus pais separaram uma garrafa de vinho do Porto entre as servidas na festa do casamento, para ser aberta e bebida no dia do casamento do primeiro filho. Vinte e três anos mais tarde, em 1965, minha irmã mais velha, Maria, se casa no Rio de Janeiro, e a garrafa que atravessou o Atlântico com a mudança da família foi finalmente degustada. Estava impecavelmente conservada, um momento de muita alegria para a nossa família.

DONA FERREIRINHA

Há uma história muito mais antiga, que remete à segunda metade do século XIX e à figura da Dona Antônia Adelaide Ferreira, ou Dona Ferreirinha, ou simplesmente Dona Antônia, uma das pessoas que mais contribuíram para o desenvolvimento da indústria do vinho do Porto. Ao ficar viúva, assumiu a direção dos negócios da família, que já produzia vinho do Porto desde o século XVIII. Pelo empreendedorismo e pioneirismo, numa época em que as mulheres não eram propriamente conhecidas pelos negócios, fez crescer muito os negócios da família, tanto no Douro como em Vila Nova de Gaia. Ao morrer, em março de 1896, aos 85 anos, contava com 20 quintas produtoras no Douro, incluindo a Quinta do Vale Meão, onde originalmente se fazia o lendário Barca Velha, até hoje um dos mais importantes e conhecidos rótulos de Portugal. Na época da filoxera, que destruiu muitas vinhas e deixou agricultores arruinados, teve papel preponderante na ajuda a esses agricultores e recuperação dos vinhedos, ganhando a justa fama de pessoa com preocupação com o próximo. Uma das mais impressionantes histórias da Dona Antônia foi o naufrágio que sofreu no Douro, em companhia do amigo Barão de Forrester, quando se salvou graças ao ar entranhado em suas muitas saias, que a fez boiar até as margens, enquanto o Barão veio a se afogar, dizem que devido ao peso das moedas de ouro que trazia nos bolsos.

VINHOS DO DOURO

Mais recentemente, a região começou a produzir excelentes vinhos de mesa, tinto, branco e rosado, com qualidade comparável aos mais tradicionais e famosos vinhos do mundo. Os vinhos do Douro receberam prêmios internacionais, especialmente na safra de 2011, quando foram muito bem classificados pela respeitada revista especializada **Wine Spectator**, com o primeiro (Dow's Vintage Port), o terceiro (Chrysea) e o quarto (Quinta do Vale Meão) melhores do mundo. Entre os 100 melhores vinhos do mundo, ainda estavam portugueses nas colocações de 13º e 27º.

Os vinhos do Douro são produzidos pelos métodos tradicionais, sem a interrupção prematura da fermentação, como ocorre na produção do vinho do Porto. Utilizam-se lagares de pedra ou, mais modernamente, cubas de aço inox com controle de temperatura, ou ambos. No Douro produzem-se vinhos tintos, brancos e rosados, além do Moscatel do Douro, o Colheita Tardia (ambos doces) e o Espumante.

Os **Tintos do Douro** são produzidos a partir de castas autóctones, como a Touriga Nacional, a Touriga Franca, a Tinta Roriz, a Tinta Barroca e o Tinta Cão. A maior parte dos vinhos do Douro são produtos de um mix dessas várias castas, mas há ainda vinhos monovarietais, quando se utiliza apenas uma casta.

Os vinhos tintos do Douro podem ser consumidos jovens ou de guarda. Os primeiros apresentam cor rubi e aromas de frutas vermelhas, devendo ser consumidos logo nos anos seguintes à sua vindima, servidos um pouco mais frescos, entre 13 e 15 graus Celsius. Os de guarda, por sua vez, apresentam aromas intensos e mais complexos, com notas de frutos pretos, chocolate, balsâmicas, violeta e madeira, com grande estrutura e taninos persistentes. Tornam-se mais delicados e sutis à medida que atingem o seu apogeu, o que pode levar uma década para acontecer. A maior parte ostenta no rótulo a designação "Reserva" ou "Grande Reserva".

Da mesma forma, os **Brancos do Douro** dividem-se nos que são para serem consumidos jovens e nos de guarda, produzidos a partir da lotação de várias castas – Malvasia Fina, Viosinho, Gouveio, Rabigato, Folgasão, Donzelinho Branco e Esgana Cão. Os primeiros acompanham bem os pratos mais leves – saladas, peixes, ou bebidos como aperitivo, sempre a uma temperatura entre 8 e 10 graus Celsius. Os de guarda normalmente estagiam em madeira, são mais complexos, têm cor mais escura, dourada, e aromas a tostados e frutas tropicais. Devem acompanhar os peixes de sabor mais intenso, aves e carnes leves. São servidos a 12 graus, e geralmente ostentam a designação "Reserva" ou "Grande Reserva", conservando suas características por diversos anos.

Os **Rosados do Douro** são o produto da maceração leve das uvas tintas, com aromas a framboesa e cereja. Mais apreciados no verão e acompanhando a cozinha oriental – japonesa, indiana, tailandesa, vietnamita. Não são de guarda e devem ser consumidos frescos, entre 10 e 12 graus.

GASTRONOMIA

RESTAURANTES

A cozinha tem grande importância na região do Douro, até mesmo porque nada combina melhor com um bom vinho do que uma boa comida. Minhas recomendações:

DOC – excelente. Restaurante do chef Rui Paula, agraciado com uma estrela Michelin. Fica em Folgosa, perto de Pinhão, na margem esquerda do rio Douro. A vista da sua sala envidraçada ou a da esplanada suspensa sobre o rio impressionam os visitantes. A cozinha é definida como transmontano-duriense, tradicional e ao mesmo tempo contemporânea, com bastante ênfase nos peixes da costa portuguesa e produtos regionais.

Para mim, é um dos melhores restaurantes de Portugal. Tem estacionamento à vontade e um cais com capacidade de receber até 15 barcos.

Castas e Pratos – bem mais simples, mas excelente. Fica na estação de trem (em operação), em Peso da Régua. Na verdade, um pequeno complexo com restaurante, *wine bar*, *lounge gourmet* e *wine shop*, com excelentes resenhas em revistas especializadas de turismo e jornais internacionais. Há estacionamento perto.

Cais da Vila – fica em Vila Real, a 28 km de Peso da Régua ou 40 km de Pinhão, em estrada moderna e segura. Em antigo armazém ferroviário da cidade, perfeitamente restaurado para manter o valor histórico. Tem um *wine bar* e uma garrafeira para venda de vinhos. A qualidade e criatividade dos pratos e o serviço são excelentes. Para quem está hospedado junto ao rio, vale a pena vencer a distância e conferir o resultado.

Praticamente todos os principais hotéis do Douro possuem excelentes restaurantes. Os dos hotéis abaixo recomendados o são, com toda a certeza.

HOTÉIS

Os sítios nos quais o turismo tem papel preponderante apresentam uma gama variada de hotéis e alojamentos, para todos os gostos e preços. No vale do Douro não é diferente.

De alguns anos para cá, proliferaram novos hotéis de alto luxo e sofisticação, ao mesmo tempo que surgiram outros mais modestos e os chamados alojamentos locais.

Na categoria de luxo, a recomendação é o **Six Senses** (antigo Aquapura), no vale do Abraão, perto de Peso da Régua. Fica numa Quinta do século XIX, com vista espetacular para o rio e para as colinas cobertas de vinhas. Tem excelente spa, biblioteca especializada em enologia, piscina externa, quadra de tênis e bom restaurante. O café da manhã é um dos melhores que já experimentei. O ponto negativo é o preço, muito acima da média para hotéis semelhantes em Portugal.

Vintage House – hotel de porte médio, 5 estrelas, decoração clássica. Entre os mais procurados dos hotéis de luxo. Situa-se em antiga vinícola, restaurada como hotel, em Pinhão. Tem restaurante, bar, piscina externa, loja de vinhos, promove provas de vinho, muito perto do ancoradouro dos barcos que fazem os cruzeiros no rio.

Quinta do Vallado – a Quinta do Vallado data de 1716, tem dois estabelecimentos para a hospedagem: o **Wine Hotel**, na própria quinta, e a **Casa do Rio**, em Foz Coa, a cerca de 100 km da quinta. O Wine Hotel, por sua vez, tem duas unidades, a nova e moderna, construída em 2012, projeto premiado do arquiteto Francisco Vieira de Campos, e a Casa Tradicional, que pertenceu à lendária Dona Ferreirinha, de quem já falamos acima. O Wine Hotel tem oito quartos no edifício novo e cinco no edifício histórico. A infraestrutura inclui piscina, passeios a pé, de bicicleta, de barco e de jipe, e provas de vinho. A Casa do Rio, em Foz Coa, tem seis quartos e duas suítes, localizada entre as vinhas e o rio, e privilegia a natureza, o isolamento e o silêncio. A sua construção é totalmente em madeira, no meio de um pomar de laranjeiras. O projeto é do mesmo arquiteto do Wine House, que em 2016 venceu o prêmio **Best of Wine Tourism**, na categoria "Práticas Sustentáveis de Enoturismo". Preços razoáveis para hotéis 5 estrelas.

Quinta da Pacheca – denominado **Wine House Hotel**, 4 estrelas, é um hotel de charme muito agradável, e apresenta elegante combinação do antigo e contemporâneo. O restaurante tem excelente qualidade em termos de culinária e serviço, em ambiente muito simpático. Além da hospedagem tradicional, a quinta dispõe de um conjunto de alojamentos, inovador e único, que consiste na transformação de enormes pipas de vinho em quartos, o que proporciona uma experiência única em relação à natureza e ao vinho. Na alta estação, reserve com antecedência, pois a procura é muito grande.

Douro Royal Valley Hotel & Spa – hotel moderno, de porte médio, com 70 quartos, junto ao rio, rodeado de vinhas e com vista panorâmica para os socalcos do Douro. Restaurante, bar, spa bastante completo e agradável piscina externa com borda infinita. Preços razoáveis para um hotel 5 estrelas. Preço justo.

Douro Scala – situa-se em Mesão Frio, parte mais baixa do Douro, inserido na Quinta do Paço. A construção do hotel é do século XV, mas, internamente, os quartos são contemporâneos, com todas as facilidades de conforto. Restaurante e spa.

Quinta de São Bernardo Winery and Farmhouse – em 2016 o jovem casal Marcela e Diogo reformou uma quinta da família e abriu o pequeno e simpaticíssimo hotel no Douro, à beira do rio, na localidade de Mesão Frio. Há produção e prova de ótimos vinhos no local. São sete quartos, cinco com vista para o rio, superconfortáveis, ótimo café da manhã incluído e refeições caseiras no pequeno restaurante. O hotel coloca à disposição uma piscina com borda infinita e visitas à horta orgânica. A simpatia e acolhimento da Marcela e do Diogo fazem a diferença.

Douro 41 Hotel & Spa – hotel de arquitetura e concepção modernas, com 52 quartos e duas suítes, situado na localidade de Vista Alegre, bem próximo ao rio. Spa, piscinas interna e externa, ambas panorâmicas, academia e ancoradouro para barcos. Preço justo.

Quinta do Bosque – hotel moderno, localizado em Mesão Frio. Restaurante para lanches e piscina externa. Preços bastante convenientes, sem comprometer o conforto e a qualidade dos serviços.

Quinta de Casaldronho Wine Hotel – moderníssimo hotel com 20 quartos, localizado em uma quinta produtora de vinho e azeite, às margens do Douro, próximo à cidade de Lamego, famosa pelo presunto. A decoração é minimalista e vanguardista, remetendo aos materiais locais e à cultura do vinho. Possui piscina externa e restaurante.

Vila Galé Collection Douro – perto da estação ferroviária de Peso da Régua, hotel moderno, de arquitetura arrojada, utilizando os materiais locais, com 38 quartos bastante confortáveis. Restaurante gourmet e spa com piscina interna e jacuzzi externa.

VINÍCOLAS – VISITAS GUIADAS E PROVAS DE VINHO

Uma das principais atividades para os turistas no Douro são as visitas guiadas e as subsequentes provas de vinhos, nas inúmeras quintas que oferecem esses serviços.

É importante ressaltar que as visitas não são apenas para pessoas iniciadas. Elas são bastante didáticas e interessantes, mesmo para quem não bebe. A Ivy é um exemplo – não bebe álcool, mas sempre me acompanha quando viajamos juntos. Apesar de já ter feito muitas visitas semelhantes, em várias regiões vinícolas do mundo, sempre acabo aprendendo alguma coisa nova.

A menos que você seja muito interessado pelo tema, a minha recomendação é visitar, no máximo, duas vinícolas – uma em que a produção seja exclusivamente de vinho do Porto e outra que produza Porto e Douro, ou apenas Douro. Certifique-se, ao reservar a visita em uma quinta que produza os dois tipos de vinho, de qual tipo tratarão a visita e a prova.

Impossível relacionar todas as quintas que oferecem visitas, mas abaixo indico algumas mais importantes. Nas três primeiras tive a oportunidade de fazer a visita guiada e a prova dos vinhos.

Quinta do Vallado – a quinta foi construída em 1716, uma das mais importantes da região. Pertenceu à lendária Dona Ferreirinha, e até hoje permanece na família. Em seus dois primeiros séculos, a quinta produzia exclusivamente vinhos do Porto, com a marca da Casa Ferreira. A partir da década de 1990 sofreu profunda reestruturação, passando a comercializar os vinhos com a sua marca própria, a plantar as novas vinhas em parcelas com uvas de uma única casta, em oposição à prática até então de misturar uvas de várias castas numa única parcela. Hoje possui 50 hectares de vinhas com menos de 20 anos, e 20 hectares de vinhas com mais de 80 anos, resultando em vinhos de qualidade excepcional. A nova adega e cave de barricas foi construída em 2009, aliando arquitetura moderna e arrojada à mais alta tecnologia na produção de vinhos. Produz vinhos do Porto Tawny e vinhos do Douro tinto, branco e rosado. Fica localizada perto de Peso da Régua.

Sandeman – localiza-se na Quinta do Seixo, entre Peso da Régua e Pinhão. Uma das mais antigas e importantes adegas da região, produzindo exclusivamente vinho do Porto. A quinta, localizada em ponto alto, tem vista deslumbrante para o vale do Douro. A adega atual, inaugurada em 2007, é outro arrojado projeto de arquitetura do Douro Vinhateiro, que certamente impressionará o visitante, especialmente pela alta tecnologia empregada na produção dos vinhos. A marca é bastante conhecida do público pelo distinto logotipo – a silhueta de um cavalheiro de capa e chapéu pretos, à moda dos estudantes universitários de Portugal.

Quinta da Pacheca – apesar de ser uma quinta de menor porte e empregando processos vínicos mais tradicionais, não significa que a visita não seja interessante; muito pelo contrário. Os vinhedos datam do século XVI, então pertencentes a dois mosteiros. Hoje cobrem uma área de 75 hectares. A quinta data do início do século XVIII, propriedade da dona Mariana Pacheco Pereira, conhecida como "Pacheca". A partir de 1977 iniciou a produção dos vinhos com marca própria, quando também foi a pioneira na produção de vinhos com as castas *Sauvignon Blanc*, *Riesling* e *Gewurztraminer* em Portugal. Atualmente produz vinhos do Douro tinto, branco e rosado, vinhos do Porto Tawny, Ruby, branco e rosado, e o vinho moscatel, além de azeite. Fica no vale do Abrão, perto de Lamego e Peso da Régua.

> Algumas outras quintas que proporcionam ótimas visitas guiadas:
> **Quinta de La Rosa**, em Pinhão.
> **Quinta do Bonfim**, em Pinhão.
> **Quinta do Portal**, em Celeirós.
> **Quinta do Pôpa**, em Tabuaço.
> **Quinta das Carvalhas**, em Pinhão.

"BRINCAR ÀS VINDIMAS" OU TRABALHAR PARA BEBER

As vindimas em Portugal ocorrem entre o final de setembro e meados de outubro. No Douro, como em outras regiões vinícolas de Portugal, ainda há quintas em que a vinha é manual e a pisa é feita com os pés. Algumas oferecem aos turistas a oportunidade de participar das duas fases da vindima. Quase todas incluem um almoço e/ou jantar ao fim da jornada de trabalho e a possibilidade de pernoitar no hotel da propriedade, quando existir. No entanto, se quiser, pode "pular" as etapas laborais e ir diretamente ao jantar e ao descanso no hotel!

Depois é voltar, depois de três ou mais anos, à quinta que escolheu e comprar algumas garrafas do vinho que ajudou a elaborar. Tenho certeza que vai lhe "saber bem"!

Abaixo, listo algumas quintas do Douro que promovem esse tipo de programação. Mas atenção, procure se informar lá pelo fim de julho ou meados de agosto do ano do seu interesse se a quinta que escolheu vai oferecer esse programa, pois muitas não o oferecem todos os anos.

Quinta da Pacheca – seu dia de trabalho vai começar com um caldo de cebolas e sardinhas assadas em fatia de pão de milho, para enfrentar com muita energia o trabalho de corte que o espera. Inicia-se às 10h, e depois de uma hora e meia acaba a jornada e vem o almoço e uma visita guiada à quinta. A quinta lhe fornecerá tudo que necessitará – chapéu de palha, tesoura de poda e balde. Informações pelo telefone +351.254.331.229, com a simpática Alexandra.

Quinta das Carvalhas – propriedade da Real Companhia Velha, com mais de 260 anos de história, que oferece o programa, incluindo o corte e a pisa da uva. A partir da 10h15 começa o trabalho nas vinhas, encerrando-se duas horas e meia mais tarde, para almoço num edifício redondo, que propicia um panorama espetacular, de 360º. À tarde, os trabalhos prosseguem com a escolha das uvas e a pisa nos lagares de granito. Às 19h30 há a prova de vinhos e, em seguida, os "trabalhadores" podem ser dispensados. O equipamento individual também é fornecido pela quinta. Informações pelo telefone +351.254.738.050.

Quinta de La Rosa – o programa dessa quinta tem até um charmoso nome – *I Trod La Rosa*, que significa "Eu Pisei a Rosa". O programa se inicia com visita guiada à adega e prova dos vinhos do Douro e do Porto, seguido de passeio pelas vinhas, onde pode experimentar fazer o corte, se desejar. Em seguida há aperitivo no terraço da quinta e jantar vínico, para absorver a energia necessária para a etapa final, às 21h: a lagarada – você vai participar da pisa das uvas. Cansado, bebeu muito, não quer dirigir? Faça a reserva antecipada e passe a noite numa das suítes da casa principal, com vista para o rio e bela piscina. Informações pelo telefone +351.254.732.254 ou +351.931.461.038.

Se você adorou a ideia, mas o Douro não está em seu roteiro, há programas semelhantes no **Minho** (Quinta da Lixa, Quinta de Soalheiro, Quinta da

Aveleda, Reguengo de Melgaço); no **Dão** (Casa de Santar, Madre de Água, Quinta Mendes Pereira); na **Bairrada** (Caves Aliança); em **Lisboa** (Quinta do Gradil, Adega Mãe); em **Setúbal** (Adega Filipe Palhoça); no **Tejo** (Quinta da Lagoalva); e no **Alentejo** (Torre Palma Wine Hotel, Herdade da Malhadinha Nova, João Portugal Ramos, Herdade do Esporão).

COMBOIO PRESIDENCIAL (THE PRESIDENTIAL)

Uma fantástica atração sazonal é o **Comboio Presidencial (The Presidential)** – trem antigo, extremamente bem recondicionado e luxuoso, que sai às 12h da gare de São Bento, no Porto, e vai para o Douro. No caminho é servido o almoço, preparado por um chef com uma estrela Michelin (o chef varia). Chegando ao Douro há visita exclusiva à **Quinta do Vesúvio** e retorno ao Porto, chegando por volta das 22h. O passeio ocorre sempre nos fins de semana do final de setembro e no mês de outubro, época da vindima e a melhor do ano para visitar a lindíssima região do Douro.

O Comboio Presidencial foi construído em 1890, para servir como trem real (depois presidencial).

Há algumas viagens que ocorrem no primeiro semestre, no mês de abril.

No dia 28 de setembro de 2018 tive a oportunidade de ser passageiro dessa memorável viagem. Por volta das 11h os passageiros foram acomodados nas respectivas cabines. A mim coube o vagão mais novo, de 1910, construído para o presidente da República, tendo como companheiros de cabine um casal português, um senhor inglês e um senhor espanhol. Apesar de estrangeiros, os dois, inglês e espanhol, falavam um português razoável, devido a muitas viagens anteriores a Portugal.

Ao meio-dia em ponto o trem partiu, e cerca de meia hora depois fomos convidados a ocupar os nossos lugares no vagão-restaurante. O almoço, com duração de cerca de três horas, foi preparado pelo chef Miguel Laffan, uma estrela Michelin, do restaurante do **Hotel L'And Vineyards**, do Alentejo.

No retorno, foram oferecidos queijos, vinhos e doces.

Mesas para quatro pessoas, impecavelmente arranjadas com louça e talheres Vista Alegre, copos Riedel. A harmonização foi toda feita com vinhos da Casa Nieport, do Douro, um dos principais e mais conceituados produtores da região. O serviço e a comida estavam impecáveis. Após o almoço, o trem chegou à **Quinta do Vesúvio** para visita exclusiva. Houve degustação de vinhos lá produzidos. Na semana seguinte, a Quinta receberia a visita da família real inglesa.

A capacidade máxima do trem é de 64 passageiros.

A **CNN** classificou o Comboio Presidencial como a "mais gourmet jornada de trem do mundo".

A partir do verão de 2019 começará um novo serviço similar, denominado The Vintage Train, porém bem mais barato, utilizando um trem que fez a sua última viagem em 1970. Está, neste momento, em processo de restauração. A capacidade será bem maior, o serviço de almoço menos sofisticado, haverá um chef renomado responsável pelo menu, mas não viajará a bordo. A visita será noutra vinícola, a **Quinta dos Malvedos**, onde foi feito o filme francês **La Cage Dorée** (**A Gaiola Dourada**). A decoração dos vagões está sendo feita pela arquiteta portuguesa Ana Anahory.

Ambos os serviços são concessões do Estado português a uma empresa comandada por Gonçalo Castel-Branco e sua esposa.

Vale a pena visitar o site do Comboio para mais informações: www.thepresidentialtrain.com.

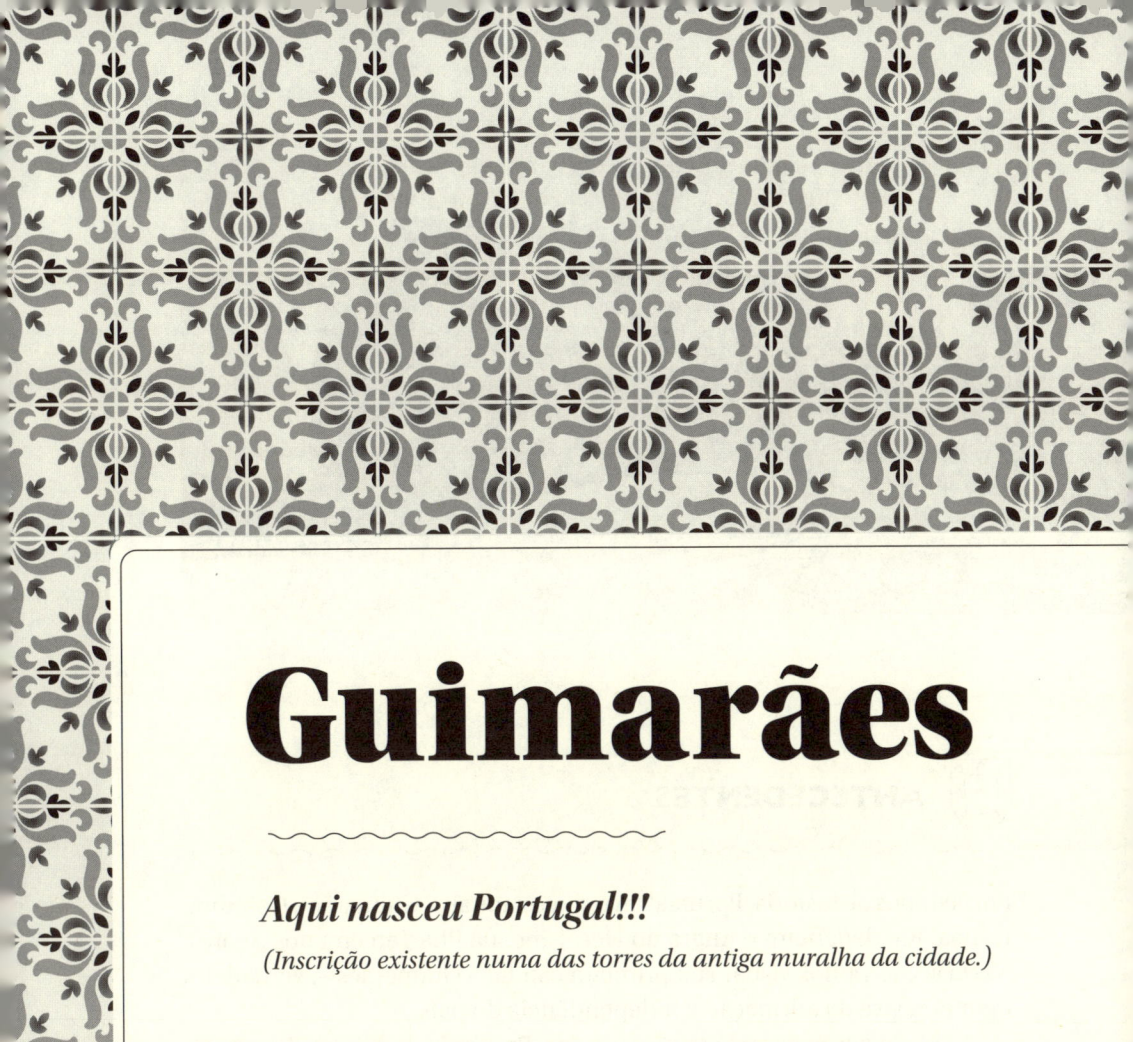

Guimarães

Aqui nasceu Portugal!!!
(Inscrição existente numa das torres da antiga muralha da cidade.)

ANTECEDENTES

Em 900 anos de história, Portugal teve cinco capitais – Guimarães, Coimbra, Lisboa, Rio de Janeiro e Angra do Heroísmo, na ilha Terceira dos Açores. Nesta seção vamos visitar sua primeira capital – Guimarães –, verdadeira memória viva da afirmação e independência do país.

A cidade pertence ao Distrito de Braga, Província do Minho. Tem cerca de 55 mil habitantes na área urbana e cerca de 160 mil habitantes em todo o município. Historicamente, é uma das cidades mais importantes do país, com mais de um milênio de existência, considerada o berço de Portugal. O centro histórico foi declarado Patrimônio Cultural da Humanidade pela Unesco.

A região que deu origem a Guimarães é habitada desde o final da Idade do Cobre (3300 a 1200 a.C.). A partir do século IX, passou a ser chamada de Vimaranes, provavelmente em referência a Vímara Peres, nobre galego, governante do então Condado Portucalense.

O Condado Portucalense, embrião do que é hoje Portugal, originou-se por volta do ano 1000 e foi o resultado da reconquista pelos povos da Península Ibérica das regiões que lhes foram tomadas pelos mouros, como no caso das lutas vencidas pelo rei Afonso VI, de Leão e Castela.

Ao sentir as terras em perigo, o rei dividiu seu território entre os que lhes eram leais, cabendo ao conde Dom Henrique de Borgonha a região do Condado Portucalense.

O Condado Portucalense ocupava parte do norte do Portugal de hoje, limitando-se ao norte pelo rio Lima e ao sul um pouco mais abaixo do rio Mondego, incluindo as cidades de Coimbra, Viseu, Lamego, Guimarães e Braga, dentre outras.

Dom Henrique escolheu a cidade de Guimarães como capital do seu território. E nela faleceu em 1112. Dona Teresa, sua esposa, passou a governar o território.

Entretanto, ao manifestar a intenção de se casar com um fidalgo galego, Fernão Peres, a condessa colocou em perigo a independência em relação aos espanhóis, fazendo com que seu filho, Afonso Henriques, com 14 anos na época, se armasse em cavaleiro e enfrentasse a mãe em favor dos interesses do condado.

Em 1128, aos 19 anos, venceu definitivamente sua mãe na Batalha de São Mamede e se voltou contra os mouros e espanhóis, defendendo o território. Ao vencer os primeiros na Batalha de Ourique, finalmente declarou a independência do Condado Portucalense, tornando-se o primeiro rei de Portugal.

Entretanto, a melhor proteção dos territórios ao sul obrigou-o a deslocar a capital para Coimbra, logo em 1129.

Um dos principais monumentos históricos da cidade é o Castelo de Guimarães, erigido por volta do ano 958, para proteger a cidade contra os invasores muçulmanos. A partir do século XII foi ampliado e passou a ser empregado como arsenal e palácio, tendo sido o local onde, provavelmente, nasceu Dom Afonso Henriques. As muralhas do castelo encontram-se em bom estado de conservação, permitindo que os visitantes caminhem pelo seu topo.

Junto ao castelo fica a capela tardo-românica de São Miguel. Diz a lenda que Dom Afonso Henriques foi batizado nessa capela, o que provavelmente não é verdade, pois acredita-se que o templo foi construído no século XIII. Mesmo assim, a pretensa pia batismal é mantida na igreja como sendo a utilizada na cerimônia. Com o passar dos séculos, a capela transformou-se em ruínas, até sofrer processo de restauração no século XIX.

Por outro lado, o monumento histórico mais impressionante de Guimarães é o Palácio Ducal ou Palácio dos Duques de Bragança, construído no século XV por ordem de Dom Afonso, primeiro Duque de Bragança e oitavo Conde de Barcelos, quando do seu casamento com Dona Constança de Noronha. Fazem parte do acervo do palácio importantes tapeçarias e objetos de arte relacionados aos Descobrimentos Portugueses, coleções de porcelanas da Companhia das Índias, faianças portuguesas dos mais destacados fabricantes da época, tapeçarias flamengas, tapeçarias francesas Aubusson, tapeçarias de Bruxelas, além de importante mostra de móveis portugueses do período pós-descobertas. Destacam-se os móveis contadores indo-portugueses, hispano-árabes e espanhóis. Da mesma forma que a capela, o belíssimo edifício transformou-se em ruínas, sido restaurado apenas durante o período da ditadura de Salazar, entre 1937 e 1959.

Um fato curioso ligado ao Palácio Ducal remete a uma princesa portuguesa de nome Catarina, que vivia no palácio e tinha o costume de tomar chá todos os dias, ao fim da tarde. Ao se casar com um príncipe inglês e mudar-se para a Inglaterra, para lá levou o costume, que acabou sendo incorporado à cultura inglesa com o nome de "chá das cinco". Até hoje, no Palácio, há um quarto mantido em sua homenagem, com o serviço de chá originalmente usado por ela.

Desde 1933, o Palácio Ducal foi transformado em uma das residências oficiais do presidente da República, sendo para esse fim reservada uma área do prédio, no segundo piso.

A construção, no estilo borgonhês, refletia o gosto do seu patrono e das viagens pela Europa. Nas inúmeras salas podemos encontrar belíssimos exemplares de tapetes persas, tapeçarias flamengas, mobiliário e pinturas.

Nos séculos seguintes foram construídas algumas igrejas, conventos e palácios, com pouca transformação na estrutura urbana, até o final do século XIX, quando a vila foi elevada à categoria de cidade, por decreto da rainha Dona Maria II, e sofreu grandes mudanças, representadas pela demolição das muralhas para a abertura de novas ruas e avenidas. Felizmente, as obras foram feitas sob rígido controle, mantendo-se intacto o seu centro histórico, onde se localizam a Praça de Santiago e a Praça da Oliveira, medievais.

A primeira encontra-se ladeada pelo casario antigo e a segunda abriga a Igreja de Nossa Senhora da Oliveira e o Padrão do Salado, monumento erguido em 1342 por ordem de Afonso IV de Portugal, para comemorar a vitória na Batalha de Salado, em 1340. O soberano participara dessa batalha em apoio ao genro Afonso XI de Castela, auxiliando-o a defender-se de uma armada muçulmana.

É um monumento cheio de beleza, com abóbada de pedra, apoiada em quatro arcos em ogiva que, por sua vez, repousam em quatro colunas ou pedestais, lavrados e emoldurados ao gosto romanizante. No vértice dos arcos, as armas do rei Dom Afonso IV estão gravadas em cada uma das paredes. Na base do cruzeiro, no lado norte, há um escudo das armas reais portuguesas.

EVENTOS E ATRAÇÕES

Os principais eventos da cidade são as Festas Gualterianas, no primeiro fim de semana de agosto, as Festas Nicolinas, dos estudantes de Guimarães e que ocorrem de 29 de novembro a 7 de dezembro, a Festa de Santa Luzia, a 13 de dezembro, e a Feira Joanina, na qual é apresentada a gastronomia da região.

Uma das principais atividades econômicas da cidade é a fiação e tecelagem de algodão e linho, e a confecção de roupa de cama, mesa e banho, famosa em todo Portugal pela qualidade.

A maior parte dos visitantes de Guimarães parte do Porto. Passam o dia e voltam ao Porto ou continuam para o norte – Braga, Viana do Castelo ou Galícia espanhola.

UM DIA EM GUIMARÃES

Minha sugestão de roteiro de um dia em Guimarães consiste em parar o carro (se for o caso) num estacionamento público e tomar um táxi para o Castelo, na parte alta da cidade. Ao lado do Castelo estão a Igreja de São Miguel e o Palácio Ducal. Do Palácio, caminhe (cerca de meia hora a passo confortável) ou tome um táxi até o centro histórico. Lá poderá apreciar largos, vielas, igrejas e monumentos, sem esquecer a simpaticíssima Praça das Oliveiras e a movimentada Praça de Santiago. Na sequência da caminhada, encontrará a Praça do Brasil, na qual se situa a Igreja de São Gualter, a mais importante da cidade. Se ainda sobrar tempo, poderá pegar um táxi, ou ir em seu carro, até a Penha, de onde se descortina uma completa vista da cidade.

HOTÉIS

Apesar de ser uma cidade na qual a maior parte dos turistas não pernoita, a cidade apresenta hotéis de categoria. Recomendo, sem medo de errar, os seguintes:

Pousada Mosteiro de Guimarães – faz parte da rede de reservas Small Luxury Hotels, e está instalada em um mosteiro agostianino do século XII, com fabulosa vista para a cidade. Os quartos são equipados com todos os dispositivos do conforto moderno. Fica a cerca de 2 km do centro e oferece bar/restaurante, piscina, parque infantil e estacionamento.

Santa Luzia Arthotel – 4 estrelas, moderno e confortável, localizado no centro. Oferece bar/restaurante, piscinas interna e externa e academia.

Hotel de Guimarães – outro 4 estrelas moderno, também localizado no centro. Oferece bar/restaurante, academia, spa e estacionamento.

GASTRONOMIA

RESTAURANTES

Em matéria de restaurantes, Guimarães é muito bem servida, diria que acima da média, contando até mesmo com um restaurante agraciado com uma estrela Michelin, o **A Cozinha**, do chef Antônio Loureiro. Localizado no centro histórico, o serviço é ótimo e atento aos detalhes. Possui excelente carta de vinhos. Outras recomendações muito boas:

Restaurante Deguste – pequeno restaurante localizado no centro histórico, misto de hamburgueria e *steak house*, é um dos restaurantes mais bem cotados da cidade. Preços e serviço razoáveis.

Duho Restaurante – localizado no centro histórico, oferece comida tradicional portuguesa, mas alguns pratos têm toque de modernidade. Bom serviço e preços justos.

Résvés Restaurante – localizado no centro histórico, restaurante de comida portuguesa, com um toque de modernidade. Boas entradas e boas sobremesas. Serviço bom e preços razoáveis.

Restaurante 34 – o restaurante mais "descolado" de Guimarães, com muitas influências internacionais, indo do havaiano *poke* à japonesa *guiosa* de legumes, ao peruano *ceviche* de peixe e à italiana *caponata*, entre outras delícias. Cozinha muito bem comandada pela chef brasileira Nayane Barreto. Ambiente muito simpático e preços razoáveis.

Restaurante São Gião – localizado fora dos limites da cidade, possui ambiente muito bom, especialmente no inverno, pois tem lareira central muito interessante. Alta qualidade de comida e serviço, oferecendo pratos das cozinhas portuguesa e internacional. Das amplas janelas avistam-se as parreiras da vinícola local.

Hool Restaurante – localizado no centro histórico, com terraço voltado para a emblemática Praça da Oliveira, oferece cozinha portuguesa e internacional, com destaque para as sobremesas. Ambiente sofisticado, mas com preços razoáveis.

Histórico by Papaboa – tradicional restaurante instalado no centro histórico, num palacete do século XVII restaurado. Tem cardápio bastante variado e eclético. Capacidade para até 400 comensais, em quatro salões e três terraços.

Braga

A romana Bracara Augusta – dois milênios de história

ANTECEDENTES

Cidade com população de quase 200 mil habitantes, é a principal e maior cidade da Província do Minho. A história remonta a mais de dois milênios, fundada de raiz pelo romanos no ano 16 a.C., e chamada de *Bracara Augusta*. O primeiro nome deve-se ao fato de a região ser dominada pelos brácaros, e o segundo foi em homenagem ao imperador romano Augusto. Na realidade, a região, em seu entorno, era habitada desde as Idades do Bronze e do Ferro, como vimos quando da apresentação da cidade de Guimarães. Os romanos chegaram à região no século II a.C.

Na metade do século I houve a criação do bispado de *Bracara Augusta*. Seu primeiro bispo foi São Pedro de Rates, ordenado pelo apóstolo Santiago Maior, vindo da Terra Santa e martirizado na Península Ibérica ao converter povos para a religião católica.

No final do século III, o imperador romano Diocleciano elevou *Bracara Augusta* à condição de capital da Província de *Callaecia*, então formada pela atual Galícia espanhola e norte de Portugal, até o rio Douro.

Após a queda do Império Romano do Ocidente, no século V, *Bracara Augusta* foi conquistada pelo Reino Suevo e logo tornou-se a capital política e intelectual da região, que englobava a Galícia, norte de Portugal, parte das Astúrias e das províncias de Leão e Zamora, estendendo-se até o rio Tejo. No período entre os anos 561 e 563, por determinação de Ariamiro, rei dos suevos, houve o Concílio de *Bracara,* presidido por São Martinho de Dume, então bispo da cidade. O Concílio permitiu grandes reformas na Igreja, destacando-se o Rito Bracarense – que consiste num antigo mas não extinto rito litúrgico latino, ou seja, um rito litúrgico ocidental da Igreja Católica. O rito ainda é utilizado principalmente pela Arquidiocese de Braga em Portugal. E a extinção da designação dos dias da semana por meio de elementos linguísticos pagãos (Lunae dies, Martis dies, Mercurii dies...), substituídos pelas atuais denominações Feria secunda, Feria tertia, Feria quarta...

Em 711 os mouros invadiram a Península Ibérica e quatro anos mais tarde tomaram Braga, provocando grande destruição devido à sua importância religiosa. Sob o domínio árabe, o nome da cidade mudou para Saquiarte, e a diocese bracarense foi obrigada a se mudar para Lugo (Espanha), e mais tarde acabou por ficar confinada numa pequena área montanhosa das Astúrias.

Em 868, por meio de Afonso III das Astúrias, a Reconquista cristã foi atingida, e Braga fica incorporada por alguns anos ao Reino das Astúrias, do mesmo modo que mais tarde ficaram incorporadas as cidades do Porto e de Coimbra.

O século seguinte foi marcado por intensas lutas entre mouros e cristãos, caracterizadas por destruições sangrentas, tentando inverter o avanço da Reconquista cristã. Em 985, o exército de Almançor, governador árabe da Península Ibérica (Alandalus, em árabe), arrasou e saqueou as cidades de Braga e do Porto e se retirou para o sul do rio Douro, em movimento de destruição semelhante ao ocorrido em 997 ao norte da Península, incluindo Barcelona, Leon, Astorga e Santiago de Compostela. Nesta cidade, milhares de escravos foram obrigados a carregar os sinos da basílica destruída, até Córdoba, a pé, por cerca de 900 km, onde foram utilizados como luminárias na mesquita da cidade.

Por outro lado, o domínio cristão tornou-se permanente no norte do atual território português, encerrando a fase de domínio muçulmano da região.

No século XI a cidade foi reorganizada e passou a ter a atual denominação – Braga. Nessa época iniciou-se a construção da muralha de proteção da cidade e da Sé, sobre as ruínas de um antigo templo romano dedicado à deusa Ísis. O desenvolvimento da cidade ocorreu inteiramente intramuros e ao redor da Sé. Nessa altura, em 1096, o rei Afonso VI de Leão e Castela ofereceu a cidade a Dom Henrique de Borgonha, como dote de casamento da sua filha Dona Teresa. O casal permaneceu como senhores da cidade até 1112, quando a doaram aos arcebispos.

Aí ocorreu um fato curioso. Nessa altura, o Arcebispo de Santiago de Compostela, Diego Gelmírez, com medo do aumento da importância do Bispado de Braga na Península Ibérica, roubou as relíquias dos santos bracarenses, na tentativa de diminuir a importância religiosa de Braga. Durante séculos as relíquias permaneceram em Santiago, mas retornaram à cidade somente na década de 1990.

A cidade sofreu subsequentes transformações urbanas nos reinados de Dom Dinis (1279-1235), no século XVI, por ordem do arcebispo Dom Diogo de Sousa, e nos séculos XVI ao XVIII, quando vários arcebispos determinaram reformas que apagaram o traço medieval da cidade, em favor da arquitetura religiosa da época. No século XVIII, o barroco tornou-se a marca da arquitetura da cidade e, em seguida, o neoclássico.

No início do século XIX, a cidade foi ocupada pelo exército francês de Napoleão por 15 dias, suficientes para que vários saques ocorressem. Ao fim desse pequeno período, a cidade foi retomada pelos portugueses, liderados pelo general José Antônio Botelho de Sousa. Ainda nesse século as ordens religiosas foram extintas em Portugal (1834), deixando o seu legado material para a cidade. Mais para o final do século, o centro da cidade deslocou-se da área da Sé para a Avenida Central, sendo inaugurada a estação de trem da cidade.

Em 28 de maio de 1926, o general Gomes da Costa em Braga iniciou a revolução de 1926, que logo recebeu adesões de importantes cidades, como Porto, Lisboa, Évora, Coimbra e Santarém, e que pôs fim à Primeira República Portuguesa, implantando a Ditadura Militar, logo substituída pela Ditadura Nacional. Por fim, após a Constituição de 1933, nitidamente fascista, transformou-se no Estado Novo, que perdurou até a Revolução dos Cravos, em 25 de abril de 1974. No primeiro governo organizado após a revolução de 1926, coube a Antônio de Oliveira Salazar ocupar o Ministério das Finanças, cargo que manteve por apenas cinco dias, retornando em seguida às aulas de economia em Coimbra. Em 1928 foi novamente convidado a assumir o ministério, e produziu o primeiro orçamento do país sem déficit desde 1914, a partir de um programa de austeridade, com aperto fiscal, adiamento de investimentos e congelamentos de salários, tornando-se elemento de confiança dos militares.

Em 1932 foi convidado a formar o seu primeiro governo, concluindo o ciclo da ditadura militar.

O que vem depois de 1932, em âmbito nacional, está descrito no capítulo introdutório sobre Portugal.

PATRIMÔNIOS HISTÓRICOS

O patrimônio arquitetônico religioso de Braga é impressionante. Por ser uma das cidades cristãs mais antigas do mundo, é enorme o número de igrejas no centro histórico, rivalizando em densidade com Roma.

Nesse campo, a marca registrada da cidade é a **Sé de Braga**, apesar de não ser o seu patrimônio religioso mais antigo. Em Portugal, quando alguém se refere a algo realmente antigo, costuma dizer "que é mais velho que a Sé de Braga".

Atualmente, a Sé funciona como igreja e museu de arte sacra (desde 1930), sede do Bispado de Braga. Devido à sua origem apostólica – o bispado foi fundado pelo apóstolo São Tiago –, é considerada Sacrossanta Basílica Primacial da Península Ibérica, e o seu arcebispo, Primaz das Espanhas, possui liturgia própria, a liturgia bracarense.

Na Sé encontram-se os túmulos de Henrique de Borgonha e sua esposa Dona Teresa, pais de Dom Afonso Henriques, primeiro rei de Portugal, conforme descrito no capítulo anterior, sobre Guimarães.

A construção começou no século XI sobre as fundações de um antigo mercado e um templo romano, parcialmente destruídos pela ação do terremoto de 1135. E 150 anos depois das obras iniciadas, ainda não estavam concluídas. No século XVI, Dom Diogo de Sousa, Arcebispo de Braga, ordenou a execução de algumas obras significativas.

No século XVIII foi construída a casa do Cabido (congregação de cônegos de uma ordem religiosa), que atualmente abriga o Museu da Sé de Braga.

A principal influência arquitetônica do templo é a românica, expressa no portal principal, no portal lateral, também chamado de "Porta do Sol", e nos capitéis das colunas. O frontal do altar-mor é em estilo flamejante, e o túmulo de Dom Afonso, filho de João I de Portugal, é no estilo flamengo. A pia batismal é gótico-manuelina.

Os dois órgãos de tubos são de 1737 e 1739.

A igreja tem quatro capelas:

Capela de São Geraldo, construída entre 1096 e 1108, abrigando o túmulo desse santo padroeiro da cidade e de Dom Rodrigo de Moura Teles, ambos ex-arcebispos de Braga.

Capela de Nossa Senhora da Glória, construída entre 1326 e 1348, abrigando o túmulo do Arcebispo Dom Gonçalo Pereira.

Capela dos Reis, construída a partir de 1374, abrigando os túmulos dos pais do primeiro rei de Portugal, Henrique de Borgonha e Teresa de Leão, e de Dom Lourenço Vicente.

Capela de Nossa Senhora da Piedade, construída a partir de 1513, abrigando o túmulo do arcebispo Dom Diogo de Sousa, considerado o "segundo fundador de Braga", classificada como Monumento Nacional.

Alguns dos outros monumentos religiosos encontrados nos limites da cidade de Braga e que recomendo visitar:

Igreja de São Sebastião das Carvalheiras – igreja octogonal, situa-se no centro histórico de Braga, no alto de uma pequena elevação onde estava o coração da cidade romana de *Bracara Augusta*. A igreja foi construída no final do século XV e sofreu grande reforma no início do século XVIII, seguindo o estilo barroco. Nessa época as paredes interiores receberam azulejos narrando a vida e o martírio de São Sebastião. Seguindo a tradição de Braga, as torres com sinos ficam na parte posterior.

Igreja de São Paulo – inaugurada em 1589, foi mandada construir pela Companhia de Jesus. Considerada o santuário da arte bracarense, com importante conjunto de arte barroca, produzida em Braga durante os reinados de Dom Pedro II de Portugal e Dom João V. Hoje está integrada ao edifício onde estão instalados o **Seminário Conciliar de São Pedro e São Paulo** (também conhecido como Seminário Conciliar de Santiago) e o Museu Pio XII, no Largo de Santiago.

De especial interesse para o turista, encontra-se no interior do Seminário a **Capela Árvore da Vida**, vencedora do Prêmio ArchDaily em 2011, na categoria de melhor arquitetura em edifício religioso. Infelizmente, o horário de visitação do seminário é limitadíssimo – recebe visitas apenas às sextas-feiras, das 17h às 18h.

Convento dos Congregados – construído no estilo barroco, no final do século XVII pela Congregação do Oratório, ao se instalar na cidade, a partir daquela época.

Com a extinção das ordens religiosas em Portugal, em 1834, os oratorianos deixaram o convento, que passou a ser usado como Biblioteca Pública de Braga, a partir de 1837. Sete anos depois, lá também foi instalado o Liceu Nacional de Braga. Em 1921 e 1923, respectivamente, deixaram o espaço o Liceu e a Biblioteca, e lá se instalou a Escola do Magistério Primário de Braga, permanecendo até 1989. Com a sua saída, lá se instalou o Centro Integrado de Formação dos Professores da Universidade do Minho, tomando posse de todo o patrimônio existente, mas o deixando em 2007. Desde 2016, o espaço é ocupado pelo Departamento de Música da Universidade do Minho.

A Basílica dos Congregados teve a sua construção iniciada no século XVI e consagrada em 1717, porém ainda inacabada. A obra foi concluída apenas em 1964.

Igreja do Pópulo – a igreja é parte integrante do Convento do Pópulo, e o seu nome é inspirado na Igreja de Santa Maria del Populo, de Roma. A construção do conjunto foi iniciada em 1596, arrastando-se até o século XIX.

Atualmente, as dependências do convento abrigam repartições da Câmara Municipal de Braga. Visitas guiadas são disponíveis.

Paço Episcopal Bracarense – construído a partir do fim do século XIV, como palácio dos arcebispos de Braga, recebeu adições de novos edifícios ao longo dos séculos, transformando-se em extraordinário conjunto urbano multiarquitetônico, bem no centro histórico de Braga. Seu edifício mais antigo é conhecido como Paço Medieval de Braga, consistindo de uma edificação sóbria, com aparência de fortificação. O segundo conjunto de edifícios, voltados para o Largo do Paço, foi construído no século XVI e divide-se em três alas, ocupadas pela reitoria da Universidade do Minho. Por fim, há o edifício voltado para a Praça do Município, construído no início do século XVIII. Em 1866 foi consumido pelo fogo, vindo a ser reconstruído apenas em 1930. Nesse local, hoje, encontra-se instalada a Biblioteca Pública de Braga.

Ainda na cidade de Braga, os principais monumentos civis recomendados:

Arco da Porta Nova – em 1512, esse acesso à cidade foi aberto em suas muralhas defensivas, pelo arcebispo Dom Diogo de Sousa, uma das principais personalidades de Braga. A configuração atual deve-se a outro arcebispo – Dom Gaspar de Bragança, que promoveu a expansão da cidade, rompendo parte das muralhas.

Os naturais de Braga são conhecidos por sempre deixarem as portas abertas. Por isso, em Portugal, quando alguém deixa uma porta aberta segue-se a pergunta: "És de Braga?".

Há várias teorias explicando a expressão. Uma delas decorre do fato de nunca ter havido uma porta no Arco, pois não havia mais guerras quando da sua instalação, e a cidade estava a crescer além dos muros. Outra explicação vem do espírito comunitário dos bracarenses: deixavam as portas abertas para que os vizinhos entrassem nas casas quando desejassem. Classificado como Monumento Nacional desde 1910.

Palácio do Raio – construído em 1754 e 1755, utilizando o projeto do arquiteto bracarense André Soares, por encomenda de um rico comerciante de Braga, João Duarte de Faria. Em 1853, o palácio foi vendido por seu descendente José Maria Duarte Peixoto a Miguel José Raio, Visconde de São Lázaro, bracarense que tinha feito fortuna em Belém do Pará, no Brasil. Desde então a propriedade ficou conhecida como Palácio do Raio.

Em 1882, o palácio foi entregue pelos herdeiros ao Banco do Minho, em pagamento de dívidas, que o vendeu, no ano seguinte, à Santa Casa de Misericórdia, que lá instalou serviços do vizinho Hospital de São Marcos, também de sua propriedade, e do qual vamos falar um pouco mais quando da apresentação dos hotéis da cidade.

O Palácio foi profundamente restaurado em 2015, lá se instalando o Centro Interpretativo das Memórias da Misericórdia de Braga, com o acervo da instituição e dos serviços de saúde da região.

Aberto à visitação pública, pode o turista apreciar a imponente escadaria, os painéis de azulejos, a pintura mural e o lanternim (pequena torre com aberturas laterais, que se eleva sobre o telhado da construção, para ventilação e iluminação), e a escultura "O Turco", de autoria de André Soares.

O percurso no interior do Palácio contempla salas dedicadas à liturgia, com exposição de paramentos religiosos, à celebração, com exposição de objetos litúrgicos (alfaias) de grande valor artístico; outras duas dedicam-se às pinturas (séculos XVII e XVIII) e às esculturas (em especial terracotas, do século XVII), do acervo da Santa Casa. Há ainda a exposição com o acervo de máquinas, aparelhos e objetos utilizados nos antigos hospitais da Santa Casa.

O projeto do Palácio do Raio ganhou o Prêmio Nacional de Reabilitação Urbana 2016, na categoria Impacto Social. O Palácio fica na Rua do Raio, 400, bem no centro histórico de Braga.

Classificado como Imóvel de Interesse Público desde 1956.

Theatro Circo – inaugurado em 1914, com a opereta de Ruggero Leoncavallo, *La reginetta dele Rose*, foi fruto de um grupo de bracarenses que, em 1906, decidiu dotar a cidade de uma grande sala na qual fossem encenadas as grandes peças que percorriam o país, em época de grande desenvolvimento do teatro. O Theatro foi edificado onde anteriormente estava o Convento dos Remédios. A sala principal tem capacidade para 1.500 espectadores, em estilo italiano.

A partir de 1930, ao teatro, à revista, ao circo, ao cinema mudo e à música, juntou-se também o cinema sonoro, causando certo declínio nas atividades dos primeiros.

Durante a ditadura do Estado Novo houve várias apresentações censuradas e serviu como difusor de ações de propaganda do regime.

Após a Revolução dos Cravos, voltou a apresentar peças teatrais, quase sempre ligadas à liberdade, como era de se esperar, depois de tão longo jejum. Entretanto, com a abertura de novas salas de cinema na cidade e a expansão da televisão, iniciou-se o declínio econômico, culminando com a venda do Theatro para a Municipalidade, em 1988.

Após a elaboração de um projeto de renovação do Theatro, de responsabilidade de Sérgio Borges (arquitetura) e Flávio Tirone e Paulo Prata Ramos (arquitetura de cena), as obras se iniciaram em 2000, com a requalificação do traço do edifício ao traçado original (interna e externamente), a requalificação do Salão Nobre do *foyer* e da sala principal, então reduzida para 899 poltronas, mas contando com um dos melhores sistemas de som da Europa.

Ao mesmo tempo foram criadas duas novas salas, uma com capacidade para 250 pessoas e outra para ensaios, livraria de artes, restaurante, café-concerto e bares.

O Theatro Circo faz parte da Rota Europeia de Teatros Históricos, que integra os mais belos, interessantes e preservados teatros do continente construídos entre o Renascimento e o início do século XX.

Casa Rolão – palacete projetado pelo arquiteto bracarense André Soares, no estilo barroco, foi construído entre 1758 e 1761 para a família Rolão, industrial, também bracarense, que se dedicava ao fabrico de sedas. Classificado como Imóvel de Interesse Público desde 1977. Hoje abriga a fantástica Livraria Centésima Página.

Livraria Centésima Página – "Se tivesse que escrever um livro de moral, as primeiras 99 páginas ficariam em branco e na CENTÉSIMA PÁGINA escreveria uma só frase: Existe um único dever, o dever de amar" – Albert Camus (1913-1960).

A frase do pensador francês deu origem ao criativo nome da livraria de Braga. Instalada na Casa Rolão (ver acima) desde 2005, após passagem de seis anos em espaço em frente à Faculdade de Filosofia, a Centésima Página não é apenas mais uma livraria tradicional, mas contém tudo que estava encerrado nos sonhos das sócias Maria João Lobato e Sofia Afonso, e nos dez anos de investigação e estudos de mercado que precederam sua abertura.

Escudado pela minha paixão pelos livros, peço licença aos meus leitores para reproduzir partes da entrevista concedida pela Maria João a Tânia Quintas, do site **ComUM – Jornal Online Universitário**:

O seu design inovador faz com que as pessoas não tenham uma percepção imediata do espaço que é e que pretende ser. As pessoas olham e pensam: "Será que posso entrar? O espaço é tão intimista que causou e causa espanto", conta Maria João.

Apesar de o nome ter surgido por acaso, congrega em si um simbolismo intemporal. "Íamos de trem para Lisboa registar o nome e tínhamos dois nomes em mente. Uma das minhas sócias ia a ler um artigo que falava em centésima página, sem contexto algum com 'livraria'. Demos por nós a repetir aquele nome. Era giro. Suava ao virar da página, virar do romance, onde a história começa a dar outra volta, e era isso que queríamos."

Ambiciosas por natureza, desde cedo que quiseram criar um espaço onde o leitor pudesse "desfrutar de um livro", como menciona Maria João. Apesar de no estrangeiro já existirem projetos idênticos, a verdade é que em Portugal era uma novidade. "Começamos com um pequeno barzinho onde servíamos apenas café", recorda a proprietária.

As criadoras da Centésima Página colocaram sempre em seu trabalho a paixão pelos livros, pelas histórias. Maria João Lobato considera fundamental promover atividades que coloquem os leitores em contato com os livros e despertar neles o gosto e o amor por uma história. "Reconhecemos, hoje, pessoas que começaram [esse gosto] de pequeninhos conosco", recorda, bastante orgulhosa.

A livraria apresenta um público heterogéneo. "Dos oitos aos oitenta, portugueses e estrangeiros", afirma. A prova disso foi a história de Catarina Rebelo e Nísia Azevedo. Catarina formou-se, há alguns anos, na academia de Braga e ia sempre estudar na a Centésima. Considera-a um "espaço calmo e acolhedor", do qual sentiu saudades quando se teve de afastar. Agora, anos depois, leva a sua colega, Nísia, de nacionalidade brasileira, a conhecer a livraria.

Várias são as exposições que completam o design da Centésima Página. Os artistas têm, cada vez mais, a percepção da projeção que podem alcançar ao expor os trabalhos na Centésima e, por isso, fazem o pedido às responsáveis.

Sobre a seleção das obras para venda e consulta, Maria João diz que as três sócias são "muito criteriosas". "Não nos centramos nas novidades ou naquilo que mais vende, mas sobretudo em autores de renome, em grandes clássicos... Isso sim, tem um grande valor", acrescenta. A ideia de seguir um registo mais "cultural" do que propriamente financeiro tem sido o principal desafio da Centésima Página. "Este lado negocial/financeiro é, certamente, a parte mais sofrida deste projeto", admite Maria João.

"Aliada à paixão tem de estar a resiliência", e Maria João considera que tanto ela como as sócias têm de ser "teimosas" e "persistentes", porque "isto não é um negócio fácil, e, por vezes, nem poderá ser considerado negócio no sentido de adquirirmos produtos em série".

Acerca da literatura em Portugal, Maria João tem uma opinião clara: "Existe uma padronização. Hoje em dia, até a capa vende. É, ainda, muito caro editar um livro em Portugal".

Apesar de todos os entraves que a Centésima Página foi tendo desde 1999, a "paixão" por esse projeto prevaleceu e continua a dar seguimento ao sonho que as uniu.

No espaço da Casa Rolão há ainda um café e um jardim, onde se respira tranquilidade.

A Centésima Página fica no coração de Braga, à Avenida Central 118/120.

Ponte do Porto – a ponte medieval foi construída no século XIV, sobre o rio Cávado, fazendo parte da ligação entre os concelhos de Braga e Amares. A denominação "Porto" vem do galaico-português arcaico, significando "ponto de passagem".

A ponte tem 150 metros de comprimento e 2,80 metros de largura, construída em granito, ostentando 11 arcos assimétricos e um tabuleiro estreito e irregular. Declarada Monumento Nacional em 1910.

Diz a lenda que a ponte foi construída em apenas uma noite, com o objetivo de conquistar as terras da outra margem do rio, com pedras trazidas pelas mulheres de uma distância de 30 km. Não há comprovação, é claro…

Braga, particularmente, tem arquitetura militar muito limitada, representada principalmente pela **Torre de Menagem do Castelo de Braga**. O sistema defensivo de Braga romana, e depois medieval, consistia de uma muralha e um castelo, dos quais só restaram a Torre de Menagem e alguns poucos trechos da muralha. Em arquitetura militar, Torre de Menagem é uma estrutura central de um castelo medieval, considerada como o principal ponto de poder e o último reduto de defesa. Em alguns casos também tem a função de servir como área habitacional do Castelo.

A Torre de Braga tem planta quadrada, construída no estilo gótico, com 30 metros de altura, dividida em três pavimentos.

O Castelo e as partes da muralha remanescentes foram declarados Monumentos Nacionais em 1910.

Apesar de ser a cidade mais antiga de Portugal, é conhecida no país como a **"Cidade da Juventude"**, pela grande quantidade de jovens em sua população, designada em 2012 como **"Capital Europeia da Juventude"**, quando desenvolveu várias iniciativas de cunho social, cultural, artístico, político e econômico destinadas a essa faixa etária. Eleita pela Unesco **"Cidade Criativa"** na categoria Media Arts, e em 2018 recebeu o título de **"Cidade Europeia do Desporto"**. No ano de 2019 foi eleita o segundo **"Melhor Destino Europeu"** do ano.

CULTURA

MUSEUS

Braga é uma cidade com grande quantidade de museus, dos quais destaco os dois seguintes:

Museu Regional de Arqueologia Dom Diogo de Sousa – com mais de 100 anos de existência, possui vasta coleção arqueológica proveniente das escavações feitas em Braga, com cronologia que vai do Paleolítico ao medieval. Apresenta ainda grande coleção de moedas do Alto e do Baixo Império, arquivo fotográfico de monumentos arquitetônicos e arqueológicos desaparecidos e, por fim, mas não menos importante, a melhor e maior coleção de miliários da Europa. Já sei que deve estar curioso para saber o significado da palavra. A palavra miliário refere-se a milha, marcos colocados à margem das estradas para indicar as distâncias. No caso da coleção, os miliários eram os marcos colocados ao longo das estradas romanas, representando "mil passos" (do latim: *milia passuum > miliarium*). Fisicamente, são colunas de base retangular e altura variável, as maiores com diâmetro de até 50 cm, pesando cerca de 2 toneladas. Na base estava inscrito o número da "milha" relativo à estrada em questão. Em painel ao nível do olhar constava a distância até ao Fórum Romano, e outras informações, como responsáveis pela construção e manutenção da estrada.

Os miliários representam valiosa informação para os arqueólogos e historiadores, pois permitem estimar os trajetos das antigas estradas romanas.

Museu Pio XII – dedicado à arqueologia e à arte sacra, situa-se no complexo do Seminário Conciliar, junto com o Museu Medina. O limitadíssimo horário de visitas do Seminário não se aplica a esses dois museus, abertos todos os dias, exceto segundas-feiras.

O Museu Pio XII é composto de três espaços. No primeiro, conta-se a história do homem sobre a Terra, as suas criações, os utensílios de que se foi servindo, o que foi construindo; também aquilo em que foi acreditando. O segundo espaço é preenchido pela coleção do pintor Henrique Medina. O último espaço é a Torre Medieval, na qual se conta a história da cidade de Braga e se tem belíssima vista da cidade.

Outros museus interessantes de Braga são o **Museu Nogueira da Silva**, com acervo de pintura, escultura, mobiliário, tapeçaria, ourivesaria, porcelana, vidros e faianças, o **Museu dos Cordofones**, com acervo de instrumentos de cordas, o **Museu da Imagem**, cujo acervo é representado pelo espólio das antigas casas fotográficas da cidade sobre Braga, e o **Museu dos Biscaínhos**, instalado em um palácio do século XVII, guarnecido com os mais belos jardins. O acervo inclui artes decorativas (mobiliário, ourivesaria, cerâmica, vidros, têxteis, metais), instrumentos musicais, meios de transporte, gravuras, esculturas, azulejaria e pintura, entre o século XVII e o primeiro quarto do século XIX.

HOTÉIS

Na minha última estadia em Braga me hospedei no **Hotel Vila Galé Collection Braga**, quando tive a oportunidade de conhecer uma das melhores restaurações de um monumento nacional.

O hotel está instalado no espaço físico do que era o Hospital de São Marcos, fundado em 1508 por Dom Diogo de Sousa. O hospital foi erguido no local onde existia uma pequena capela, do século XII, dedicada a São Marcos, um albergue e um convento templário. A municipalidade administrou o hospital por cerca de 50 anos, sendo depois transferida para a responsabilidade da Santa Casa de Misericórdia. No século XVIII o edifício sofreu grande ampliação, cujas obras somente foram inteiramente concluídas no século XIX, devido à limitação de verbas disponíveis.

O hotel, localizado no edifício restaurado do antigo hospital, foi inaugurado em 2018, e integra o conceito *collection* da rede de hotéis, dedicado à história dos conventos e da fundação de Portugal.

Mesmo que não tenha a intenção de dormir em Braga, ou mesmo se estiver instalado em outro hotel, vale a pena fazer uma visita às áreas públicas do empreendimento, para apreciar a qualidade, a fidelidade e a beleza da restauração do monumento do início do século XVI.

Na nossa mais recente estada, tivemos a oportunidade de dormir na suíte instalada no espaço utilizado como dormitório do arcebispo Dom Diogo de Sousa, fundador do hospital e uma das figuras mais proeminentes da cidade de Braga.

O hotel possui spa e centro de convenções.

A maior dificuldade em relação ao hotel é o seu acesso para quem chega de carro. É impossível estacionar o carro à frente da sua entrada, mesmo que seja apenas para descarregar as malas. Entretanto, se contornar o edifício, logo à frente, à esquerda, encontrará o portão do estacionamento do hotel, onde poderá estacionar o carro confortavelmente e acessar a recepção por meio de passagem interna do edifício do hotel.

Outros bons hotéis de Braga:

Meliá Braga Hotel & Spa – moderno 5 estrelas localizado no centro da cidade, possui piscina descoberta e coberta, spa, academia de ginástica, bar e restaurante. Estacionamento e garagem.

Hotel do Elevador – charmoso 4 estrelas com apenas 22 quartos, deve seu nome ao fato de estar junto a um elevador movido a água, de 1882, provavelmente o mais antigo do mundo. Tem conceituado restaurante, com excelente vista para a cidade.

Villa Garden Braga – hotel muito charmoso e elegante, 4 estrelas, instalado em belíssima residência do século XIX, piscina externa e bom restaurante. Serviço muito bom. Há um simpático serviço de aluguel de bicicletas, sem custo para o hóspede. Fica a cerca de 1,5 km do centro histórico.

GASTRONOMIA

RESTAURANTES

Quanto aos restaurantes, recomendo os seguintes:

Arcoense – restaurante de comida tradicional portuguesa, um dos melhores da cidade. Na opinião de Miguel de Sousa Tavares, jornalista e escritor, é o melhor restaurante de comida portuguesa do país. O serviço é extremamente atencioso.

Oboé Restrobar – moderno, ambiente muito agradável, no centro da cidade, serve comida contemporânea, europeia e portuguesa. Bom serviço.

Dona Julia Restaurante – situado no Monte da Falperra, a Dona Julia é um sofisticado restaurante com cozinha típica minhota. Possui três salas distintas, cada uma com a sua característica – uma se especializa na combinação de champanhes/espumantes acompanhados de petiscos, outra privilegia a cozinha mais refinada, e a última a comida mais rústica. Carta muito eclética, com peixes e mariscos, carnes e até sushi/sashimi.

Restaurante Ignácio – restaurante muito tradicional, servindo às famílias bracarenses há mais de 85 anos. Localização muito central, próximo ao Arco da Porta Nova. Cozinha europeia e portuguesa, com destaque para o bacalhau. Simpática lareira na sala principal.

Shakai – restaurante japonês do chef paulistano Christian Oliveira, com bem-sucedidas experiências em São Paulo e no Porto. Durante a semana, no almoço, oferece menu de sushis e sashimis a preços promocionais. A qualidade e a criatividade são um dos pontos fortes do restaurante. Sobremesas mais brasileiras do que japonesas, o que não é propriamente um problema!

OPÇÕES MAIS INFORMAIS

Se o seu desejo é fazer uma refeição mais informal ou simplesmente tomar um café, não pode deixar de ir ao Café A Brasileira, bem no centro de Braga. Faz parte, sem dúvida, de uma seleta lista de cafés emblemáticos de Portugal. A história do Café começa quando Adriano Soares Teles do Vale emigra para o Brasil no século XIX, onde fez fortuna com o comércio do café, incluindo exportação para Portugal. Entretanto, por motivo de saúde da sua mulher, retornou a Portugal, criando em 1907 uma rede de pontos de venda de café que produzia e importava do Brasil. Esses pontos de venda se espalharam por Lisboa (Chiado e Rossio), Porto, Braga, Aveiro, Coimbra e Sevilha, sendo a unidade do Chiado a primeira e mais conhecida. Hoje, subsistem as lojas de Lisboa (Chiado), do Porto, de Coimbra e de Braga.

Na minha opinião, a mais bonita delas é **A Brasileira** de Braga, no estilo *art déco*, impecavelmente mantida, fazendo o visitante voltar à glamorosa época dos elegantes cafés. Há cerca de dez anos, o mobiliário original, gessos decorativos e pinturas em guache foram restaurados, além da reintrodução das xícaras no modelo da época da inauguração, em vidro com pires em metal niquelado. Ainda hoje lá é possível tomar um café coado em saco, que tornou a rede de Cafés tão famosa.

Situa-se no Largo Barão de São Martinho, na esquina de duas ruas de pedestres, no centro histórico.

A família Teles do Vale manteve o Café até 1937, quando um novo proprietário o administrou pelos 40 anos seguintes, antes de vendê-lo, quase 30 anos depois, a um português do campo de restaurantes, retornado do Brasil, cuja família permanece ligada ao estabelecimento.

Assim, fica claro que o Café A Brasileira de Braga tem a sua história de fato entrelaçada com o Brasil, e não apenas o nome.

Outro local histórico para tomar um café é o **Café Vianna**, aberto em 1858. Desde então abrigou em seu salão políticos, escritores e intelectuais, como Eça de Queirós e Camilo Castelo Branco. Todos os dias, além do tradicional café, serve almoço, jantar e brunch, em sua esplanada ou no imponente interior, com mesas em mármore, tetos decorados e espelhos deslumbrantes.

Ponte de Lima

ANTECEDENTES

Situada entre Braga e Viana do Castelo, Ponte de Lima é uma vila pertencente ao Distrito de Viana do Castelo, com cerca de 5 mil habitantes na área urbana e 42 mil no município.

Uma das mais antigas vilas de Portugal. Sua carta foral foi outorgada em 1125, pela Dona Teresa de Leão, com o nome de Terra de Ponte, mas já tinha importância desde a época dos romanos.

O principal monumento, a belíssima ponte sobre o rio Lima, *ex-libris* que deu origem ao nome da vila, é composta de dois trechos distintos, um romano e outro medieval.

A parte romana data do século I, fazendo parte da via construída na época do imperador Augusto. Consiste de uma configuração simples, com tabuleiro rasteiro assente sobre sete arcos com vãos desiguais, situando-se na margem direita do rio.

A parte medieval, gótica, foi concluída em 1370, mandada fazer pelo rei Dom Pedro I, de Portugal, depois melhorada no início do século XVI, por ordem do rei Dom Manuel I, com o calçamento e a colocação de merlões (parte dentada de uma muralha). O tabuleiro encontra-se suportado por 17 arcos, marco notável de arquitetura medieval, com poucos rivais. Até a Idade Média era o único ponto de travessia segura do rio Lima, por onde passaram, e ainda passam, milhares de peregrinos a caminho de Santiago de Compostela (Caminho Português).

Para enriquecer ainda mais a história da icônica ponte, há a lenda da época dos romanos a ela associada, que reza que quem atravessasse o rio Lethes (denominação romana do rio Lima) perderia a memória ao atingir a outra margem. A fim de provar o contrário, o comandante de um batalhão atravessou as águas e, chegando ao outro lado, chamou o nome dos soldados, um a um, para provar que não tinha havido perda alguma de memória. Para celebrar e lembrar o fato há uma escultura do comandante na margem esquerda do rio, e uma coluna na margem direita, com o nome dos soldados do batalhão.

A partir do século XVIII iniciou-se a destruição da muralha de proteção que cercava a vila, fruto da expansão urbana, ao mesmo tempo que a prosperidade do concelho fez surgir casas senhoriais com fachadas góticas, maneiristas, barrocas, neoclássicas e oitocentistas, incrementando sobremaneira a importância histórica, cultural e arquitetônica dessa vila tão diferenciada.

A vila apresenta ainda grande número de monumentos históricos, como a Torre da Cadeia Velha, a Torre de São Paulo, igrejas românicas, santuários barrocos, o Chafariz de Ponte de Lima e museus.

CONHEÇA PONTE DE LIMA

O principal prato típico da cidade é o arroz de sarrabulho, prato confeccionado com carnes de vaca, porco e galinha, cozidas no sangue de porco e servido com rojões – pedaços de carne de porco fritos em seu próprio molho. Um dos melhores restaurantes para provar o prato é o **Alameda**, muito bem localizado na entrada da ponte. Necessita reserva, pois está sempre cheio.

O viajante que vai a Braga ou a Viana do Castelo não pode perder a oportunidade de visitar Ponte de Lima, pois está a apenas 40 km da primeira, ou a 33 km da segunda, a menos de 30 minutos de cada uma, por excelente estrada de rodagem.

Viana do Castelo

ANTECEDENTES

Situada na Província do Minho, é uma das cidades mais importantes ao norte do país, com cerca de 85 mil habitantes, pouco menos da metade em sua área urbana.

A ocupação humana da região de Viana do Castelo remonta ao período Mesolítico, anterior ao período romano. A carta foral da povoação foi emitida pelo rei Dom Afonso III, em 1258, com o nome de Viana da Foz do Lima, tornando-se rapidamente importante entreposto comercial. Como consequência, teve que implantar estruturas militares de defesa da vila contra ataques de piratas da Galícia e do norte da África.

Em 1848, a rainha Dona Maria II elevou a vila à categoria de cidade, com o nome de Viana do Castelo. A partir do século XX, tornou-se um dos principais portos portugueses da pesca do bacalhau.

Entre os principais estilos encontrados nas edificações da cidade observamos o renascentista, o manuelino, o barroco e a *art déco*. No centro histórico, onde ainda se encontram vestígios da muralha de proteção, estão os principais monumentos, como a Igreja Matriz (hoje catedral), erigida no século XV, a Capela da Misericórdia, do século XVI, a Capela das Almas, do século XIII, e o edifício da antiga Câmara Municipal, na Praça da República, onde há um chafariz de granito, do início da segunda metade do século XVI.

Um pouco mais distante do centro, no alto do Morro de Santa Luzia, está a Igreja do Sagrado Coração de Jesus, ou de Santa Luzia, inspirada na Basílica do Sacre Coeur, de Paris, erigida no início do século XX. Dessa elevação descortina-se magnífica vista da cidade, do estuário do rio Lima e do mar.

É ainda no Morro de Santa Luzia, em elevação ainda mais alta, que se situa a Pousada de Viana do Castelo, um dos melhores hotéis da região, do qual falaremos mais à frente.

PATRIMÔNIOS HISTÓRICOS

Principais patrimônios da cidade:

Igreja Matriz (Sé) de Viana do Castelo – construída de 1400 a 1433, ininterruptamente, confirmando a grandeza econômica da cidade naquela altura, como importante porto comercial. O estilo da construção é o gótico joanino (em referência ao rei Dom João I), com alguns toques do gótico flamejante, de inspiração francesa, utilizado em obras contemporâneas na cidade de Guimarães. A fachada principal segue o estilo românico, com franco aspecto de fortificação. No século XVI, a igreja sofreu melhoramentos, incluindo a incorporação de várias capelas tumulares; no início do século XVIII, novos melhoramentos e acréscimos, principalmente na capela-mor. Por outro lado, incêndios ocorridos em 1656 e 1809 causaram dano considerável, especialmente no caso de 1809, que acarretou o encerramento da Igreja por 26 anos.

Igreja ou Capela das Almas – construída no século XIII no estilo românico, sendo a primeira Igreja Matriz da cidade. Em 1719, restaurada e aumentada, mantendo o traçado até os dias de hoje. Apesar de ser uma igreja modesta, interna e externamente, apresenta, no entanto, três antigas imagens dos Reis Magos, de madeira policromada, consideradas verdadeiros tesouros de arte.

Misericórdia de Viana do Castelo – o complexo da Misericórdia é composto de três edifícios – Casa das Varandas, igreja e hospital, e situa-se na Praça da República, uma das mais importantes da cidade. O complexo foi construído com arquitetura maneirista, inédita e única em Portugal. A arquitetura maneirista é parte de um estilo e movimento artístico que se desenvolveu na Europa durante a maior parte do século XVI, refletindo uma revisão dos valores clássicos e naturalistas priorizados pelo Humanismo renascentista.

A fachada da Casa das Varandas integra arcos e varandas em três pisos, com decoração inspirada nos modelos do norte da Europa.

A igreja foi construída com uma única nave e capela-mor, unindo-se lateralmente à Casa das Varandas. Atrás da Casa situa-se o hospital, também em três pisos.

O conjunto é classificado como Monumento Nacional.

Chafariz da Praça da Rainha (atual Praça da República) – idealizado e construído em granito pelo canteiro João Lopes de 1553 a 1555, por encomenda da Câmara Municipal. Parcialmente custeado por contribuições voluntárias da população do concelho, além de fundos da administração pública. Pela monumentalidade, logo se tornou ponto de referência urbana, mas cuja principal função era o abastecimento público de água, em época em que, naturalmente, não havia sistema de distribuição às casas. A inspiração clara do seu projeto foi o chafariz de Caminha, igualmente no Distrito de Viana do Castelo, executado pelo mesmo artesão.

Santuário do Sagrado Coração de Jesus – ou simplesmente Santuário de Santa Luzia, localiza-se no monte de mesmo nome, projeto do arquiteto Miguel Ventura Terra, datado de 1899, inspirado na Basílica de Sacre Coeur, de Paris. O início das obras ocorreu em 1904 e a conclusão apenas em 1959, período no qual ocorreu paralisação de 16 anos, em consequência da Lei da Separação do Estado da Igreja, de 1910. A entidade criadora e mantenedora do santuário é a Confraria de Santa Luzia, instituída pelo Capitão Luís de Andrade e Sousa após ser curado de grave enfermidade na vista, como forma de reconhecimento pela graça recebida da Santa Luzia, considerada na Igreja Católica a protetora da visão.

O maior cartão de visitas da cidade, de onde se descortina uma belíssima vista da região, conciliando o mar, o vale do rio Lima e a cadeia montanhosa envolvente. Do zimbório (parte mais alta e externa) da sua cúpula, tem-se visão de 360º de toda a cidade. Em 1927, a revista **National Geographic** considerou que "Santa Luzia é abençoada com um dos mais belos panoramas do mundo, talvez apenas suplantado pelos de Funchal e do Rio de Janeiro, ambos em países de língua portuguesa".

Em 2018 foi inaugurado um novo edifício abrigando o museu, arquivo e albergue de peregrinos, além de restaurante panorâmico.

O complexo pode ser acessado por sinuosa estrada de rodagem ou pelo Elevador de Santa Luzia (na realidade um funicular), distando cerca de 4 km do centro da cidade.

Voltando à igreja, os vitrais das rosáceas foram executados em Lisboa, sendo as maiores da Península Ibérica. Os afrescos representando a Paixão e Ascensão de Cristo são de autoria de Manuel Pereira da Silva, os querubins em mármore do altar-mor são de Leopoldo de Almeida, os três altares e os púlpitos foram esculpidos em granito por Emídio Lima. Na fachada principal encontra-se uma estátua do Sagrado Coração de Jesus, do escultor Aleixo Queirós Ribeiro, de 1898, anterior ao projeto da igreja.

Forte de Santiago da Barra – no século XV, a então Viana da Foz do Lima era um dos grandes portos do país, comercializando com os portos da Galícia, França e Flandres. Com a prosperidade da vila, em 1502, o rei Dom Manuel I mandou construir uma torre para a sua defesa, denominada Torre da Roqueta, seguindo o modelo da Fortaleza de Cascais e anterior à Torre de Belém, visando à defesa da Barra do Tejo, datada de 1515. Sentindo a necessidade de ampliar o poder de defesa, a Câmara Municipal iniciou em 1567 a construção de um pequeno forte junto à Torre da Roqueta, sendo concluído em 1572, durante o reinado de Dom Sebastião I.

No reinado de Dom Filipe I de Portugal (1580-1598), o Forte foi remodelado e ampliado de 1589 a 1596. Novas obras foram estabelecidas em 1652 e em 1799.

Hoje em dia, o Forte abriga um moderno Centro de Congressos e escolas de turismo e de hotelaria, e o antigo paiol e a Capela de Santa Catarina abrigam salas de exposições.

Ponte Eiffel – ponte rodoferroviária sobre o rio Lima, atendendo à Linha do Minho, no tocante à ferrovia, e à Estrada Nacional 13, no tocante à rodovia. Projetada e construída pelo escritório do engenheiro Gustave Eiffel, com início em março de 1877 e conclusão em maio de 1878. Inaugurada a 30 de junho de 1878. No início, a travessia era feita a bordo de uma barcaça, sendo que em 1820 foi concluída uma ponte provisória em madeira, que logo deveria ser substituída por outra em pedra. Entretanto, depois de longa discussão sobre o ponto em que a nova ponte se localizaria, a municipalidade acabou por optar por um projeto favorecendo a estrutura metálica, situada a 300 metros a montante (rio acima) da ponte primitiva, de madeira. O comprimento total da ponte é de 645 metros, com tabuleiro superior rodoviário, com largura de 8 metros (originalmente 6,88 metros) e tabuleiro inferior ferroviário. Uma curiosidade é que na decisão da posição de travessia da Ponte Eiffel foi levada em consideração a localização do Convento de São Bento, que não poderia ser demolido, pois ainda não haviam falecido as últimas freiras.

Casa dos Nichos – atualmente abriga o Museu Arqueológico de Viana do Castelo, que expõe o acervo pertencente ao concelho, que vai desde a pré--história até o surgimento da vila. Essa casa, em pedra, com dois pisos, é uma das mais antigas do centro histórico e a mais emblemática. Na fachada da casa há duas esculturas do século XV, representando cenas da Anunciação.

Museu do Traje – criado em 1997, com o objetivo de estudar e divulgar o traje à vianesa, em especial o feminino, popular, rural, usado nas aldeias ao redor da cidade. No museu é possível observar os trajes de domingo, de festas, de trabalho, de noiva, com as características que fazem deles indumentárias imediatamente reconhecidas como do Minho. Desde 2004, o museu está instalado no edifício que abrigava a sede local do Banco de Portugal. O mais interessante é que ele, por coincidência, ostenta externamente dois belos altos-relevos em pedra, retratando lavradoras vestidas com trajes típicos vianenses laborais, na colheita de milho e na vindima.

Navio-Hospital Gil Eannes – construído nos estaleiros de Viana do Castelo e lançado ao mar em 1955, o navio cumpriu sua função até 1973, apoiando os barcos de pesca de bacalhau, não apenas como hospital, mas navio-correio, navio-rebocador, navio-quebra-gelo, além de assegurar o abastecimento de mantimentos, material de pesca, combustível, água e iscas aos barcos que exerciam as atividades nas águas da Terra Nova e Groelândia.

Após a última viagem, em 1973, ficou acostado no Porto de Lisboa, até ser vendido para sucata em 1977. Entretanto, a comunidade vianense resgatou-o e criou a Fundação Gil Eannes para sua reabilitação e transformação em museu em tributo ao passado marítimo da cidade. Hoje é uma das atrações turísticas mais importantes da região.

Na realidade, é o segundo navio-hospital homônimo. O primeiro foi transformado a partir de um navio alemão apreendido por Portugal na Primeira Guerra Mundial, primeiramente utilizado como cruzador da Marinha Portuguesa e, em 1927, convertido em navio-hospital em estaleiro na Holanda.

O patrono dos dois navios, Gil Eannes, foi o navegador português que primeiro foi além do cabo Bojador (Costa do Saara Ocidental, Marrocos), em 1434, abrindo caminho para a era dos grandes descobrimentos marítimos.

Biblioteca Municipal – moderna, projetada pelo grande arquiteto português Álvaro Siza, Prêmio Pritzker de Arquitetura de 1992, inaugurada em janeiro de 2008, como parte das comemorações dos 750 anos da outorga do Foral a Viana. Misto de biblioteca e obra de arte, tem área total de 3.130 m², em dois pisos. Abriga três salas de leitura (denominadas Luis de Camões, José Saramago e Fernando Pessoa), sala de multimídia e um centro de informação e documentação europeia. Há ainda área para autoformação de adultos, outra para ensino a distância (EAD) e outra dedicada às crianças, sem interferência com a área de leitura dos adultos.

O acervo da biblioteca é de cerca de 100 mil exemplares e documentos. Divide-se em consulta livre, periódicos e consulta restrita.

A Biblioteca Municipal de Viana do Castelo, fundada em 1888, teve anteriormente outras cinco sedes.

Museu Interativo da Fábrica de Chocolate – forte componente tecnológico e interativo, o museu oferece aos interessados pela história do chocolate a oportunidade de conhecer as origens, ingredientes e processos de fabricação, sempre com muita diversão.

Agrada aos adultos e às crianças, especialmente a pequena fábrica lá existente; o visitante veste a bata da fábrica e produz o próprio chocolate.

HOTÉIS

Com relação aos hotéis, um dos melhores é a **Pousada de Viana do Castelo**, situada no alto do Morro de Santa Luzia, com excelente vista para a cidade. Os quartos são grandes, bastante confortáveis, bem mantidos, serviço muito eficiente. Possui piscina exterior e spa. O prédio é de 1921 e anteriormente abrigava o icônico Hotel de Santa Luzia.

Outras opções recomendadas:

Fábrica de Chocolate Hotel – confortável 4 estrelas com apenas 18 quartos, misto de hotel, restaurante, museu e loja de fábrica, totalmente dedicados ao chocolate. Situa-se no centro da cidade, em prédio centenário, perto da Ponte Eiffel. Possui spa, com tratamentos à base de chocolate.

Hotel Flor de Sal – hotel moderno, 4 estrelas, em frente ao mar. Possui spa com impressionante gama de tratamentos e piscinas interna e externa. O seu restaurante, Saleiro, tem excelente qualidade e oferece pratos das cozinhas regional, portuguesa e internacional. Fica na zona das praias de Viana do Castelo, fora do centro da cidade.

Quinta do Monteverde – boa experiência para quem quiser sair do padrão de um hotel convencional. A Quinta do Monteverde é um pequeno e charmoso hotel instalado num solar do século XVI, cercado de quase dois hectares de jardins. O hotel situa-se em Castelo do Neiva, a dez minutos de Viana do Castelo e a meia hora da cidade do Porto ou do seu aeroporto internacional. Em Castelo do Neiva, o visitante pode desfrutar da praia, ver o portinho de pesca, a foz do rio e parte do Caminho de Santiago.

Em 2000, após grande reabilitação do Solar e dos edifícios adjacentes, a Quinta Monteverde recebeu os primeiros hóspedes.

O hotel tem piscina externa, quadra de tênis e academia. Internamente, há sala de jogos e biblioteca. O restaurante Casa do Lagar – serve apenas jantar – e o Honesty Bar são de uso exclusivo dos hóspedes. E o que não falta são cantos e recantos, nos quais o visitante pode apenas desfrutar a tranquilidade do local, ler um livro ou um jornal, navegar pela internet...

Hotel FeelViana – hotel 4 estrelas, localizado à beira-mar, na praia do Cabedelo, do outro lado da Ponte Eiffel. A construção e o conceito privilegiam a paisagem e a natureza, com forte vertente para a prática de esportes. Restaurante de qualidade, ginásio e spa. Devido aos fortes ventos, a praia é perfeita para a prática de windsurf e kitesurf.

GASTRONOMIA

RESTAURANTES

No setor gastronômico, Viana do Castelo destaca-se pela comida típica minhota. Algumas sugestões:

Restaurante Camelo – tradicional restaurante de cozinha minhota e portuguesa da região, localiza-se a cerca de 5 km de Viana do Castelo. Provavelmente o maior restaurante de Portugal, com capacidade para servir até 2 mil comensais, dispostos em diversas salas. O restaurante é operado pelos fundadores, sr. Antônio Camelo e sua esposa, sra. Rosa Rocha, e pela família. A qualidade dos pratos é excepcional e o serviço muito atencioso. Não há em Viana do Castelo quem não os conheça e não aprecie o restaurante. Amplo estacionamento e não fecha entre o almoço e o jantar. Não abre às segundas-feiras.

Tasquinha da Linda – especializada em peixes e mariscos, ambientada em antigo armazém de peixe, convertido em restaurante. Qualidade muito boa, serviço atencioso, preço justo.

Casa D'Armas – ocupa espaço com mais de três séculos de história no centro de Viana do Castelo. A sua afamada carta gastronômica vai sendo enriquecida sazonalmente com propostas diferentes. Boa garrafeira, que inclui alguns vinhos raros. Tem viveiro próprio de mariscos, com magníficas lagostas à disposição.

Taberna Soares – ex-Tasca do Tone Bento, ex-Casa Primavera, ainda é mais conhecida como Tasca do Tone Bento. Ao comando do balcão está o sr. Soares, que providenciará uma variedade de petiscos, representando as delícias tradicionais portuguesas vindas do mar. A acompanhar, o vinho verde tinto é obrigatório, e bebe-se à tigela, ou malga, durante todo o ano, e principalmente na altura em que as vindimas abrem o apetite para os néctares nacionais. A decoração é típica e o ambiente é descontraído e acolhedor. Tudo para uma refeição bem passada (e regada).

Taberna do Valentim – pequeno restaurante, rústico e requintado, a servir única e exclusivamente pratos de peixe. O espaço existe desde 1939, funcionando inicialmente como taberna.

A taberna da Rua de São Francisco, onde a partir do final da manhã se amanhavam os peixes da faina do dia, deu lugar a um restaurante moderno e bem-posto, mas que teve o cuidado de não adulterar nada da receita que tanta fama e clientela lhe deu. Os peixes são os do dia, sempre indicados na lista, mas com o cuidado de evitar peixe miúdo e as perturbadoras espinhas. Pescados mais gordos e carnudos, como o cherne, espadarte ou a raia são à base do arroz, ao mesmo tempo caldoso e espesso, com calda e tomate, pimento e coentros.

CAFÉS E PASTELARIAS

O ícone da cidade é a **Pastelaria Manuel Natário**, muito conhecida pelas bolas de Berlim (os brasileiros chamam de sonhos). Há duas fornadas de bolas de Berlim por dia, a primeira às 11h45 e a segunda às 17h. Se quiser desfrutar essa especialidade, melhor ser pontual. Em 15 minutos elas "desaparecem"!

Na minha visita ao Natário, tive a oportunidade de provar a iguaria e o prazer de conhecer o neto, Alexandre, que me contou um pouco da história da pastelaria e o porquê de haver três retratos de Jorge Amado no estabelecimento, dois deles com Zélia Gattai.

Jorge Amado e Manuel Natário foram apresentados por um amigo comum, dr. Lima de Carvalho, e tornaram-se grandes amigos. Fã não só das bolas de Berlim da pastelaria, mas principalmente do seu pão de ló, Jorge Amado frequentemente recebia a iguaria em casa, na Bahia, enviada de avião pelo seu amigo Natário. Jorge e Zélia eram ainda frequentadores do Restaurante Camelo, onde há uma foto emoldurada dele e do proprietário.

CULTURA

EVENTOS

Três principais festas populares:

Festas de Nossa Senhora das Boas Novas – em março, abrindo o ciclo festivo da cidade.

Festas das Rosas – em Vila Franca do Lima, em maio, tem como tradição os cestos que são revestidos e enfeitados com múltiplas flores naturais dos mais variados tons e matizes, pétalas e folhas que apresentam paisagens, monumentos, brasões e outros motivos decorativos que revelam bem o talento e a criatividade das mordomas que os transportam à cabeça e os vão oferecer a Nossa Senhora do Rosário, fixados por milhares de alfinetes de cabeça. De referir que cada cesto florido chega a pesar 50 quilos.

Romaria em Honra de Nossa Senhora da Agonia – em agosto, com mais de 700 mil participantes/visitantes durante o período festivo. Ponto alto das festividades da cidade, ocorrendo na terra e no mar, as ruas da Ribeira enfeitadas com tapetes de flores.

Há ainda o Festival de Folclore Internacional do Alto Minho, a Feira Medieval e outros.

Belmonte

ANTECEDENTES

Belmonte situa-se no Distrito de Castelo Branco, Província da Beira Baixa. A sede do município tem cerca de 3.500 habitantes, e o município inteiro tem cerca de 7 mil.

A região onde hoje é Belmonte teve ocupação humana iniciada entre a pré-história e a proto-história. Mais tarde está documentada a presença romana. Na Idade Média, em 1199, o rei Dom Sancho I concedeu a Carta de Foral a Belmonte, mas manteve-a administrativamente subordinada a Covilhã, situação que perdurou até 1385. Em 1510, o rei Dom Manuel I concedeu a Belmonte nova Carta de Foral, época em que a população era essencialmente dependente da agricultura e pecuária, com a exceção de pequeno comércio praticado pelos judeus. Dessa época até 1898, Belmonte sofreu diversas mudanças administrativas e políticas, ora pertencendo a Castelo Branco, ora a Covilhã, quando então o Concelho de Belmonte se consolidou na forma que é hoje.

A origem do nome tem duas versões – a primeira vem de monte belo ou belo monte, e a segunda de *belli monte*, monte da guerra.

A cidade destaca-se por ser a terra natal de Pedro Álvares Cabral e o principal centro da judiaria portuguesa. Ao contrário do Brasil, o termo "judiaria" é amplamente usado em Portugal, com o sentido de gueto – bairro ou região onde vivem os membros de etnia ou qualquer outro grupo minoritário.

Não existem estimativas precisas de quantos judeus vivem em Portugal hoje. O melhor número que obtive foi da ordem de 1.500, sendo cerca de 50 a 60 em Belmonte.

Na realidade, a história dos judeus sefarditas em Portugal é muito anterior à formação da nação portuguesa, em 1143, quando já viviam judeus na Península Ibérica há mais de um milênio.

Quando da formação de Portugal como país, os judeus eram uma das minorias religiosas que residiam no reino, com população e cobertura territorial maiores que, por exemplo, os muçulmanos. Reconheciam como o único senhor o rei de Portugal, que lhes permitia residir em seu território por meio de uma carta de privilégios outorgada à comuna ou de carta de contrato concedida a um judeu adulto. Na primeira era-lhes dada a permissão para residir em determinado concelho, a liberdade de culto, de ensino e de usos e costumes definidos pela Torah e pelo Talmud. Regiam-se por direito próprio, acima do qual estavam as ordenações gerais do reino e do soberano, em última instância.

Na corte, a minoria tinha o rabi-mor, geralmente judeu cortesão, que despachava todos os casos relacionados ao seu povo. Era o corregedor na corte para os judeus e, como tal, tinha chancelaria própria, selo e cadeia.

As cartas de contrato outorgadas ao indivíduo permitiam-lhe deslocar-se livremente no reino, fixar-se num local, adquirir bens ou exercer uma profissão.

Os judeus eram sobretudo artífices, mercadores, médicos e astrólogos. A excelência do seu trabalho salientava-os dos correligionários e conduzia-os ao serviço do rei e da sua família, nobres ou do bispo, tornando-os judeus cortesãos.

A habilidade para gerir o dinheiro fazia deles os grandes credores do rei. Eles eram os arrendatários dos direitos reais e dos direitos da igreja, funções nas quais exerciam o poder sobre os cristãos, o que era condenado desde o Segundo Concílio de Latrão. Dom João II proibiu-lhes de serem arrendatários dos bens eclesiásticos.

O édito do rei Dom Manuel I, publicado em 1496, que obrigava os judeus e muçulmanos a sair do país ou a se converter ao cristianismo (cristãos-novos), somado ao estabelecimento da Inquisição em Portugal, fez com que séculos de intolerância e preconceito se instalassem, levando quase à extinção o judaísmo em Portugal.

A população de Belmonte sempre foi diferenciada, se solidarizando e protegendo os vizinhos judeus, o que permitiu que a cultura e a religião judaica se mantivessem vivas na região, e que ambas as culturas convivessem harmônica e pacificamente, gerando os cognomes "Belmonte, terra de fé!" e "Belmonte, terra de tolerância!".

Segundo a Comunidade Judaica de Belmonte, é a única comunidade judaica em Portugal que se pode considerar verdadeiramente portuguesa, pois os membros são descendentes de cristãos-novos que durante todo o período da Inquisição conseguiram preservar ritos, orações, cultura e relações sociais, casando-se entre si em um conjunto de poucas famílias.

As perseguições da Inquisição e o culto secreto levaram os judeus de Belmonte a esquecer a maioria das leis judaicas. Desconheciam a festa das Semanas ou do Pentecostes, a festa das Cabanas ou Tabernáculos, a festa do Purim, desconheciam os costumes judaicos, de maneira geral os que estão ligados aos preceitos das casas, às comidas permitidas ou proibidas, entre outros. Não tinham ideia do que era uma sinagoga, da circuncisão e muito menos da língua hebraica. A religião dos judeus de Belmonte era reduzida a um mínimo essencial: conheciam e celebravam à sua maneira as festas do Pessach (Páscoa), o Yom Kippur (Dia do Perdão) e o Shabat (sábado). A essa versão do judaísmo, os estudiosos denominaram criptojudaísmo.

Ao contrário da religião judaica, na religião criptojudaica as mulheres guardaram as tradições e as perpetuaram. O papel desempenhado por elas foi fundamental, quer como fator de segurança e controle da religião, quer como recriação e transmissão da cultura.

Continuaram a praticar as cerimônias judaicas em absoluto segredo, como se vivessem ainda no tempo da Inquisição, tendo, no entanto, consciência de que os cristãos, que com eles habitavam a povoação de Belmonte e mantinham laços de vizinhança próximos, conheciam os seus procedimentos religiosos. Tudo era feito em segredo, pela transmissão oral entre gerações, em particular na passagem dos testemunhos de mães para filhas. A única palavra hebraica que ficou na memória foi Adonai (Senhor).

O século XX levou à desocultação da Comunidade Judaica de Belmonte, mas para os criptojudeus o regresso a um judaísmo sem medo se verificou apenas a partir da década de 1980. A partir daí, publicações e notícias sobre os judeus secretos de Belmonte foram muitas, quer em Portugal, quer em outros países. A revolução portuguesa de 25 de abril de 1974 também contribuiu para isso. Um grupo de judeus de Belmonte se organiza e, em 1988, funda a Associação Judaica de Belmonte, procurando o regresso ao judaísmo oficial. Em 1989 passa oficialmente a chamar-se Comunidade Judaica de Belmonte e, no mesmo ano, vários judeus de Belmonte são circuncidados. Pela primeira vez, após 1496, lá se celebra um casamento judaico.

Construiu-se uma sinagoga improvisada, e em 1990 um Rabi de Israel veio para Belmonte. Em dezembro de 1996 foi inaugurada a nova Sinagoga Bet Eliahu, e em fevereiro de 2001 o cemitério judaico.

Belmonte foi um caso particular e mais conhecido de permanência do criptojudaísmo. Descendentes dos convertidos portugueses, do fim do século XV, permaneceram em Belmonte, onde a educação judaica passou de pais para filhos, respeitando os valores familiares ao longo dos séculos.

Outras cidades de Portugal nas quais o criptojudaísmo era praticado incluem Caria, Guarda, Covilhã, Coimbra e Porto.

Hoje, os judeus de Belmonte praticam livremente o judaísmo normativo, têm sinagoga e rabino. O calendário religiosos hebraico é seguido com entusiasmo e com todo o rigor.

Adicionalmente, o Decreto-Lei nº 30-A/2015, de 27/2/2015, da Presidência do Conselho de Ministros de Portugal, alterou o Regulamento da Nacionalidade Portuguesa, permitindo a concessão de nacionalidade por naturalização a descendentes de judeus sefarditas que comprovadamente "demonstrem a linhagem direta ou colateral de um parente comum, provando a tradição familiar de pertença a uma comunidade sefardita de origem portuguesa". Desde a promulgação do Decreto até fevereiro de 2018, cerca de 2.160 requerentes já obtiveram a nacionalidade portuguesa.

Em 2005 foi inaugurado o Museu Judaico de Belmonte, muito bem apresentado e documentado, verdadeiro retrato da saga desse povo na Península Ibérica e, em particular, em Portugal.

> Casado com a Ivy, ela de religião judaica e eu cristão, há muitos anos tenho contato com aquela cultura, frequento as festas religiosas e sociais da família, em aprendizado contínuo sobre um povo quase hexamilenar. Na realidade, nossa casa é um pequeno Belmonte, e as duas religiões convivem em harmonia e com respeito, com crucifixos e *mezuzahs* espalhadas pela casa inteira!

Agora, com relação ao outro "patrimônio" local, Pedro Álvares Cabral, a presença está por todos os lados, literalmente, em Belmonte. A origem da sua família na região remonta a muitas gerações antes da sua.

O trisavô, um nobre, Álvaro Gil Cabral, foi alcaide-mor do Castelo da Guarda, a apenas 12 km de Belmonte, nos reinados de Dom Fernando I (1367-1383) e Dom João I (1385-1433).

O avô, Fernão Álvares Cabral, exerceu as funções de guarda-mor do infante Dom Henrique.

O pai, Fernão Cabral, foi governador da Beira (província onde Belmonte está inserida) e alcaide-mor de Belmonte. Pedro nasceu em Belmonte, não se sabe ao certo se em 1467 ou 1468, e recebeu o nome de Pedro Álvares Gouveia, pois, naquela altura, apenas o primogênito recebia o sobrenome do pai. Com a morte do seu irmão mais velho, passou a ter o nome que conhecemos dos livros de história – Pedro Álvares Cabral.

Aos 11 anos foi para Lisboa, a fim de estudar Literatura, História, Ciência e Artes Militares, aperfeiçoando-se mais tarde em Cosmografia e Marinharia.

No reinado de Dom Manuel (1495-1521), foi agraciado com os títulos de Fidalgo do Conselho do Rei e Cavaleiro da Ordem de Cristo, até hoje a maior honraria recebida do governo português por serviços prestados à nação. A Ordem de Cristo foi criada em 1319, e os recipientes são indicados pelo presidente da República (anteriormente pelo rei) e, durante o mandato, exercem o cargo de Grão-Mestre da Ordem.

Aos 33 anos, após o retorno de Vasco da Gama da viagem às Índias, foi nomeado pelo rei Dom Manuel I capitão-mor da armada de 13 barcos – dez naus e três caravelas –, que para lá de novo se dirigiria. A armada foi a maior do século XV, em número de barcos e em número de homens, cerca de 1.500, incluindo soldados, religiosos e funcionários administrativos. O principal objetivo era estabelecer diretrizes diplomáticas, comerciais e políticas, o que não foi possível para Vasco da Gama, pela modesta frota. Com o bloqueio dos turcos otomanos da rota das especiarias que passava pelo Mediterrâneo, a ideia foi buscar na fonte os produtos caros e exóticos do Oriente – especiarias usadas principalmente na medicina e na conservação dos alimentos, corantes, frutas, café, chá e outros –, raridades disputadas a altos preços. Foi assim que os portugueses e os espanhóis, principalmente, se aventuraram em descobrir o caminho marítimo para as Índias, pois a comercialização dos produtos na Europa rendia um lucro de até 500% sobre o valor investido na empreitada.

A partida da armada de Cabral de Lisboa ocorreu no dia 9 de março de 1500, após missa solene à qual compareceram o rei e toda a sua corte.

O que aconteceu em seguida divide os historiadores – intencionalidade da descoberta ou ocasionalidade do "achamento"?

Uma importante e antiga corrente procura sustentar que Cabral ia expressamente encarregado de "descobrir oficialmente" uma terra que já era conhecida, mas cujo conhecimento teria sido sonegado aos Reis Católicos para dar a Dom João II maior poder de negociação no Tratado de Tordesilhas. Essa corrente afirma que Duarte Pacheco Pereira teria estado no litoral brasileiro na década de 1490, alguns anos antes de Cabral. Os defensores da teoria citam, ainda, que na carta do físico e cirurgião real Mestre João, integrante da armada, ao rei Dom Manuel I, o primeiro dá conta da terra encontrada e sugere ao rei que visse a sua localização em antigo mapa de Pêro Vaz Bisagudo. O mapa foi guardado em segredo na altura, por razões de interesse do Estado. Entretanto, não há indícios concretos de que a hipótese seja verdadeira.

Por outro lado, a corrente mais moderna dos historiadores refuta a intencionalidade da descoberta. Manuscrito da época do rei Dom Manuel, conservado na **British Library**, dá conta expressamente de que a armada de Cabral teria descoberto uma "terra ainda não conhecida". Mais importante ainda que o documento é a carta de Pero Vaz de Caminha ao rei de Portugal, em que a ocasionalidade da descoberta ficou patente, considerada "certidão de nascimento" do Brasil. Na carta, Caminha informava ao rei:

> *... e assim seguimos nosso caminho, por este mar de longo, até que terça-feira, feira dos Oitavos de Páscoa, que foram 21 dias de abril, topamos alguns sinais de terra, estando da dita ilha – segundo os pilotos diziam, obra de 660 ou 670 léguas – os quais eram muito quantidade de ervas compridas, a que os mareantes chamam botelho, e assim mesmo outras a que dão o nome de rabo-de-asno. E quarta-feira seguinte, pela manhã, topamos aves a que chamam furabuchos. Neste mesmo dia, a horas de véspera, houvemos vista de terra! A saber, primeiramente de um grande monte, muito alto e redondo; e de outras serras mais baixas ao sul dele; e de terra chã, com grandes arvoredos, ao qual monte o capitão pôs o nome de O Monte Pascoal e à terra Terra de Vera Cruz!... E perguntou a todos se nos parecia bem mandar a nova do achamento desta terra a Vossa Alteza pelo navio dos mantimentos, para a melhor mandar descobrir e saber dela mais do que podíamos saber, por irmos na nossa viagem.*

Um dos principais Monumentos Nacionais de Belmonte é o conjunto representado pela **Igreja de Santiago e Panteão dos Cabrais**. A sua construção, nos estilos românicos e gótico, data do ano 1240, atribuída a Dona Maria Gil Cabral, que lá, originalmente, erigiu a Capela de Nossa Senhora da Piedade. Em 1433, os pais de Pedro Álvares Cabral, Fernão Cabral e Isabel Gouveia de Queirós, edificaram a Capela dos Cabrais. Em 1630, Francisco Cabral reforma a sua fachada, constrói o coro-alto e os afrescos são restaurados. No interior da Capela encontra-se uma imagem gótica da **Pietá**, do século XV, talhada em granito, com 1,50 metro de altura, obra muito admirada pelo escritor José Saramago. As cinzas de Pedro Álvares Cabral e outros membros da sua família estão depositadas nessa capela.

DEMAIS MONUMENTOS NACIONAIS E ATRAÇÕES DE BELMONTE

Castelo de Belmonte – em 1258 o rei Dom Afonso III autoriza o bispo Dom Egas Fafes a construir um castelo de defesa em Belmonte. Em 1297, os soberanos de Portugal, Dom Dinis, e do Reino de Leão e Castela, Dom Fernando IV, assinam o Tratado de Alcanizes, que definiu as fronteiras →

entre os dois reinos. Com isso, o castelo perdeu a sua importância militar, sendo que em 1446 o rei Dom Afonso V o doa a Fernão Cabral (avô do navegador), para aí construir a sua residência. Hoje funciona como posto de turismo, loja e pequena sala de exposições.

Museu Judaico de Belmonte - inaugurado em 2015, em homenagem à comunidade judaica de Belmonte, foi o primeiro museu a abordar a história de uma "judiaria" e as relações com a comunidade em Portugal. Muito visitado por judeus de todas as partes do mundo, pela sua importância e seu enfoque no criptojudaísmo, conforme apresentado anteriormente.

Ecomuseu do Zêzere - enfoca a fauna e a flora de todo o percurso do rio Zêzere. Instalado nas antigas Tulhas (depósitos de grãos para moagem) dos Cabrais, edifício dos séculos XVI-XVII.

Museu dos Descobrimentos - projeto interativo instalado no antigo Solar dos Cabrais, transporta o visitante para os últimos 500 anos da construção do país. São 16 salas, equipadas com as mais atualizadas tecnologias interativas, com ênfase na descoberta do Brasil.

Para o visitante com mais tempo e interesse, há ainda para visitar as ruínas romanas da **Torre de Centum Cellas**, antiga residência do rico comerciante romano Lucius Caecilius, projetada por arquiteto com profundo conhecimento das técnicas construtivas de Vitrúvio, maior arquiteto e esteta da história romana; as ruínas da **Vila Quinta da Fórnea**, vila romana dos séculos II ao IV, incluindo termas, em excelente estado de conservação; e **Casa da Torre/Museu do Território**, edifício originalmente do século XIV, onde se expõem diversos objetos arqueológicos encontrados na região.

HOTÉIS

Pousada Convento de Belmonte — luxuosa, é o melhor hotel da região, operado pela Pousadas de Portugal. Fica no prédio do antigo Convento de Nossa Senhora da Esperança, construído no século XVI, em terras doadas por Jorge Cabral aos religiosos da Terceira Ordem do Seráfico São Francisco. A Pousada tem 24 quartos, restaurante gourmet e piscina exterior. Fica a pouco mais de 1 km do centro de Belmonte.

Casa do Castelo – é um pequeno e simpático hotel, com apenas três quartos, situado na cidade, no edifício de um antigo alambique. Possui restaurante e os preços são muito convenientes.

Hotel Belsol – hotel com 3 estrelas, campestre, de porte médio (53 quartos), situado entre a Guarda e Covilhã, a poucos quilômetros de Belmonte. Do hotel, veem-se belos panoramas do vale do rio Zêzere e da serra da Estrela. Restaurante, piscina externa e quadra de tênis.

GASTRONOMIA

RESTAURANTES

O melhor restaurante é o da **Pousada Convento de Belmonte**, com categoria gourmet.

Os demais restaurantes da cidade são simples, com cozinha local e portuguesa e cardápios muito semelhantes. Os principais são **O Brasão**, o **Farol da Esperança**, a **Casa do Castelo**, **As Ferreirinhas** e o **Manjar dos Deuses**.

Em Valhelhos (Guarda), a cerca de 25 km de Belmonte, há o excelente **Restaurante Vallecula**, incluído no Guia Michelin. A cozinha é tipicamente portuguesa e igualmente boa em peixes e carnes. Boa seleção de queijos e vinhos. Serviço familiar impecável.

Évora

ANTECEDENTES

Évora é a principal cidade da região do Alentejo, e fica a cerca de uma hora de Lisboa, com população de cerca de 50 mil habitantes.

Cidade cercada por um muro, que data do século III, tem em seu centro histórico um dos mais ricos em monumentos de Portugal, sendo a única cidade portuguesa membro da Rede de Cidades Europeias mais Antigas. Em 1986, o centro foi declarado Patrimônio Mundial pela Unesco, e tem 5 mil anos de história.

Na era romana, Évora foi elevada à categoria de município, com o nome de Ebora Liberalidade Julia, em homenagem a Júlio César.

A Idade Média foi um período obscuro da história da cidade. O domínio mouro durou de 714 até 1165, quando o cavaleiro Geraldo Sem Pavor a reconquistou em favor dos cristãos, o que levou a um acentuado crescimento, chegando a ser a segunda maior cidade do reino no século XVI.

Sua importante Catedral da Sé foi construída entre os séculos XIII e XIV, no estilo gótico. Além da Sé, na zona do antigo fórum romano e alcácer muçulmano foram construídos os antigos paços do concelho e palácios da nobreza local. No século XIV, o rei Dom Dinis mandou construir nova muralha, externa à original, para proteger a expansão da cidade.

Hoje, a cidade de Évora é o centro econômico e administrativo do Alentejo, região que ocupa mais de um terço do país.

A economia da região baseia-se no setor de serviços, com destaque para o turismo e enoturismo, agroindústria e, mais recentemente, a indústria. Um polo aeronáutico se instalou em Évora, tendo a brasileira Embraer como âncora, existindo também o novo Parque Industrial e Tecnológico de Évora, a Zona Industrial de Almeirim e a Zona Industrial da Horta das Figueiras.

A **Universidade de Évora** é uma das mais antigas da Europa, fundada em 1550 pelo cardeal Dom Henrique, e ligada à Companhia de Jesus (a mesma das PUCs do Brasil).

Principais monumentos de Évora:

Templo Romano de Évora, ou **Templo de Diana** – criado por volta do século I para homenagear o imperador Augusto.

Catedral da Sé – construída no estilo gótico nos séculos XIII e XIV, inspirada na Sé de Lisboa. No século XVIII a capela-mor foi reconstruída em exuberante estilo barroco.

Igreja de São Francisco – mistura os estilos gótico, mudéjar e manuelino. A nave, coberta por imensa cúpula de pedra, é obra-prima da arquitetura gótica portuguesa.

Capela dos Ossos – fica na Igreja de São Francisco, inteiramente forrada com ossos humanos. À entrada está a conhecida frase "Nós ossos que aqui estamos pelos vossos esperamos". Confesso que não é dos lugares que me deixou muito confortável...

Palácio de Dom Manuel – do início do século XVI, mistura influências do gótico-mudéjar, manuelino e renascentista.

Convento dos Lóios – a igreja e o claustro são exemplos do estilo gótico-mudéjar. Atualmente, o convento abriga uma pousada.

HOTÉIS

Como em todas as regiões turísticas de Portugal, a cidade conta com um sem-número de hotéis, de todas as categorias, pensões, hostels e Airbnb.

Ficamos no **Hotel Ar de M'Ar**, o melhor dentro da muralha, com estacionamento, o que resolveu o problema do carro, pois no centro histórico tudo é feito a pé. O hotel foi 5 estrelas, mas agora reduziram-no para 4. Área externa/piscina agradável, que bem poderia ser utilizada para o café da manhã, pois é servido em local escuro, sem atrativo algum.

O 5 estrelas da região, mas fora da muralha, é o **Hotel Convento do Espinheiro**. Fica isolado de tudo, por isso não ficamos lá. Tivemos muita dificuldade em encontrar o hotel, mesmo nos utilizando do Waze e do GPS do carro. Bom restaurante.

A cerca de 25 minutos do centro de Évora (ou 50 minutos de Lisboa), em Montemor-o-Novo, há um excelente hotel 5 estrelas chamado **L'And**. O hotel, com 25 suítes, fica no meio de uma vinícola, com belíssima sede, interiores projetados pelo brasileiro Marcio Kogan, abrigando o restaurante com uma estrela Michelin, spa e prova dos vinhos. A maior característica das suítes é que (pelo menos algumas) possuem teto retrátil, permitindo que o hóspede durma literalmente sob as estrelas. Como quase todos os hotéis enotemáticos, fica em área isolada, e a minha recomendação é que não planeje ficar mais de dois dias.

GASTRONOMIA

RESTAURANTES

Évora e todo o Alentejo são conhecidos por sua gastronomia e pela qualidade do seu vinho. Recomendamos:

Fialho – um clássico.

Tasquinha do Oliveira – dissidência do Fialho, só tem cinco mesas, menu reduzido, mas come-se muito bem. Segundo o proprietário, 70% da clientela é brasileira.

Origens – para nós, o melhor de Évora.

Luar de Janeiro – comida típica alentejana, sem muita emoção. A grande particularidade é que tem o vinho Pera Manca disponível, em todas as safras desde o início da sua última fase, produzido pela Fundação Eugênio de Almeida. Possui, ainda, algumas garrafas e safras da época em que o vinho era produzido por J. Soares, com o nome de Vinho de Pera Manca.

Enoteca Cartuxa – este não visitamos, mas amigos nossos, grandes apreciadores da boa mesa, falaram muito bem dele. Importante notar que o restaurante não fica na vinícola, mas no centro histórico.

Restaurante da Herdade do Esporão – restaurante de alto luxo da vinícola, com chef estrelado. Não fomos lá, pois estava fechado, mas as recomendações são boas.

VISITAS ÀS VINÍCOLAS DO ALENTEJO

O Alentejo é a maior região produtora de vinhos (e de azeite) de Portugal, com concentração em Borba, Évora, Redondo e Reguengos. Há muitas opções para visitas às vinícolas, dependendo do interesse.

Visitei duas das mais famosas, em Portugal e no Brasil, a Cartuxa e a Herdade do Esporão, excelente programa.

A **Vinícola Cartuxa** situa-se em Évora, produtora do famoso vinho tinto Pera Manca, tão de agrado dos brasileiros que se dispõem a gastar 350 euros por uma garrafa de vinho tinto (safra 2013) e 30 euros por uma de vinho branco (isso numa loja, pois no restaurante pode dobrar os preços). Aliás, recordo-me bem da boa crítica que o Pera Manca branco recebeu de um austero enólogo do extinto **Jornal do Brasil**, do Rio de Janeiro, em 1998, cujo nome não me recordo, dizendo textualmente que "o vinho Pera Manca branco é o vinho branco para quem só bebe vinho tinto".

Pessoalmente, gosto imenso (como dizem os portugueses) desse vinho, o tinto e o branco, mas tenho certeza que atualmente Portugal produz vinhos de qualidade superior a ele, tintos e brancos, a preços bem inferiores.

Em 2003, o design do rótulo mudou, mas no anterior havia a informação de que o vinho viajara nas caravelas de Cabral para o Novo Mundo. Na realidade, até a segunda metade do século passado, o vinho era chamado de Vinho de Pera Manca – Pera Manca era uma aldeia, e em português antigo significa "pedra oscilante", provavelmente por existir muitos matacões de pedra na região. Na realidade, como todo vinho daquela época até poucas décadas atrás, era um vinho sem nenhum valor em termos de qualidade. No entanto, no século XIX, os vinhedos e a marca foram recuperados por J. Soares Viticultor, que passou a produzi-los com qualidade razoável e ainda com o nome de Vinho de Pera Manca. Entretanto, logo depois, por volta de 1880, com a crise da *filoxera* (inseto oriundo da América do Norte, que ataca os vinhedos e quase dizimou essa cultura na Europa, durante 50 anos), logo deixou de produzi-lo. Em 1987, os herdeiros de José António de Oliveira Soares ofereceram a marca à Fundação Eugênio de Almeida, produtora, entre outros rótulos, da marca Cartuxa. Nessa altura, o vinho passou a chamar-se Pera Manca, sem o "de". Pela alta qualidade, explodiu no mercado, inclusive o brasileiro, a partir da segunda metade da década de 1990. O Pera Manca só é produzido em anos de qualidade excepcional.

A **Herdade do Esporão** é vinícola mais nova, de 1985, com grande produção e instalações imponentes e modernas. Os vinhos produzidos são de grande qualidade, com preços nas faixas intermediárias. Fica em Reguengos de Monsaraz, a 45 minutos de carro de Évora. São 700 hectares de vinhas e olivais, com 40 castas de uvas e quatro variedades de azeitonas.

A empresa oferece uma variedade de visitas guiadas; certamente encontrará uma que o interessará. A mais comum é a visita às Caves e Adegas com prova de três vinhos, mas há ainda Prova Vertical, na qual se apresentam os processos de vinificação, a comparação de colheitas de diversos anos e a diferenciação entre os vinhos jovens e envelhecidos. A terceira visita disponível é a Prova de Barricas – se apresentam os processos de vinificação, com ênfase no estágio em barricas de carvalho e o comparativo dos vinhos produzidos com e sem madeira. Por fim, a quarta visita disponível é a Prova Cega com Exercício de Aromas, começando com a apresentação do processo de vinificação, seguida da exploração dos seus sentidos por meio de uma prova cega, visando à identificação dos perfis dos diferentes vinhos que fazem parte da prova.

Uma vez na Herdade do Esporão, aproveite para visitar Monserraz, com belíssima vista para o lago da Barragem do Alqueva.

Algumas vinícolas no Alentejo, como a Herdade do Esporão, ainda produzem o **Vinho de Talha**, sistema ancestral que os romanos trouxeram. A talha de barro tem dupla finalidade – a produção e a armazenagem do vinho. Em resumo, as uvas são colocadas dentro das talhas, com a fermentação ocorrendo espontaneamente, exatamente como era feito há mais de 2 mil anos. O processo mereceu uma proposta à Unesco para se tornar Patrimônio Imaterial da Humanidade, que se encontra em análise neste momento (maio/2019).

Na Vila dos Frades, no município alentejano de Vidigueira, encontra-se o **Museu-Adega Cella Vinaria Antiqua**, instalado em edifício secular restaurado para a produção, preservação e divulgação da técnica milenar de produzir vinhos em talhas de barro. A Vila dos Frades é o maior centro de produção desse tipo de vinho em Portugal.

O Alentejo é uma das mais importantes regiões de Portugal, com intenso turismo. Há muito o que falar, mas, por questão de espaço, vamos ter que abrir mão. Entretanto, não dá para deixar de citar a **Costa Vicentina**, que vai de Sines ao cabo de São Vicente, no extremo sudoeste de Portugal, em extensão rodoviária de cerca de 120 km. Você encontrará uma sucessão de perto de 20 praias, algumas com areais a perder de vista, outras de menor porte – parte delas, mesmo no verão, pouco frequentadas.

Algarve

ANTECEDENTES

O Algarve é a região mais meridional de Portugal, com população total de cerca de 450 mil habitantes, representando pouco mais de 4,2% da população do país e PIB per capita de cerca de 87% da média europeia. Única grande região de Portugal a apresentar crescimento populacional. Além de ser uma província histórica, é a região turística mais importante de Portugal e uma das mais importantes da Europa. O clima temperado, com verões longos e invernos curtos, águas tépidas que banham a costa sul, paisagens naturais, patrimônio histórico e etnográfico e a gastronomia atraem milhões de turistas nacionais e estrangeiros. Lembro-me bem das minhas visitas nas décadas de 1980 e 1990, quando era mais fácil encontrar um jornal estrangeiro, especialmente alemão, inglês ou francês, do que um jornal de Lisboa.

A gastronomia tem lugar especial na região, fazendo com que lá coexistam cinco restaurantes detentores de estrelas Michelin e restaurantes de praia, muito informais, preços convidativos e alta qualidade, além das famosas tascas portuguesas, nos quais se come muito bem por preços realmente baixos. Evidentemente, a comida do mar tem lugar de destaque na gastronomia da região.

A origem do nome Algarve vem do árabe *Al-Gharb*, significando "o oeste" ou "o ocidente". O seu nome, originalmente, era *Al-Gharb Al-Àndalusi*, significando Andaluz Ocidental, pois era a parte ocidental da Andaluzia mourisca.

O Algarve foi ocupado desde a época pré-romana pelos cónios, sendo influenciado pelas civilizações grega, romana e cartaginesa, um dos povos mais avançados, do ponto de vista cultural, da Península Ibérica, com linguagem escrita própria, designada escrita do sudoeste ou escrita cónia.

Em seguida, a região foi dominada pelos romanos, que derrotaram os cónios – foram romanizados e adotaram a língua latina como sua.

Sob o domínio romano, a região teve desenvolvimento cultural e econômico significativo, especialmente na agricultura e pesca. Nessa época, a região exportava azeite e garum, um condimento feito à base de peixe, muito apreciado em Roma.

Até hoje se encontram as ruínas do centro de processamento de peixe, na praia da Luz, em Lagos, datadas da época dos romanos.

Os romanos dominaram a região desde o ano 141 a.C., com alguns intervalos, quando o território foi conquistados pelos povos bárbaros, seguidos de cinco séculos de domínio dos povos islâmicos, árabes, berberes e populações nativas convertidas ao islão. Com esses conviviam a minoria cristã – os moçárabes – sob governo muçulmano.

Os árabes dominaram a região até 1249, quando o Algarve foi definitivamente conquistado por Dom Afonso III, que expulsou os árabes da cidade de Faro, de forma relativamente pacífica.

Em 1267 foi assinado o Tratado de Badajoz, reconhecendo ser o Algarve território português, contrariando as pretensões do Reino de Castela, resultando no Reino de Portugal e do Algarve.

A partir do século XV, a região revestiu-se de especial importância por servir de base à expansão marítima portuguesa nos séculos XV e XVI, de onde partiram algumas importantes expedições do Porto de Lagos.

Em 1834, o Reino do Algarve foi dissolvido, iniciando-se no século XX como região rural, a economia baseada na cultura de frutos secos, pesca e indústria de conservas. A partir de 1960 deu-se a explosão da indústria do turismo, mudando completamente a estrutura social e econômica.

Em termos turísticos, o clima do Algarve é o melhor de Portugal continental; na minha opinião só perde para a ilha da Madeira. O inverno é curto, chuvoso e suave, sendo dezembro o mês de maior precipitação, com temperaturas variando em intervalo de 8 a 18 graus, permitindo a prática de esportes ao ar livre, especialmente o golfe, que atrai turistas de toda a Europa durante todo o ano. Por falar em golfe, a pequena região de pouco mais de 5 mil km^2 tem 43 campos de golfe abertos ao público, enquanto o Brasil, com 8,5 milhões de km^2 de área, tem cerca de apenas 130.

No verão, os meses de julho e agosto são os mais quentes do ano, com temperaturas oscilando entre 17 e 30 graus. Setembro é, a meu ver, a melhor época do ano para visitar o Algarve, por ainda apresentar temperaturas estivais e o fluxo turístico ser mais reduzido. Durante o verão, a ocorrência de chuvas é rara.

No Algarve há grande quantidade de complexos turísticos e hoteleiros, maiores e menores condomínios, casas e edifícios, hotéis desde os de alto luxo até os mais simples, pensões, hostels e enorme número de casas e apartamentos para aluguel de curta temporada, intermediados por agências de turismo ou plataformas da internet.

PRAIAS

Quem vai para o Algarve no verão quer praia! Por isso, vou me estender um pouco mais sobre o assunto, pois apresenta dezenas de belíssimas praias e poderá decidir quais deseja visitar.

A Costa do Algarve pode ser dividida em duas, a sul, voltada para o norte da África, e a oeste, voltada para a imensidão do oceano Atlântico. Toda a costa oeste e a sul até Faro fica sujeita ao barlavento (lado para o qual sopra o vento), enquanto o trecho de costa a leste de Faro fica sujeita ao sotavento (lado de onde sai o vento). A região que vai desde Faro até Vila Real de Santo Antônio é denominada de Sotavento Algarvio.

As praias de barlavento são mais desprotegidas e o mar é mais forte e mais frio. Já no Sotavento Algarvio se encontram as longas praias de areias brancas e o mar é mais calmo, com águas um pouco mais quentes.

O site português Vortexmag.net fez um ranking das 20 praias mais bonitas do Algarve. Não as conheço todas, mas aposto no julgamento da Vortexmag, pois as que conheço e que estão na lista são realmente muito bonitas. Vamos a elas, indo da direção oeste para leste:

Praias em Aljezur (quase na divisa entre o Alentejo e o Algarve)
Praia de Odeceixe – praia cortada pela Ribeira de Odeceixe. Infraestrutura completa para o turista, inclusive restaurantes. Do mirante da Ponta Branca, vislumbra-se deslumbrantemente o mar. A ribeira é propícia para esportes náuticos, como a canoagem.

Praia do Monte Clérigo – enseadas rasas e rochosas, que permitem a observação de espécies marinhas, como polvos, caranguejos, ouriços e robalos. A pouca distância da praia há infraestrutura, estacionamento, restaurantes e bares.

Praia da Bordeira – praia pouco frequentada e tranquila, próxima à praia da Carrapateira. No acesso por carro toma-se a direção a Sagres até a entrada para a Aldeia da Carrapateira (cerca de 14 km ao sul de Aljezur). Após a entrada, volte na primeira bifurcação à direita, e ela o levará até a praia.

Praia do Tonel – localizada em uma enseada entre a ponta de Sagres e cabo de São Vicente. Desde o areal avista-se a ponta de Sagres, com falésias e a Fortaleza de Sagres, construção do século XVI e capela do século XIV. O acesso à praia dá-se por rampa esculpida na falésia de cores quentes.

Praias na Vila do Bispo
Praia do Burgau – fica na localidade de Burgau. Praia urbana, em enseada abrigada. Há um porto de pesca, que vai permitir saborear peixe e polvo frescos nos restaurantes da região. Nas falésias avista-se uma fortificação do século XVII e ruínas de torre do século XVI.

Praia do Beliche – fica em ampla enseada entre a ponta de Sagres e o cabo de São Vicente, bem abrigada dos ventos. O acesso à praia é por meio de larga escada de pedra, de onde se contemplam belos panoramas. Praia muito procurada pelos surfistas.

Praias em Lagos
Praia Dona Ana – praia do Algarve com mais imagens reproduzidas em livros e guias turísticos da região, especialmente pelo impacto causado pelas rochas que emergem do mar e do areal.

Ponta da Piedade – mencionada por um jornal americano como a praia mais bonita do mundo, com sua costa recortada por falésias e águas de coloração incrível.

Praia do Camilo – águas calmas e cristalinas, abrigada entre falésias recortadas, de cores vivas. O acesso é por meio de escada, com vista deslumbrante.

Praia em Portimão
Praia dos 3 Irmãos – conhecida como praia do Alvor ou praia da Nascente, localiza-se em Portimão. É uma baía abrigada por rochedos, na ponta leste do areal do Alvor, que tem 7 km de extensão. Praia larga, com dunas, que se mantêm fixas devido à vegetação que as circunda. Infraestrutura, restaurante e estacionamento.

Praias em Lagoa
Praia da Cova Redonda – apresenta pequena faixa de areia distribuída entre formações rochosas esculpidas pelo vento, considerada uma das mais bonitas da Europa. O acesso é por escadaria suave, em meio a vegetação exuberante.

Praia da Marinha – praia muito cênica, com natureza preservada. Enquadrada pela falésia esculpida pela erosão do vento e do mar. Antes de descer à praia, deslumbre-se com a paisagem que se avista do alto da falésia que lhe dá acesso, e depois percorra a longa escadaria. O esforço será recompensado pela tranquilidade que encontrará nesse areal banhado por um mar suave.

Praia do Carvoeiro – situa-se em pequena baía de águas transparentes, mantendo o encanto e a beleza naturais. Abrigada por falésias em ambos os lados. Barcos coloridos são usados pelos pescadores ou para levar turistas em passeios panorâmicos pela costa.

Praia da Albandeira – pequena faixa de areia, com afloramentos rochosos, além de piscinas naturais. Por ser mais isolada, é menos frequentada, apesar de ter infraestrutura e estacionamento.

Praia do Carvalho – acesso por meio de um túnel escavado (pelo homem) na rocha, em cujas paredes se observa grande quantidade de fósseis marinhos incrustados. Praia rodeada por paredes rochosas em tons de ocres. A vegetação que precede a praia é intensa; há arbustos como a sabina-da--praia ou zimbreira, e árvores como a aroeira ou o palmito, única palmeira nativa da Europa.

Algar de Benagil – é a gruta de Benagil de mais fácil acesso, tornando-se, por isso, a mais famosa nacional e internacionalmente. O acesso é feito por duas grandes entradas escavadas a pouca distância da praia. Uma abertura circular em seu teto permite a passagem dos raios solares, dando ao Algar de Benagil iluminação rara, o que não acontece nas demais cavernas, escuras como breu. A luz incide na areia da praia pelo orifício do teto, assemelhando-se a um holofote de foco variável.

Praia dos Caneiros – forma um conjunto natural com a praia do vale da Azinhaga, separadas por pequeno promontório. As altas falésias apresentam tons de ocre e rosado, enquanto em sua base, junto à areia, encontram-se pequenas grutas cavadas pelo mar na rocha frágil. Da praia se pode ver a Ponta do Altar e a velha casa do farol, enquanto no topo das falésias encontram-se exemplares de plantas características do clima mediterrâneo da região – tomilho, funcho-do-mar, pampilho marítimo, limônio, barrilha, salgadeira, aroeira e outras.

Praia em Faro
Praia da Culatra – fica em Faro, e situa-se na ilha com o mesmo nome. Povoado de pescadores, com pequena população de 750 pessoas, mas dotada de infraestrutura e serviços. O acesso à ilha é feito apenas por barco, a partir de Olhão ou do Cais da Porta Nova, de Faro, enquanto o acesso à praia é por meio de passarela de madeira, seguindo as normas do Parque Nacional da Ria Formosa. Praia muito extensa, desprovida de infraestrutura.

Praias na ilha Tavira
Praia do Barril – estreita língua de areia fina e branca. No caminho é possível observar a riqueza ambiental da ria Formosa, em especial a fauna e a vegetação das dunas, de onde emana um cheiro a curry, oriundo de pequena planta chamada perpétua-das-areias. Há infraestrutura para o turista.

Praia de Cabanas – fica na ilha de Cabanas, à leste da ilha de Tavira, estreita e extensa área de areia, em frente à Povoação de Cabanas. O acesso é em cerca de quatro minutos, por meio de pequenas embarcações de pescadores, a partir da Marginal de Cabanas. No passeio marítimo de Cabanas há inúmeros restaurantes servindo peixes e mariscos frescos, e de lá também se observam os barcos de pesca de atum e as casas de apoio aos pescadores.

Outras praias que não foram listadas pela Vortexmag.net como as mais bonitas, mas que podem valer uma visita: **praia de Castelejo**, na Vila do Bispo; **praia de Martinhal** e **Meia Praia**, em Sagres; **praia da Rocha**, em Portimão; e com águas mornas, a **praia do Monte Gordo**, em Vila Real de Santo Antônio.

PRINCIPAIS CIDADES LITORÂNEAS

As principais cidades e pontos de referência litorâneos do Algarve, de novo, de oeste para leste.

Aljezur – há ruínas de um castelo árabe do século X, de onde se pode ter bela vista da serra do Monchique, e a Igreja Matriz, reconstruída após o terremoto, com belo retábulo neoclássico do início do século XIX.

Vila do Bispo – o nome deriva da sua doação à Diocese de Faro, no século XVII. A principal atração é a Igreja de Nossa Senhora da Conceição, inteiramente decorada com azulejos do século XVIII e retábulo barroco do início do século XVIII.

Cabo de São Vicente – com dramáticos penhascos de 60 metros de altura voltados para o mar, era considerada, na Idade Média, o fim do mundo. Os romanos o chamavam *Promontorium Sacrum*, ou Promontório Sagrado, e desde o século XV é importante ponto de referência para a navegação. As ordens religiosas que ali se assentaram são muito antigas e diz-se que a origem do seu nome deve-se à lenda de que o corpo de São Vicente deu à costa, naquele ponto, no século IV. O farol, um dos mais potentes da Europa, tem alcance de quase 100 km.

Sagres – ponto de partida dos navegadores portugueses no século XV, rumo ao desconhecido, nas expedições promovidas pela figura mais importante da sua história, o infante Dom Henrique. Ele transformou a região em grande centro de atividade marítima, com a reunião de cartógrafos, astrônomos e marinheiros, além de escola de navegação e de estaleiro para a construção das caravelas. A força do mar e os ambientes naturais selvagens e inóspitos continuam a atrair muitos visitantes, tornando-se importante ponto para os praticantes do surfe e parapente. O surfe é mais praticado nas praias expostas, como a do Tonel, enquanto as mais abrigadas, como o Martinhal e a Mareta, são mais populares entre as famílias e os mergulhadores, devido às ilhotas ao redor da primeira e as grutas submersas das falésias calcáreas da segunda. Hoje, Sagres é ativa vila de pescadores, e nela se oferecem barcos para a pesca esportiva, atividades para a observação de cetáceos e passeios panorâmicos pela costa do Algarve. Além das praias e esportes correlatos, há ainda a disponibilidade de campos de golfe, com vista deslumbrante para o mar. Os principais pontos turísticos da cidade são a **Fortaleza de Sagres**, do infante Dom Henrique, construída no século XV, destruída por Sir Francis Drake no século XVI durante as incursões ao sul da Espanha e Portugal, e reconstruída durante os séculos XVI a XVIII; a gigante **Rosa dos Ventos**, com 47 metros de diâmetro; **Igreja de Nossa Senhora da Graça**, do século XVI; e **ruínas romanas**, incluindo uma residência, termas e tanques de salga de peixe na Boca do Rio e vestígios de grande centro de cerâmicas, com três fornos para a produção de ânforas, na praia do Martinhal. Considerado local sagrado pelos romanos, que acreditavam que o pôr do sol no promontório fazia a água do mar fervilhar. Sem dúvida, todo o promontório do cabo de São Vicente e Sagres é uma região carregada de muita energia...

Lagos – a cidade também está historicamente ligada aos Descobrimentos, fundada pelo cônios no ano 2000 antes de Cristo. Em seguida foi conquistada e ocupada sucessivamente pelos cartagineses, romanos, bárbaros, muçulmanos e reconquistada pelos cristãos, no século XIII. Em 1573 foi elevada à condição de cidade e de capital do Reino do Algarve, pelo rei Dom Sebastião. Com sua destruição pelo terremoto, a capital foi transferida primeiramente para Loulé e, em seguida, para Faro, onde se mantém até hoje. Teve importantes papéis na defesa do território português durante as invasões francesas e na Guerra Civil Portuguesa (1828-1834). A sua atual vocação turística, sem prejuízo das atividades piscatórias, se firmou nas últimas décadas do século XX, quando se iniciaram grandes transformações urbanas, como a renovação do centro histórico que, devido à ação destruidora do terremoto, apresenta edifícios apenas dos séculos XVIII e XIX, novos bairros residenciais e a construção da Marina de Lagos, hotéis e áreas comerciais. Os principais pontos de interesse turístico são a **Igreja de Santa Maria**, do século XVI, a **Igreja de Santo Antônio**, do século XVIII, o **Forte Ponta da Bandeira** e o **Museu Municipal Dr. José Formosinho**. Nas arcadas da Rua da Senhora da Graça você pode encontrar uma placa assinalando o local onde se estabeleceu o primeiro Mercado de Escravos da Europa.

Portimão – uma das maiores e mais importantes cidades do Algarve, com cerca de 40 mil habitantes. Pesquisas arqueológicas na região encontraram uma necrópole do período neolítico (século X a.C.), consistindo de uma câmara circular de placas de xisto, com dois nichos funerários. Do período romano restam várias salas na zona da Abicada e uma cisterna, em excelentes condições de conservação, na zona de Coca Maravilhas.

O modelo privilegiando o desenvolvimento turístico veio após 1970, com a queda das atividades da indústria conserveira, fomentando a construção de hotéis, centros comerciais e condomínios voltados para a segunda habitação. As principais atividades turísticas são a pesca esportiva e os esportes náuticos – *jet ski*, vela, windsurf, mergulho e pesca submarina.

Hoje, Portimão é o terceiro porto português a receber o maior número de turistas, atrás apenas de Lisboa e Funchal, na ilha da Madeira.

Albufeira – outra importante cidade do Algarve, com população também de cerca de 40 mil pessoas, habitada desde o ano 2000 antes de Cristo. Os romanos chamavam-na Baltum, e os árabes Albuar ou Albuhera. Último reduto a ser reconquistado aos árabes pelo rei Afonso III, devido à quase inexpugnável fortaleza moura lá existente. O legado árabe é fortemente presente até hoje, nas técnicas agrícolas, casas brancas com terraços e ruas tortuosas, além da influência linguística. A cidade foi totalmente destruída duas vezes, a primeira pelo terremoto e a segunda durante a Guerra Civil Portuguesa, quando os miguelistas atearam fogo à vila. O centro da cidade é quase todo pedonal, onde se pode visitar a **Igreja de São Sebastião**.

Vilamoura – complexo turístico situado em Loulé, próximo à praia da Falésia, o maior da região (16 km² de área) e um dos mais conhecidos da Europa. Dispõe de vibrante marina, academia de golfe e quatro campos de golfe, um cassino, inúmeros restaurantes, bares e cafés, várias discotecas, clube de tênis, clube de mergulho, outras instalações de lazer, extensa praia e dezenas de hotéis de 4 e 5 estrelas. E continua a crescer...

Inspirada em Punta del Este, Uruguai, Vilamoura foi criada há cerca de 50 anos pelo empresário português Cupertino de Miranda. Posteriormente, vendida ao empresário luso-brasileiro André Jordan, considerado em 2014 uma das 12 pessoas mais influentes no turismo mundial. Em 2004, Jordan vendeu o complexo de Vilamoura a um banco espanhol por 500 milhões de euros, até hoje o maior negócio do ramo imobiliário em Portugal. Atualmente, a proprietária do complexo é a empresa norte-americana Lone Star.

Próximas a Vilamoura encontram-se as ruínas romanas de **Cerro da Vila**, do século I, onde se encontram um complexo de banhos e uma casa com mosaicos de peixes.

Faro – maior cidade do Algarve, com cerca de 47 mil habitantes. O aeroporto, que serve a todo o Algarve, é o terceiro mais movimentado de Portugal, perdendo apenas para Lisboa e Porto. A sua primeira ocupação foi feita pelos fenícios, sete séculos antes de Cristo, quando o nome era Ossóbana. Entre os séculos III a.C. e VIII d.C., a cidade esteve sob domínio romano, bizantino e visigodo, civilizações que deixaram vestígios na cidade até hoje. No ano 713 d.C., Faro foi conquistada pelos mouros, que mantiveram o nome de Ossóbana. No século IX, a cidade teve o nome mudado para Santa Maria do Ocidente, capital de pequeno e efêmero principado independente.

No século XI passa a se chamar Santa Maria de Ibn Harun, e após a Reconquista, em 1249, a nova designação passou a ser Santa Maria de Faaron.

No século XV a cidade apresenta forte colônia judaica, interrompida pela carta patente do rei Dom Manuel I, que lhes dava as opções de se converter ao catolicismo ou a expulsão de Portugal. Como em todo Algarve, o terremoto provocou imensa destruição na cidade.

Hoje, Faro é a capital administrativa e política do Algarve, com enorme gama de atividades comerciais e de serviços.

Pontos de interesse para visitação em Faro são as **Igrejas da Sé**, **do Carmo e de São Pedro**, o **Centro Judaico de Faro**, o **Museu Municipal**, **Museu Marítimo** e **Museu Etnográfico**.

Tavira – pequena e bela cidade com cerca de 13 mil habitantes. O concelho é dividido em três sub-regiões naturais bem definidas: litoral, barrocal e serra. A costa de Tavira possui algumas das mais belas praias do Algarve e de Portugal, todas elas no Parque Natural da Ria Formosa. Ao contrário da maior parte das praias portuguesas, a temperatura das águas, no verão, é agradável. A ria Formosa está separada do mar pelas ilha de Cabanas e ilha de Tavira, cujas praias já descrevemos acima, formando um conjunto de canais, salinas e sapais. A cidade é repleta de igrejas históricas, e as duas margens do rio Gilão são ligadas por uma ponte romana que fazia parte do sistema viário da época. Os pontos de interesse turístico da cidade são as **Igrejas da Misericórdia** e **de Santa Maria do Castelo**, únicas das 21 igrejas da cidade que ficam abertas fora dos horários das missas, **Convento de Nossa Senhora da Graça**, **Castelo Árabe**, no antigo bairro mouro e com vista especial para a cidade, **Palácio da Galeria**, local onde se apresentam exposições temporárias, e **Núcleo Islâmico**.

Vila Real de Santo Antônio – cidade localizada no extremo sudeste do Algarve, a poucos quilômetros da fronteira com a Espanha. Criada e construída por ordem do Marquês de Pombal em 1774, por razões estratégicas de defesa dos limites portugueses em relação à Espanha, segundo planos semelhantes aos da reconstrução da Baixa de Lisboa, conhecida por Baixa Pombalina. Teve apogeu de prosperidade no final do século XIX e início do século XX, devido à pesca da sardinha e do atum e à indústria de conservas. Hoje, como quase todo o Algarve, vive primariamente da pesca e do turismo, especialmente pelas excelentes praias e proximidade com a Espanha.

PRINCIPAIS CIDADES INTERIORES

Principais cidades e pontos de referência interiores do Algarve, mais uma vez, de oeste para leste:

Monchique – pequena localidade interior a 460 metros de altitude e com 2.300 habitantes, encravada em uma região entre duas grandes serras cujas águas já eram apreciadas pelos romanos pelos poderes curativos. Alcançou o estatuto de cidade no século XVI, concedido pelo rei Dom Sebastião. No século XVIII as atividades artesanais têxteis e relacionadas com a madeira eram de tal importância que justificaram a sua elevação à categoria de vila, tendo conhecido a decadência com o início da industrialização. Hoje vive do turismo e do artesanato de cestaria, artigos de cortiça e tecelagem. A perspectiva urbana do centro histórico é muito diferente das cidades algarvias litorâneas – são casas construídas em colinas, ruas estreitas e panoramas verdejantes das serras, incrementado pela presença de camélias, hortênsias e árvores frutíferas. Na gastronomia, Monchique é conhecida nacionalmente pela suinocultura, embutidos e presuntos. Igualmente famosa nacionalmente é a aguardente de medronho produzida em Monchique, a aguardente com maior teor alcoólico de Portugal, quase comparável ao teor alcoólico do absinto. A partir da aguardente de medronho se faz também o licor chamado melosa. Medronho é a fruta do medronheiro, árvore que cresce selvagem em solos pobres das serras do Algarve e parte do Alentejo.

Silves – sua ocupação começa no período Paleolítico pelos cônios e célticos. Quando da ocupação romana chamava-se Clipes. No século I a.C., foram cunhadas moedas com esse nome. Depois da queda do Império Romano, foi integrada ao reino dos visigodos, no século V. Durante o domínio muçulmano, a cidade passou a ser a capital e a se chamar Xelb, Xilb ou al-Shilb. Em 1189, foi reconquistada por Dom Sancho I, mas em 1191 voltou às mãos muçulmanas, tendo a reconquista definitiva ocorrida apenas em 1249, no reinado de Dom Afonso III. Antes de se mudar primeiramente para Lagos e depois para Sagres, o infante Dom Henrique morou em Silves. Os principais pontos turísticos da cidade são o Castelo de Silves, o Castelo de Alcantarilha, a Catedral da Sé, do século XIII, a Igreja da Misericórdia, do século XVI, a Ponte de Silves, o Museu Arqueológico e a Ermida de Nossa Senhora dos Mártires. A população é de apenas 6.300 habitantes.

Loulé – uma das três capitais do Reino do Algarve, o maior município em termos territoriais e populacionais, com 71 mil habitantes, sendo 20 mil na área urbana. Engloba em seus limites os três maiores empreendimentos turísticos do Algarve e talvez até mesmo do país: Vilamoura, Quinta do Lago e Vale do Lobo.

A presença do homem na região remonta ao período Paleolítico; no século II a.C., os romanos deram impulso econômico à região, com o desenvolvimento da indústria conserveira, a agricultura e a exploração mineral do cobre e ferro. A partir do século VIII, com a conquista muçulmana, surge a cidade Al-'Ulya, atual Loulé, descrita como pequena Almedina fortificada e próspera, sob o comando de Taifa Ibne Mafom, do Reino de Niebla. Em 1249, o rei Dom Afonso III reconquista a cidade, integrando-a à coroa portuguesa.

A partir da Era dos Descobrimentos, Loulé experimentou um ciclo de crescimento econômico, acentuado posteriormente pelo ouro do Brasil, traduzido pelo enriquecimento do interior das igrejas da vila, com retábulos em talha dourada e azulejos executados pelos melhores artistas da região. Como em todo o Algarve, o terremoto destruiu grande parte da vila. O século XIX trouxe a evolução no setor de transportes, e o século XX, a exploração mineira do sal-gema, atraindo muitos trabalhadores, o que a levou a um subsequente desenvolvimento na construção civil.

Os principais pontos de visitação da cidade são o **Castelo Árabe**, reconstruído no século XIII, a **Igreja de São Clemente**, com torres de influências árabes, a **Igreja da Misericórdia**, a **Capela de Nossa Senhora da Conceição** e a **Capela de Nossa Senhora da Piedade**, a cerca de 2 km do centro histórico.

OS PRINCIPAIS EVENTOS DE LOULÉ

Festival Med – surgido em 2004, faz parte do roteiro dos maiores festivais de World Music da Europa, e acontece no centro histórico da cidade. Além de apresentar grandes nomes da música internacional, o MED engloba gastronomia, artes plásticas, animação de rua, artesanato, dança e workshops, entre outras atividades, objetivando divulgar a cultura dos países da bacia do Mediterrâneo.

Noite Branca Algarve – tem origem em algumas cidades europeias e norte-americanas, com objetivos sociais e humanitários. Ocorre em Loulé desde 2007, associando música à animação de rua, desenvolvidas no centro histórico. As lojas são decoradas em branco e grandes descontos são oferecidos para as pessoas vestidas de branco. Muita alegria nas ruas, bares e cafés... Mais de 30 artistas mostram incansavelmente as artes nas ruas, muito bem decoradas por Maria Raposo. Ocorre no último sábado de agosto.

Festa Mãe Soberana – a procissão anual em homenagem a Nossa Senhora da Piedade. No domingo de Páscoa a imagem da Nossa Senhora é levada do seu santuário à Igreja de São Francisco, a chamada Festa Pequena. Duas semanas depois ocorre a Festa Grande – a imagem está no monumento do Eng. Duarte Pacheco durante a missa e, em seguida, é levada numa grande procissão até o santuário no cimo do serro, ao som de bandas locais.

Almancil – desde 1836 é uma freguesia localizada na orla costeira do concelho de Loulé; desde 1987 a sede da freguesia, de mesmo nome, foi elevada à categoria de vila. O grande desenvolvimento ocorreu a partir dos anos 1970, quando do grande fluxo turístico direcionado para o Algarve e implantação dos grandes complexos turísticos/residenciais da região.

A freguesia engloba a parte ocidental do Parque Natural da Ria Formosa. Em sua zona costeira de 12 km de extensão localizam-se as famosas praias do **Ancão**, **Quinta do Lago**, **Garrão** e **Vale do Lobo**, além de vários campos de golfe classificados entre os melhores do mundo.

Gastronomicamente é freguesia privilegiada, onde se localizam restaurantes da mais alta categoria, ao nível dos melhores de Portugal, identificados mais à frente, e o **Supermercado Apolónia**, ícone da região no setor alimentar, verdadeira Disneylândia para adultos.

O principal monumento de Almancil é a belíssima **Igreja de São Lourenço**, dos finais do século XVII. O interior é totalmente revestido de azulejos datados de 1730, inclusive a cúpula, de autoria do importante mestre azulejeiro Policarpo Bernardes, ilustrando episódios da vida de São Lourenço de Huesca, como a curar dois cegos, a dar esmolas a pobres, a conversar com o papa Sisto II, a discutir com o imperador romano Valeriano quando recusa a abdicar da sua fé, culminando com a cena do seu martírio no fogo. A decoração é no estilo barroco, com retábulos da capela-mor esculpidos e dourados, datados de 1735 e atribuídos ao mestre algarvio Manuel Martins. Felizmente, o terremoto praticamente não causou danos à estrutura e à decoração da igreja.

HOTÉIS

A região do Algarve tem a maior concentração de hotéis de Portugal, variando de exclusivíssimos hotéis 5 estrelas a hotéis médios e modestos, resorts, pousadas, pensões, hostels e uma infinidade de casas e apartamentos para locação por temporada. É impossível pretender fazer uma lista completa sem incorrer na injustiça de deixar de citar alguns. Por isso, deixo claro que os citados abaixo não são os únicos recomendáveis, representam apenas uma pequena lista daqueles que conheço, seja por já ter me hospedado ou por apenas ter visitado.

Em termos de alto estilo, o que mais representa o Algarve é o **Hotel Quinta do Lago**, 5 estrelas situado no belo e luxuoso condomínio Quinta do Lago, em Almancil, desenvolvido pelo empresário luso-brasileiro André

Jordan, considerado por muitos o pai do turismo português. O hotel é um clássico do Algarve e, no verão, encontram-se turistas do mundo inteiro, além de famílias portuguesas que fazem da estada no Quinta do Lago uma tradição familiar, muitas vezes reunindo três ou quatro gerações da mesma família. A praia mais perto do hotel fica a 10 minutos a pé, muito boa, com infraestrutura do próprio hotel para os hóspedes. Nessa praia fica o restaurante **Gigi**, o mais badalado para o almoço em toda a região, necessitando de reservas com alguns dias de antecedência. A praia do Ancão é boa alternativa para os hóspedes.

Outros hotéis selecionados, limitados à categoria de luxo, estão listados abaixo, com a respectiva localização. Todos têm instalações e serviços muito bons, e a escolha em qual hotel ficar é muito mais decisão pessoal, baseada em alguns fatores, como preço, distância da praia, ter ou não campo de golfe no hotel ou próximo, vida noturna, restaurantes...

Conrad Algarve – Quinta do Lago, Almancil. Ganhador do prêmio *Europe's Leading Luxury Resort*, da **World Travel Awards**.

Vale do Lobo Algarve – no Vale do Lobo, Almancil.

Dunas Douradas Beach Club – em Almancil.

Ria Park Hotel & Spa – em Almancil.

Dona Filipa Hotel – em Almancil.

Villa Joya – em Albufeira. Ganhador do prêmio *Europe's Leading Boutique Hotel*, da **World Travel Awards**. O restaurante tem duas estrelas Michelin.

Pine Cliff Resort – em Albufeira.

Epic Sana Algarve – em Albufeira.

Bela Vista Hotel & Spa – em Portimão. Hotel único no Algarve, instalado em palacete do ano 1918, sobre a praia da Rocha. A decoração, tipicamente portuguesa, com muitos azulejos, é da autoria de Graça Viterbo, de Cascais.

Penina Hotel & Golf Resort – em Portimão.

Vilalara Thalassa Resort – em Porches, Lagoa.

Vila Vita Parc Resort & Spa – em Porches, Lagoa.

Onyria Palmares Beach House Hotel – em Lagos.

Casa Mãe – em Lagos.

The Lake Resort – em Vilamoura.

Tivoli Marina Vilamoura – em Vilamoura.

Blue & Green The Lake Spa Resort – em Vilamoura.

Anantara Vilamoura Algarve Resort – em Vilamoura.

Hilton Vilamoura As Cascatas Golf Resort & Spa – em Vilamoura.

As Cascatas Golf Resort & Spa – em Vilamoura.

The Residences at Victoria Algarve – em Vilamoura.

Pestana Vila Sol – em Vilamoura.

Crowne Plaza Vilamoura – em Vilamoura.

Quinta da Cebola Vermelha – a 10 km de Vilamoura.
Real Marina Hotel & Spa – em Olhão.
Hotel Tivoli Carvoeiro – em Carvoeiro.
Martinhal Beach Resort – em Sagres.
Pousada Convento de Tavira – em Tavira, no centro histórico, parte do conjunto das Pousadas de Portugal.

GASTRONOMIA

RESTAURANTES

Se fazer recomendações para hotéis no Algarve já é grande dificuldade, pela quantidade e diversidade da oferta, imaginem para restaurantes...

Em primeiro lugar, os hotéis citados têm excelentes restaurantes e bares, quase todos mais de um. Depois, os que não estão isolados têm à volta uma grande quantidade de restaurantes, principalmente os localizados perto de cidades de maior porte e, em especial, em Almancil. Depois, há uma enormidade de pequenos e médios restaurantes de cozinha do mar, cozinha regional, cozinha portuguesa, tascas de pescadores, enfim, a escolha é vasta e sempre vale a pena conferir aquela dica que o seu amigo lhe disse que é imperdível. Normalmente não é, mas sabe-se lá...?

Além do Gigi, citado quando falei do Hotel Quinta do Lago, outros restaurantes para almoço são o ótimo **Dois Passos**, situado na praia do Ancão, com qualidade reconhecida internacionalmente, e o **Izzy's**, situado na vizinha praia do Garrão, ambos em Almancil. No Izzy's, no verão, há excelente música ao vivo, com frequência.

Para jantar a situação fica séria, pois os restaurantes são espetaculares.

Villa Joya – restaurante do hotel de mesmo nome, em Albufeira. Duas estrelas Michelin.

Ocean – restaurante do Hotel Vila Vita Parc Resort & Spa, em Porches, Lagoa. Duas estrelas Michelin.

Henrique Leis – em Almancil. Uma estrela Michelin.
Willie's – em Vilamoura. Uma estrela Michelin.
São Gabriel – em Almancil. Uma estrela Michelin.
Gusto – em Almancil. Uma estrela Michelin.
Bom Bom – no Carvoeiro. Uma estrela Michelin.

Vista - restaurante do Bela Vista Hotel & Spa, em Portimão. Uma estrela Michelin.

Casa Velha - na Quinta do Lago, terraço espetacular, pôr do sol idem, decoração bonita, serviço impecável e comida nota 10. No verão, recomendo marcar jantar para 20h30, para ver o pôr do sol da sua mesa. Um dos meus preferidos.

Vincent - em Almancil, restaurante de cozinha francesa.

Pequeno Mundo - em Almancil, cozinhas portuguesa e francesa.

Funchal, ilha da Madeira

ANTECEDENTES

A menos de uma hora de avião de Lisboa, Funchal é a principal cidade e capital da ilha da Madeira, que, por sua vez, é a principal ilha do arquipélago da Madeira, formado ainda pela ilha do Porto Santo, Ilhas Desertas e Ilhas Selvagens, sendo que apenas as duas primeiras são habitadas. O arquipélago constitui a Região Autônoma da Madeira, anexada à União Europeia.

O clima é temperado e seco, com temperaturas agradáveis o ano inteiro, inclusive no inverno. A ilha da Madeira é muito montanhosa, altitude média de 1.371 metros e máxima um pouco acima de 1.850 metros, nos Picos Ruivo e das Torres. A população soma 270 mil habitantes.

Anteriormente à colonização, a ilha era coberta por floresta Laurissilva, quase totalmente queimada pelos primeiros colonos. O que resta, basicamente no norte da ilha, é classificado como Patrimônio da Humanidade pela Unesco. A Laurissilva é um tipo de floresta úmida subtropical, endêmico dos arquipélagos da Madeira, Açores, Canárias e Cabo Verde, sendo um dos habitats no mundo com maior diversidade de plantas por quilômetro quadrado. Seu nome deriva do latim *Laurus* (de lauráceas, a família da árvore mais abundante nesse tipo de floresta) e *Silva* (floresta, bosque).

Os navegadores portugueses João Gonçalves Zarco, Tristão Vaz Teixeira e Bartolomeu Perestrelo chegaram à Madeira em 1419, com a colonização se iniciando em 1425, por iniciativa de Dom João I ou do infante Dom Henrique.

A ilha é servida por um aeroporto moderno, com impressionante pista que avança sobre o mar, suportada por 180 pilares. A rede rodoviária também é nova e excelente, com grande profusão de túneis e viadutos, necessários para vencer os obstáculos geológicos e desníveis da ilha.

A ilha da Madeira foi considerada pelo **World Travel Awards** como o melhor destino insular da Europa por cinco vezes – de 2013 a 2018, com exceção de 2015, derrotando concorrentes como Sardenha, ilhas Canárias e Malta, muito contribuindo para isso o seu clima temperado – no inverno pode atingir 25 graus durante o dia, e a sua segurança e os seus jardins e parques fazem a ilha ser conhecida como "O Jardim Flutuante do Atlântico". Em 2018, a OneWorld – aliança das companhias aéreas British Airways, American Airlines, Iberia e outras – considerou a Madeira a melhor ilha do mundo.

PONTOS DE INTERESSE

Entre os passeios e visitas disponíveis na ilha, as sugestões são as seguintes:

Em primeiro lugar, a atividade mais conhecida no Funchal é fazer a descida em cestos de vime nos **Carreiros do Monte**. Para tal, por meio de um teleférico sobe-se ao Sítio da Igreja, de onde já se começa com belíssima vista da cidade. Desse ponto alto, embarcamos em um cesto de vime gigante, sem rodas, mas sobre uma espécie de esquis, empurrados por dois homens, portando os tradicionais chapéus de palha. De tempo em tempo, quando a velocidade reduz, um deles "unta" a rua com uma graxa, para o cesto deslizar mais facilmente. Nas curvas dá um pouco de receio, mas logo perceberá que nossos motoristas são profissionais... O percurso tem 2 km de extensão e dura cerca de 10 minutos. No meio do trajeto haverá um fotógrafo para registrar as reações. Quando o passeio termina, as fotos já estão em exposição e é difícil não comprar uma. Em janeiro de 2018, Ivy e eu tivemos a oportunidade de fazer essa "aventura", a qual certamente recomendamos, especialmente para visitantes com crianças.

A Madeira é muito conhecida pela sua natureza e paisagem exuberantes, sendo um destino frequente e interessante para quem gosta de fazer esportes e, em particular, as trilhas.

Para o turista esportivo há ainda a possibilidade de fazer escaladas, passeios de bicicleta, voos de asa-delta, windsurf e mergulho.

As chamadas **levadas** são canais de irrigação também utilizados para fazer percursos a pé, em trilhas com maior ou menor grau de dificuldade.

Na ilha existem cerca de 20 levadas, com comprimentos entre 1,5 km e 17 km, levando de uma a seis horas para completar o percurso.

Quanto aos museus, as recomendações são o **Museu de Arte Contemporânea da Madeira (MUDAS)**, no topo da Calheta, instalado em moderno edifício projetado pelo arquiteto Paulo David, nomeado para o prêmio Mies Van der Rohe, abrigando importante coleção de pinturas e esculturas dos anos 1960, de artistas madeirenses e do continente. Como fica fora da cidade, há o MudaBus, que parte diariamente do Funchal às 10h, retornando às 13h; o **Museu do Brinquedo**, com um acervo de 20 mil peças, abrigando as coleções de José Manuel Borges Pereira e de soldadinhos de chumbo de Alberto Figueira Jardim, entre outras; o **Museu CR7**, do jogador de futebol Cristiano Ronaldo, natural da ilha da Madeira e cinco vezes eleito o melhor jogador do mundo; **Museu de Arte Sacra do Funchal**, **Museu da Baleia da Madeira**, **Museu de História Natural do Funchal**; e **Museu da Madeira Wine Company**, que oferece na sua loja degustação de vinhos.

Outros pontos de interesse são o **Jardim Tropical Monte Palace**, implantado pelo empresário português Joe Berardo, com plantas exóticas de alguns países, destacando-se a autóctone Laurissilva. Como em todos os espaços criados por Berardo, a arte está intensamente presente, como o painel de 166 azulejos descrevendo as viagens dos portugueses pelo Japão; o **Miradouro Cabo Girão**, sobre um dos penhascos mais bonitos do mundo, de onde é possível observar um panorama ímpar a partir de passarela de vidro a quase 600 metros de altura; **Miradouro do Pico Ruivo**, a 1.860 metros de altura, o ponto mais alto da ilha; **Design Centre Nini Andrade Silva**, arquiteta madeirense com importantes trabalhos feitos no continente, que abriga loja de design e restaurante gourmet Atelier. Localiza-se em prédio histórico junto ao porto, que foi a casa de Gonçalves Zarco, colonizador da ilha; **Mercado dos Lavradores**, no centro do Funchal, com frutas que, aposto, nunca ouviu falar, quanto mais viu...; **Livraria Esperança**, fundada há 130 anos, hoje com 1.200 m^2 de área e oferta de mais de 100 mil livros; mais distante, a noroeste do Funchal, as **Piscinas Naturais do Porto Moniz**, formadas por rochas vulcânicas e preenchidas pela água do mar. Nesse conjunto há piscinas para crianças e com acesso para pessoas deficientes.

A ilha é ainda muito conhecida pelos bordados. No início da segunda metade do século passado, os bordados eram oferecidos aos turistas que ficavam nos barcos de cruzeiro a partir de pequenos barcos, conforme se pode ver em várias fotos existentes no Reid's. Naquela altura, provavelmente, os preços deveriam ser muito baixos. Hoje, em contrapartida, achei-os exageradamente altos, pela escassez de mão de obra e sua introdução nos artigos de luxo, como as mil golas bordadas vendidas para uma coleção da Chanel e enxovais para membros da família real inglesa.

Uma história bastante interessante e desconhecida é a publicada por Sara Campelo na **Revista Sábado** de janeiro de 2019. Envolve a figura de Fulgêncio Batista, ditador de Cuba deposto por Fidel Castro, no primeiro dia do ano de 1959. Deposto, fugiu para a República Dominicana, onde passou algumas semanas seguro, até se sentir desconfortável por ser vigiado pelo presidente Trujillo. Sentindo-se ameaçado, sondou vários países para lhe conceder asilo – primeiramente e preferencialmente os Estados Unidos e, com a recusa inicial, Espanha, Itália, Mónaco, Irlanda e Portugal. Depois de ter seu asilo negado por esses e outros países, inclusive Portugal, a esposa de Batista pressionou a esposa do presidente norte-americano Dwight Eisenhower a aceitar o exílio, sem sucesso. Sem solução aparente, e extraoficialmente, Washington solicitou ao presidente brasileiro Juscelino Kubitschek que intercedesse junto a Salazar em favor de Batista, como um favor. Vazadas as tratativas, houve imediato protesto em Havana e ameaça ao boicote de produtos portugueses em Cuba, além do impedimento de desembarque de cidadãos portugueses em Havana. Em Cuba, o periódico **La Revolución** escrevia que "o ditador Oliveira Salazar estendeu o manto de proteção a Batista com reservas: não lhe permite viver no Estoril, a cova de monarcas sem coroa, a nobreza arruinada, tiranos derrubados e contrabandistas internacionais". Foi autorizado apenas para ir ao Funchal, na ilha da Madeira, longe das atividades mundanas europeias, onde chegaram a 8 de setembro de 1959. Evidentemente, se hospedaram no Reid's, até hoje o hotel mais luxuoso da Madeira, e nele ocuparam todo o terceiro andar. João Carlos Abreu, repórter do **Jornal da Madeira**, relatou: "Ele chegou aqui praticamente de surpresa, mas ainda assim alguns populares viram sair aquela família, com os rapazes mais velhos e o pai de terno e gravata, e a mãe de *tailleur* escuro, luvas brancas nas mãos e a imagem de Santa Marta encostada ao peito. Seis guardas armados cubanos protegiam o ex-ditador e sua família, na Madeira e nas viagens da família ao exterior. A vida de Batista, sua família e *staff* na Madeira não era sacrificada – serviam-se de *drinks* no bar do hotel, enquanto fumavam charutos *Habana*, *Romeu y Julieta* e *Punch*, contrabandeados de Cuba. A estadia do grupo no hotel custava, em dinheiro de hoje, cerca de 19 mil euros por semana, muito pouco em relação à sua fortuna, estimada em mais de 100 milhões de dólares, fora investimentos nos Estados Unidos. Na década que viveu em Portugal, Batista organizou as suas memórias e publicou cinco livros. A mulher, Marta, acabou por mudar-se com os filhos para Lisboa, e em 1961 Batista escrevia a Salazar solicitando que permitisse a sua mudança para Lisboa, para se reunir à família. Em janeiro de 1962, Salazar concedeu-lhe liberdade de movimentos e Batista passou finalmente a residir no Estoril, até morrer em 1973".

HOTÉIS

O melhor e mais tradicional hotel da Ilha é o **Belmond Reid's Palace Hotel**, com quase 100 anos, instalações e serviço impecáveis. Fica debruçado sobre o mar, com maravilhosa vista da cidade do Funchal. Churchill era visitante contumaz da ilha da Madeira e sempre se hospedava nesse hotel. Sua presença é frequentemente lembrada por fotos e quadros. Churchill era um pintor amador e descreveu várias paisagens da ilha em suas telas.

    A maior rede de hotéis de Portugal – o **Grupo Pestana** – tem a sua sede na ilha da Madeira e, naturalmente, uma coleção de bons hotéis, destacando-se o **Pestana CR7 Funchal**, inspirado em sociedade com o jogador Cristiano Ronaldo, **Pestana Churchill Bay**, da série Pousadas de Portugal, **Pestana Miramar**, **Pestana Royal All Inclusive**, o exclusivo **Pestana Carlton Madeira** e mais nove hotéis de 4 e 5 estrelas. Há ainda o **The Cliff Bay**, 5 estrelas, e o **Porto Bay Santa Maria**, ambos do Grupo PortoBay, **Castanheiro Boutique Hotel** e **Vidamar Resort Hotel**. Na faixa mais econômica, há vários hotéis menos luxuosos, grande oferta de apartamentos para curta locação e hostels, como **Santa Maria**, com quartos individuais e dormitórios coletivos, bem no centro do Funchal.

GASTRONOMIA

VINHOS

O Vinho Madeira, instituição da ilha e de todo Portugal, é produzido desde o século XV. Atualmente representa quase 50% das exportações da ilha da Madeira, e o principal produtor é a empresa Blandy's, ligada à família inglesa com o mesmo nome há sete gerações (fundada em 1811). O preço médio de uma garrafa é de 20 euros, mas pode atingir até 1.200 euros em safras antigas e especiais. Vinho licoroso, com alto teor alcoólico, comparável ao seu "primo", o Vinho do Porto. Mas sua produção do primeiro é de apenas 3% a 5% da produção do segundo.

    As principais identidades e diferenças entre os dois vinhos fortificados são a uva utilizada, o teor de açúcar, sendo que o Vinho do Porto é normalmente mais doce, e a maturação, que, no caso do Vinho do Porto, é feita por envelhecimento em madeira ou em garrafa, enquanto a do Vinho Madeira é feita por maceração, utilizando calor.

Em seguida a esse vinho, a bebida mais típica da ilha é a poncha, feita com aguardente de cana, mel e frutas.

RESTAURANTES

O principal prato da culinária da ilha são as espetadas de vaca, oriundas dos Açores e engordadas nos pastos da Madeira. Uma das mais concorridas espetadas são as do **Restaurante O Viola**, com excelentes qualidade e serviço. Há ainda a culinária baseada em peixes e mariscos, em especial o peixe-espada e o atum.

Outros restaurantes da ilha:

Il Gallo D'Oro, restaurante com duas estrelas Michelin, de alta qualidade e serviço impecável. Fica no Hotel The Cliff Bay. Na alta estação, necessita reserva com antecedência.

William, duas estrelas Michelin, é o restaurante principal do Reid's Palace Hotel.

Restaurante do Forte.
Restaurante Atelier, no Espaço Nini Andrade Silva.
Restaurante Cris's.
Restaurante Armazém do Sal.
Restaurante Med.

Arquipélago dos Açores

ANTECEDENTES

A Região Autônoma dos Açores é arquipélago transcontinental, situado no oceano Atlântico, a um terço do caminho entre Lisboa e Nova Iorque. De avião, são cerca de duas horas desde Lisboa e quatro horas desde Nova Iorque. Ou seja, literalmente um belo arquipélago no "meio do nada"!

Apesar de não se localizar geograficamente na Europa, o arquipélago integra a União Europeia, por se subordinar a Portugal.

O arquipélago dos Açores é formado por nove ilhas, todas elas de origem vulcânica: Grupo Oriental, pelas ilhas de São Miguel (a principal e capital) e Santa Maria; Grupo Central, pelas ilhas do Pico, Terceira, São Jorge, Faial e Graciosa; e Grupo Ocidental, pelas ilhas das Flores e Corvo – todas habitadas. A ligação entre as ilhas é feita por via aérea, pela SATA, empresa regional, mas que também voa para Portugal e Estados Unidos, e por via marítima, pela Atlanticoline, sendo que algumas embarcações permitem o transporte de carros.

Para se movimentar nas ilhas, a melhor alternativa é alugar um carro, mas há ainda a possibilidade de contratar tours que partem dos centros urbanos ou contratar um motorista privado, na recepção do hotel ou em uma agência de viagens.

A história dos Açores data de quase seis séculos e reveste-se de importância para a história de Portugal e para a história do Atlântico, por terem sido escala para as expedições dos Descobrimentos, nomeadamente para a Carreira da Índia, Frota da Prata e do Brasil. Também contribuíram para a manutenção das praças portuguesas no norte da África (século XVI), quando das Guerras Liberais (século XIX), e durante as duas Guerras Mundiais, suprindo apoio estratégico e vital às forças aliadas. Até os dias de hoje, mantêm-se como centro de comunicação e apoio à aviação militar e comercial.

O descobrimento do arquipélago é matéria controvertida e com inúmeras versões, sendo a mais provável a que relata a chegada do português Gonçalo Velho à ilha de Santa Maria, em 1431, decorrendo a descoberta das demais ilhas nos anos seguintes, sempre na direção de oeste para leste.

Dada a necessidade, desde logo, da proteção e manutenção dessa posição estratégica, Portugal foi obrigado a fortificar as ilhas. Ao todo, existem 161 infraestruturas militares entre castelos, fortalezas, fortes, redutos e trincheiras, especialmente nas ilhas Terceira e de São Miguel, formando impressionante acervo histórico e turístico.

A colonização das ilhas iniciou-se na primeira metade do século XV, com imigrantes portugueses do continente, além de flamengos, bretões e outros europeus e norte-africanos.

Muitos desses que povoaram os Açores teriam sido cristãos-novos, de origem judaica sefarditas, obrigados a se converter pelas perseguições católicas que, ao imigrar para as ilhas, ficaram livres das perseguições religiosas, além de terem sido incentivados a povoá-las, a partir da distribuição de terras por Portugal. Até hoje a presença de judeus na ilha é significativa.

Politicamente, os Açores são desde 1976 região autônoma integrada à República Portuguesa, dotada de governo próprio e de ampla autonomia legislativa, com governo composto de 57 deputados eleitos e um presidente de governo, escolhido pelos parlamentares.

Além do turismo, com presença forte em quase todas as ilhas, os principais itens da economia açoriana são os produtos lácteos, carne bovina e pesca.

PONTOS DE INTERESSE

O turismo de brasileiros nos Açores praticamente não existe. Mesmo assim, os poucos turistas brasileiros que lá encontramos têm residência permanente em Portugal, incentivados pela publicidade veiculada no continente. Por outro lado, há grande contingente de turistas norte-americanos, cujas famílias saíram dos Açores para os Estados Unidos há várias gerações. Recentemente, em visita aos Açores, encontramos um grande número de casas com as bandeiras portuguesa e norte-americana hasteadas, o que significa que a casa pertence a um morador aposentado que retornou à sua terra, ou é uma casa de férias de um norte-americano cuja família é originária das ilhas.

A observação de cetáceos (baleias e golfinhos) é talvez a atividade turística número 1 das ilhas, seguida do *hiking*. Nos Açores há mais de 100 trilhas cadastradas, sendo 60 apenas na ilha de São Miguel. A trilha mais procurada para quem tem bom preparo físico é na ilha do Pico, cujo ponto mais alto situa-se a 2.351 metros de altitude.

Outras atividades esportivas das ilhas são os passeios de bicicleta, golfe, canoagem, surfe e *paddle* surfe.

Entre as personalidades de origem açoriana, destacam-se as cantoras canadenses Katy Perry e Nelly Furtado, o ator Tom Hanks, a atriz brasileira Lília Cabral e o escritor norte-americano Daniel Silva, autor de vários #1 best-sellers do **New York Times**.

Com relação aos laticínios, os queijos dos Açores são muito apreciados em Portugal, facilmente encontráveis em qualquer supermercado ou restaurante do continente. Praticamente toda a sua produção é para consumo local e exportação apenas para Portugal.

As áreas rurais das ilhas são divididas em minifúndios, separados por antigos muros de pedra, ao longo dos quais se desenvolvem plantações de hortênsias, das mais variadas cores. É belíssimo subir a algum ponto alto, especialmente em São Miguel ou na Terceira, e ver aquele coloridíssimo mosaico delimitando as pequenas propriedades.

Há uma pequena produção de vinho no arquipélago, sendo a mais importante o produzido na ilha do Pico, onde há a "Paisagem Protegida de Interesse Regional da Cultura da Vinha da Ilha do Pico", considerada Patrimônio Mundial da Humanidade pela Unesco.

O único local da Europa onde o clima permite a produção de chá é nos Açores, especialmente na ilha de São Miguel, onde houve uma indústria em expansão até o século XIX. Apesar de ainda subsistir a chamada "Rota do Chá", as indústrias em funcionamento são apenas duas, sendo a principal a Fábrica de **Chá Gorreana**, que oferece aos turistas a possibilidade de visitar as belas plantações em platôs, dispostos progressivamente até a altitude de 480 metros, e o processamento do chá feito nas máquinas existentes desde a sua fundação. No fim da visita pode-se provar um delicioso chá gelado ou comprar os diversos tipos de chá produzidos no local. A outra indústria é a **Chá Porto Formoso**, na localidade de Porto Formoso.

A diversidade de espécies florais nos Açores é reduzida, ao contrário da maior parte dos arquipélagos com condições climáticas semelhantes. Entretanto, as espécies lá existentes apresentam-se em quantidade, exuberância e beleza tão grandes que é impossível não parar para fotografá-las com uma frequência impressionante. A espécie mais encontrada são as hortênsias, que têm cores derivadas dos minerais presentes nos solos onde estão plantadas.

No verão há mais de dez grandes eventos nos Açores – festivais musicais de todos os gêneros, eventos de arte e esportivos. Um dos mais importantes é o *Walk & Talk*, já em sua 9ª edição em 2019. Trata-se de um festival de artes, normalmente em julho, consistindo em um circuito de exposições, espetáculos e performances na ilha de São Miguel, com o objetivo principal de ocupar o espaço público com arte, levar a arte para a rua.

Na nossa viagem aos Açores, somente estivemos nas ilhas de São Miguel e Terceira. Em ambas, além das ilhas de Faial, Pico e São Jorge, há grande quantidade de vulcões, totalizando 26 sistemas vulcânicos ativos, sendo oito submarinos.

Um vulcão é considerado ativo quando está em erupção, ou tem potencial para tal ou, ainda, todos os vulcões que registraram atividade nos últimos 100 mil anos!

Na ilha Terceira há visitas a túneis subterrâneos formados pelo percurso da lava quando da erupção de vulcões. Há alguns tão estreitos e baixos que mal dá para passar uma pessoa e, de repente, se abrem em grandes ambientes. Um dos dois únicos vulcões ativos do mundo que permitem visitação pública está nessa ilha.

Ilha de São Miguel

A ilha mais importante dos Açores, cuja principal cidade é Ponta Delgada, capital econômica da Região Autónoma dos Açores, tem 46 mil habitantes.

Na ilha de São Miguel há três vulcões, sendo o das Furnas o mais perigoso do arquipélago. Porém, o mais visitado é o vulcão das Sete Cidades, com diâmetro de 5 km e paredes de 500 metros de altura, existindo em sua caldeira duas lagoas, a azul e a verde, separadas por uma estreita faixa de terra. A vista dessa caldeira, com as duas lagoas interiores, a partir de um ponto mais alto, é magnífica. Há ainda a Lagoa do Carvão e a Lagoa do Fogo.

Outro programa imperdível é uma vista às Furnas, onde é preparado o prato mais conhecido da culinária açoriana – o cozido de Furnas. Os ingredientes principais são carne de porco, carne bovina, frango, chouriços, morcela, repolho, couve, batata, cenoura e inhame. Dois fatores diferenciam esse cozido de qualquer outro do mundo. Primeiro, ele é cozinhado num buraco na terra, pela ação dos vapores a altas temperaturas, as chamadas "fumarolas", e, em segundo lugar, é o único cozido do mundo preparado sem adicionar água, o que mantém no alimento todas as propriedades, sem nada ser diluído em água.

Esse campo de fumarolas, situado nos arredores do Vilarejo de Furnas, é aberto ao público em geral, para observar a operação de preparo do cozido ou até mesmo levar os ingredientes em uma panela e preparar o próprio cozido de Furnas. Diversos restaurantes e hotéis da região também se utilizam do método para servir essa maravilha aos turistas que não estiverem interessados em cozinhar – nosso caso.

Dessa forma, as panelas são empilhadas verticalmente em diversos buracos, tapados com terra, e aguarda-se o cozimento. Cada panela é identificada por um número, e o interessado volta seis horas depois para resgatar a sua refeição. Devido às altíssimas temperaturas das fumarolas, e para organizar a logística, há encarregados de colocar e retirar as panelas dos buracos.

Em nosso caso, o guia nos trouxe a esse campo cerca de meia hora antes de um dos buracos ser esvaziado, para vermos a operação, e, em seguida, levou-nos para o **Hotel Terranostra** para almoçar.

No salão do restaurante desse hotel fomos recebidos com aperitivos e vinho espumante, enquanto as panelas de cozido eram devidamente "trabalhadas" na cozinha, acondicionando todos os ingredientes em grandes bandejas, em seguida servidas às mesas pelos garçons, de modo que os comensais escolhem apenas as partes que mais gostam. Não temos dúvida de que foi o melhor cozido que já comemos na nossa vida.

Ainda em Furnas há pelo menos dois parques térmicos, o **Parque Terranostra**, com vegetação luxuriante, e a **Poça da Dona Beija**, em que a água atinge a temperatura de 39 graus. Ambos os parques são muito bonitos, com grande afluência de turistas que procuram as águas ferruginosas para tratamentos de saúde ou, mais frequentemente, mera diversão e relaxamento.

Na Ribeira Grande, em antiga fábrica de álcool e tabaco, desde 2015 instalou-se o **Arquipélago – Centro de Artes Contemporâneas**, espaço cultural centrado nas artes visuais e performativas, na moda, multimídia e música, procurando buscar diálogo com as outras oito ilhas e o continente americano. O projeto é do escritório Menos é Mais Arquitectos, que mereceu a nomeação para o prestigiado prêmio Mies van der Rohe.

Para compras de produtos regionais, recomendo a **Louvre Michaelense**, inaugurada em 1904 como chapelaria, loja de tecidos e produtos importados da França. Hoje vende artigos açorianos, especialmente chás, conservas e compotas; os **Armazéns Cogumbreiro,** que eram há 100 anos o maior estabelecimento comercial do arquipélago, de propriedade do industrial Francisco Cogumbreiro, amigo desde criança do príncipe Alberto I, de

Mônaco, que, acompanhado pelo rei Dom Carlos, de Portugal, liderava expedições científicas pelo mundo afora, inclusive nos Açores. Depois de muitos anos de abandono, o prédio foi reabilitado com projeto do arquiteto Aires Mateus, reabrindo em 2017 como cafetaria/sorveteria no térreo e pousada com quartos individuais nos andares superiores; a **Sua Alteza – O Rei dos Queijos**. Para satisfazer uma das minhas paixões, os queijos portugueses, entre eles os de leite de vaca dos Açores e, especialmente, o queijo da ilha de São Jorge, feito com leite de vaca cru e um tempo de cura mínimo de três meses, o único que leva o nome da ilha em que é produzido em seu nome e não pode ser feito em nenhum outro lugar (DOP). Vende ainda manteiga artesanal Rainha do Pico, considerada uma das melhores do mundo, chás, licores, vinhos, biscoitos, conservas, doces e outras delícias.

HOTÉIS

Os três melhores hotéis da ilha de São Miguel, 5 estrelas, dois inaugurados em 2016, são o **Azor Hotel**, moderno, urbano, quartos muito amplos e confortáveis, magnífica vista para o mar e preços bem razoáveis. O restaurante do hotel, **A Terra**, é talvez o melhor restaurante da cidade, servindo, entre outros pratos, excelentes *steaks* de *dry aged beef*, grelhados no carvão (forno Josper). O hotel possui, ainda, um cassino, e em dezembro de 2018 estava em vias de inaugurar um spa; e o **Pedras do Mar Resort & Spa**, localizado numa falésia ao norte da ilha, a cerca de 20 minutos de Ponta Delgada e do aeroporto. O hotel tem acesso direto à praia, spa e academia; e o terceiro, inaugurado mais recentemente, é o **Grand Hotel Açores Atlântico**. A sua inspiração vem da história centenária de importante empresa de navegação açoriana, do mesmo grupo proprietário do hotel, remetendo aos tempos das rotas marítimas Lisboa-Madeira-Açores e Açores-Estados Unidos, efetuadas nos séculos XIX e XX, por meio de fantásticos e luxuosos navios a vapor.

Outros bons hotéis são o **Pestana Bahia Praia**, em Vila Franca do Campo, antigo clássico da ilha, agora remodelado e rebatizado. Tem praia perto, spa e academia. Nas Furnas há o **Furnas Boutique Hotel Thermal & Spa**, muito charmoso, perto de trilhas campestres para passeios a pé ou de bicicleta. Possui uma piscina de águas termais, spa e academia. Ainda nas Furnas há o clássico **Hotel Terranostra**, onde fomos comer o famoso cozido de Furnas, também encravado numa paisagem campestre e bucólica. Acomodações mais baratas incluem o **Out of the Blue Hostel** e o **The Nook Hostel**, ambos em Ponta Delgada.

GASTRONOMIA

RESTAURANTES

Outro prato clássico da ilha de São Miguel é o **Bife Regional**, frito na frigideira com grande dose de alho e pimentões, servido com batatas fritas às rodelas (o que chamamos no Brasil batatas fritas à portuguesa) e, eventualmente, um ovo estrelado. Os principais restaurantes para provar esse clássico são o **Alcides** e a **Associação Agrícola de São Miguel**, que competem entre si para ostentar o título de melhor bife à regional da ilha. O primeiro fica em Ponta Delgada e o segundo na Ribeira Grande. Em ambos, uma porção inteira serve três pessoas.

Outros restaurantes recomendados são os dos hotéis acima citados, especialmente o **Terra**, do Hotel Azor, além do moderno **Tasquinha Vieira**, do chef português Joel Vieira, com passagens por restaurantes em Londres, Hong Kong e Estados Unidos, antes de voltar para os Açores; o concorridíssimo **A Tasca**, que não aceita reservas e tem filas de espera durante todo o período em que está aberto, das 11h às 2h; o **Casa da Rosa**; o **Mané Cigano**; o **Rotas da Ilha Verde (**o único vegetariano) e o **Calçada do Cais**.

Para os amantes da cozinha japonesa há o **Otaka**, oferecendo uma fusão de comida japonesa com a sul-americana. A casa, de propriedade de um chef português e uma chef brasileira, oferece serviço à la carte e três opções de menu-degustação.

Ilha Terceira

Angra do Heroísmo, capital da ilha Terceira, tem em sua área urbana cerca de 11 mil habitantes. O centro histórico foi classificado como Patrimônio Mundial pela Unesco. A segunda mais populosa do arquipélago, mas dizem que é a número 1 em número de festas!

No século XIX, Angra do Heroísmo constituiu-se centro e alma do movimento liberal em Portugal. Tendo abraçado a causa constitucional, ali se estabeleceu em 1828 a Junta Provisória, em nome de Maria II de Portugal, cujo trono foi usurpado pelo seu tio e esposo, Dom Miguel. Foi nomeada capital do reino pelo Decreto de 15 de Março de 1830. Lá, no contexto da Guerra Civil Portuguesa (1828-1834), Pedro IV de Portugal, ou Pedro I do Brasil, organizou a expedição que levou ao desembarque no Porto e lá promulgou alguns dos mais importantes decretos do novo regime, como o que criou novas atribuições às Câmaras Municipais, o que reorganizou o Exército Português, o que aboliu alguns impostos, especialmente os que incidiam na compra e venda de imóveis, o que extinguiu os morgados (forma de organização familiar que cria uma linhagem e um código para designar os sucessores, estatutos e comportamentos) e capelas, e o que promulgou a liberdade de ensino no país.

Em reconhecimento de tantos e tão destacados serviços, o Decreto de 12 de Janeiro de 1837 conferiu à cidade o título de "mui nobre, leal e sempre constante cidade de Angra do Heroísmo", e a rainha Dona Maria II de Portugal condecorou-a com a Grã-Cruz da Ordem Militar da Torre e Espada, do Valor, Lealdade e Mérito.

A observação de cetáceos é a atividade turística número 1 da ilha Terceira, apesar de também ocorrer nas demais ilhas. No arquipélago é possível observar 25 espécies de baleias e golfinhos, residentes ou migratórios, além de tubarões, tartarugas e outras espécies marinhas. Em 2017 tivemos a oportunidade de sair de barco em Angra do Heroísmo para observá-los e ficamos impressionados com a quantidade e variedade de cetáceos que encontramos em algumas poucas horas. Esses passeios de barco são sempre acompanhados de um biólogo marinho, que muito ajuda a observação e a compreensão dos hábitos dos animais que encantam a todos, adultos e crianças.

Outras atividades turísticas incluem visita às **Piscinas Naturais de Biscoitos**, esculpidas em lava escoada, boas para um mergulho ou relaxar. Bem ao lado estão as Vinhas de Biscoitos, centenárias e recuperadas, entre as quais se destacam as castas verdelho, que produzem os recomendados Magma e Muros de Magma; uma excursão ao **Algar do Carvão**, monumento natural criado pela lava de um vulcão, agora adormecido, há 3.200 anos; e uma ida ao **Mirante da Serra do Cume**, de onde se descortina uma vista verde incrível.

Em nossa viagem a Angra, ficamos no **Terceira Mar Hotel**, um 4 estrelas muito confortável; todos os quartos têm vista panorâmica para o mar e belos jardins.

Recomendo ainda a **Pousada Castelo de São Sebastião**, muito bem localizada na área central da cidade, no topo de uma falésia. Hotel moderno, instalado em uma fortaleza do século XVI.

Para comer, além dos restaurantes dos principais hotéis, recomendo o clássico **Beira-Mar São Mateus**, marisqueira no porto de mesmo nome; o **Ti Choa**, onde se deve pedir a alcatra, prato típico da ilha. Ao contrário do Brasil, em que alcatra é um corte de carne, o termo designa o modo de cozinhar – 12 horas em panela de barro, podendo ser carne ou peixe; o **Caneta**, outro clássico; e o **Boca Negra**, em Porto Judeu, onde se come um polvo famoso com pão.

DICA

Aos turistas de primeira viagem aos Açores, recomendo que utilizem os serviços de uma agência de viagens para já chegar com hotéis reservados e passeios organizados. Foi o que fizemos – os hotéis recomendados eram bons e os serviços de *transfer* e excursões correram sem problema algum, contando com guias da mais alta qualificação. Em Portugal há várias agências que trabalham com os Açores. No Brasil só conheço a **Viagens Abreu**, que nos organizou um pacote com aéreo a partir de Lisboa, hotéis, *transfers* e excursões.

Glossário de termos e de expressões

Adega – vinícola.
Algar – cavidade natural de desenvolvimento predominantemente vertical. Em Portugal é também chamada algarão ou algarocho.
Almedina – cidade, em árabe.
Alojamento local – serviços de alojamento temporário em estabelecimentos que não reúnem os requisitos legalmente exigidos para os empreendimentos turísticos. A lei prevê três tipos de estabelecimentos de alojamento local: o apartamento, a casa e os estabelecimentos de hospedagem, com alguns requisitos mínimos de segurança e higiene. Em palavra mais moderna, Airbnb.
Autocarro – ônibus.
Barrocal – sub-região natural do Algarve, entre o litoral e a serra. Geologicamente, se caracteriza pela presença de diversas elevações calcáreas de forma irregular, raramente ultrapassando os 400 metros de altitude, denominados barrocos.
Ben Howkins – escritor, autor do clássico *Rich, Rare & Red: A Guide to Port*, 4ª edição, 2015.
Bermas – acostamento das estradas.
Bica – cafezinho.
Bolas de Berlim – sonho (doce).
Bolo de caco – pão salgado de batata-doce, típico da ilha da Madeira.
Câmara Municipal – prefeitura.
Carrinha – camionete, *station wagon*.
Carta de Foral – ou simplesmente foral, era um documento real utilizado em Portugal que visava estabelecer um concelho e regular a sua administração, deveres e privilégios.
Casa de banho – banheiro.
Cave – subsolo, porão.
Comboio – trem.
Concelho – município.
Desengace – separação da uva do seu cacho.
DOC – Denominação de Origem Controlada é o sistema utilizado para certificar vinhos, queijos, manteigas e outros produtos agrícolas portugueses e europeus. A designação é atribuída a produtos de regiões geograficamente delimitadas, que cumprem um conjunto de regras consignadas em legislação própria.
DOP – Denominação de Origem Protegida são indicações geográficas definidas na legislação da União Europeia (UE) para proteger nomes das cozinhas regionais. A lei, que vem sendo paulatinamente expandida para outros países da UE e não UE devido aos acordos bilaterais, certifica que apenas os produtos genuinamente originados em determinada região

podem ser por eles comercializados e assim denominados. A lei protege os nomes de vinhos, queijos, presuntos, embutidos (linguiças), azeites, cervejas, pães regionais, frutas e vegetais. Exemplos: Champagne, Cognac, vinho do Porto, queijo da serra...

Drogaria – loja de ferragens.

Eléctrico – bonde.

Engacho – cacho que suporta as uvas.

Ernest Cockburn – escritor e produtor de vinho, autor de *Port Wine and Oporto*, livro raro publicado em 1949.

Esplanada – terraço.

Espólio – acervo.

Estilo barroco – estilo artístico que floresceu entre o final do século XVI e meados do século XVIII, inicialmente na Itália, difundindo-se em seguida pelos países católicos da Europa e da América, antes de atingir, em forma modificada, as áreas protestantes e alguns pontos do Oriente.

Estilo barroco joanino – designação conjunta das várias correntes artísticas que coexistiram em Portugal durante o reinado de Dom João V.

Estilo barroco português tardio – estilo barroco situado no período de 1700 a 1750.

Estilo bizantino – arquitetura, pinturas e outras artes visuais produzidas na Idade Média, no Império Bizantino (centrado em Constantinopla) e em várias áreas que vieram sob a sua influência. Os estilos pictóricos e arquitetônicos que caracterizam o estilo bizantino, primeiro codificado no século VI, persistiram com notável homogeneidade dentro do império até sua dissolução final com a tomada de Constantinopla pelos turcos em 1453.

Estilo chão – estilo arquitetônico português marcado pela austeridade das formas.

Estilo flamejante – fase final da arquitetura gótica, nomeadamente francesa, assim chamada porque seu aspecto mais característico são os ornamentos florais que lembram a forma de flamas (do francês *flamboyant*, "flamejante"). O estilo originou-se por volta de 1370, e praticamente tomou conta da França até meados do século XV, cedendo aos poucos espaço ao estilo renascentista, no início do século XVI. Derivações do gótico flamejante, às vezes fazendo parte da mesma nomenclatura, incluem o Sondergotik do sul da Alemanha e o estilo manuelino em Portugal.

Estilo gótico – designa uma fase da história da arte ocidental, identificável por características muito próprias de contexto social, político e religioso em conjugação com valores estéticos e filosóficos e que surge como resposta à austeridade do estilo românico. O movimento cultural e artístico desenvolve-se durante a Idade Média, no contexto do Renascimento do século XII, e prolonga-se até o advento do Renascimento italiano, quando a inspiração clássica quebra a linguagem artística até então difundida.

Estilo gótico-manuelino – fase tardia do gótico em Portugal, prolongando-se até o século XV pelo estilo manuelino, centrado, sobretudo, nas construções religiosas.

Estilo manuelino – O estilo manuelino, por vezes também chamado de gótico português tardio ou flamejante, é um estilo decorativo, escultórico e de arte móvel que se desenvolveu no reinado de Dom Manuel I e prosseguiu até e após a sua morte, ainda que já existisse desde o reinado de Dom João II. É uma variação portuguesa do gótico final, bem como da arte luso-mourisca ou arte mudéjar, marcada por uma sistematização de motivos iconográficos próprios, de grande porte, simbolizando o poder régio. Incorporou, mais tarde, ornamentações do Renascimento Italiano.

Estilo neogótico – estilo de arquitetura revivalista, originado em meados do século XVIII na Inglaterra. No século XIX, estilos neogóticos progressivamente mais sérios e instruídos procuraram reavivar as formas góticas medievais, em contraste com os estilos clássicos dominantes na época.

Estilo oitocentista – tudo aquilo que faz referência ou diz respeito ao oitocentismo ou século XIX; tudo o que representa ou se conecta ao século XIX de alguma forma.

Estilo renascentista – estilo surgido no período da história da Europa aproximadamente entre meados do século XIV e o fim do século XVI. Chamou-se Renascimento em virtude da intensa revalorização das referências da Antiguidade Clássica, que nortearam um progressivo abrandamento da influência do dogmatismo religioso e do misticismo sobre a cultura e a sociedade, com concomitante e crescente valorização da racionalidade, ciência e natureza. Nesse processo o ser humano foi revestido de nova dignidade e colocado no centro da Criação, e por isso deu-se à principal corrente de pensamento desse período o nome de humanismo.

Estilo românico – estilo artístico vigente na Europa entre os séculos XI e XIII, durante o período da história da arte comumente conhecido como "românico". O estilo é visto principalmente nas igrejas católicas construídas após a expansão do cristianismo pela Europa, o primeiro depois da queda do Império Romano a apresentar características comuns em várias regiões. Até então a arte tinha se fragmentado em vários estilos, sendo o românico o primeiro a trazer uma unidade nesse panorama.

Ex-libris – neste texto, utilizado como representação simbólica de um lugar.

Faneca – espécie de peixe, saboroso e barato.

Filoxera – nome comum do hemíptero da família Phylloxeridae, da espécie *Dactylosphaera vitifolii*. A partir do último quadril do século XIX, a filoxera constituiu-se na mais devastadora praga da viticultura mundial.

Forrester – barão, homem de negócios, produtor e provador de vinhos, artista. Autor de diversos mapas, o mais notável o mapa histórico do Douro. Faz parte da história do Porto.

Galão – tecido espesso de ouro, prata ou lã, do feitio de uma fita, usado como remate ou enfeite em peças de vestuário, especialmente de militares ou do mobiliário.

Garrafeira – adega, loja onde se vendem vinhos.

Imperial – chope.

IVDP – Instituto do Vinho do Douro e do Porto

James Suckling – grande referência do mundo do vinho, foi editor sênior da *Wine Spectator*. Diz ter degustado mais de 200 mil rótulos.

Josper – combinação de grelha e forno a carvão em uma única peça.

Lagar – local onde se pisam frutos para separar sua parte líquida da massa sólida, como as azeitonas para fazer azeite ou as uvas para elaborar vinho.

Livros de Horas Iluminados – na Idade Medieval, os livros – objetos raríssimos – recebiam belíssimas ilustrações pintadas com cores fortes, feitas com detalhes delicadíssimos em razão do tamanho destas. Elas se referiam aos mais diferentes temas, indo das passagens bíblicas às cenas do cotidiano, e se denominaram dessa forma.

Lotações de vinhos – beneficiamento de vinhos a partir de misturas.

Marquês de Pombal – Sebastião José de Carvalho e Melo, Marquês de Pombal e Conde de Oeiras (Lisboa, 13 de maio de 1699 – Pombal, 8 de maio de 1782), foi um nobre, diplomata e estadista português. Secretário de Estado do Reino durante o reinado de Dom José I (1750-1777), considerado, ainda hoje, uma das figuras mais controversas e carismáticas da história portuguesa. Responsável pela reconstrução de Lisboa e de Portugal, após o terremoto.

Miguelistas – defensores do absolutismo em Portugal e apoiadores de Dom Miguel I e contrários a Dom Pedro IV (Dom Pedro I, do Brasil), durante a Guerra Civil Portuguesa (1828-1834).

Míldio – conjunto de doenças de plantas causadas por organismos parasitas da família Perenosporaceae.

Mirífico – admirável, maravilhoso.

Miúdos – crianças.

Morada – endereço.

Moradia – casa.

Multibanco – cartão de débito, caixa automático (ATM).

Organolépticas – características dos materiais que podem ser percebidos pelos sentidos humanos, como cor, brilho, luz, odor, textura, som e sabor.
Parque – estacionamento.
Polícia – policial.
Portagem – pedágio de estradas.
Prego – bife.
Prego no pão – sanduíche de filé, simples, sem queijo.
Presidente da Câmara Municipal – prefeito.
Púcura – panela de barro portuguesa.
Restauração – ramo de restaurantes.
Retábulo – construção de madeira ou pedra, em forma de painel e com lavores, que se coloca na parte posterior dos altares, geralmente decorada com temas da história sagrada ou retratos de santos.
Saber bem – calhar bem, cair bem, gostar.
Sandeman – um dos mais importantes e antigos produtores de Vinho do Porto.
Sapal – formações aluvionares periodicamente alagadas pela água salobra e ocupadas por vegetação halofítica ou, em alguns casos, mantos de sal.
Sítio – lugar.
Socalcos – espécie de degrau, nas encostas, suportado por muro, para cultivo, no caso, de uvas.
Tomar um copo – beber.
Torre de menagem – em arquitetura militar, estrutura central de um castelo medieval, definida como o principal ponto de poder e último reduto de defesa, podendo, em alguns casos, servir de recinto habitacional do castelo.
Trasfegas ou transvasas – consiste no processo de separação de um novo vinho dos seus sedimentos, movendo-o de um recipiente para outro, com equipamentos simples e uso da gravidade.
Travesseiro – doce típico da cidade de Sintra, consistindo de pastel folhado, recheado com creme de ovos, amêndoas e açúcar.
Via Verde – equivalente ao Sem Parar brasileiro, usado para pagar automaticamente os pedágios e estacionamentos.
Vinha – colheita das uvas, vindima.
Warner Allen – escritor, autor de *The Romance of Wine*, publicado em 1931.

Anexos

Anexo 1

Restaurantes com estrelas Michelin em Portugal (edição 2019)

O Guia Michelin 2019 apresenta 167 restaurantes em Portugal, sendo 107 na categoria "O Prato Michelin", de entrada na classificação, 36 na categoria "Bib Gourmand", que apresenta os restaurantes de boa qualidade, mas com preço abaixo de 35 euros para uma refeição completa, por pessoa, e as categorias estreladas, sendo seis com duas estrelas e 20 com uma estrela. Em Portugal não há nenhum restaurante na categoria três estrelas, mas, na minha opinião, é uma questão de tempo... pouco tempo.

Abaixo, listo os restaurantes estrelados, com a localização e os respectivos responsáveis pela cozinha.

☆☆ DUAS ESTRELAS

- **Vila Joya**, Albufeira, Algarve. Chef Dieter Koschina
- **Ocean**, Porches, Algarve. Chef Hans Neuner
- **Belcanto**, Lisboa. Chef José Avillez
- **The Yeatman**, Vila Nova de Gaia, Porto. Chef Ricardo Costa
- **Il Gallo D'Oro**, Funchal, Ilha da Madeira. Chef Benoît Sinthon
- **Alma**, Lisboa. Chef Henrique Sá Pessoa

☆ UMA ESTRELA

- **Henrique Reis**, Almancil, Algarve. Chef Henrique Reis
- **Fortaleza do Guincho**, Cascais. Chef Gil Fernandes
- **Willie's**, Vilamoura, Algarve. Chef Willie Wurguer
- **Largo do Paço**, Amarante, Porto. Chef Tiago Bonito
- **Feitoria**, Lisboa. Chef João Rodrigues
- **Eleven**, Lisboa. Chef Joachim Koerper
- **Pedro Lemos**, Porto. Chef Pedro Lemos
- **São Gabriel**, Almancil, Algarve. Chef Leonel Pereira
- **Bom Bom**, Carvoeiro, Algarve. Chef Louis Anjo
- **Antiqvvm**, Porto. Chef Vitor Matos
- **Casa de Chá da Boa Nova**, Leça da Palmeira, Porto. Chef Rui Paula
- **Lab by Sergi Arola**, Sintra. Chefs Sergi Arola e Vlademir Veiga
- **L'And**, Montemar-o-Novo, Alentejo. Chef Miguel Laffan
- **Loco**, Lisboa. Chef Alexandre Silva

- **William**, Funchal, Ilha da Madeira. Chefs Luis Pestana e Joachim Koerper
- **Gusto**, Almancil, Algarve. Chef Danielle Pirillo
- **Vista**, Portimão, Algarve. Chef João Oliveira
- **Midori**, Sintra. Chef Pedro Almeida
- **G Pousada**, Bragança, Trás-os-Montes. Chef Óscar Gonçalves
- **A Cozinha**, Guimarães. Chef Antonio Loureiro

Por região, em Lisboa há oito restaurantes estrelados, oito também no Algarve, cinco no Porto e cinco em outras regiões.

Anexo 2

*Pousadas
de Portugal*

Cabe aqui esclarecer que no país há uma rede de 31 pousadas, denominadas Pousadas de Portugal, instaladas em palácios, castelos, mosteiros, conventos e prédios de importância histórica. Ao contrário do Brasil, onde geralmente as pousadas são instalações mais simples, as Pousadas de Portugal são sofisticadas e equivalentes a hotéis de 4 e 5 estrelas. As propriedades geralmente pertencem ao Estado português e a operação dessa rede é feita pelo Grupo Pestana, que as classificou em três categorias, de acordo com a importância histórica da propriedade: Monumento Histórico (localizado em monumentos nacionais bem preservados e com características originais mantidas, como conventos, mosteiros, castelos ou fortalezas), Hotel Histórico (localizado também em conventos, mosteiros, castelos ou fortalezas, mas profundamente renovado e com decoração e equipamentos contemporâneos), e Hotel de Charme (localizado em locais românticos, com atmosfera única). Abaixo, apresentamos a relação dessas pousadas, agrupadas nas regiões Norte, Centro e Sul do país, além das ilhas.

REGIÃO NORTE

1. **Pousada de Valença**, Valença, Minho – Hotel de Charme
2. **Pousada do Gerês**, Gerês, Minho – Hotel de Charme
3. **Pousada de Bragança**, Bragança, Trás-os-Montes – Hotel de Charme
4. **Pousada Viana do Castelo**, Viana do Castelo, Minho – Hotel Histórico
5. **Pousada Mosteiro de Amares**, Amares, Minho – Monumento Histórico
6. **Pousada Mosteiro de Guimarães**, Guimarães, Braga – Monumento Histórico
7. **Pousada Palacete de Alijó**, Alijó, Vila Real – Hotel Histórico
8. **Pousada da Ria**, **Torreira**, Aveiro, Aveiro – Hotel de Charme
9. **Pousada de Viseu**, Viseu, Viseu – Hotel Histórico
10. **Pousada Convento de Belmonte**, Belmonte, Beira Interior – Hotel Histórico
11. **Pousada da Serra da Estrela**, Covilhã, Beiras – Hotel Histórico
12. **Pousada de Condeixa-Coimbra**, Condeixa-a-Nova, Coimbra – Hotel de Charme

REGIÃO CENTRAL

1. **Pousada de Ourém-Fátima**, Ourém, Santarém – Hotel de Charme
2. **Pousada Castelo de Óbidos**, Óbidos, Extremadura – Hotel Histórico
3. **Pousada de Marvão**, Marvão, Portalegre – Hotel de Charme
4. **Pousada Mosteiro do Crato**, Crato, Alentejo – Monumento Histórico
5. **Pousada Palácio de Queluz**, Queluz, Lisboa – Hotel Histórico
6. **Pousada de Lisboa**, Palácio do Comércio, Lisboa – Monumento Histórico
7. **Pousada Convento de Arraiolos**, Arraiolos, Alentejo – Hotel Histórico
8. **Pousada Castelo de Estremoz**, Estremoz, Alentejo – Hotel Histórico
9. **Pousada Convento de Vila Viçosa**, Vila Viçosa, Alentejo – Hotel Histórico
10. **Pousada Convento de Évora**, Évora, Alentejo – Hotel Histórico
11. **Pousada Castelo de Palmela**, Palmela, Setúbal – Hotel Histórico
12. **Pousada Castelo de Alcácer do Sal**, Alcácer do Sal, Setúbal – Hotel Histórico
13. **Pousada Castelo de Alvito**, Alvito, Alentejo – Hotel Histórico
14. **Pousada Convento de Beja**, Beja, Alentejo – Hotel Histórico

REGIÃO SUL

1. **Pousada de Sagres**, Sagres, Algarve – Hotel de Charme
2. **Pousada Palácio de Estoi**, Estoi, Algarve – Monumento Histórico
3. **Pousada Convento de Tavira**, Tavira, Algarve – Hotel Histórico

ILHAS

1. **Pousada de Angra do Heroísmo**, Angra do Heroísmo, Ilha Terceira, Açores – Hotel Histórico
2. **Pousada Forte da Horta**, Horta, Ilha do Faial, Açores – Hotel Histórico

Anexo 3

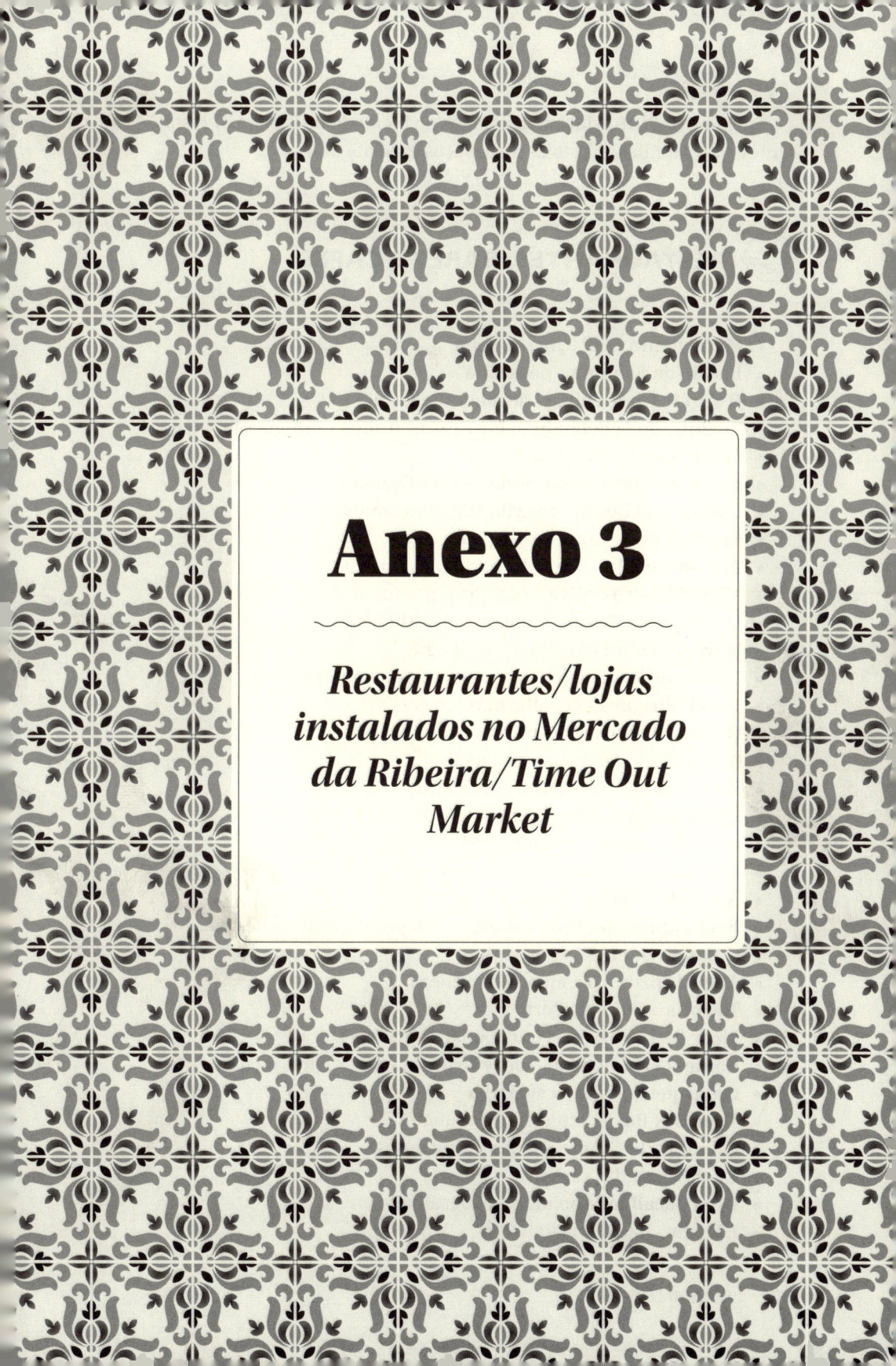

Restaurantes/lojas instalados no Mercado da Ribeira/Time Out Market

Em julho de 2019 estavam instalados no Mercado da Ribeira 37 restaurantes, bares e cafés, e 11 lojas ou espaços específicos.

RESTAURANTES, BARES E CAFÉS

- **Marisqueira Azul** – marisqueira
- **Balcão da Esquina** – petiscaria
- **O Surf & Turf** – comida de mar e/ou terra
- **Cozinha da Felicidade** – petiscaria e cozinha portuguesa
- **Montemar** – peixes e mariscos
- **Tartar-ia** – tartares de carne, peixe e legumes
- **Café de São Bento** – casa do bife mais famoso de Lisboa
- **Sea Me** – petiscaria e marisqueira
- **Alexandre Silva** – cozinha portuguesa criativa
- **Miguel Castro e Silva** – cozinha portuguesa
- **Henrique Sá Pessoa** – duas estrelas Michelin!
- **Marlene Vieira** – cozinha portuguesa
- **Croqueteria** – único restaurante de croquetes da cidade
- **João Rodrigues** – cozinha portuguesa
- **O Prego da Peixaria** – pregaria
- **Asian Lab** – comida pan-asiática
- **Zero-Zero** – pizzas artesanais à lenha
- **Confraria** – cozinha japonesa
- **Ground Burger** – hamburgueria
- **Santini** – sorvetes
- **Nós e Mais Bolos** – bolos à fatia
- **Beer Experience Super Bock** – cervejas originais e artesanais
- **O Bar da Odete** – bar de vinhos
- **Aperol Spritz** – o coquetel de Veneza
- **Taylor's** – vinho do Porto
- **Licor Beirão** – o mais tradicional de Portugal
- **Compal Frutológica** – sucos de frutas frescas feitos na hora
- **Quiosque do Café** – café Delta
- **Time Out Bar** – coquetéis de assinatura
- **Crème da la Crème** – sopas portuguesas
- **Chef** – empadas variadas
- **Olhó Bacalhau** – bolinhos de bacalhau
- **L'Eclair** – pastelaria francesa

- **Manteigaria** – café e pastéis de nata
- **Quiosque do Cais** – café, bar etc. em bela esplanada
- **Pap'Açorda** – um dos restaurantes clássicos de Lisboa
- **Rive-Rouge** – discoteca e bar

LOJAS/ESPAÇOS ESPECÍFICOS

- **Garrafeira Nacional** – vinhos e outras bebidas
- **Espaço Time Out** – bilheteira, revistas, jornais, tabaco
- **Conserveira de Lisboa** – conservas de peixe e marisco
- **Bettina Corallo** – chocolate artesanal
- **Manteigaria Silva** – charcutaria
- **Frutos Secos do Mercado** – frutos secos
- **Academia Time Out** – escola de cozinha
- **A Vida Portuguesa** – souvenirs, artigos tradicionais portugueses para o lar
- **Recordação de Sintra** – queijadas e travesseiros
- **Estudio Time Out** – sala multiusos para eventos
- **Second Home** – espaço para trabalho e negócios

Anexo 4

*Lojas históricas
de Lisboa*

Abaixo são apresentadas as 76 lojas históricas de Lisboa, com os ramos de comércio:

- **A Brasileira** – cafetaria, bar, restaurante
- **A Carioca** – cafés, chás, chocolates
- **A Ginginha** – licores e bebidas
- **A Minhota** – cafetaria
- **A Veneziana** – sorveteria
- **André Opticas** – ótica
- **Arqui Chique Retrosaria** – armarinho
- **Au Peti Paintre** – papelaria
- **Bar Americano** – bar, cafetaria
- **Barbearia Campos** – barbearia e cabeleireiro masculino
- **British Bar** – bar
- **Café Nicola** – cafeteria, bar, restaurante – **estabelecimento bicentenário**
- **Café Restaurante Martinho da Arcada** – cafetaria, bar, restaurante – **estabelecimento bicentenário**
- **Casa Achilles** – ferragens artísticas e especiais
- **Casa Buttuller** – artigos militares
- **Casa Forra** – tecidos a metro, couros
- **Casa Havaneza** – tabacaria
- **Casa Macário** – cafés, chás, chocolates, biscoitos
- **Casa Pereira** – cafés, chás, bebidas
- **Casa Pereira da Conceição** – cafés, chás, chocolates, frutos secos, louças
- **Casa Xangai** – roupa de bebês e de crianças
- **Casanostra** – restaurante
- **Caza das Vellas Loreto** – velas – **estabelecimento bicentenário**
- **Chapelaria Azevedo Rua** – chapéus para homens e senhoras
- **Confeitaria Nacional** – pastelaria, salão de chá, restaurante
- **Conserveira de Lisboa** – enlatados de peixes e mariscos
- **Drogaria de São Domingos** – ferragens
- **Espingarderia Central A. Montez** – espingardas e armas
- **Fábrica dos Pastéis de Belém** – pastéis de Belém, cafetaria
- **Farmácia Andrade** – farmácia
- **Farmácia Barreto** – farmácia
- **Farmácia Morão** – farmácia
- **Farmácia Normal** – farmácia
- **Ferragens Guedes** – ferragens
- **Florista Pequeno Jardim** – flores e plantas
- **Fotografia Triunfo** – fotografia, fotógrafo

- **Francisco Soares da Silva** – passamanarias
- **Franco Gravador** – gravações
- **Galeto** – *snack bar*, restaurante
- **Ginginha Rubi** – licores e bebidas
- **Ginginha Sem Rival e Eduardino** – licores e bebidas
- **Hospital das Bonecas** – brinquedos
- **Joalharia do Carmo** – joalheria, artigos decorativos de prata
- **Joalharia Ferreira Marques** – joalheria, artigos decorativos de prata
- **Leão d'Ouro** – restaurante
- **Leitaria A Camponeza** – leiteria, restaurante
- **Leitão e Irmão** – joalheria, artigos decorativos de prata
- **Livraria Ferin** – livraria
- **Londres Salão** – tecidos a metro
- **Luvaria Ulisses** – luvas, fabricação e restauro
- **Manuel Tavares** – charcutaria, mercearia
- **Manteigaria Silva** – charcuteria, queijos, frutas secas, bacalhau, vinhos
- **Óptica Jomil** – ótica, consultas oftamológicas
- **Ourivesaria Sarmento** – joalheria, artigos decorativos de prata
- **Panificação Mecánica** – padaria
- **Paris em Lisboa** – roupa de cama, mesa e banho
- **Pastelaria Benard** – pastelaria
- **Pastelaria Mexicana** – pastelaria
- **Pastelaria Versailles** – pastelaria
- **Pavilhão Chinês** – bar
- **Pérola do Chaimite** – cafés, geleias, mel, frutas secas, licores e bebidas
- **Pérola do Rossio** – cafés, chás, chocolates
- **Pérola de São Mamede** – mercearia
- **Primeira Casa das Bandeiras** – bandeiras
- **Príncipe Real Enxovais** – roupa de cama, mesa e banho, bordados customizados
- **Quiosque Tivoli** – tabacaria, loterias
- **Restaurante Estrela da Sé** – restaurante
- **Restaurante João do Grão** – restaurante
- **Restaurante O Polícia** – restaurante
- **Restaurante Tavares** – restaurante – **estabelecimento bicentenário**
- **Retrosaria Bijou** – armarinho
- **Sapataria do Carmo** – fabricação e venda de sapatos
- **Sapataria Lord** – sapatos e bolsas
- **Soares & Rebelo, Casa das Sementes** – sementes, fertilizantes, herbicidas
- **Tabacaria Martins** – tabaco, jornais, revistas, loterias, papelaria
- **Tabacaria Mónaco** – tabacaria

Anexo 5

Queijos portugueses

Os queijos portugueses estão entranhados na cultura de Portugal, um país onde se mantém a atividade pastoreira em praticamente toda a sua extensão. Os queijos portugueses são artesanais, fabricados a partir do leite de ovelha, cabra, vaca ou misturado.

Pela sua importância, criaram-se as "DOP – Denominações de Origem Protegida" e a "Indicação Geográfica", regulando os ingredientes e métodos que devem ser usados na produção e de acordo com as normas da União Europeia. Por exemplo, o queijo de Azeitão tem que ser produzido a partir do leite de ovelha, de pasta macia e, geograficamente, apenas na Região de Azeitão, mais especificamente nos concelhos de Setúbal, Palmela e Sesimbra.

Os principais queijos produzidos em Portugal são:

- **Queijo de Azeitão** – de leite de ovelha, pasta cremosa, produzido em Azeitão.
- **Queijo de Cabra Transmontano** – de leite de cabra serrana, pasta muito dura, produzido em Trás-os-Montes e Douro.
- **Queijo de Évora** – de leite de ovelha, pasta dura e levemente picante, produzido em Évora.
- **Queijo da Serra da Estrela** – de leite de ovelha, pasta semimole, fabricado na região da Serra da Estrela, especialmente em Celorico da Beira, o mais famoso e tradicional queijo de Portugal, produzido desde o século XII.
- **Queijo de Nisa** – de leite de ovelha, pasta firme, produzido em Nisa, no Alto Alentejo.
- **Queijo de São Jorge** – de leite de vaca, pasta dura, produzido na ilha de São Jorge, nos Açores.
- **Queijo do Pico** – de leite de vaca, pasta dura, produzido na ilha de São Jorge, nos Açores.
- **Queijo de Serpa** – de leite de ovelha, pasta macia, produzido na região de Serpa, no Alentejo.
- **Queijo Terrincho ou Queijo do Freixo** – de leite de ovelha da raça Churra da Terra Quente, de pasta macia, produzido em Bragança, Região de Trás-os-Montes e Alto Douro.
- **Queijo de Castelo Branco** – de leite de ovelha, pasta macia, produzido na Região de Castelo Branco.
- **Queijo do Rabaçal** – de leite de ovelha, de cabra, ou mistura de ambos, pasta firme, produzido no concelho de Penela, em Coimbra.
- **Queijo Flamengo** – de leite de vaca, pasta semidura, produzido em quase todo o país, o queijo mais consumido em Portugal. Originário de Edam, na Holanda, mas foi trazido para Portugal há vários séculos.
- **Queijo Fresco** – de leite de vaca, pasta macia, fabricado no país todo, em geral consumido no café da manhã e como aperitivo nas refeições.

Anexo 6

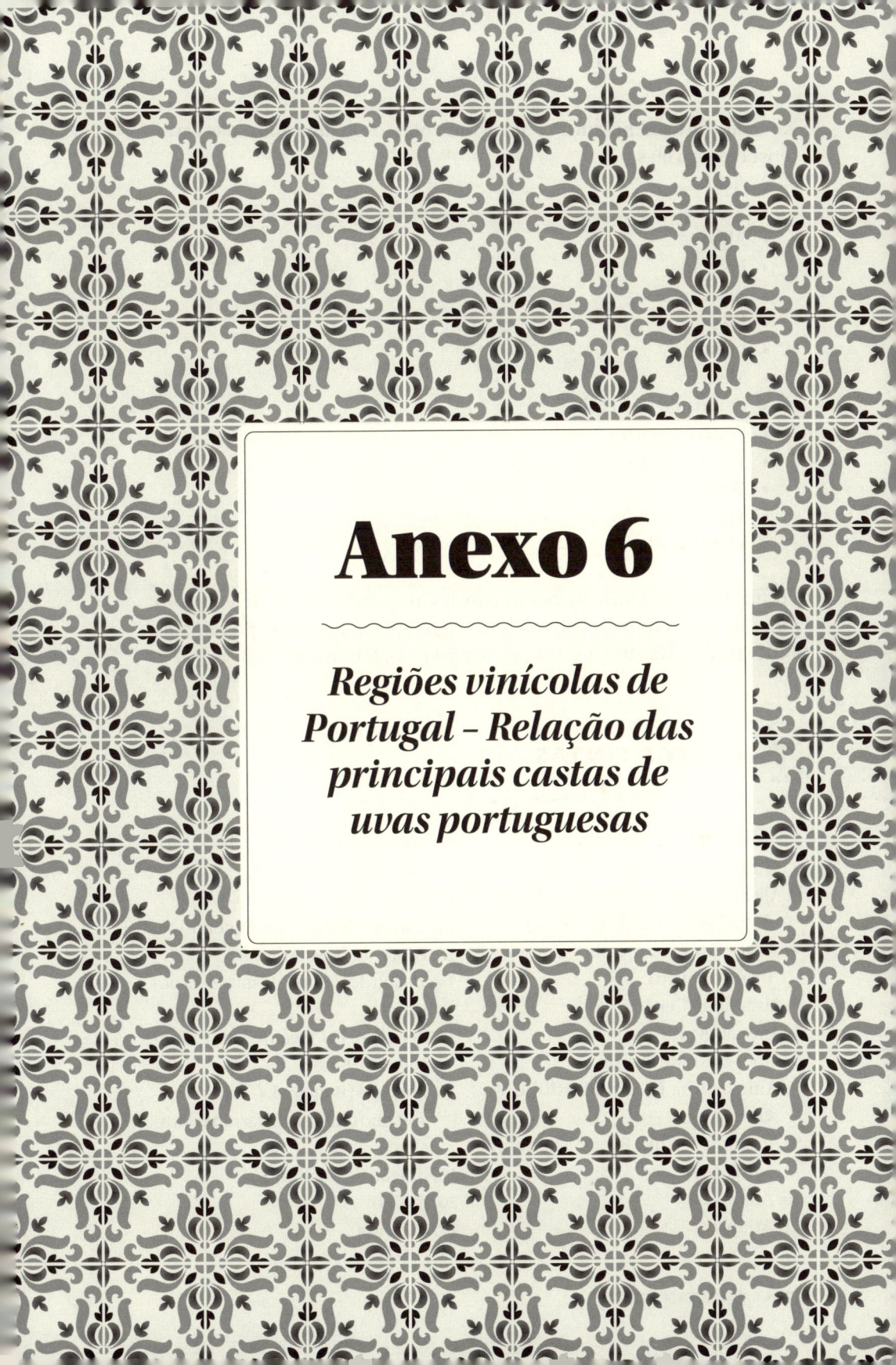

Regiões vinícolas de Portugal – Relação das principais castas de uvas portuguesas

No total, Portugal possui 14 regiões vinícolas, cada uma com suas características. São elas:
- Açores
- Alentejo
- Algarve
- Bairrada
- Beira Interior
- Dão
- Lisboa
- Madeira
- Península de Setúbal
- Porto e Douro
- Távora e Varosa
- Tejo
- Trás-os-Montes
- Vinho Verde

Portugal é o país com o maior número de castas autóctones viníferas entre todos os países produtores de vinho. Na relação abaixo são apresentadas 146 castas de uvas tintas e 134 de uvas brancas, totalizando 280.

CASTAS TINTAS

1. Alcoa (Tinta de Alcobaça)
2. Alfrocheiro (Alfrocheiro Preto)
3. Alicante Bouschet (Alicante Tinto, Tinta Fina, Tinta de Escrever)
4. Alvarelhão (Brancelho, Brancelhão, Pirraúvo)
5. Alvarelhão Ceitão
6. Amaral (Azal Tinto)
7. Amor-Não-Me-Deixes
8. Amostrinha (Preto Martinho – Oeste)
9. Aragonez (Tinta Roriz, Tinta de Santiago)
10. Aramon
11. Arjunção
12. Baga (Tinta da Bairrada, Poeirinho, Baga de Louro)
13. Barca (Tinta da Barca)
14. Barreto (Barreto de Semente)
15. Bastardo (Bastardinho)
16. Bastardo Tinto (Bastardo Espanhol)
17. Bonvedro (Monvedro Tinto, Monvedro de Sines)
18. Borraçal (Bogalhal, Caínho Grosso, Olho de Sapo, Esfarrapa, Murraçal)
19. Bragão (Tinta Bragão)
20. Branjo
21. Cabinda

22. Caladoc
23. Calrão
24. Camarate (Castelão, Castelão Nacional, Moreto, Moreto de Soure, Negro Mouro)
25. Campanário
26. Carrega Burros (Esgana Raposas, Malvasias)
27. Carrega Tinto
28. Casculho
29. Castelã
30. Castelão (João de Santarém, Castelão Francês, Periquita)
31. Castelino
32. Cidadelhe (Tinta de Cidadelhe)
33. Cidreiro
34. Complexa
35. Concieira
36. Coração de Galo
37. Cornifesto
38. Corropio
39. Corvo
40. Deliciosa
41. Doçal
42. Doce
43. Donzelinho Tinto
44. Engomada (Tinta Engomada)
45. Esgana Cão Tinto
46.* Espadeiro (Espadeiro Tinto, Padeiro, Cinza, Espadal)
47. Espadeiro Mole
48. Farinheira
49. Fepiro (Alentejana)
50. Ferral
51. Galego
52. Gonçalo Pires
53. Gorda (Tinta Gorda)
54. Gouveio Preto
55. Graciosa (Tinta da Graciosa)
56. Grangeal
57. Grossa (Tinta Grossa)
58. Jaen
59. Lourela
60. Lusitano
61. Malandra (Tinta Malandra)
62. Malvarisco
63. Malvasia Preta (Moreto)
64. Manteúdo Preto
65. Mário Feld
66. Marufo (Mourisco Tinto, Moroco, Uva de Rei, Olho de Rei)
67. Melhorio
68. Melra (Tinta Melra)
69. Mindelo
70. Molar
71. Monvedro
72. Moreto
73. Moscargo (Portalegre)
74. Moscatel Galego Tinto (Moscatel Tinto)
75. Mourisco
76. Mourisco de Semente
77. Mourisco de Trevões
78. Mulata
79. Negra Mole
80. Nevoeira
81. Padeiro (Padeiro de Basto)
82. Parreira Matias
83. Patorra
84. Pau Ferro
85. Pedral
86. Pero Pinhão
87. Péxem
88. Pical (Pical Polho, Pic Pul)
89. Pilongo (Tourigo)
90. Português Azul
91. Preto Cardana
92. Preto Martinho
93. Primavera
94. Rabo de Anho (Rabo de Ovelha)
95. Rabo de Lobo

96. Rabo de Ovelha Tinto (Rabo de Ovelha Tinto)
97. Ramisco
98. Ramisco Tinto
99. Ricoca (Tinta Ricoca)
100. Rodo (Tinta Rodo)
101. Roseira (Tinta Roseira)
102. Rufete (Tinta Pinheira, Penamacor)
103. Saborinho
104. Santareno (Santarém)
105. São Saul
106. Sevilhão
107. Sousão (Sousão Forte, Sousão de Comer, Sousão Vermelho)
108. Tinta
109. Tinta Aguiar
110. Tinta Aurélio
111. Tinta Barroca
112. Tinta Bastardinha
113. Tinta Caiada (Monvedro)
114. Tinta Carvalha
115. Tinta Fontes (Tinta Miuda de Fontes)
116. Tinta Francisca
117.* Tinta Lameira
118.* Tinta Lisboa
119.* Tinta Martins
120.* Tinta Mesquita
121.* Tinta Miúda
122. Tinta Negra (Negra Mole)
123. Tinta Penajoia (Tinta Roriz de Penajoia)
124. Tinta Pereira
125. Tinta Pomar (Tinta Mole)
126. Tinta Porto Santo
127. Tinta Tabuaço
128. Tintem
129. Tintinha
130. Tinto Cão (Padeiro, Tinto Mata)
131. Tinto Pegões
132. Tinto Sem Nome
133. Touriga Fêmea (Touriga Brasileira)
134. Touriga Franca (Touriga Francesa)
135. Touriga Nacional (Preto Mortágua, Azal Espanhol)
136. Transâncora
137. Trincadeira (Tinta Amarela, Crato Preto, Folha de Abóbora, Mortágua, Espadeiro, Torneiro, Negreda, Castelão)
138. Triunfo
139. Valbom
140. Valdosa (Tinta Valdosa)
141. Varejoa
142. Verdelho Tinto (Verdelho, Verdelho Feijão, Feijão, Mindeço)
143. Verdial Tinto
144. Vinhão (Tinto, Tinto Nacional, Negrão, Pé de Perdiz, Espadeiro Preto, Tinta Antiga, Tinta de Parada, Sousão)
145. Xara
146. Zé do Telheiro

Fontes: Wikipedia
Infovini – O Portal do Vinho Português

CASTAS BRANCAS

1. Alicante Branco (Uva Rei, Boal de Alicante, Boal Cachudo [Douro] Branco Conceição, Pérola)
2. Almafra
3. Almenhaca
4. Antão Vaz
5. Alvadurão
6. Alvarinho (Galego, Galeguinho)
7. Alvar (Alvar Branco)
8. Alvarelhão Branco
9. Arinto (Pedernã, Pé de Perdiz Branco, Chapeludo, Cerceal, Azal Espanhol, Azal Galego, Branco Espanhol)
10. Arinto do Interior (Arinto do Douro, Arinto de Trás-os-Montes)
11. Avesso
12. Azal (Gadelhudo, Carvalhal, Pinheira)
13. Babosa (Malvasia Babosa)
14. Barcelo
15. Bastardo Branco
16. Batoca (Alvaraça, Alvaroça, Sedouro)
17. Beba
18. Bical (Borrado das Moscas, Arinto (Alcobaça), Fernão Pires do Galego, Pedro)
19. Boal Barreiro
20. Boal Branco
21. Boal Espinho (Batalhinha)
22. Branca de Anadia
23. Branco Desconhecido
24. Branco Especial
25. Branco Gouvães
26. Branco Guimarães
27. Branco João (Branco Sr. João)
28. Branda (D. Branca, Dona Branca)
29. Budelho
30. Caínho
31. Caracol
32. Caramela
33. Carão de Moça
34. Carrasquenho (Boal Carrasquenho)
35. Carrega Branco (Malvasia Polta, Barranquesa)
36. Cascal
37. Castália
38. Castelão Branco
39. Castelo Branco
40. Casteloa
41. Cerceal Branco
42. Cercial
43. Côdega de Larinho
44. Corval
45. Crato Espanhol
46. Dedo de Dama
47. Diagalves (Formosa, Carnal)
48. Dona Branca
49. Dona Joaquina
50. Donzelinho Branco
51. Dorinto (Arinto Branco)
52. Encruzado
53. Esganinho
54. Esganoso (Esganoso de Lima, Esganinho, Esgana Cão Furnicoso)
55. Estreito Macio (Estreito, Rabigato)
56. Fernão Pires (Maria Gomes)
57. Folgasão (Terrantez)
58. Folha de Figueira
59. Fonte Cal
60. Galego Dourado
61. Generosa
62. Gigante (Branco Gigante)
63. Godelho

64. Gouveio (Verdelho)
65. Gouveio Estimado
66. Gouveio Real
67. Granho
68. Lameiro (Branco Lameiro, Lameirinho, Luzidio)
69. Larião
70. Leira
71. Lilás (Alvarinho Lilás)
72. Loureiro
73. Luzidio
74. Malvasia
75. Malvasia Bianca
76. Malvasia Branca
77. Malvasia Branca de S. Jorge
78. Malvasia Cândida
79. Malvasia Fina/Boal (Boal Branco, Arinto-do-Dão, Assario Branco, Arinto Galego, Boal Cachudo)
80. Malvasia Parda
81. Malvasia Rei (Seminário, Assario, Listrão, Pérola, Moscatel Carré, Grés, Olho de Lebre)
82. Malvasia Romana (Malvasia Cândida Romana, Malvasia Cândida Branca)
83. Malvia (Malvasia de Setúbal)
84. Malvoeira (Malvasia de Oeiras)
85. Manteúdo (Manteúdo B., Vale Grosso, Manteúdo Branco)
86. Marquinhas
87. Molinha
88. Moscatel Galego Branco (Moscatel, Moscatel de Bago Miúdo)
89. Moscatel Graúdo (Moscatel de Setúbal)
90. Moscatel Nunes (Moscatel Branco)
91. Mourisco Branco
92. Naia
93. Pé Comprido
94. Perigo
95. Perrum
96. Pinheira Branca
97. Pintosa (Branco Escola, Branco de Asa, Azal de São Tirso)
98. Praça
99. Promissão
100. Rabigato
101. Rabigato Franco (Rabigato Francês, Rabigato Branco)
102. Rabigato Moreno
103. Rabo de Ovelha (Medock, Rabigato, Rabo de Gato, Rabisgato, Rabo de Carneiro)
104. Ratinho (Boal Ratinho, Branco sem Nome, Malvasia de Tomar, Boal Doce)
105. Roupeiro Branco (Roupeiro)
106. Sabro
107. Samarrinho
108. Santoal (Boal de Santarém)
109. São Mamede
110. Sarigo
111. Seara Nova
112. Semilão
113. Sercial (Esgana Cão, Esganoso, Sercial)
114. Sercialinho
115. Síria (Roupeiro, Crato Branco, Alva, Malvasia, Posto Branco, Côdega, Alvadurão do Dão)
116. Tália (Branquinha, Douradinha (Vinho Verde), Pera de Bode, Douradinha, Ugni Blanc, Esgana Rapazes, *Espadeiro Branco; Malvasia Fina, Trebiano, Alfrocheiro Branco)
117. Tamarez (Arinto Gordo, Boal Prior, Trincadeira do Douro)
118. Terrantez
119. Terrantez da Terceira

120. Terrantez do Pico
121. Touriga Branca
122. Trajadura (Trincadeira, Mourisco)
123. Trincadeira Branca
124. Trincadeira das Pratas (Tamarez)
125. Uva Cão (Cachorrinho)
126. Uva Cavaco
127. Uva Salsa
128. Valente (Branco Valente)
129. Valveirinho
130. Vencedor (Boal Vencedor)
131. Verdelho (Verdelho Branco, Verdelho dos Açores)
132. Verdial Branco
133. Viosinho
134. Vital (Boal Bonifácio, Malvasia Corada)

Anexo 7

Vinhos do Porto
Vintage de
1756 a 2011

2011 – o inverno foi chuvoso, principalmente em dezembro, e a primavera, quente e seca. O verão foi fresco e seco, com duas exceções em final de agosto, início de setembro. Setembro iniciou-se com temperatura amena, mas registou valores da temperatura máxima do ar acima da média. Os vinhos apresentam boa cor profunda, aromas intensos com alguma elegância. Na boca são frescos (boa acidez) e estruturados. Vinhos com caracter clássico de um bom ano Vintage, mas com alguma fineza/polimento. Augura-se por isso grande longevidade para esses vinhos. Se compararmos com os dois últimos anos declarados são menos elegantes, mas mais potentes e estruturados dos que os 2007, e menos rústicos do que os de 2003.

2007 – meses de novembro e fevereiro especialmente chuvosos, tendo voltado a ocorrer precipitação acima da média em maio e sobretudo em junho, principalmente no Douro Superior. Entre maio e agosto as temperaturas foram abaixo da média, em particular no Douro Superior. Apesar de o ano vitícola ter principiado com doenças na vinha, as temperaturas amenas de agosto e um setembro seco e quente permitiram obter uvas equilibradas. Vinhos de excelente qualidade, elegantes, finos, com estrutura e taninos aveludados. Maior declaração de Vintage até a data.

2003 – inverno normal e chuvoso. Primavera seca. Temperaturas normais para a época, exceto o final de julho e início de agosto (45ºC durante o dia e 30ºC à noite). Temperaturas anormalmente altas durante a vindima. Vinhos encorpados com taninos que lhes conferem bom potencial de envelhecimento. Qualidade excepcional.

2000 – inverno seco, com menos 15%/40% de chuva. Fevereiro e março quentes, chuva em abril e maio. Alguma chuva de junho a agosto. Maturação lenta: vindima atrasada duas semanas. Temperatura em setembro a rondar os 40ºC. Vinhos de excelente qualidade, concentrados e apelativos desde novos, fruta muito evidente.

1997 – ano atípico. Inverno seco caracterizado por um mês de fevereiro quente. Primavera chuvosa, mês de maio frio. Verão longo, quente e seco. Vinhos ricos em taninos, sendo alguns de excelente qualidade.

1994 – Vintage "monumental", ainda mais intenso do que o de 1992, com concentração de taninos e fruto. Segundo escreveu James Suckling na revista americana **Wine Spectator**, que, em 1997, atribuiu a classificação máxima (100 pontos) aos Vintage da Taylor e da Fonseca, e o primeiro lugar entre os 100 melhores vinhos do ano, "grandes Vintage Ports como os deste ano acontecem poucas vezes numa vida inteira". Declaração geral. Tempo excelente, vindimas em condições ideais, com uvas perfeitas.

1992 – Vintage excepcional, com concentração de taninos e fruto.

1991 – Vintage excelente, harmonioso e rico. Verão quente e seco, apenas com chuvas ligeiras no início de setembro. Vindima em condições ideais.

1989 – verão muito quente. Vindima precoce, com condições climáticas ideais. Alguns vinhos excelentes.

1985 – vinhos de aroma muito fino. Qualidade excepcional. Um Vintage clássico, com aromas intensos e estrutura firme em frutado e taninos. Quase todas as empresas declararam. Tempo excelente. Início do inverno frio, mas fevereiro e março quentes. Alguma chuva na primavera e temperaturas normais até o verão. Junho muito quente, a que se seguiu um verão normal. Vindima em condições perfeitas.

1983 – inverno seco e grande parte da primavera chuvosa. Floração pobre em muitas vinhas. Ano anormalmente frio, incluindo o mês de agosto. Setembro quente. Vindima tardia e perfeita. Alguns Vintage excepcionais. Algumas casas não declararam, porque optaram por declarar o ano anterior, embora o de 1983 seja considerado melhor por diversos enófilos. Rico em taninos, muito aromático e com grande capacidade de envelhecimento.

1982 – ano muito seco. Inverno frio. Boa floração. Verão muito quente. Uma das vindimas mais precoces. Fraca produção, mas boa qualidade, vinhos delicados e elegantes, com grande concentração de aromas. Muitas empresas declararam.

1980 – inverno seco. A floração (pobre) decorreu com tempo chuvoso e frio, mas o verão foi quente e seco, chovendo apenas em finais de setembro, antes das vindimas. Qualidade excepcional, mas quantidade abaixo do normal. Vinhos retintos e frutados. Quase todas as empresas declararam.

1978 – após uma primavera em que as condições climáticas foram muito más, um longo verão quente propiciou alguns bons vinhos. São declarados dez Single Quinta Vintage, entre os quais o primeiro Vintage de produtor (Quinta do Infantado), engarrafado no Douro.

1977 – Vintage clássico. Vinhos retintos e frutados, ricos em taninos, com grande capacidade de envelhecimento. Quase todas as empresas declararam. Frio e chuva nos primeiros meses do ano. Floração tardia e maturação lenta. Verão moderado, mas setembro muito quente.

1975 – primeiro Vintage declarado depois da Revolução de Abril de 1974. Primeiro Vintage engarrafado totalmente em Portugal, por determinação legal. Depois de um inverno chuvoso, ano quente e seco, em especial no verão. Alguma chuva no início de setembro, antes da vindima. Vindima tardia, no início de outubro. Pequena produção. Quase todas as empresas declararam, embora poucos vinhos sejam excepcionais, revelando-se menos duráveis do que se esperava.

1970 – Vintage de qualidade excepcional, com grande harmonia de fruto e taninos, assegurando grande longevidade. Quase todas as empresas declararam. Choveu muito em janeiro e fevereiro, seguindo-se um mês de março frio e seco. O tempo tornou-se quente a partir de abril, favorecendo uma boa floração e amadurecimento das uvas. Choveu em agosto e no início de setembro, mas a vindima decorreu com tempo seco e muito calor, atingindo em certas zonas os 45 graus Celsius. Vinhos muito maduros.

1967 – ano anormalmente frio no início do inverno, com temperaturas a descerem abaixo de 0 grau. Floração tardia e escassa. Verão quente, com algumas trovoadas. Vindima tardia, em boas condições. Apareceram alguns vinhos excelentes, doces e frutados, declarados por um pequeno número de empresas.

1966 – qualidade excepcional. Vinhos muito doces e ricos em taninos, alguns sublimes, com grande capacidade de envelhecimento. Quase todas as empresas declararam. Inverno normal, com alguma chuva, mas depois ano seco entre abril e setembro. Uvas com alto teor de açúcar, algumas queimadas. Apenas choveu levemente no início das vindimas (final de setembro). Pouca produção.

1963 – Vintage clássico, intenso e equilibrado, retinto, frutado e com grande capacidade de envelhecimento. "Um Vintage apoteose", na expressão de Chantal Lecouty. Quase todas as empresas declararam. Grande produção. Inverno normal e primavera fria e chuvosa, mas com bom tempo na floração. Verão quente e seco. Chuviscou apenas antes das vindimas. Durante a vindima (finais de setembro), tempo perfeito, com dias de muito calor e noites frescas.

1960 – qualidade excelente, com vinhos elegantes e doces, com boa estrutura e com muita cor e corpo. Quase todas as empresas declararam. Ano muito quente e com maturação precoce. As vindimas começaram na segunda semana de setembro, primeiramente com tempo quente, mas com chuva miudinha e frio após 24 de setembro, o que prejudicou as vindimas mais atrasadas.

1958 – apesar da humidade do ano, houve alguns vinhos excelentes, com aroma e paladar muito finos. Após o verão frio e chuvoso, o início do outono foi muito quente, e as vindimas decorreram em condições perfeitas. Algumas firmas não declararam pela proximidade do excelente Vintage de 1955.

1955 – qualidade excelente. Vinhos harmoniosos, encorpados, retintos e muito frutados. Quase todas as empresas declararam. Inverno chuvoso. Verão quente.

1950 – vinho delicado e doce. Chamaram-lhe "the lady's vintage". Verão frio. Vindimas atrasadas, mas em condições de tempo perfeitas.

1948 – Vintage clássico. Ano quente. Vindima feita com tempo muito quente (atinge 45 graus). Muitas uvas passadas e muito doces, no Cima Corgo, de tal forma que foi difícil, em certos casos, controlar a fermentação. Pouca quantidade. Vinho muito doce e encorpado. Suckling disse que é um daqueles "vinhos mágicos", feitos para durar 100 anos ou mais.

1947 – Vintage excepcional, elegante e muito fino. Ano com condições de tempo ideais. A produção foi maior do que se esperava.

1945 – Vintage clássico, encorpado, retinto e doce, com grande concentração de fruto e taninos. Primeiro Vintage do pós-guerra. Engarrafado em Portugal, devido às restrições inglesas. Quase todas as empresas declararam. Ano de baixa produção. Ano seco, com verão muito quente, apenas com algumas chuvas em finais de agosto. As vindimas começaram cedo, na primeira quinzena de setembro.

1942 – qualidade excelente, elegante e frutado. Primeiro Vintage engarrafado quase exclusivamente em Portugal, devido à guerra. Escassa produção.

1935 – Vintage clássico, mas algumas empresas não declararam, por terem declarado o do ano anterior (exemplo de um "split Vintage"). Vinho harmonioso, com riqueza de aromas frutados e rico em taninos. Inverno seco, primavera anormalmente fria, com algumas geadas. Floração e frutificação tardias. Verão inconstante, mas vindima em condições ideais. Em 1937, a Sandeman engarrafou totalmente o seu Vintage 1935, comemorando, simultaneamente, o Jubileu de George V (1935) e a Coroação de George VI (1937), por meio de dois medalhões alusivos gravados nas garrafas.

1934 – qualidade excepcional, maduro e frutado, apesar de ser um ano de tempo inconstante. Inverno seco, primavera chuvosa. Floração e frutificação tardias. Julho muito quente. Algumas chuvas em setembro. Vindima tardia no início de outubro, com tempo ideal.

1931 – novidade excepcional, uma das melhores do século, com vinhos ricos em aromas frutados e taninos, com grande capacidade de envelhecimento. Mas poucas casas declararam, devido à crise internacional que provocou redução da procura dos vinhos caros; muitas garrafas do excelente Vintage de 1927 ainda estavam por vender. Distingue-se o primeiro Vintage do Noval, com a designação Nacional, considerado, em 1999, pela revista americana **Wine Spectator** um dos 12 melhores vinhos do mundo do século XX. O inverno foi seco e o verão excepcionalmente frio e seco, incluindo o mês de agosto. Em setembro, o tempo aqueceu e caiu alguma chuva. Vindima tardia, no final de setembro, com tempo ideal. Apesar de o tempo ter sido bastante irregular, fizeram-se alguns vinhos notáveis.

1927 – ano clássico, dos melhores Vintage do século, retinto, com grande concentração e equilíbrio de aromas. Foi também uma das maiores colheitas de sempre. A chuva que caiu no final de setembro foi benéfica. Vindima tardia, no início de outubro, com tempo muito quente. Uvas muito maduras, algumas queimadas. Todos os exportadores declararam, produzindo quantidades acima do normal. Exportado em 1929, coincidiu com a Grande Depressão, e os negociantes de Londres tiveram dificuldade em vendê-lo. Uma parte deles foi usada, em Londres, para fazer lotações de vinhos do Porto correntes.

1924 – Vintage excelente, retinto, com bom corpo e aroma. Quase todas as grandes casas exportadoras declararam. Verão excepcionalmente frio. Alguma chuva em setembro, mas as vindimas, no final desse mês, decorreram com bom tempo. Escassa produção.

1922 – Vintage excelente, em cor, corpo e força, muito delicado. Quase todas as grandes casas exportadoras declararam. Vindima tardia no início de outubro, com bom tempo.

1920 – Vintage excelente, muito elegante, equilibrado, frutado. Primeiro Vintage depois da Primeira Grande Guerra. Quase todas as empresas declararam. Primavera com mau tempo. Abril muito frio e chuvoso, com trovoadas, junho com surto de míldio. Vindima tardia, no início de outubro, depois de um verão quente. Novidade escassa.

1917 – grande Vintage, rico em aromas e taninos, encorpado e com muita cor. Muitas empresas declararam. Outras não o fizeram, devido à conjuntura de guerra. Primavera tardia e verão muito quente e seco, apenas com alguma chuva em setembro. Vindima tardia, na segunda semana de outubro, com tempo ideal. Algumas uvas queimadas. Bom ano em qualidade e quantidade.

1912 – Vintage clássico, encorpado, com concentração e harmonia de fruto e taninos. Quase todas as empresas declararam. Ano excepcional em qualidade e quantidade.

1911 – um grande Off-Vintage: a Sandeman declarou, isoladamente, o "Vintage Coronation", em comemoração da subida ao trono de Jorge V. Uma exceção num ano geralmente fraco. Segundo Ernest Cockburn, o Vintage da Sandeman "será recordado durante muito tempo como um exemplo de tudo o que há de superior no Vintage Port". Vindima tardia, em outubro, com muito calor, depois de algumas chuvas torrenciais no final de setembro. Uvas muito maduras, atingindo em algumas zonas do Cima Corgo mais de 16°, mas algumas já passas ou podres. Poucos vinhos bons, com muita cor, corpo e doçura.

1908 – grande Vintage, fino, equilibrado, retinto e encorpado, muito maduro e com aroma tradicional de "café torrado". Todas as empresas declararam. Inverno frio, primavera e verão muito quentes, em especial no tempo da vindima (finais de setembro), de tal forma que alguns produtores tiveram problemas para controlar a fermentação do mosto.

1904 – Vintage elegante e frutado, mas pouco retinto. Todas as empresas declararam. Devido à dificuldade de arranjar aguardente em Portugal, muitos vinhos foram fortificados com aguardente alemã e álcool de cereais ou batata. Ano seco, com chuvas leves em meados de setembro, que foram benéficas para refrescar as uvas. As vindimas feitas logo a seguir decorreram com bom tempo. Uvas muito maduras. Vindima muito abundante.

1900 – grande Vintage, em qualidade e quantidade. Vinhos delicados e harmoniosos, embora com menos cor e corpo que os Vintage mais famosos. Quase todas as empresas declararam. Vindima tardia, no final de setembro/início de outubro, com bom tempo, depois de alguns dias de chuva.

1897 – Vintage excelente, de cor e sabor notáveis. Segundo alguns enófilos, melhor do que o de 1896, mas poucas empresas declararam, por terem feito Vintage no ano anterior. As primeiras vindimas foram feitas com tempo muito quente, provocando fermentações muito rápidas em alguns lagares. Depois, o tempo arrefeceu e a qualidade do mosto melhorou. Segundo Warner Allen, os melhores 1896 tinham algum 97 adicionado. Houve falta de aguardente para beneficiar os vinhos. Foram feitas importações de álcool e aguardente da Islândia, Dinamarca e Alemanha. A Sandeman fortificou o seu Vintage 97, considerado lendário, com uísque escocês.

1896 – Vintage excepcional. Todas as empresas declararam. Vinhos pouco maduros na altura da vindima (que começou cedo, na primeira quinzena de setembro), com menos cor e corpo do que o normal numa grande novidade. Mas desenvolveram surpreendentemente bem em garrafa.

1894 – bons vinhos, mas pequenas quantidades. Muitas vinhas atacadas pelo míldio. Muitas empresas declararam. Dificuldade de arranjar aguardente. Alguns vinhos fortificados com aguardente dos Açores, mas nos melhores continua a usar-se aguardente do Douro. Verão quente e seco, com alguma chuva no final de setembro. Vindimas tardias no início de outubro, com tempo ideal.

1892 – alguns bons vinhos, mas pequenas quantidades. Muitas empresas declararam. Dificuldade de arranjar aguardente. Alguns vinhos fortificados com aguardente dos Açores. Verão quente e seco. Uvas muito maduras de tal forma que em alguns lagares houve dificuldade em controlar a fermentação.

1890 – alguns bons Vintage, um pouco leves e secos. Poderia ter sido melhor se a vindima tivesse sido um pouco atrasada. Vaga de calor no início de setembro, seguida de chuvas em meados do mês, mas as vindimas decorreram com tempo perfeito. Produção escassa. Muitas empresas declararam.

1887 – Vintage "Queen Victoria's Jubilee", verão quente, vindimas realizadas em condições ideais, com dias quentes e noites frescas. Todas as empresas declararam. Houve quem considerasse um dos melhores anos do século XIX, comparável a 1834. Produção escassa.

1884 – alguns grandes Vintage. Muitas empresas declararam. Julho muito quente. Chuvas no fim de agosto provocaram grande quantidade de "podre". Vindima tardia. Os vinhos revelaram-se melhores do que se esperava. Produção escassa devido à filoxera.

1881 – vinhos que prometiam tornar-se excelentes quando foram engarrafados, mas muitos deles revelaram-se uma desilusão. Muitas empresas declararam. Vários exportadores consideravam que, devido à filoxera, no futuro não se faria mais Vintage.

1878 – Vintage excepcional, muito fino. Todas as empresas declararam. Ainda muito bom, em 1978, segundo Ben Howkins. Em julho as notícias do Douro, segundo Ernest Cockburn, eram alarmantes, antecipando uma vindima tardia e muito pequena, devido à filoxera. Tempo inconstante durante julho e agosto, mas as vindimas, feitas a partir de meados de setembro, decorreram com ótimo tempo. Mas, no Cima Corgo, produção muita escassa, metade da do ano anterior. Muitos proprietários decidiram não voltar a cultivar as suas vinhas.

1875 – bons Vintage, finos e elegantes, sobre o seco, mas revelaram-se aquém das expectativas, amadurecendo depressa. Todas as empresas declararam. Verão quente e seco. Uvas quase passas com grande teor de açúcar. Produção escassa, devido ao avanço rápido da filoxera.

1873 – grande Vintage, com características de doçura. Quase todas as empresas declararam. Vindima tardia, em condições de tempo ideais.

1872 – excelente Vintage, com vinhos muito finos e ricos, que provaram ser melhores do que inicialmente se esperava. Muitas empresas declararam e outras não o fizeram porque optaram por privilegiar o ano anterior.

1870 – grande Vintage, muito fino e encorpado, comparável, segundo alguns negociantes, ao de 1834. Todas as empresas declararam. Produção escassa.

1868 – um dos Vintage mais finos do século XIX, muito ricos e fortes. Ano muito quente. Em agosto as uvas pareciam queimadas e o ano condenado. Mas uma chuva fina caída antes das vindimas salvou a colheita. Todas as empresas declararam.

1865 – alguns vinhos bastante bons. Muitas empresas declararam.
1863 – grande Vintage, um dos melhores anos na história do Vinho do Porto, segundo Ernest Cockburn. Ano muito quente até fins de agosto. Todas as empresas declararam.
1861 – alguns vinhos muito bons.
1860 – ano com bons vinhos.
1858 – um dos grandes Vintage do século XIX, muito encorpado. Vindima precoce, no início de setembro.
1854 – alguns vinhos muito bons.
1853 – ano muito chuvoso, sem primavera. Má floração e oídio. Mas nas encostas mais fragosas houve algum vinho muito fino.
1851 – Vintage excelente, muito fino, comparável, segundo Forrester, à novidade de 1820.
1850 – alguns bons vinhos.
1847 – grande Vintage. Vindima tardia.
1844 – vinho fino, excelente novidade.
1842 – vinhos excelentes. "Grande procura de vinhos encorpados, doces e com muita cor", segundo Forrester.
1840 – grande Vintage. "Vinhos geralmente puros e secos, muito finos", segundo Forrester.
1834 – Vintage famoso, muito fino, um dos melhores do século XIX.
1830 – alguns vinhos excelentes.
1827 – alguns vinhos muito bons.
1822 – alguns vinhos bons comparáveis aos da novidade de 1821, mas só onde as vindimas foram feitas cedo.
1821 – excelente Vintage em qualidade e quantidade. O "Juízo do Ano" da Companhia considera que "a dita novidade tem madureza, bom cheiro e gosto, e que se aproxima à do ano pretérito de 1820, com a qual a comparam, posto que com menos alguma cor, e madureza; observando, contudo, haver tonéis de vinho de qualidade ainda mais superior à dita novidade passada..."
1820 – uma "excelente novidade... em que todos os vinhos foram naturalmente (e fora do costume) cheios, doces e saborosos" (Forrester), mas pouca quantidade.
1815 – "Waterloo Port", um dos grandes Vintages do século XIX. Vintage-sensação nas grandes Exposições Internacionais da segunda metade de Oitocentos, ainda era comercializado nos anos 30 do século passado.
1812 – excelentes vinhos, muito finos.
1811 – Vintage "Comet". Ano de grande "esterilidade" e de guerra.
1810 – alguns vinhos muito bons, com aroma e paladar finos, mas pouco encorpados.

1806 – excelente Vintage.
1802 – alguns vinhos muito bons.
1798 – vinhos de grande qualidade, segundo alguns, melhor que a de 1786, mas Henderson considera que o vinho desse ano foi "muito mau".
1797 – Henderson considera o vinho desse ano "muito mau, Tawny", mas, segundo o Juízo do Ano da Companhia, a qualidade foi razoável. Ano de grande produção, com alguns vinhos excepcionais. Em 1809, durante as invasões francesas, num jantar com Wellington, em Torres Vedras, G. Sandeman referiu-se a esse vinho como "o mais fino de todos". Um dos convidados, o general Calvert, pediu a Sandeman para lhe enviar para a Inglaterra duas pipas desse vinho, uma delas para oferecer ao Duque de York, comandante-chefe do Exército Britânico. Desde então o Sandeman 1797 ficou conhecido como "Porto Duque de York".
1796 – boa novidade.
1790 – algum vinho muito bom. Segundo a Sandeman, foi o primeiro Vintage engarrafado em 1792 por George Sandeman, coincidindo com o início da atividade da empresa em Londres. Em finais do século XIX, ainda aparecem à venda garrafas de vinho dessa novidade. Escassa produção.
1786 – vinhos muito finos. Produção escassa.
1784 – vinhos de boa qualidade. Produção escassa, embora o Juízo do Ano da Companhia tenha declarado "ano abundante".
1781 – algum vinho muito bom.
1780 – considerado um bom ano, quer em qualidade, quer em quantidade, embora inferior à colheita excelente do ano anterior.
1779 – segundo o juízo do ano, emitido pela Companhia, vinho de "qualidade superior", que "raras vezes costuma haver". Grande produção.
1775 – Vintage excepcional, muito fino, semelhante ao de 1765. Segundo alguns autores ingleses, trata-se do primeiro vinho do Douro exportado para a Inglaterra a reclamar o título de verdadeiro "Vintage Port".
1765 – ano de grande qualidade. Vinho "memorável". Primeiro Vintage a aparecer num catálogo da Christie's em 1768.
1756 – vinhos de boa qualidade, a contrastar com as péssimas novidades dos anos anteriores. Em finais do século XIX (1896), a Companhia Vinícola do Norte de Portugal tinha à venda garrafas desse vinho, pertencentes à sua frasqueira particular.

Fonte: Instituto do Vinho do Douro e do Porto – www.ivdp.pt

Referências bibliográficas

À internet e, em especial, à Wikipedia (www.wikipedia.com), meu muito obrigado. Facilitaram muito a minha vida.

AGÊNCIA ECCLESIA. *História das aparições*. Disponível em: https://agencia.ecclesia.pt/portal/historia-das-aparicoes/. Acesso em: 15 out. 2019.

ALDEIAS HISTÓRICAS DE PORTUGAL. Disponível em: aldeiashistoricasdeportugal.com. Acesso em: 16 out. 2019.

ALMEIDA, A. Duarte de. *Enciclopédia Histórica de Portugal*. Lisboa: J. Romano Torres & Cia, 1938, v. 2.

ALMEIDA, Maria João de. *Na rota das especiarias*. Disponível em: www.mariajoaodealmeida/artigos.php?ID=89&ID_ORG.

AMARAL, Cláudia; ALVES, Bárbara; TADEU, Tiago. *História 9*. Porto: Porto Editora, 2004.

APOSTOLADO MUNDIAL DE FÁTIMA. *Aparições do anjo*. Disponível em: http://www.worldfatima.com/aparicoes-do-anjo. Acesso em: 15 out. 2019.

AZEREDO, António Carlos de. *Bracara Augusta*: dois milênios de história. Porto, Portugal: Ed. Caminhos Romanos, 2008.

BACALHÔA. *Bacalhôa Buddha Eden – Bombarral*. Disponível em: www.bacalhoa.pt/enoturismo/bacalhoa-buddha-eden. Acesso em: 16 out. 2019.

BAIRRO SALGADO. *Do alto do forte*. Disponível em: www.bairrosalgado.com/do-alto-do-forte/. Acesso em: 16 out. 2019.

BAIRRO SALGADO. *Mercado do livramento* – De Setúbal para o mundo. Disponível em: www.bairrosalgado.com/mercado-do-livramento-de-setubal-para-o-mundo/. Acesso em: 16 out. 2019.

BAIRRO SALGADO. *A praça que é du Bocage*. Disponível em: www.bairrosalgado.com/a-praca-que-e-du-bocage/. Acesso em: 16 out. 2019.

BARELLI, Suzana. *Dona Antónia e sua importância no Douro*. Menu. [s. l.] 30 mar. 2018. Disponível em: https://www.revistamenu.com.br/2018/03/30/dona-antonia-e-sua-importancia-no-douro/. Acesso em: 16 out. 2019.

BATISTA, Joana. *Castelo de Óbidos*: roteiro para um passeio em família. Viajar em família. Lisboa, 19 dez. 2016. Disponível em: https://www.viajaremfamilia.com/castelo-de-obidos-roteiro-para-um-passeio-em-familia/. Acesso em: 15 out. 2019.

BLOOM, Murray Teigh. *O Homem que roubou Portugal*. Rio de Janeiro: Jorge Zahar Editores, 2008.

BORGES, Alexandre. *Santos e milagres*: uma história portuguesa de Deus. Lisboa: Leya, 2017.

BRIERLEY, John. *A Pilgrim's Guide to the Camino Português*. Scotland: Finfhorn Press, 2018. (Camino Guides).

BUMACHAR, Leila. *Península de Setúbal! Vinhos, história e turismo*. Gastro Wine Tour: um blog para os amantes da gastronomia, vinhos e turismo!

Disponível em: www.gastrowinetour.blogspot.com/2014/03/peninsula-de--setubal-vinhos.html Acesso em: 16 out. 2019.

CAETANO, Marcello. *Renovação na continuidade*. Lisboa: Ed. Verbo, 1971.

CALLIXTO, Carlos Pereira. *Fortificações marítimas do concelho de Oeiras*. Oeiras, Portugal: Câmara Municipal de Oeiras, 2002.

CAMÕES, Luís de. Os Lusíadas. Disponível em: https://oslusiadas.org/. Acesso em: 16 out. 2019.

CARMO, Octávio. Fátima 2017: Canonização de Francisco e Jacinta exigiu "revolução" na Igreja. *Agência Ecclesia*. Lisboa, [s. num.], maio 2017. Disponível em: https://www.agencia.ecclesia.pt/noticias/nacional/fatima-2017-canonizacao-de-francisco-e-jacinta-exigiu-revolucao-na-igreja/. Acesso em: 15 out. 2019.

CASTRO, Ruy. *A arte de querer bem*. Rio de Janeiro: Estação Brasil, 2018.

DAVIS, Kat. *The Camino Portugués*. Reino Unido: Cicerone, 2018.

DESCUBRA PORTUGAL. *10 magníficas igrejas para visitar em Lisboa*. Embarque na viagem. Rio de Janeiro, [s. d.]. Disponível em: http://www.embarquenaviagem.com/2016/05/24/10-magnificas-igrejas-para-visitar-em-lisboa/. Acesso em: 16 out. 2019.

DUNBAUGH, Frank. *Portugal*: Bargain Adventure. Fort Lauderdale, FL: Wake-Brooks House, 1968.

FAUST, Eduardo. *A triste história dos budas de Bamiyan*. Obvious. [s.inf.] Disponível em: http://lounge.obviousmag.org/arquitetura_do_sagrado/2013/07/a-triste-historia-dos-budas-de-bamiyan.html. Acesso em: 15 out. 2019.

FAUSTINO, Susana Lopes; BARRA, Luís. Azeitão: entre doces e vinhos se faz este caminho. *Visão Sete*. Lisboa, 8 set. 2016. Disponível em: http://visao.sapo.pt/actualidade/visaose7e/sair/2016-09-08-Azeitao-Entre-doces-e-vinhos-se--faz-este-caminho. Acesso em: 16 out. 2019.

HISTÓRIA DE PORTUGAL. *António de Oliveira Salazar*. História de Portugal – O guia online da história de Portugal. [s.l.], 14 abr. 2014. Disponível em: www.historiadeportugal.info/antonio-de-oliveira-salazar/ Acesso em: 15 out. 2019.

HistoriaDePortugal.info, Castelo de Óbidos, 18 abr. 2014.

IVDP – Instituto do Vinho do Douro e do Porto. Disponível em: www.ivdp.pt. Acesso em: 16 out. 2019.

JORNAL DE NOTÍCIAS. Marcelo diz que importância de Fátima é inegável. *Jornal de Notícias*. Porto, [s. num.], out. 2016. Disponível em: https://www.jn.pt/nacional/marcelo-diz-que-importancia-de-fatima-e-inegavel-5439488.html. Acesso em: 15 out. 2019.

JÚDICE, Miguel. *The 500 Hidden Secrets of Lisbon*. Antwerp: Luster, 2016.

LAMI, Giuseppe. Papa confirma visita a Fátima em 2017. *Semanário Expresso*. Paço de Arcos, Portugal, [s. num.], set. 2016. Disponível em:

https://expresso.pt/sociedade/2016-09-29-Papa-confirma-visita-a-Fatima-em-2017. Acesso em: 15 out. 2019.

LEITE, José Roberto Teixeira. *A China no Brasil*: influências, marcas, ecos e sobrevivências chinesas na sociedade e na arte brasileira. Campinas, SP: UNICAMP, 1999.

LOPES, Maria João. Carta de Lúcia sobre a terceira parte do segredo de Fátima exposta pela primeira vez. *Jornal Público*. Lisboa, [s. num.], jan. 2014. Disponível em: https://www.publico.pt/2014/01/03/portugal/noticia/carta-de-lucia-sobre-a-terceira-parte-do-segredo-de-fatima-exposta-pela-primeira-vez-1618206. Acesso em: 15 out. 2019.

MANSO, Marta et. al. Unveiling the Third Secret of Fatima: mu-XRF quantitative characterization and 2D elemental mapping. *Spectrochimica Acta Part B-Atomic Spectroscopy*, v. 130, p. 35-38, 2017.

MASSADA, Jorge. *Ao encontro de Aveiro*. Aveiro: Governo Civil, 2002.

MATOS, Helena. *Fátima, do tempo dos videntes ao tempo da Igreja*. Disponível em: https://observador.pt/especiais/fatima-do-tempo-dos-videntes-ao-tempo-da-igreja/. Acesso em: 15 out. 2019.

MATTINGLY, Garret. *The Armada*. Boston, EUA: Mariner Books, 2005

MATTOSO, António; HENRIQUES, Antonino. *História geral e pátria*. Lisboa: Ed. Bertrand, 1965, v. 2.

MELÍCIAS, André Filipe Vítor. *O sistema de informação arquivística do Santuário de Nossa Senhora do Rosário de Fátima*. Dissertação de Mestrado. Universidade de Lisboa, 2015.

MENDES, Paulo; FIOLHAIS, Carlos. *Biblioteca joanina*. 2 ed. Coimbra, Portugal: Imprensa da Universidade de Coimbra, 2017.

MORASHÁ, São Paulo, Brasil, nº 64, abr. 2009.

MORO, Javier. *O Império é você*. São Paulo: Planeta, 2011.

MUSEU JUDAICO DE BELMONTE. Folheto. Belmonte, Portugal.

MUSEU DOS DESCOBRIMENTOS. Folheto. Belmonte, Portugal.

NORTON, José. *O último Távora*. Lisboa: Livro d'Hoje, 2007.

PAGE, Martin. *The First Global Village*. Portugal: Casa das Letras, 2002.

PALMA, Catarina; SAMPAYO, Pedro Ribeiro. *Great Hotels Lisboa/Lisbon*. São Paulo: Ed. Caracter, 2013.

PARKER, Geoffrey. *The Grand Strategy of Philip II*. Connecticut, EUA: Yale University Press, 2000.

PEREIRA, Paulo. *Convento de Cristo, Tomar (guia oficial)*. Lisboa: SCALA; Ministério da Cultura, 2009.

PEREIRA, Paulo. *De Aurea aetate*: o coro do convento de Cristo em tomar e a simbólica manuelina. Lisboa: IPPAR; Ministério da Cultura, 2003.

PINTO, Júlio Pimentel. A Rota das Especiarias. *UOL*, [s. inf.]. Disponível em: www.uol.com.br/entrelivros/reportagens/a_rota_das_especiarias.

POSTADO, Luiza Antunes. *Lello e Irmão, no Porto*: a livraria do Harry Potter. 360meridianos. Belo Horizonte, MG, 25 jul. 2015. Disponível em: https://www.360meridianos.com/dica/lello-e-irmao-porto-livraria-do-harry-potter. Acesso em: 16 out. 2019.

QUEIROZ, António Eça de; SANTOS, António. *Porto vs. Lisboa*. Lisboa: Guerra e Paz Editores, 2018.

REVISTA SÁBADO. Lisboa, GPS, nº 80, 8-14 set. 2016.

REVISTA SÁBADO. Lisboa, GPS, nº 81, 15-21 set. 2016.

REVISTA SÁBADO. Lisboa, GPS, nº 82, 22-28 set. 2016.

REVISTA SÁBADO. Lisboa: Cofina Media AS, nº 765, 27 dez. 2018 a 2 jan. 2019.

REVISTA TIME OUT. Londres: Time Out, 2018-2019.

SILVA, António José Marques. *The fable of the cod and the promised sea*: about Portuguese traditions of bacalhau. In: 1st Conference of the UNESCO Chair in Intangible Heritage and Traditional Know-How, Évora, 2015, Heritages and Memories from the Sea. Évora, Portugal: University of Évora, 2015, p. 130-144.

SANTARÉM, Manuel Francisco Barros e Sousa. *Quadro elementar das relações políticas e diplomáticas de Portugal*: com as diversas potências do mundo, desde o princípio da monarchia portuguesa até os nossos dias.... Paris: J.P. Aillaud, 1859, v. 17.

SANTUÁRIO DE FÁTIMA. Notas Biográficas da Irmã Lúcia. Disponível em: https://www.fatima.pt/pt/news/conferencia-notas-biograficas-irma-lucia. Acesso em: 15 out. 2019.

SANTUÁRIO DE FÁTIMA. SIPA – Direção Geral do Património Cultural.

SERRÃO, Joaquim Veríssimo; CAETANO, Marcello. *Confidências no exílio*. Lisboa: Editorial Verbo, 1985.

SILVA, Patrick Coelho da. *O santuário de Fátima*: arquitetura portuguesa do século XX. Dissertação de Mestrado. Universidade Fernando Pessoa, 2012.

SIMÃO, Helena. Praia do Ribeiro do Cavalo: um paraíso quase secreto próximo de Lisboa. *Viagens Sapo*. Lisboa, 16 jun. 2017. Disponível em: www.viagens.sapo.pt/viajar-portugal/artigos/praia-do-ribeiro-do-cavalo-um-paraiso-quase-secreto-proximo-de-lisboa. Acesso em: 16 out 2019.

SMALL LUXURY HOTELS OF THE WORLD. *Quinta das Lágrimas*. Coimbra, [s. d.]. Disponível em: https://www.quintadaslagrimas.pt/pt/. Acesso em: 16 out. 2019.

SMEDBERG, Jordan. This cool European beach town is the Hamptons of Portugal. *Fodor's Travel*. EUA, 23 abr. 2019. Disponível em: www.fodors.com/world/europe/portugal/experiences/news/this-cool-european-beach-town-is-the-hamptons-of-portugal. Acesso em: 16 out. 2019.

TCP/ARPT CENTRO DE PORTUGAL. *A lenda de Pedro e Inês*. Disponível em: http://www.centerofportugal.com/pt/a-lenda-de-pedro-e-ines/. Acesso em: 16 out. 2019.

TORGAL, Luís Filipe. Manuel Nunes Formigão: The hidden promoter of the work of Fátima. *Portuguese Journal of Social Science*. [s.l.], v. 13, nº 3, jan. 2015. Disponível em: <http://pjss.iscte-iul.pt/index.php/pjss/article/view/170>. Acesso em: 15 out. 2019.

TORGAL, Luis Reis; DIAS, Pedro. *A Universidade de Coimbra*. Coimbra, Portugal: Imprensa da Universidade de Coimbra, 2015.

UNIVERSIDADE DE COIMBRA. Folheto sobre a Biblioteca Joanina. Coimbra, Portugal.

VATICANO. *Viagem Apostólica a Portugal no 10º aniversário da beatificação de Jacinta e Francisco, pastorinhos de Fátima*. Disponível em: http://w2.vatican.va/content/benedict-xvi/pt/travels/2010/outside/documents/portogallo.html. Acesso em: 15 out. 2019.

VELLOSO, Miguel de Sepúlveda; FERRERO, Paulo. *Historical Shops in Lisbon*. Lisboa: Zestbooks, 2018.

VIAJAR PELO MUNDO. São Paulo: RAC Media Editora, 2017.

VIAJAR PELO MUNDO. São Paulo: RAC Media Editora Ltda., abr. 2018.

VISIT PORTUGAL. Disponível em: www.visitportugal.com. Acesso em: 15 out. 2019.

VXMAG. As 20 praias mais bonitas do Algarve. *Vortex Magazine*. Portugal, 23 abr. 2015. Disponível em: vortexmag.net/as-10-praias-mais-bonitas-do-algarve/. Acesso em: 16 out. 2019.

VXMAG. Couto Misto: o país que existiu durante 800 anos entre Portugal e Espanha. *Vortex Magazine*. Portugal, 5 abr. 2015. Disponível em: https://www.vortexmag.net/couto-misto-o-pais-que-existiu-durante-800-anos-entre-portugal-e-espanha/. Acesso em: 16 out. 2019.

WHAT'S IN – CASCAIS OFFICIAL VISITORS GUIDE. Cascais: Associação de Turismo de Cascais, nº 1, out 2018-mar 2019. Disponível em: https://www.visitcascais.com/media/4066/whats-in-cascais_out-18_mar-19.pdf. Acesso em: 16 out. 2019.

Este livro foi composto em Utopia Std 10 pt e impresso pela gráfica Paym em papel Pólen Soft 70 g/m².